제 2 판

법 철 학

Kurt Seelmann 지음

윤   재   왕 옮김

세창출판사

이 도서의 국립중앙도서관 출판시도서목록(CIP)은 e-CIP 홈페이지(http://www.nl.go.kr/ecip)에서 이용하실 수 있습니다.(CIP제어번호: CIP2010000479)

「법철학」 한국어판 제2판 서문

2008년 초 내가 서울대학교에 머물렀을 때 나는 학생들과 법철학의 문제들을 토론하는 세미나를 개설할 기회를 가졌다. 이 세미나에서 나는 학생들의 높은 지적 수준과 법의 근본문제에 대한 그들의 커다란 관심 그리고 법철학적 문제를 둘러싼 국제적 논의로부터 새로운 것을 배우려는 열의에 크게 감명을 받았다. 물론 나로서는 오늘날 갈수록 그 중요성이 높아져 가고 있는 '비교법학'(comparative jurisprudence)의 관점에서 특정한 법철학적 문제제기들이 한국의 전통 속에서 어떠한 배경을 갖고 있는지를 더 상세히 알고 싶었는데, 이와 관련해서도 세미나에 참석한 몇몇 학생들은 내게 커다란 도움을 주었다. 우리는 이 세미나에서 향후 수십 년 동안 법철학의 과제영역들 가운데 하나가 될 수 있는 주제를 상당부분 다루었다. 즉 일반적인 문제제기에서부터 의료윤리나 사회정책과 같은 구체적인 적용의 문제에 이르기까지, 여러 문화적 전통이 갖는 이념사적 차원을 아우르면서 동시에 현재의 국제적 논의상황에도 접목되는 법철학적 사유를 펼치는 일은 앞으로 법철학의 중요한 과제가 될 것이다. 법철학 입문서인 이 책의 한국어판이 그와 같은 과제를 수행하는 데 작은 기여를 할 수 있다면, 나로서는 커다란 기쁨이 될 것이다. 이미 초판의 번역을 맡았던 윤재왕 교수에게 세심한 번역에 대해 고마움을 전한다.

이 책을 한국의 친구들과 동료교수들 그리고 나의 한국인 제자들 및 2008년 초 나의 세미나에 참석했던 학생들에게 바친다.

2010년 1월 괴팅엔에서
Prof. Dr. Dr. h.c. Kurt Seelmann

Vorwort zur 2. koreanischen Auflage meiner „Rechtsphilosophie"

Während meines Aufenthaltes an der Seoul National University im Frühjahr 2008 hatte ich die Gelegenheit, in einem Seminar mit Studierenden über Fragen der Rechtsphilosophie zu diskutieren. Ich war sehr beeindruckt vom Stand des Wissens bei den Studierenden, aber auch von ihrem großen Interesse an Grundsatzfragen des Rechts und der Wissensbegierde, Neues aus der internationalen Debatte zur Rechtsphilosophie zu erfahren. Ich meinerseits hatte das Bedürfnis, im Sinne der heute immer wichtiger werdenden „comparative jurisprudence" mehr zu erfahren über die Hintergründe bestimmter rechtsphilosophischer Problemstellungen in der koreanischen Tradition, und auch hierbei konnten mir einige der Studierenden sehr hilfreich sein. Wir haben in diesem Seminar teilweise vorweg genommen, was ein der Aufgaben der Rechtsphilosophie der nächsten Jahrzehnte sein könnte: von der Formulierung der allgemeinen Fragestellungen bis hin zur Anwendung etwa in der Medizinethik oder Sozialpolitik ein rechtsphilosophisches Denken zu pflegen, das die Traditionen in ihren ideengeschichtlichen Dimensionen aufgreift und auf dem Stand der heutigen internationalen Debatte entfaltet. Wenn die koreanische Übersetzung meiner Einführung in die Rechtsphilosophie dazu auch einen kleinen Beitrag leisten könnte, wäre ich sehr zufrieden. Für die gewissenhafte und von großer Kenntnis getragene Übersetzung bin ich Herrn Professor Zai-Wang Yoon, der bereits die erste Auflage dieses Buches übersetzt hat, zu großem Dank verpflichtet.

Ich widme diese Ausgabe meinen Freunden und Kollegen sowie Schülerinnen und Schülern in Korea und auch den koreanischen Studierenden meines Seminars vom Frühjahr 2008.

Göttingen, Januar 2010
Prof. Dr. Dr. h.c. Kurt Seelmann

차　례

§8. 자 연 법 _ 184

§9. 규범의 정당화에 관한 최근의 논쟁 _ 202

법철학에 관한 기초적인 문헌들

Adomeit, Klaus, Rechts- und Staatsphilosophie, Band.1: Antike Denker über den Staat, 3.Aufl., Heidelberg 2001; Bd.II: Rechtsdenker der Neuzeit, 2.Aufl., Heidelberg 2002.

Baruzzi, Arno, Rechtsphilosophie der Gegenwart, Darmstadt 2006.

Braun Johann, Einführung in die Rechtsphilosophie. Der Gedanke des Rechts, Tübingen 2006.

Brieskorn, Norbert, Rechtsphilosophie, Stuttgart, Berlin, Köln 1990[한국어판, 법철학(김일수 옮김), 1996].

Coing, Helmut, Grundzüge der Rechtsphilosophie, 5.Aufl., Berlin 1993.

Engisch, Karl, Einführung in das juristische Denken, 10.Aufl., Stuttgart 2005[한국어판, 법학방법론(안법영/윤재왕 옮김), 2011].

Gröschner, Rolf/Dirksmeier, Claus/Henkel, Michel/Wiehart, Alexander, Rechts- und Staatsphilosophie. Ein dogmenphilosophischer Dialog, Berlin 2000.

Hattenhauer, Hans, Die geistesgeschichtlichen Grundlagen des Rechts, München 2006.

Hoerster, Norbert, Was ist Recht? Grundlagen der Rechtsphilosophie, München 2006[한국어판, 법이란 무엇인가?(윤재왕 옮김), 2009].

Hofmann, Hasso, Einführung in die Rechts- und Staatsphilosophie, 2.Aufl., Darmstadt 2003.

Horn, Norbert, Einführung in die Rechtswissenschaft und Rechtsphilosophie, 4.Aufl., Heidelberg 2007.

Horster, Detlef, Rechtsphilosophie zur Einführung, Hamburg 2002.

Jakobs, Günther, Norm, Person, Gesellschaft. Vorüberlegungen zu einer Rechtsphilosophie, 2.Aufl., Berlin 1999.

Kaufmann, Arthur, Rechtsphilosophie, 2.Aufl., München 1997[한

국어판, 법철학(김영환 옮김), 2007].

Kaufmann, Arthur/Hassemer, Winfried/Neumann, Ulfrid (Hrsg.), Einführung in die Rechtsphilosophie und Rechtstheorie der Gegenwart, 7.Aufl., Heidelberg 2004.

Kaufmann, Matthias, Rechtsphilosophie, Freiburg/München 1996.

Koller, Peter, Theorie des Rechts. Eine Einführung, 2.Aufl., Wien 1997.

Kriele, Martin, Grundprobleme der Rechtsphilosophie, Münster 2003.

Kunz, Karl-Ludwig/Mona, Martino, Rechtsphilosophie, Rechtstheorie, Rechtssoziologie. Eine Einführung in die theoretischen Grundlagen der Rechtswissenschaft, Bern 2006.

Mastronardi, Phillippe, Juristisches Denken, 2.Aufl., Bern 2003.

Mayer-Maly, Theo, Rechtsphilosophie, Wien 2001.

Naucke, Wolfgang/Harzer, Regina, Rechtsphilosophische Grundbegriffe, 5.Aufl., München 2005.

v.d. Pfordten, Dietmar, Rechtsethik, München 2001.

Radbruch, Gustav, Rechtsphilosophie. Studienausgabe, hrsg. v. R. Dreier/Paulson, 2.Aufl., Heidelberg 2003.

Schapp, Jan, Freiheit, Moral und Recht, Grundzüge einer Philosophie des Rechts, Nachdruck Tübingen 2005.

Schwintowski, Hans-Peter, Recht und Gerechtigkeit. Eine Einführung in die Grundlagen des Rechts, Berlin u.a. 1996.

Smid, Stefan, Einführung in die Philosophie des Rechts, München 1991.

Stratenwerth, Günter, Freiheit und Gleichheit. Ein Kapitel Rechtsphilosophie, Bern 2007.

Zippelius, Reinhold, Rechtsphilosophie. Ein Studienbuch, 5.Aufl., Mün- chen 2007.

서 론

오늘날 법철학은 크게 보면 두 가지 문제영역과 씨름하고 있다. 첫째, 법철학은 '법'이 과연 무엇인지를 밝히고자 한다. 즉 법이라는 현상을 더욱 자세히 규명하려고 한다(본론의 제1부는 이 문제를 다룬다). 둘째, 법철학은 과연 국가의 입법자가 공포한 규범이나 법관이 선고한 판결과는 무관한 어떤 독자적인 정당성기준이 있는가를 탐구한다. 다시 말해 '실정성에 앞선'(vorpositiv) 또는 '실정성을 초월한'(überpositiv) 법이 있다고 말하는 것이 어떠한 의미가 있는지를 묻는다(본론의 제2부는 이 문제를 다룬다). 실정성과 관계없는 정당성기준에 관한 물음은, 국가가 선포한 규범이 됐든 또는 '실정성에 앞서거나 실정성을 초월한' 규범 — 만일 그러한 규범이 있다면 — 이 됐든, 과연 그러한 규범의 구속력을 정당화할 수 있는지, 만일 정당화할 수 있다면 어떻게 그것이 가능한가라는 물음도 포함한다. 한 실정법의 효력기준을 깊이 생각해 본 사람이라면 — 설령 실정법 규범에 반하여 행동할 때는 국가의 제재와 같은 어떤 불이익이 발생할 것이라는 사실에서 그 실정법의 효력을 인정한다 할지라도 — 과연 비실정적 정당성기준(nichtpositive Richtigkeitskriterien)이 있는지를 함께 생각해 보지 않을 수 없다. 이 두 번째 문제영역이 첫번째 문제영역과 밀접한 연관성을 갖는다는 점은 나의 논증과정에서 명백하게 밝혀질 것이다. 이와 반대로 어떠한 비실정적 정당성기준이 법적 강제를 통해 관철되어도 좋은가라는 물음 역시 법철학의 핵심적인 물음 가운데 하나이다. 이 물음에 답하기 위해서는 다시 예컨대 도덕과 같은 법 이외의 현상과는 구별되는 '법'의 개념이 무엇인지에 대한 설명을 필요로 한다. 이 점에서 두 번째 물음 — 비실정적 정당성기준에 대한 물음 — 은 결국 첫번째 물음 — 법의 개념에 대한 물음 — 으로 귀착한다.

첫 번째 물음, 즉 "도대체 법이란 무엇인가?"라는 물음은 법을 전체 문화현상 가운데 하나로 파악하는 것으로 모든 사람의 일상에서도 중요한 물음일 것이다. 우리는 거의 날마다 법과 마주친다. 물건을 사고, 집수리를 맡기고, 손해배상을 요구하고, 보험금을 청구하고, 결혼을 하고, 국가로부터 사회부조나 보조금을 받고, 세금이나 수수료 또는 벌금을 물고, 범죄행위를 저지르거나 범죄를 신고하는 등등 일상의 많은 것들이 법과 관련되어 있다. 직업적으로 법을 다루는 법률가에게 법에 대한 물음은 이 이상의 의미가 있다. 자신들의 직업활동의 전제 자체를 묻는 것이 되기 때문이다. 하지만 두 번째 문제영역도 일반인들에게 매우 현실적인 의미를 갖는다. 즉 과연 세계관적 중립성을 견지하는 국가에서 규범의 구속력을 정당화할 수 있는 어떤 내용적 기준이 있는가? 규범을 준수하는 것이 명백히 불이익이 되는데도, 그 규범을 인정하거나 심지어 그 규범을 준수해야 한다는 의무감을 느껴야 할 근거가 있는가? 규범의 특정한 내용을 정당하다고 보아야 할 근거를 제시할 수 있는가? 예컨대 재화를 분배하고 의무를 부과하는 일정한 방식에 대해 그것이 '정당하다'고 말할 수 있는 합리적 근거가 있는가?

실정성과 무관한 정당성기준을 제시하는 문제(아래의 제2부)뿐만 아니라, 법의 존재 자체(아래의 제1부)도 역사의 흐름 속에서 여러 가지 방식으로 끝없는 물음의 대상이 되어 왔다. 법철학이 단순히 법률학(Jurisprudenz)의 보조과학에 머물지 않으려면, 법철학은 이러한 원칙적인 문제를 둘러싼 논쟁을 다루어야 한다. 그렇기 때문에 이 책은 법철학이 자신의 주제를 문제 삼는 방식 자체를 주제로 삼아, 이에 대한 접근을 시도해 보고자 한다.

이 책은 무엇보다 어떤 문제의식을 갖도록 일깨우며, 그러한 문제에 대해 깊이 생각해 보는 계기를 마련하고자 한다. 따라서 이 책은 그러한 문제에 대한 오늘날의 몇 가지 대답들을 소개하고, 이 대답들과 문제제기 자체가 법에 대한 철학적 사유의 전통에 비추어 어떠한 의미를 가질 수 있으며 또한 어떻게 이해될 수 있는지를 밝혀 보고자 한다. 물론 역사적 접근방식을 취하는 법철학은 새로운 사유를 계속 창안해야 할 필요가 없다. 그렇지만 동일한 주제에 관해 시대를 초월하여 끝없이 지속되는 논의가 있을 수 있다는 생각에 대해서는 항상 회의를 품고 있어야 한다. 심지어 주제 자체도 나름의 시대가 있고, 사용하는 단어가 다르면 의미도 달라지기 때문이다. 그렇기 때문에 모든 시대의 '위대한 저작'들을 알아야만 한다. 그러나 그러한 저작들을 각각의 역사적 맥락에 비추어 이해해야 한다. 마찬가지로 오늘날의 많은 문제들은 오늘날의 문화적 맥락에 비추어 볼 때에 비로소 그 의미를 밝힐 수 있게 된다. 이런 이유에서 역사적 설명과 현재의 논의상황을 같은 비중을 두어 간략하게 서술하지 않을 수 없다.

　이 책은 초보자에게는 이해하기 쉽고 전체적인 윤곽을 잡을 수 있게 서술하려고 노력했으며, 어느 정도 법철학 지식이 있는 사람들에게는 이 분야를 더 깊이 공부하는 데 도움이 되도록 각주에 중요한 문헌들을 소개했다. 전문가들의 눈에는 많은 주제와 섬세한 논증이 빠져 있을 것이다. 아마도 이 책을 읽는 것은 단지 하나의 사다리를 오르는 일에 불과할지 모른다. 그 사다리의 끝에서 독자들이 이미 읽은 것을 반복하는 것이 아니라, 스스로 더욱 발전된 인식을 키울 수 있는 능력을 갖기를 희망한다.

제1부

법이란 무엇인가?

젤 · 만 · 법 · 철 · 학

§1 대안을 둘러싼 논쟁 : 법은 결코 자명하지 않다

┃참고문헌┃ *Adorno*, Negative Dialektik, 11. Aufl., Frankfurt a.M. 2003; *Arnaud*, Entre modernité et mondialisation. Cinq leçons de la philosophie du droit et de l'Etat, Paris 1998; *Augustinus*, De Civitate Dei, dt. Übers., Der Gottesstaat Bd.II, Zürich 1955; *Blankenburg* u.a., Vorwort zum Jb. f. RSoz. u. RTh. Bd.6(1980); *Derrida*, Gesetzeskraft. Der 'mystische Grund der Autorität', Frankfurt a.M. 1991, Nachdruck 2005; *Duncan Kennedy*, The Critique of Rights in Critical Legal Studies, in: Brown/Halley(Hrsg.), Left Legalism, Left Critique, London 2002, S.178ff.; *Edgeworth*, Law, Modernity, Postmodernity. Legal Change in the Contracting State, Aldershot 2003; *Hager*, Konflikt und Konsens: Überlegungen zu Sinn, Erscheinung und Ordnung der alternativen Streitschlichtung, Tübingen 2001; *Hegel*, Phänomenologie des Geistes(1807), Werke Bd.3 Edition Moldenhauer / Michel, Frankfurt a.M. 1970; *Kranz*(Hrsg.), Die Fragmente der Vorsokratiker, 19.Aufl., Zürich 1996; *Lambert*, Franciscan Poverty. The doctrine of the absolute poverty of Christ and the apostles in the franciscan order 1210-1323, 2.Aufl., St. Bonaventure N.Y. 1998; *Lüderssen*, Genesis und Geltung in der Jurisprudenz, Frankfurt a.M. 1996,; *Marx*, Grundrisse der Kritik der politischen Ökonomie, Rohentwurf von 1857/58, MEW Bd. 42, Berlin 1983; *Morsch*, Mediation statt Strafe? Eine Untersuchung der 'médiation pénale' in Frankreich, Köln u.a. 2003; *Osterkamp*, Juristische Gerechtigkeit, Tübingen 2004; *Peters*, Rationalität, Recht und Gesellschaft, Frankfurt a.M. 1991; *Raiser*, Grundlagen der Rechtssoziologie, 4.Aufl., Tübingen

2007; *Schapp*, Gemeinschaft als Grundlage der Gesellschaft, in: Rechtstheorie 2006, S.49ff.; *Tochtermann*, Alternative Dispute Resolution: Einführung in die alternative Streitbeilegung, JuS 2005, S.131ff.; *Tönnies*, Gemeinschaft und Gesellschaft(zuerst erschienen 1887), Darmstadt 2005; *Unger*, The Critical Legal Studies Movement, Harvard Law Review 96(1983), S.561ff.; *Voigt* (Hrsg.), Abschied vom Recht? Frankfrut a.M. 1983.

"법이란 무엇인가?"라는 물음에 대해 어느 정도 만족할 만한 대답을 하기 위해서는 철학적 사유를 거쳐야 한다. 이 물음에 대한 대답은 곧 철학적 사유의 결과라 할 수 있다. 따라서 어떤 대답을 처음부터 제시할 수는 없으며, 더구나 법철학 입문서의 첫 페이지를 장식할 수는 없다. 하지만 법철학적 지식의 습득을 시작한 사람이라면, 법의 개념에 접근하는 첫발을 내딛지 않을 수 없다. "모든 개념정의는 부정이다"(omnis definitio est negatio)는 스피노자(Spinoza; 1632-1677)의 주장[1]이 옳다면, 개념정의란 경계설정(de-finitio)으로서 단지 경계선 바깥에 있는 것과의 구별에 불과할지 모른다. '드라마'나 '영웅'이 무엇을 의미하는지는 아마도 우리가 '드라마적이지 않은 것' 또는 '영웅적이지 않은 것'을 다루면서부터 더 잘 알 수 있게 되었을 것이다. 그렇다면 우리가 '법'을 어떻게 이해하고 있는가 하는 문제에 대한 접근도 법에 대한 비판을 고찰하는 것으로 시작할 수 있지 않을까? 법의 내재적 측면에서 어떤 대안을 생각해 보거나 또는 법 자체를 대체할 수 있는 대안을 생각하는(이러한 생각은 결코 오늘날에 국한된 현상이 아니다) 사람은 우리가 흔히 '법'이라고 부르는 것들에서 전형적으로 나타나는 요소들을 더욱 분명하게 파악하게 된다. 따라서 '대안을 둘러싼 논쟁'은 '법'을 규정하는 요소들을 (비록 잠정적이기는 하지만) 이해할 수 있게 하는 실마리가 된다. 대안을 둘러싼 논쟁들은 일단 이러한 측면에서만 관심의 대상으로 삼고, 법비판(Rechtskritik)에 대한 비판적 논의는 나중에 행하도록 하겠다(§4).

법에 대한 비판은, 역사적으로 볼 때, 특정한 법규범이나 판결에 대한 비판 또는 법을 통해 규율된 개개의 지배형태나 법률가계급의 결점에 대한 비판의 형태로 등장하곤 했다. 또한 법 자체를 문제 삼는다는 의미에서의 법비판도 항상 존재해 왔다. 물

---

1) Spinoza, Werke Bd. 6, Briefwechsel, hrsg. v. Walter, dt. Übers., 3.Aufl., Hamburg 1986, Brief 50.

론 단순히 법의 특정한 측면(예컨대 사법절차, 법관의 판결 등)을 의
문시하는 것과 법 자체를 의문시하는 것 사이의 경계는 유동적이
다. 그렇지만 아래의 논의는 '대안이 될 수 있는 법형식'을 둘러
싼 논쟁보다는 '법 자체를 대체하는 대안'을 둘러싼 논쟁에 비중
을 두고 있다.

　　물론 법의 대안과 관련해서도 여러 가지 현상들이 개입되어
있다. 드물긴 하지만, 규율수단으로서 법의 기능이나 사고 및 행
위의 기준으로서 법의 의미를 모든 생활영역에 걸쳐 전혀 의미가
없다고 보고 법 자체를 전면적으로 문제시하는 경우가 있을 수
있다. 그러나 법적 규율에 대한 거부감은 대개 특정한 계층(예컨
대 문화적 엘리트계층, 성직자)이나 특정한 생활영역(예컨대 종교, 특
히 인간과 신의 관계; 경제질서나 소유권질서; 합의에 따른 인간관계)에
기인하는 경우가 많다. 최근의 이론에 따르면 이제 국가의 존재
자체가 의문의 대상이 되고, 이에 반해 예컨대 갈수록 더 큰 의
미를 갖게 되는 '국제 상관습법(lex mercatoria)'이나 한 국가의 법
질서만으로는 더 이상 통제할 수 없는 인터넷과 같은 영역에서
보듯이 기대를 안정화하는 법[2]을 더 중시하는 경향이 있다.

　　우선 법비판의 역사를 살펴보도록 하자. 오늘날의 법비판은
그 역사를 알 때에만 비로소 이해할 수 있기 때문이다.

1. 고대, 중세, 근대의 법비판

　　비록 여러 가지 의문이 제기되곤 했지만, 유럽의 정신사를
고대, 중세, 근대로 구분하는 것이 일반적인 시대구분이다. 일단
이러한 시대구분을 따른다면, 고대, 중세, 근대에는 각각 상이한

---

2) 이에 관해서는 Teubner, Global Law without a State, Aldershot 1997;
　　J.-P. Müller, Der politische Mensch - menschliche Politik, Basel 1999,
　　S.118ff., S.123ff.

유형의 법비판이 등장했음을 알 수 있다.

　고대의 문헌에서 법은 흔히 개인적 이익의 관철을 저지하기 위한 수단으로 여겨졌다. 중세에는 주로 신의 은총과 사랑이라는 더 고차적인 원칙과의 관련 하에 정의를 비판하는 경우가 많았다. 근대의 법비판에서 전형적인 것은, 법을 통해 규율되는 사회적 관계는 특정한 (부정적으로 평가되는) 지배질서와 경제질서의 반영에 불과하다는 비판이다. 다시 말해 인간의 특정한 상호작용형식으로서의 법을 이상적인 상호작용형식을 상정하여 비판적으로 고찰하려고 했다.[3]

　아래의 간략한 서술은 단지 몇 가지 보기에 불과하다. 이를 통해 가급적 역사적 연속성을 유지하면서 훗날에 특히 커다란 영향을 끼친 중요한 주장들을 분명하게 밝혀 보고자 한다.

a) 고대의 법비판

　고대의 법비판은 주로 그리스의 문헌에서 등장한다.[4] 소피스트인 고르기아스(Gorgias; 기원전 483-375년)는 수사학(Rhetorik)을 '진정한 언어구사방식'이라고 찬양하고, 전통적 규율로서의 법(nomos)과 정의를 수호하는 여신 디케(dike)를 거부했다. 그리하여 법은 수사학과는 반대로 어떤 문제영역에서 현실적으로 중요한 측면을

---

3) 이러한 삼단계의 근거들을 발달심리학의 관점에서 서술하고 있는 Kohlberg, From Is to Ought, in: Mischel(Hrsg.), Cognitive Development and Epistemology, New York / London 1971, S.151ff. (164f.).

4) 아래의 논의에서 인용되는 원문들은 다음과 같다: Gorgias, Rede auf die Gefallenen des Peloponnesischen Krieges, bei: Kranz(Hrsg.), Die Fragmente der Vorsokratiker, II B 6; Platon(기원전 427-347), Gorgias, 482d-484b, 491e, dt. Übers., Werke Bd. 2, hrsg. v. Eigler, Darmstadt 1973, S.377-381, 401; Protagoras, 337b, dt. Übers., Werke Bd. 1, hrsg. v. Eigler, Darmstadt 1977, S.155; Politeia, 338c, 343c-344b, dt. Übers., Der Staat, Werke Bd.4, hrsg. v. Eigler, Darmstadt 1971, S.39ff., S.55ff.

고려할 능력이 없다고 규정한다. 또 다른 소피스트인 칼리클레스
(Kallikles; 실존인물이 아니라 단지 플라톤이 지어낸 이름일 뿐이라는 것
이 정설이다)와 트라시마코스[Trasymachos; 펠로폰네소스 전쟁(기원전
431-404년) 당시의 생존인물]에서도 법을 통해 이익을 얻는 자가 누
구인가에 대해 완전히 상반된 사고방식을 찾아볼 수 있다.

칼리클레스에 따르면 법률은 강자들을 위협하기 위해 약자들
이 만들어낸 것이라고 한다. 이에 반해 강자가 약자에게 승리하
는 것이 정의롭다는 사실은 자연이 입증하고 있다고 한다. 따라
서 자연과 법률은 대부분 모순관계에 있다는 것이다. 이러한 설
명방식은 소피스트인 히피아스(Hippias; 기원전 440년에서 400년 사
이에 생존했다는 것이 확인된다)에게서도 유사하게 나타나 있다. 히
피아스에 의하면 법률이란 인간에게는 폭군에 불과하며, 반자연
적인 것을 강요한다고 한다. 그래서 현자들은 오히려 그들의 자
연(본성)을 따라야 한다고 주장한다. 이와는 정반대로 트라시마코
스는 정의란 강자의 이익에 불과하며, 정의롭게 행동하는 약자는
결국 자신에게 불리한 것을 행하는 것이라고 한다. 그러나 칼리
클레스와 트라시마코스 법비판에 내재하는 명백한 동기 – 법률에
따라 행동하는 것은 개인(강자 또는 약자로서의 개인)에게 해악이
된다 – 가 그 이후의 법을 둘러싼 논의에서는 다시 등장하는 경
우는 거의 없었다.

b) 중세의 법비판 : 아우구스티누스에서 종교개혁까지

아우구스티누스(Augustinus; 354-430)의 저작 「신의 국가」(De
Civitate Dei)[5]는 이 책이 그 이후의 시대에 미친 영향에 비추어
볼 때 매우 중요한 의미를 갖는다. 아우구스티누스는 두 가지 인

---

5) 이하의 설명과 관련하여 Augustinus, De Civitate Dei, 12.Buch, Kap.
28; 14. Buch, bes. Kap. 1, 4, 28; 15. Buch, Kap. 17, dt. Übers.,
S.109ff., S.158, S.164ff., S.214ff., S.254ff. 참고.

간공동체가 존재한다고 가르친다. 즉 신을 사랑하며 살아가는 인간들로 성립된 신의 국가와 자기애(Selbstliebe)만을 추구하며 살아가는 인간들로 구성된 세속의 국가(civitas terrena)가 있다고 한다. 물론 이 양자는 현실적으로는 서로 얽혀 있으며, 바깥에서 보면 서로 구별될 수 없다. 단지 앞서 언급한 두 가지 삶의 방식 가운데 어느 것을 따르는가에 비추어, 각 개인이 어떠한 공동체에 속하는지가 결정된다.

세속의 국가는 한편으로는 악의 왕국이다. 왜냐하면 세속의 국가는 죄악을 범한 카인(Kain)에 그 기원을 두고 있기 때문이다. 또한 세속의 영역을 뛰어넘어 생각하더라도 세속국가의 구성원은 모두 타락한 천사들이기 때문에, 세속의 국가는 심지어 악마적이다. 다른 한편, 신의 국가로서의 측면은 속세에서는 늘 끝없는 순례의 길 위에 서 있을 뿐이지만 어쨌든 세속의 평화를 필요로 한다. 이러한 평화는 세속국가의 법률을 통해 마련된다. 그러므로 속세에서 이루어지는 재판은 필요악의 성격을 가지며, 아우구스티누스는 이 필요악의 고통을 상세히 서술하고 있다. 속세의 평화는 불완전하며, 이는 마치 고통 속에서 얻는 위안과 같은 것이다. 만일 신이 각자에게 그들이 얻어 마땅할 바를 주게 된다면, 그것은 바로 영원한 죽음일 것이다. 따라서 몇몇 사람을 죽음으로부터 구원하는 일은 신의 무조건적인 은총일 따름이다.

이러한 아우구스티누스의 '자연법적 무정부주의'6)에 관해서는 그 이후 여러 가지 해석이 뒤따랐으며, 대개는 명백한 정치적 의도를 가진 해석이 많았다. 예컨대 교회를 신의 국가라고 부른다거나, '정치적 아우구스티누스주의'와 같이 세속의 국가에 대해 종교적 정당화를 부여하려는 해석이 있었다. 그러나 이러한 해석과는 상관없이, 속세의 정의를 신에 대한 사랑과 신의 은총으로 구

---

6) Flasch, Augustinus. Einführung in sein Denken, 3.Aufl., Stuttgart 2003, S.394.

성된 공동체보다 하위에 놓는 입장은 일관된 논거였다.

　법에 대한 비판은 13세기와 14세기에 걸친 프란치스코 수사회의 청빈논쟁에서도 계속된다. 프란치스코 수사회의 청빈논쟁은 중세 교회의 기독교 교리와 관련하여 법의 의미에 관한 가장 중요한 논쟁 가운데 하나였다. 개인의 재산소유를 포기하는 것은 이미 성직자에 대한 베네딕트 수사회의 규율[7]에서도 의무에 속했지만, 그 후에도 재산소유와 그리스도를 따르는 것은 서로 합치하지 않는다고 여기고 교회에 대해 소유를 포기하라고 주장하는 운동이 지속적으로 있어 왔다. 프란치스코 수사회(이른바 '탁발수사회')의 결성은 교회 내에서 그와 같은 비판을 수용한 결과였을 것이다. 이 수사회를 만든 아씨시의 프란치스코(Franz von Assisi; 1181-1226)는 자기 수사회의 엄격한 규율을 교황 호노리우스(Honorius) 3세의 칙령으로부터 방어해야만 했다. 성직자의 재산소유문제를 둘러싼 이 갈등은 13세기 초반에는 이론적 차원에서도 갈등을 불러일으켰다.[8] 프란치스코 수사회에 대해 매우 우호적이었던 교황 니콜라우스(Nikolaus) 3세는 1279년의 칙서에서, 프란치스코 수사들은 (개인적으로든 수사로서든) 그들이 이용하거나 소비한 물건(예컨대 식량)을 소유한 것이 아니라, 그리스도나 그 사도들처럼 '단순히 사실상 사용한 것'일 뿐이라고 확인했다. 즉 법적 소유와는 전혀 관계가 없는 사실상의 사용이라는 것이다. 이러한 평가는 1312년에도 교황 클레멘스(Clemens) 5세에 의해 거

---

7) Benedikt von Nursia(450년경-537년)는 529년에 몬테카시노에 수도원을 건립했다. 그는 서양 수사회의 창시자로 여겨진다.

8) 프란치스코 수사회의 청빈논쟁에 관해서는 특히 Lambert, Franciscan Poverty. The doctrine of the absolute poverty of Christ and the apostles in the franciscan order 1210-1323; Grossi, Usus facti – La nozione di proprietà nella inaugurazione dell' età nuovo, Quaderni Fiorentini 1 (1972), S.287ff.; Seelmann, Die Lehre des Fernando Vasquez de Menchaca vom dominium, Köln/Berlin/Bonn/München 1979, S.98ff. 참고.

의 그대로 받아들여졌다.

　10년이 지난 후 그 자신 법률가였던 교황 요하네스(Johannes) 22세는 이러한 이론구성에 대해 강력한 비판을 제기했다. 소유와 사용을 완전히 분리하는 것은 그의 법적 사고에 완전히 모순되는 것이었기 때문이다. 요하네스 22세는 아주 구체적인 보기를 든다. 계란 하나 또는 치즈 한 조각을 먹은 사람은 이 음식에 대한 법적 지위를 갖지 않을 수 없다는 것이다. 당시의 빈민계층으로부터 강력한 지지를 받았고 진정한 의미의 '성직자'로 여겨졌던 프란치스코 수사회의 입장에서 이 문제는 결코 쉽게 양보할 수 없는 원칙적인 문제였다. 그리하여 이 문제는 오랫동안 학문적 논쟁의 대상이 되었고, 더욱이 다양한 정치적 논쟁까지 겹친 채로 진행되었다(예컨대 몇 명의 유명한 프란치스코 수사들이 황제의 편에 서게 되면서 시작된 교황과 황제 사이의 분쟁을 들 수 있다).

　프란치스코 수사회의 청빈논쟁에서 부와 빈곤은 단순히 경제적 차이를 의미하지 않는다. 오히려 스스로 선택한 빈곤은 법이 대상영역으로 삼는 인간의 공동생활형태를 전면적으로 거부하는 행위로 해석될 수 있었다. 바로 이 점이 교회 지도층의 눈에는 매우 위험하게 여겨졌다.

　16세기 초반의 종교개혁시대에는 이미 초대교회 때부터 있었던 논쟁, 즉 그리스도의 속죄와 관련하여 구약의 율법이 어떤 의미를 갖는가에 대한 논쟁이 새로운 양상을 띠고 다시 불붙었다. 종교개혁 이전의 교회와 가톨릭교회의 입장에서는 트리엔트 종교회의의 결정에 따라 구약의 '율법'과 신약을 최대한 조화시켜야 했다. 이에 반해 루터의 지지자들과 훗날의 프로테스탄트 교회들은 양자의 구별을 논의의 핵심으로 삼았다. 루터(Luther; 1483-1546) 자신은 율법(루터에게 율법은 구약의 명령뿐만 아니라, 신약에 담긴 종교적 요청까지도 포함된다)과 율법에 따른 삶이 결코 인간을 신 앞에서 정당화하는 근거가 될 수 없다고 보고, 그리스도는 입

법자가 아니라고 주장했다. 만일 그리스도가 입법자라면 신의 은
총은 이미 은총이 아니라는 것이다.[9] 그러면서도 루터는 그리스
도가 율법을 완성했기 때문에 만일 율법을 폐지하면 그리스도가
누구인지를 알 수 없게 된다고 한다. 루터는 이런 근거로 율법을
옹호했지만, 이는 논쟁의 씨앗을 뿌린 셈이다. 루터와 논쟁을 벌
였던 반율법주의자들은 더욱 극단적이었다. 그들은 구약의 명령
이 과연 그리스도에게도 효력이 있는지 의심하고, 더 나아가 은
총의 종교인 그리스도교에서 명령의 존재 자체를 거부한다.[10] 그
들에 의해 그리스도는 율법뿐만 아니라, 법이라는 개념범주에 따
른 사고 자체를 극복한 존재로 구성된다.

　전체적으로 볼 때, 16세기에 이르기까지 중세의 논의에서 법
은 더욱 상위에 있는 원칙, 특히 신의 은총에 대립되는 것으로
여겨지는 경우가 대부분이었다. 법과 정의에 우선하는 원칙들은
인간생활의 바깥에서, 즉 신의 영역에서 인간생활의 영역으로 투
영되었다. 따라서 중세의 법비판은 인간중심이었던 고대의 법비
판에 비해 신(神) 중심이라고 단정할 수 있다.

c) 근대의 법비판
　지금까지 설명한 유형의 법비판과는 달리 지난 5세기 동안의
비판은 무엇보다 인간의 공동생활에 초점을 맞추고, 더 바람직한
공동생활의 형태가 무엇인지를 찾으려 했다. 따라서 근대의 법비
판은 개인의 이익을 우선시키는 고대의 법비판이나 고차적인 원
칙을 법의 영역에 침투시키는 중세의 법비판과는 상당히 다르다.

---

9) Luther, Disputationen gegen die Antinomer in: Disputationen gegen
　Antinomer, WA(Weimarer Ausgabe) Bd. 39 I, Weimar 1926, S.357 및
　1. Disputation gegen Antinomer, a.a.O., S.359-417.
10) 논쟁 전반에 관해서는 Iwand, Glaubensgerechtigkeit und Luthers
　Lehre, S.51ff.(56ff.), in: ders, Glaubensgerechtigkeit Bd.II, München
　1980, S.51 ff.(56ff.).

　　예컨대 하나의 사회적 갈등을 법적인 관점에서 논의하거나 설명할 경우, 정작 그 갈등의 구체적 당사자들에게 문제되는 많은 점들이 도외시된다는 사실은 법을 잘 모르는 사람들도 흔히 관찰하는 측면이다. 철학자 헤겔(Hegel; 1770-1831)은 바로 이러한 측면을 자신의 법철학적 사고의 초기 주제로 다루었고, 특히 그의 청년기 저작에서 법상태(Rechtszustand)에 대한 비판의 출발점으로 삼았다.[11] 이 가운데 두 가지 논의의 맥락이 특히 중요한 의미를 가졌다. 첫째는 그리스 폴리스의 윤리와 로마 법사상의 관계이고, 둘째는 구약의 율법과 그리스도의 사랑의 관계(이는 우리가 앞에서 설명한 논쟁을 통해 이미 알고 있는 문제영역이다)이다.

　　헤겔의 해석에 따르면 그리스인들은 그들의 공동체와 완전히 통일된 삶을 살았다. 따라서 각 개인이 살아 숨 쉬는 민족정신과의 자연적 결합에서 풀려나게 된 것은 이미 그리스 정신의 멸망사에 속한다고 헤겔은 생각했다. 이에 반해 로마인들의 삶은 보편적인 것이 수없이 많은 개인들의 원자로 흩어진 상태로 파악한다. 즉 각 개인은 서로에 대해 인격적 존재이며, 평등한 존재로 승인되었다. 그러나 이러한 승인은 오로지 각 개인의 개인성의 측면, 각 개인이 다른 개인과 현실적으로 구별되지 않는 권리주체로서의 측면에 국한되었다. 따라서 공통의 확신, 공통의 전통, 공통의 과제라는 어떤 내적 유대가 인간을 결합시키는 것이 아니라, 단지 권리주체로서의 쌍방적 승인이 결합의 근거였다.

　　그리하여 법은 한 사람의 삶을 다른 사람의 그것과 구별하는 특수한 측면으로부터 완전히 벗어나 추상화되었다. 즉 개인의 권리주체로서의 속성은 그 개인의 성격상의 특징, 욕구, 관심, 사회적 지위, 정치권력이나 경제권력 등과는 전혀 관계가 없다. 이렇

---

11) Hegel, Phänomenologie des Geistes(1807), C.(BB) VI. A. c. Der Rechtszustand, S.355ff. 또한 헤겔의 역사철학과 종교철학에서 그리스 정신과 로마 정신에 대해 언급하고 있는 부분들을 참고.

게 하여 법의 관심에서 벗어나 있고, 따라서 우연의 영역에 속하는 내용은 로마 황제에게는 법과는 완전히 독립된 영역으로 여겨지게 되었다. 헤겔은 이를 로마 법상태의 필연적 결과로 이해했다. 물론 헤겔이 그리스 폴리스와 같이 개인과 공동체가 합일되어 있고, 따라서 개인의 자유의식을 통해 매개되지 않은 직접적 윤리상태(unmittelbare Sittlichkeit)로 되돌아가려 한 것은 아니었고, 단지 필연적으로 등장하는 일정한 발전단계가 안고 있는 부정적 측면을 보여주고자 했다.

헤겔의 법비판이 신학적 전통 위에 서 있다는 점[12]은 법률과 사랑에 대한 그의 입장에서 분명히 드러난다. 헤겔은 중세의 법비판처럼 법률과 신의 은총 사이의 대립이 아니라, 법률과 (그리스도의 사랑을 포함한) 인간 상호간의 사랑 사이의 대립을 강조한다. 그는 산상수훈을 보기로 들어 예수 그리스도가 법률에 대한 복종보다 훨씬 상위에 있음을 밝히고자 했다. 헤겔에 따르면 법률이란 '서로 대립하는 자들이 하나의 개념 아래 결합한 것'이며, 이 개념 또한 현실에 반대되는 것이라고 한다(어떤 것이 당위되어 있다면, 그것은 이루어져 있는 현실이 아님을 의미한다). 법률은 또한 인간의 자연적 성향에 대항하는 것을 전제로 한다. 이처럼 당위와 구체적 현실 가운데 한 가지 측면, 즉 당위에만 시각을 고정시킴으로써 구체적 현실로부터 분리되는 추상화가 사랑에 대한 예수의 '명령'에서는 극복되어 있고, 사랑의 명령은 결코 진정한 의미의 명령이 아니라고 한다. 헤겔에 따르면, 예수는 명령에 대한 복종을 필요로 하지 않는 그 무엇이 있음을 보여주었다고 한다. 왜냐하면 사랑은 삶의 한 양태로서 현실에 대립되어 있는 당위가 아니기 때문이다(이 점에서 헤겔은, 사랑은 명령할 수 없다는

---

12) 이에 관해서는 Graf, Artikel "Gesetz," VI. "Neuzeit," in: Gerhard Krause / Gerhard Müller(Hrsg.), Theologische Realenzyklopädie Bd. X Ⅲ. Berlin / New York 1984, S.102ff.(109ff.) 참고.

칸트의 생각이 옳다는 점을 다시 한 번 확인하고 있다).[13]

법의 추상성에 대한 헤겔의 비판은 칼 맑스(Karl Marx; 1818-1883)에 의해 더욱 강화되며, 법과 경제의 관계로 집약된다. 맑스에 따르면, 법은 그 본질상 서로 다른 인간들에 대해 똑같은 척도를 적용하는 것이다.[14] 법이 보장하는 평등과 자유는 상품교환의 평등과 자유를 의미하는데, 상품을 교환하는 자로서의 인간은 다른 모든 차이점에도 불구하고 서로 평등하며, 따라서 상품교환은 강제가 없이, 즉 자유롭게 이루어진다고 전제한다. 권리주체는 곧 상품을 교환하는 개인이다. 그러나 노동력이라는 상품은 그 자체의 가치나 노동의 대가보다 더 많은 가치를 창출하기 때문에, 상품교환의 평등은 필연적으로 불평등을 야기한다. 따라서 맑스는 다른 사회주의자들처럼 단순히 부당한 임금이 불평등의 원인이라고 생각하지 않고, 이를 자본주의 상품교환의 필연적 결과로 파악했다. 결국 맑스는 '평등과 자유의 실현'이 사실은 불평등과 부자유의 실현임을 증명하려고 했다. 아나똘 프랑스(Anatole France)는 이러한 문제점을 적절히 표현하고 있다. "법은 고상한 품격을 지닌 채, 부자에게든 가난한 자에게든 다리 밑에서 자거나 빵을 훔치거나 길모퉁이에서 구걸하는 행위를 똑같이 금지한다."[15] 19세기 후반과 20세기 초반의 이러한 법비판은 '사회국가'

---

13) Hegel, Der Geist des Christentums und sein Schicksal(1798-1800), Werke Bd.1, Edition Moldenhauer/Michel, Frankfurt a.M. 1971, S.274ff.

14) 맑스의 법비판 가운데 이하에서 서술하는 의미의 비판에 관해서는, 특히 Randglossen zum Programm der deutschen Arbeiterpartei(Kritik des Gothaer Programms), MEW Bd.19, Berlin 1962, S.15ff.(21); Das Kapital, 1. Buch, 4. Kapitel, 3., MEW Bd.23, Berlin 1962, S.181ff; Grundrisse der Kritik der politischen Ökonomie, Rohentwurf von 1857 / 58, MEW Bd. 42, S.15ff.(165ff.) 참고.

15) Anatole France, Die rote Lilie, dt. Übers., München 1925, S.116. 이에 관해서는 Smid, Einführung in die Philosophie des Rechts, München 1991, S.149를 참고. 스미트는 법적 평등이 법 외적 불평등을 산출하는

에 대한 논의를 전개하게 되는 계기가 되었다.

2. 법의 대안을 찾는 근거 : 현대의 논의형태

법을 통한 갈등해결을 대체하는 대안을 둘러싼 논의는 흔히 그러한 대안을 통한 갈등해결 방식을 구체적으로 제시할 수 없다는 문제점을 안게 된다. 다시 말해, 법적 갈등해결 방식을 비판하기는 쉽지만, 적극적으로 어떤 대안을 제시하기란 쉬운 일이 아니다. 그렇긴 하지만 아래에서는 법 자체를 대체하는 대안을 찾으려는 노력과 법의 틀 안에서 다른 대안을 찾으려는 노력을 구별함으로써 논의의 기초를 다지고자 한다. 물론 이 양자를 구별하는 경계선이 불확실한 것은 사실이다.16)

법을 대체하는 대안을 찾으려는 근거는 매우 다양하다.17) '법'을 끌어들이는 것이 특정한 공동체의 존속에 장애가 된다고 여겨질 수도 있고, 법은 너무 추상적이어서 갈등의 구체적 해결에 도움이 되지 않는다고 생각할 수도 있다. 또한 법이 직접적 당사자들 스스로 갈등을 해결할 가능성을 박탈한다고 생각할 수도 있다. 다른 한편, 법이 특정한 생활영역을 지나치게 간섭한 나머지 자유를 위협한다고 생각하거나, 법이 경제나 정치와 전혀 구별될 수 없을 정도로 아주 불확실하다는 비판도 있을 수 있다. 법 자체를 대체하는 대안을 찾으려는 노력과는 달리, 법의 틀 속에서 대안을 찾으려는 입장들은 주로 법원의 재판절차에 대한 거부감에 기인한다. 재판은 비용이 많이 들고 더딜 뿐만 아니라,

---

것은 필연적이며 어쩔 수 없는 현상이라고 본다.

16) 이러한 논의범위에 관해서는 Blankenburg u.a., Vorwort zum Jahrbuch für Rechtssoziologie und Rechtstheorie. Bd. 6, S.8ff.

17) 여러 종류의 법비판에 대한 지적 및 그에 대한 여러 가지 근거제시에 관해서는 Peters, Rationalität, Recht und Gesellschaft, S.136ff. 참고.

구체적 사안에 가까이 가지도 못하고 너무 형식에 집착하며 예측하기 어렵다는 비판은 그러한 보기에 속한다. 재판은 비효율적이고 형식주의적이라는 것이다.

a) 공동체에 대한 장애요소로서의 법

무엇보다 법이 공동체를 파괴한다는 생각이 법비판의 근거로 등장하는 경우가 있다. 공동체 내의 각 관계가 분명한 공통의 목표에 기초하고 있고, 따라서 윤리를 통해 직접 규율될 수 있는 관계인데도 여기에 법이 개입함으로써 공동체를 파괴한다는 것이다. 이러한 비판에서는 '그리스식' 사회유형과 '로마식' 사회유형을 구별하는 헤겔의 입장이 영향을 미치고 있다.

가장 자주 지적되는 사실은, 친구 사이나 부부 사이 같이 사회적으로 밀접한 관계에서 한쪽이 자신의 **법적** 지위를 주장하는 상황이 온다면 이미 그 관계가 무너지는 단계에 이르렀음을 뜻한다는 점이다.[18] 이와 같이 법과 공동체 사이에 어떤 적대관계가 존재하는 것은 다음과 같은 점에 기인한다. 친구 사이나 부부 사이처럼 직접적 상호작용의 형식에서 법을 원용한다는 것은 곧 완전히 다른 상호작용형식을 갖는 다른 기관(중립적 제3자)이 그 공동체에 침입하는 결과를 낳는다. 왜냐하면 자신의 법적 권리를 주장하는 사람은 결국 예컨대 법원과 같은 제3자의 강제권을 끌어들여서라도 자신의 이익을 관철시키겠다고 위협하는 셈이기 때문이다. 이처럼 제3자에 의한 강제권행사를 도구로 상대방을 위협하게 되면, 친밀하고 자발적인 직접적 관계는 이미 금이 가게 되고, 심지어 완전히 파괴되기도 한다.[19]

---

18) Carbonnier, Flexible droit, 10.Aufl., Paris 2001, S.33ff.; Freund, Le droit comme motif et solution de conflicts, in: ARSP, Beiheft 8(1974), S.47ff.(51); Ellscheid, Die Verrechtlichung sozialer Beziehungen als Problem der praktischen Philosophie, in: Neue Hefte für Philosophie 17(1979), S.37ff.(42ff.).

  이러한 사정은 영업생활에서도 마찬가지라 할 수 있다. 서로
간의 두터운 신뢰에 기초한 장기간에 걸친 영업관계를 계속 유
지하기 위해서는, 한쪽이 다른 한쪽에 대해 법적 절차를 밟는
일을 삼가기 마련이다. 좋은 관계를 지속시키기 위해 상대방이
뭔가 불법적으로 행동한다는 의심을 자제하고, 이런 의심을 법적
주장과 결합시키지 않는 것이 보통이다.[20] 이러한 측면을 고려
하여, 경제생활과 같은 사회의 모든 부분영역이 그 나름의 '법칙'
에 따라 기능하는 것이 훨씬 더 낫고, 따라서 가급적 법규범에
의해 통제되지 않는 것이 바람직하다는 생각까지도 존재한다.[21]
또한 여러 가지 하위문화(Subkultur)에서 발생하는 갈등을 법적 처
리의 대상으로 삼게 되면, 특히 국가의 형사사법이 개입하는 경
우에는, 하위문화 고유의 제재규칙을 위태롭게 하고 심지어 그
사회적 관계의 종말을 야기할 수도 있다. 예컨대 성폭력을 신고
하지 않거나 사소한 칼부림을 경찰에 알리지 않는 것은 오랫동안
지속되어 온 사회적 관계를 위태롭게 하지 않거나, 하위문화의
일정한 사회적 메커니즘을 일반인에게 노출시키지 않는 기능을
할 수도 있다.[22]
  물론 법을 공동체 파괴적인 제도로 보는 거부감이 단순히

---

19) 이에 관해 자세히는 Ellscheid(주 18), 46면 이하; Ottmann, Politik und
    Vertrag. Eine Kritik der modernen Vertragstheorien, Zeitschrift für
    Politik 33 (1986), S.2 2ff.(30) 참고. 법과 결합하는 권력 자체에 대한 비
    판은 이미 Benjamin, Zur Kritik der Gewalt(1921), Gesammelte Schriften
    Bd. II 1, hrsg. v. Tiedemann/Schweppenhäuser, Frankfurt a.M. 1980,
    S.179ff.에도 나타나 있다. 여기에서 벤야민은 법의 폭력과 '따뜻한 마음,
    평화에 대한 사랑, 믿음'은 완전히 대립관계에 있다고 한다.
20) 이에 관해서는 Macaulay, Non-contractual relations in business – a
    preliminary study, Am.Soc.Review 28(1963), S.55ff.
21) 이에 관해서는 Voigt(Hrsg.), Abschied vom Recht?에 실린 논문들 참고.
22) Blankenburg, Recht als gradualisiertes Konzept. Begriffsdimensionen
    der Diskussion um Verrechtlichung und Entrechtlichung, in: Jb.f. RSoz.
    u. RTh. Bd. 6(1980), S.83ff.(91).

사회적으로 친밀한 관계의 보호에만 국한되지 않고, 법 자체를 모든 공동체에 적대적인 것으로 파악하는 동기가 되기도 한다. 청년 헤겔이나 맑스 또는 1920년대와 30년대의 학자들은 '공동체'(Gemeinschaft)와 '이익사회'(Gesellschaft)를 대립적으로 파악하려 했고, 최근 미국에서 전개되는 논의에 참가하고 있는 많은 학자들도 일정한 내용에 지향된 협동성으로서의 공동체와 각 개인의 이익을 조정하는, 법적으로 조직된 사회를 대비시킨다.[23] 이 점에서 프란치스코 수사회의 청빈논쟁은 오늘날에도 지속되고 있다고 보아도 무방하다.

b) 추 상 성

법이 공동체를 침해한다는 비판과 밀접한 연관성을 갖는 또 다른 비판은, 사회적 관계나 갈등을 규율하는 법이 구체적 생활의 복잡성에 비추어 볼 때 지나치게 추상적이라는 비판이다. 즉 법은 구체적 개별사례에 대해 너무 관심이 없다고 한다.[24] 그리하여 법은 갈등을 해소할 수 없고, 그 갈등의 구체적 배경이나 뿌리에 접근하지 못하며, 오히려 갈등 자체를 정형화하여 형식적으로 처리할 뿐이라는 것이다.[25] 다시 말해, 법은 모든 문제를 동일한 규준

---

23) Sandel, Liberalism and the Limits of Justice, Cambridge 1998; 이 논쟁의 직접적 토대는 1887년에 출간된, 페르디낭드 퇴니스(Ferdinand Tönnies)의 저작 「이익사회와 공동사회」(Gesellschaft und Gemeinschaft)에 연원한다. 이에 관해서는 Schapp, Gemeinschaft als Grundlage der Gesellschaft 참고.

24) 보편과 규칙을 지향하는 법과 구체적 정의를 대립시키는 입장에 관해서는 Derrida, Gesetzeskraft, S.12ff. 참고. 이에 관해서는 Osterkamp, Juristische Gerechtigkeit, S.254ff.; Lüderssen, Genesis und Geltung in der Jurisprudenz, S.334f., S.346.; Habel, Postmoderne Ansätze der Rechtserkenntnis, in: ARSP 1997, S.217ff. 이와 비슷한 맥락에서 이해할 수 있는, 동아시아적 관점의 법비판에 관해서는 Rouland, Introduction historique au droit, Paris 1998, S.38ff.; Morigiva(Hrsg.), Law in a Changing World: Asian Alternatives, ARSP Beiheft 72, 1998 참고.

을 가지고 다루기 때문에 인간의 구체적 개별성을 제대로 파악하지 못하며, 단지 '이것 아니면 저것'이라는 경직된 도식에 따르는 익명의 권력으로서 기계적으로 작용할 뿐이라고 한다. 이러한 비판은 19세기에도 존재했고, 이미 그 당시에도 사회비판적 의도에서 행해졌다. 즉 법이란 결국 서로 평등하지 않는 인간을 평등하게 취급함으로써 불평등을 야기한다는 것이다. 오늘날에도 이 비판은 여전히 법의 한 얼굴을 규정하고 있다고 여겨진다.[26]

이러한 비판들 가운데, 법은 갈등의 직접 '당사자'들 스스로 그 갈등을 해결할 가능성을 박탈한다는 특이한 유형의 비판도 있다. 이러한 비판은 갈등도 하나의 '재산'이며, 이를 박탈하는 것은 '절도'라는 생각을 갖고 있다. 따라서 법을 통한 갈등해결은 법에 의해 자행된 절도라는 것이다.[27] 이 비판에 따르면, 갈등은 중요한 의미를 갖는 참여기회라고 한다. 법률가들이 사회로부터 이 참여기회를 박탈해버리면, 사회는 결국 (사회적) 규범을 분명히 밝힐 수 있는 기회마저 상실하게 된다. 당사자들은 그들이 하나의 사건에서 중요하게 여기는 문제점이 무엇인가를 결정하지 못하며, 당사자 가운데 누가 옳은가를 더 이상 논의할 수 없게 된다.[28] 법의 추상성에 대한 비판 가운데 이러한 유형은 이미 '법

---

25) 이러한 비판에 관해서는 Raiser, Grundlagen der Rechtssoziologie S.299f.; Edgeworth, Law, Modernity, Postmodernity. Legal Change in the Contracting State, S.247(법의 '결정불가능성').

26) Adorno, Negative Dialektik, S.303ff. 법의 대안에 대한 논쟁이 갖고 있는 이러한 사회비판적 경향에 관해서는 Losano, Gesetz und Hacke. Ursprünge und Entwicklungen des alternativen Rechts in Europa und Süd- amerika, in: Helmholz u.a.(Hrsg.), Grundlagen des Rechts, FS Landau, Paderborn u.a. 2000, S.1023ff. 참고.

27) Christie, Konflikte als Eigentum, Informationsbrief f. RSoz. 12(1976). S.12ff. 갈등의 해결을 관련된 당사자에게 맡기자는 주장에 관해서는 Raiser, Grundlagen der Rechtssoziologie, S.282ff. 참고.

28) Christie(주 27), 17면.

의 틀 안에서 대안'을 찾으려는 논의와 맞물려 있다. 왜냐하면 법
체계를 약간 변경하는 것만으로도 사회의 재산인 갈등을 법률가
들이 훔쳐간다는 비판을 무마시킬 수 있기 때문이다. 예컨대 형
법의 경우, 소송이나 제재와 관련하여 범죄자와 피해자의 구체적
관계를 더 많이 고려한다든지,[29] 형사소송에서 비법률가인 일반
인의 위치를 강화하는 방법을 생각해볼 수 있다.

c) 자유위협

'법 자체를 대체하는 대안'과 '법의 틀 안에서의 대안'을 구별
하는 문제와 관련시켜 볼 때, 법이 자유를 위협한다는 비판도 그
위상이 명백하게 정리되지 않는다. 이 비판은 주로 아직 법에 의
해 규율되지 않고 있거나 법의 규율이 미약한 생활영역을 '법적
통제의 대상으로 삼는 것'에 반대하는 입장에서 행해진다. 예를
들면, 19세기 자유주의의 입장에서는 빈곤계층에 대한 부조를 위
해 국가와 법의 개입이 잦아지는 현상을 자유를 위협하는 것으로
여겼다. 오늘날에도 학교나 가정에서 법적 금지가 과연 어떠한
의미를 갖는지에 대해 많은 논의가 이루어지고 있다(예컨대 인공
수정, 대리모 등의 문제). 또한 예나 지금이나 경제는 법과 독립된
독자적 영역임을 주장하는 경우가 많다.[30] 이러한 보기들에서 나
타나듯이, 대개는 두 가지 선상에서 논증이 이루어진다. 첫째, 법
의 적극적 개입으로 인해 공동체의 영역 또는 국가로부터 벗어나
독자적으로 기능하는 영역 자체가 침해당할 위험이 있다. 둘째,
이로 인해 그러한 생활영역에 속하는 개인의 자유까지도 위협받

---

29) 이에 관해서는 Dölling, Täter-Opfer-Ausgleich in Deutschland.
Bestandsaufnahme und Perspektiven, 2.Aufl., Mönchengladbach 2000;
Morsch, Mediation statt Strafe? 참고.

30) 이 논의에 관해서는 Seelmann(Hrsg.), Wirtschaftsethik und Recht,
ARSP Beiheft Bd. 81, Stuttgart 2001에 실린 논문들을 참고.

을 위험이 있다.

개개의 생활영역에서 법적 규율의 밀도가 높아지는 것뿐만 아니라 법의 양적 증대로 인한 '법률의 과잉'(Gesetzesflut) 역시 자유를 위협한다고 여겨진다. 법률의 과잉을 둘러싼 논의는 그동안 상당히 진전되어 법률화(Vergesetzlichung), 관료화, 사법화(Justizialisierung)를 개념적으로 구별하고, 법률의 수가 적다고 해서 관료화나 사법화가 줄어드는 것이 아니라, 특수한 상황에서는 오히려 정반대가 될 수도 있음을 밝힐 정도가 되었다.[31] 이처럼 '법제화'(Verrechtlichung)는 여러 가지 요소들을 함축하고 있으며, 따라서 이 요소들의 상호작용을 면밀하게 살펴야 할 필요가 있다. 그렇지 않을 경우, 법률의 양적 증대를 곧 '법제화'라고 부르는 단순화의 오류를 범할 수 있다.

d) 불확정성

법비판에 관한 오늘날의 논의에서 커다란 주목을 받고 있는 주장은 법의 불확정성(indeterminacy)에 관한 테제이다. 이는 특히 미국의 '비판법학운동'(Critical Legal Studies Movement)의 핵심개념이다.[32] 비판법학에서 말하는 불확정성은 법률이 의미론적으로 확정되어 있지 않다(즉 해석되어야 한다)는 사실에 국한되지 않는

---

31) 법률의 과잉이라는 비판에 대한 재비판으로는 Niggli, Zurück zu den 10 Geboten? Gesetzesflut und Strafrecht, in: Holdegger(Hrsg.), Aufbruch ins dritte Jahrtausend, Freiburg i.Ü., 2000, S.136ff. 참고.

32) 비판법학운동에 관해서는 Unger, The Critical Legal Studies Movement, S.561ff.(564ff.); 비판법학운동 전반에 대해 풍부한 식견을 갖고 서술하고 있는 Carrino, Ideologia e Conscienza. Critical Legal Studies, Naopoli 1992 참고. 또한 법적 논증이 이해관계를 은폐한다는 점을 강조하고 있는 Duncan Kennedy, The Critique of Rights in Critical Legal Studies, S.213; 이에 관해서는 Oberkofler, Richterliche Tätigkiet im US-amerikanischen Rechtssystem aus dem Blickwinkel der Critical Legal Studies, ARSP 2006, S.209ff. 참고.

다. 법률의 의미론적 불확정성은 법이론이나 사회학의 인식을 받아들인 법학방법론에서는 이미 오래 전부터 인정되고 있다. 법률은 법관이나 행정공무원의 평가를 필요로 하며, 법률적용은 구체적 상황과 맞물려 있기에 개별사례마다 서로 다르게 이루어질 수 있다(이에 관해서는 아래의 §6을 참고). 이런 의미에서 법적용은 언제나 법창조이며, 법조문만을 보고 구체적 판결의 결과를 알 수 없는 경우가 허다하다.

이미 켈젠(Kelsen)은 '자유법론'(Freirechtsschule)에 심정적으로 동조하면서, 유일하게 정당한 해석이 있다는 것은 환상에 불과하며,[33] 법률은 단지 법적용자에게 주어진 틀일 뿐[34]이라고 한 바 있다. 그러나 미국의 비판법학운동에서 말하는 불확정성테제는 이보다 훨씬 더 극단적이다. 즉 판결의 결과는 법에 의해 결정되는 것이 아니라 정치적 또는 경제적 이해관계에 의해 결정된다고 한다. 또한 각각의 법적 상태는 오로지 이해관계를 둘러싼 사회적 투쟁의 산물로 이해될 수 있을 뿐이며, 이러한 투쟁은 법을 해석할 때 법개념의 배후에 감추어져 있는 언어적 의미보다 더 노골적으로 드러난다고 한다. 이러한 불확정성 주장은 법이론적으로는 다음과 같은 근거를 갖고 있다. 즉 개별적 법규범만이 해석을 필요로 하는 것이 아니라 법규범을 해석하는 원칙 자체도 해석을 필요로 하는데, 그러한 해석원칙 상호간에 충돌이 있을 때, 이를 해결할 수 있는 상위의 법적 규칙이 분명치 않다는 것이다.

e) 비효율성과 형식주의

법정절차를 통한 분쟁해결이 여러 가지 효율성기준에 비추어

---

33) Kelsen, Juristischer Formalismus und Reine Rechtslehre, in: JW 1929, S.1723ff.(1726).

34) Kelsen, Zur Theorie der Interpretation, in: Klecatsky u.a.(Hrsg.), Die Wiener rechtstheoretische Schule, Wien 1968, S.1369ff.

볼 때 비공식적인 갈등해결에 비해 단점이 더 많다는 비판[35]은 법의 틀 안에서 대안을 찾으려고 노력하는 입장에서 제기되고 있다. 정형화된 법정절차는 적지 않은 시간과 돈의 소모를 요구한다. 또한 법정절차는 상당한 관료적 낭비가 따를 뿐만 아니라, 그 결과를 예측하기 어려운 경우가 많고 항상 기회균등을 보장하는 것도 아니다.

법정절차에 접근하는 데에는 여러 가지 어려움이 따른다는 반론[36] 또한 법정절차에 대한 비판 가운데 중요한 것이다. 사법제도에 접근하는 데 장애가 되는 요소들은 법사회학이 즐겨 채택하던 연구주제였다. 무엇보다 앞에서 언급했던 시간적·경제적 낭비라는 효율성의 문제는 각 개인이 법정절차에 접근하는 데에도 중대한 장애요소가 된다. 소송에서 감수할 수밖에 없는 재정적 위험은 하위계층의 사람들뿐만 아니라 국가의 소송비용보조를 청구할 수 없는 중산층에게도 상당한 위협이 된다.

언어적 장벽 또한 소송에 접근하는 것을 어렵게 만든다. 법정절차에서 사용하는 난해하고 형식적인 법률용어는 분쟁의 모든 당사자들에게 중대한 장애요소로 작용한다. 물론 하위계층 사람들은 이로 인해 더 큰 불이익을 받는다. 유능한 변호사의 도움을 받을 수 있는 가능성이 다른 계층에 비해 더 제한을 받기 때문이다. 이러한 불이익은 경제능력이 없는 외국인에게도 가해지기 마련이다. 이 밖에도 하위계층의 분쟁당사자들에게는 또 다른 의사소통의 장벽이 가로놓여 있다. 예컨대 중산층 출신의 법관은 하위계층과는 전혀 다른 가치관을 가지고 있고, 따라서 하위계층과

---

35) 이에 관해서는 Raiser, Grundlagen der Rechtssoziologie, S.286ff., 299f.; Tochtermann, Alternative Dispute Resolution, S.131ff. 참고.

36) 독일과 일본을 보기로 들어 시간과 비용의 문제를 요약적으로 설명하고 있는 Schütze, Formelle und informelle Streitbeilegung, in: Kitakawa u.a.(Hrsg.), Das Recht vor der Herausforderung des neuen Jahrhunderts, Tübingen 1998, S.325ff. 참고.

는 다른 판단기준을 갖고 있다.

3. 법적 분쟁해결의 대안모델

a) 친화성모델

공동생활을 규율하고 분쟁을 해결하기 위한 수단으로서 법 자체를 대체할 대안을 적극적으로 마련하는 경우는 매우 드물다. 단지 목표, 전통, 욕구의 공통성에 기초한 이상적인 공동체를 연상시키거나, 가족이나 친구 사이 같은 공동체유형을 전체사회로 확장시키는 방법을 암시하는 정도에 머무르고 있다.[37) 법에 대한 근원적 비판은 대부분의 경우 어떤 유토피아를 적극적으로 구상하는 것을 포기하고, 다만 법비판을 통해 사회와 개인의 자발성을 옹호하고 사회의 발전과정을 유동적인 시각에서 파악하고자 한다.[38)

이에 반해 법의 틀 안에서 대안을 찾으려는 입장은 더 구체적인 사고방식을 갖고 있다. 법적 분쟁해결을 대체하는 대안모델 가운데 두 가지 제안이 특기할 만하다. 즉 국가 중앙권력의 결정권이 미약한 단순한 사회를 원형으로 삼는 인류학적 연구로부터 대안모델을 찾으려는 입장과 현대 산업국가에서 이루어진 일정한 발전경향에서 대안모델을 찾으려는 입장이 있다.

b) 협 상

법정절차 이외의 제도를 통해 분쟁을 해결하는 방식에 관한 법인류학의 연구문헌은 그동안 엄청나게 쏟아져 나왔다. 이들 문헌은 아프리카의 작은 부족이나 제3세계 국가에서 어떻게 갈등해

---

37) 이에 관해서는 주 23)의 문헌과 Baruzzi, Freiheit, Recht und Gemeinwohl. Grundfragen einer Rechtsphilosophie, Darmstadt 1990, S. 211ff. 참고.

38) Unger, The Critical Legal Studies Movement, S. 583ff.

결이 이루어지는가를 탐구한다. 물론 이들 사회도 오늘날에는 모두 국가의 형태를 띠고 있고, 원칙적으로 법원이라는 제도를 갖고 있다. 그럼에도 이들 사회는 여러 가지 이유(예컨대 법원의 수가 적거나 법원이 너무 멀리 떨어져 있는 경우, 법원에 대한 거부감, 특히 실체법이나 소송법에 대한 신뢰의 결여 등)에서 일정한 종류의 갈등을 법정절차가 아닌, 다른 분쟁해결제도를 통해 조정하는 경우가 많다.[39]

법정절차와 구별되는 다른 분쟁해결제도는 갈등당사자 사이의 협상인 경우가 많으며, 이 협상에서는 당사자들에 비해 어느 정도 강력한 지위에 있는 중재자의 도움을 받는다. '협상'(Palaver)을 할 때 당사자들은 대개 친척, 친구, 지지자들을 동반하며, 이들도 전혀 강제성이 없는 분위기 속에서 발언할 수 있다. 중재자는 당사자들이 타협이나 화해를 하도록 노력한다. 이러한 절차는 결코 법규범을 통해 규율되어 있지 않으며, 실체법적으로 볼 때에도 결국 관행과 습속 자체가 법규범인 셈이다. 협상을 할 때에는 직접적인 분쟁사안에만 국한되지 않고, 양 분쟁당사자의 구체적인 생활사정까지도 고려함으로써 분쟁의 진정한 이유를 밝히려고 노력한다. 따라서 갈등의 해결은 그 마을의 조화로운 공동생활을 회복시키고, 그것이 지속성을 갖도록 보장한다.[40] 물론 이러한 분쟁해결방식에서는 당사자 사이에 일정한 학습과정이 보장되어야 한다. 즉 당사자 가운데 어느 한쪽이 일탈자로 낙인찍혀서는 안 되고, 그들 사이의 화해가 그 공동체에 의해 긍정적으로 인정받는 것이 필요하다.

---

39) Spittler, Streitregelung im Schatten des Leviathan. Eine Darstellung und Kritik rechtsethnologischer Untersuchungen, ZfRSoz 1(1980), S.4ff. (23ff.); Röhl, Rechtssoziologie, Köln 1987, S.511.

40) Hegenbarth, Sichtbegrenzungen, Forschungsdefizite und Zielkonflikte in der Diskussion über Alternativen zur Justiz, in: Jb.f.RSoz.u.RTh. Bd.6 (1980), S.48ff.(55ff.); Spittler(주 35), 9면 이하.

c) 재판이 아닌 조정 : 중재

산업국가들의 현실을 고찰하면서 간과해서는 안 될 점은, 법질서 자체에 이미 법정절차의 전형적 형태(전문성, 형식성, 제3자에 의한 결정 및 강제집행의 가능성 등)에서 벗어난 갈등해결방식이 내재하고 있다는 사실이다. 법사회학은 이미 오래 전부터 이 문제를 다루어왔고, 그 사이 이 문제는 법학의 핵심문제 가운데 하나가 되었다.[41]

예컨대 민사소송에서는 화해와 같은 제도가 인정되고 있다. 법관은 법적 분쟁의 어느 단계에서나 화해를 통한 분쟁해결을 시도해야 한다(독일 민사소송법 제279조, 제495조). 따라서 분쟁에 개입한 제3자인 법관이, 주어져 있는 법규에 따라 심판하지 않고, 당사자들의 이해관계를 납득할 수 있게 조정하려고 시도하는 경우에는, 법정절차의 문제점에 대한 일반적인 비판은 그 대상이 없는 셈이다. 스위스는 임대차법과 평등대우법에서 중재위원회에 대한 규정을 하고 있고, 오스트리아는 노동법적 분쟁과 관련하여 중재조항을 담고 있다. 미국의 이른바 대안적 분쟁해결(ADR = alternative dispute resolution)은 협상, 중재, 조정이라는 세 가지 기둥을 근간으로 한다.

형사소송에서도 특정한 범죄에 대해서는 중재기관에서 화해를 하도록 시도하는 제도가 있고, 또한 화해와 유사한 소송상의 합의라는 제도[42]도 있다. 미국에서는 일정한 요건하에 형사소송이 중재절차로 전환되는 경우가 있는데, 이 중재절차에서 관청이 중재자로 임명한 사람은 가해자와 피해자 사이를 오가며 양자의

---

41) 이에 관해 풍부한 정보를 담고 있는 Reifner, Recht ohne Richter. Zur Soziologie des Rechtsgebrauchs, in: Brand / Strempel(Hrsg.), Konflikt und Konsens, S.16은 이를 '현대법의 위기'에 대한 반작용이라고 본다.

42) Spencer, Mediation law and practice, New York 2006; Besemer, Mediation: Vermittlung in Konflikten, 12.Aufl., Königsfeld 2007.

합의를 끌어내도록 노력하게 된다.[43] 이제 중재라는 개념은 그저 심의와 조언만을 행하는 제3자의 참여하에 합의를 통해 갈등을 해결하는 매우 보편적인 제도의 명칭이 되었다.

상당수의 법질서에서는 갈등을 애당초 법정소송이 아닌 다른 방법으로 해결할 수 있는 가능성이 존재한다.[44] 예를 들어 독일 형사소송법은 사인소추(Privatklage)가 가능한 범죄에 대해 소송 외의 속죄절차를 규정하고 있으며(독일 형사소송법 제380조 1항), 노동법적 분쟁에서는 의무적으로 화해절차가 우선하도록 규정되어 있다(노동법원법 제54조). 또한 민사소송법 제1025조 이하의 규정에 따르면 민사분쟁은 국가의 법원 대신 당사자의 계약에 근거한 사적 법원이 재판을 할 수 있다. 이것이 바로 이른바 중재재판소(Schiedsgericht)이다. 중재재판소처럼 개개의 분쟁해결을 위해 그때그때마다 설치되는 경우 말고도, 독일에는 법정절차형태를 띠지 않으면서, 중재·조정·합의 등을 전담하는 상설기관이 수백여 개 된다. 예컨대 자동차조합, 상공회의소, 의사협회 등이 여기에 해당한다. 이러한 분쟁해결기관들은 대개 비용을 받지 않거나, 약간의 비용만을 받고 업무를 수행하기 때문에 이 기관에 접근하기가 비교적 용이하며, 절차 또한 덜 형식적이다. 특히 비공식적 절차를 이용하는 중요한 이유는 당사자들이 일반인에 공개되지 않고 절차에 참여할 수 있다는 점이다. 미국에서는 '이웃 사법센터'에서 '피해자 – 가해자 – 화해' 프로그램에 이르기까지

---

43) 이에 관해서는 Weigend, Täter-Opfer-Ausgleich in den USA, in: Mschr-Krim 1992, S.105. 가해자와 피해자 사이의 화해 및 조정에 관한 일반적인 내용은 Kerner, Täter-Opfer-Ausgleich in der Entwicklung, Bad Godesberg 2005 참고.

44) 이에 관해서는 Trunk u.a.(Hrsg.), Schiedsgerichtsbarkeit und andere Formen alternativer Streitbeilegung, Berlin 2006; Rehbinder, Rechtssoziologie, 5.Aufl., München 2003, S.196ff.: Hager(주 41), 96면 이하 참고.

다양한 형태의 비공식적 분쟁해결 제도가 존재한다. 유럽과 아시아의 많은 나라들 역시 그 사이 비공식적 갈등해결을 사법시스템에 포함시키고 있다.45)

　법사회학적 연구들은 독일에 일종의 '직장재판소'(Betriebsjustiz)가 존재하고 있음을 밝히고 있다. 즉 직장 내에서 어떤 사원이 저지른 일정한 범죄행위에 대해 상당수의 기업들은 그 범죄행위자의 동의를 받아 내부적으로 제재를 가하고, 경찰과 검찰에게는 이를 알리지 않는 경우가 많다는 것이다.46)

　구동독에는 '분쟁위원회'(Konfliktkommission)라는 이름으로 그와 같은 대규모의 직장재판소가 존재했었다. 주로 이웃 사이의 분쟁을 해결했던 '중재위원회'(Schiedskommission)와 마찬가지로 이 '분쟁위원회'는 일정한 경미 범죄행위를 심판했다. 이 위원회는 4명의 비법률가 재판관으로 구성되었고, 이들은 범죄행위자와 같은 직장에 근무하거나 이웃에 살고 있어서 피고인의 생활사정이나 범행의 사회적 주변여건을 잘 알고 있었다고 한다.47) 이들은 갈등당사자들의 일상생활이나 직장생활에 근접해 있었고, 자신들의 정치교육목표에 기초하여 갈등의 원인을 조사함으로써 갈등을 해소하는 임무를 지녔다. 물론 이 분쟁위원회는 본질적으로 전통

---

45) 이에 관해서는 Morsch, Mediation statt Strafe?; Jung, Mediation: Paradigmawechsel in der Konfliktregelung? FS Schneider, Berlin/New York 1998, S.913ff.; Rojare-Guy, La médiation pénale. Thèse Université Paris I, 1996; Wada, Rethinking Formality and Informality in Dispute Resolution, in: Kitagawa u.a.(Hrsg.), Das Recht vor der Herausforderung des neuen Jahrtausends, Tübingen 1998, S.315ff. 참고.

46) 이와 관련된 독일의 법적 상황에 관해서는 Jentsch, Betriebsjustiz, Aachen 2005 참고. 스위스와 관련해서는 Rehbinder, Schweizerisches Arbeitsrecht, 15.Aufl., 2002, S.81 참고.

47) 이에 관해서는 Kohte, Konfliktkommissionen zwischen paternalistischer Interessenwahrnehmung und ordnender Erziehung, in: Hürtgen / Reichel (Hrsg.), Der Schein der Stabilität in der Ära Honnecker, Berlin 2001, S.249ff. 참고.

적인 법정절차에 더 가깝다. 왜냐하면 중재, 조정, 합의 등을 담당하는 기관과는 달리 이 위원회는 법적으로 규정된 절차의 틀속에서 업무를 수행할 뿐만 아니라, 타협을 모색하기보다는 일방적인 책임귀속을 과제로 삼았기 때문이다.

이와 같이 법정절차가 아닌 다른 형태로 갈등을 해결하는 방법이 앞으로 어떻게 발전될지를 예측하는 것은 어려운 일이다. 지금까지의 연구에 따르면 이러한 비공식적 갈등해결방법의 수용정도가 매우 낮게 나타나는 경우도 있고,48) 대안적인 모델들이 전통적인 사법체계와 협력함으로써 그 비중이 커지는 경우도 있다.49) 그 사이 전 세계적으로 '대안적 분쟁해결(ADR)의 진보'를 확인할 수 있다고 말하기도 한다.50) 법사회학은 이 분야를 중요한 연구대상으로 삼고 있다. 어쨌든, 오늘날 법적 갈등해결에 대한 거부감이 존재하는지 여부는 법의 효율성에 대한 연구나 법사실연구(Rechtstatsachenforschung)에 따른 더 자세한 정보를 통해 비로소 입증 또는 반박될 수 있다. 물론 문제의 이러한 측면까지 여기서 자세히 논의할 수는 없다.

4. 법이해와 관련된 몇 가지 결론

우리의 문제영역인 법철학과 관련하여 법의 대안을 둘러싼 논의는 다른 이유에서도 중요한 의미가 있다. 즉 법비판 또는 법정절차에 대한 비판을 살펴보고 또한 대안이 될 수 있는 갈등해결모델을 개관함으로써 법적 규율의 특성을 더 분명하게 밝힐 수 있을 뿐만 아니라, 서두에서 언급한 바와 같이, '법'이 무엇을 의

---

48) Raiser, Grundlagen der Rechtssoziologie, S.300; Rehbinder (주 44), 197면 이하: "신속하지도 저렴하지도 않으며, 그렇다고 충분한 자격과 능력을 갖추고 결정을 하는 것도 아니다."
49) Jung(주 45), 924면.
50) Wada(주 45), 315면.

미하는가를 이해할 수 있는 첫걸음을 내딛을 수 있기 때문이다. 법비판이 얼마나 타당한가에 대한 판단(이에 관해서는 §4에서 다룬다)은 별도로 하고, 어쨌든 우리는 지금까지의 논의를 통해 법의 몇몇 특성들을 살펴볼 수 있었다. 물론 그러한 특성들에 대한 평가에 관해서는 아직 아무 것도 말한 바가 없다.

무엇보다 법이 특정한 유형의 사회를 대상으로 한다는 사실은 분명하다. 개인들은 잠재적인 이익대립상태에 놓여 있고, 따라서 중립적인 분쟁해결을 필요로 한다. 법의 위치는 바로 여기에 있다. 만일 어떤 사회가 평등한 이익분배나 우호감정에 기초하고 있다면, 법이 필요하지 않거나 법을 원용하더라도 별다른 반감을 불러일으키지 않을 것이다.

법은 구체적인 주체나 구체적 상황을 규정하는 많은 요소로부터 추상화되어 있다. 또한 법은 특정한 범위 내에서는 같지 않은 것을 같은 것으로 취급하기도 하며, 일정한 기준에 따라 일반화·추상화하는 경향이 있다. 그렇기 때문에 법은 분쟁의 근원까지 처리하지는 않으며, 다만 분쟁을 결정할 뿐이다. 법은 개인의 자유를 제한하며, 그 규율을 통해 수많은 영역을 포괄하기 때문에 때로는 각 영역에 속하는 개인의 관점에서 법보다 더 나은 해결이 가능하다고 여겨지는 경우도 있다. 법의 규율은 상당히 넓은 판단의 여지를 남기고 있기 때문에, 구체적 사건을 결정할 때에는 법규율의 의미를 보충해야만 한다. 바로 그 때문에 여러 가지 복잡한 이해관계(심지어 별로 중요하지 않은 것까지도)가 법적 결정에 개입할 가능성이 있다. 끝으로 법은 이를 구체적으로 적용할 때에는 뚜렷한 형식에 따라야 하며, 그 결과 상당히 비효율적으로 여겨지기도 한다.

이상의 내용은 우리가 '법의 대안을 둘러싼 논쟁'에서 얻어낸 잠정적인 결론들이다. 이제 더욱 본격적으로 법의 내용을 규명해 보도록 하자.

§2 법개념의 여러 측면

┃참고문헌┃ *Alexy*, Begriff und Geltung des Rechts, 2. unveränd. Aufl., Freiburg/München, 1994; Auer, Materialisierung, Flexibilisierung, Richterfreiheit, Tübingen 2005; *Austin*, Lectures on Jurisprudence or the Philosophy of Positive Law, 4. Aufl., London 1879, Nachdruck Bristol 2002; *R. Dreier*, Der Begriff des Rechts, NJW 1986, S.890ff.; *Ehrlich*, Entgegnung, Archiv für Sozialwissenschaft und Sozialpolitik 41(1916), S.844ff.; *Ehrlich*, Entgegneung, in: Archiv für Sozialwissenschaft und Sozialpolitik 41(1916), S.844ff.; *Ehrlich*, Grundlegung der Soziologie des Rechts(zuerst erschienen 1913), 4.Aufl., hrsg. v. Rehbinder, Berlin 1987; *Hart*, Definition and Theory in Jurisprudence, Oxford 1953, Nachdruck 1975; *Hart*, The Concept of Law(zuerst erschienen 1961), 2.Aufl., Oxford 1997, dt. Übers., Der Begriff des Rechts, Frankfurt a.M. 1973; *Hegel*, Grundlinien der Philosophie des Rechts(zuerst erschienen 1821), Werke Bd. 7, Edition Moldenhauer / Michel, Frankfurt a.M. 1970; *Hobbes*, De cive(zuerst erschienen 1642), Opera Latina vol. 2, Edition Molesworth, 2. Nachdruck Aalen 1966, dt. Übrs., Vom Bürger, in: Hobbes, Vom Menschen / Vom Bürger, hrsg. v. Gawlick, 2. Aufl., Hamburg 1966; Hoerster, Verteidigung des Rechtspositivismus, Frankfurt a.M. 1989; *O. W. Holmes*, The Path of the Law, in: Harvard Law Review 10(1897), S.457ff.; *Kant*, Metaphysik der Sitten(1797), Einleitung, Werke Bd. 4, Edition Weischedel, Darmstadt 1956; *Kelsen*, Eine Grundlegung der Rechtssoziologie, Archiv für Sozialwissenschaft und Sozialpolitik 39(1915), S.839ff.; *Kelsen*, Reine Rechtslehre, 2.Aufl.,

Wien 1960; *Larenz / Canaris*, Methodenlehre der Rechtswissenschaft, 3.Aufl., Berlin u.a. 1995; Luhmann, Rechtssoziologie I, Reinbek 1972; *Luhmann*, Ausdifferenzierung des Rechts(zuerst erschienen 1981), Frankfurt a.M. 2002; *Luhmann*, Das Recht der Gesellschaft, 4. Aufl., Frankfurt a.M. 2002; *v. d. Pfordten*, Rechtsethik, München 2001; Puchta, Cursus der Institutionen, 1. Buch, Leipzig 1841; *Olivecrona*, Law as Fact, 2.Aufl., London 1971; *Puchta*, Cursus der Institutionen, 1.Buch, Leipzig 1841; *Radbruch*, Gesetzliches Unrecht und übergesetzliches Recht, in: ders., Rechtsphilosophie, 2. Aufl. der Studienausgabe, hrsg. v. R. Dreier / Paulson, Heidelbrg 2003, Anhang S.211ff.; *Wiegand*, Unrichtiges Recht, Tübingen 2004.

법을 대체하는 대안을 둘러싼 논쟁을 이해하기 위해서는 '법의 전형적 속성'에 대한 사전지식을 필요로 한다. 이제 법의 전형적인 속성을 더 자세히 검토하고 이를 더 분명하게 밝혀 보도록 하자.

1. 본질물음과 언어분석

a) 과거의 개념정의방식

법철학의 가장 오래된 물음은 법의 개념 또는 법의 본질에 대한 물음이다. 이 물음은 '법철학'이라는 개념이 전혀 사용되지 않았던 시대(법철학이라는 개념은 18세기 말에 '법의 철학'이라는 이름으로 비로소 등장하기 시작했다)[1]에도 그리고 이 분과가 '자연법'이라는 이름으로 불리던 시대에도 이미 제기되어 있었다. 사람들은 법을 진정 법으로 만드는 것이 도대체 무엇인지를 늘 알고 싶어했다. 이 물음은 어떤 구체적 상황에서 무엇이 올바른 것인가 또는 하나의 법질서 내에서 어떤 구체적 사례가 현행법에 따라 어떻게 해결되는 것이 올바른가 하는 물음과는 전혀 다르다. 후자의 물음은 법실무가들이 늘 제기하는 물음이며, 이 물음의 해답을 찾기 위해 실무가들은 최소한 세 가지 준거에 의지할 수 있다. 즉 입법자, 판례 그리고 법학에 의지한다.[2]

대부분의 법률가들은 도대체 '법'이란 무엇인가라는 훨씬 더

---

1) 이에 관해서는 v. d. Pfordten, Die Entwicklung des Begriffs "Rechtsphilosophie" vom 17. bis zum Anfang des 19. Jahrhunderts, in: Archiv für Begriffsgeschichte Bd. XLI(1999), S.151ff. 참고.

2) Adomeit, Rechtstheorie für Studenten, 3.Aufl., Heidelberg 1990, S.5ff. 는 이 세 가지 준거('여론'이라는 제4의 준거와 함께)를 탐문함으로써 "'법'이란 무엇인가?"라는 물음을 해결할 수 있다고 한다. 하지만 이러한 사고는 '법에 대한 물음'을 슬그머니 '법률에 대한 물음'으로 바꾸어버린 것에 불과하다.

근원적인 물음에 대해 아무런 대답도 하지 못한 채 그저 이 물음 앞에 망연히 서 있을 뿐이다. 이는 마치 항상 '공간'과 '시간' 속에서 연구를 하면서도 정작 공간과 시간이 무엇인가라는 물음에 아무 대답도 하지 못하는 물리학자와 같은 상황이다.

로마의 법률가들은 비록 극히 현실적인 사고방식을 가지고 있었음에도, "법이란 무엇인가?"라는 물음에 대답하려고 노력했다. 특히 "법은 선과 정의의 기술이다"(Jus est ars boni et aequi)라고 한 법률가 켈수스(Celsus)의 유명한 개념규정은 유스티니아누스 법전에도 수용되었다.[3] 이 개념규정을 약간 자유롭게 번역한다면, "법이란 선하고 정당한 결과를 찾아내기 위한 기술이다"고 할 수 있다. 토마스 아퀴나스의 법에 관한 정의 역시 이와 유사하다. "법이란 무엇이 올바른 것인가를 인식하기 위한 기술이다"(Jus est ars qua cognoscitur quit sit justum).[4]

이러한 개념규정들은 개별사례에서 도달해야 할 (올바른) 결과에 초점을 맞추고 있기 때문에, 다시 '올바르다'에 대한 개념정의를 필요로 한다. 이러한 문제점을 극복하기 위해, 수백 년 후에 칸트(Kant; 1724-1804)는 극히 형식적으로 법을 정의했다. "법이란 한 사람의 자의가 다른 사람의 자의와 자유의 일반법칙에 따라 서로 양립할 수 있는 조건의 총체이다."[5] 칸트의 이 개념정의

---

3) D.1.1.1. pr.(=학설휘찬[Digesten] 1권, 1부, 1장 서론). 학설휘찬(또는 판덱텐)은 16세기 말부터 「시민법대전」(Corpus Juris Civilis)이라고 불린 로마법 집성본을 말한다. 이는 528년부터 534년까지 황제 유스티니아누스 1세의 위임에 의해 완성되었는데, 11세기 말에 이 법전이 재발견된 이후 로마법 수용에서 절대적으로 중요한 의미를 갖게 되었다.

4) Thomas von Aquin, Summa Theologica(1267-1273), II II q. 57, 1(제2권 2부, '물음들[Quaestatio]' 57, 1항), dt. Übers. v. Dominikanern und Benediktinern Deutschlands und Österreichs, Die deutsche Thomas-Ausgabe Bd. 18, Heidelberg / München / Graz / Wien / Salzburg 1953, S.6. 아퀴나스는 또한 법을 이렇게 정의하기도 한다: "법이란 그 자체 올바른 것이다"(Jus est ipsa res justa).

에서는 더 이상 개별사례에서의 올바른 결과가 우선하는 것이 아
니라, 개인의 자유영역에 대한 보편적 경계설정이 중요시되고 있
다.[6]

b) 하트의 설명

20세기에 들어서면 우리가 앞에서 본 바와 같은 단정적인
법개념을 찾아보기 어려워진다. 분석법학은 왜 그러한 단정적인
법개념규정이 불가능한지에 대한 이유를 제시하고 있다. 분석법
학의 대표적인 학자는 하트(H. L. A. Hart)이다. 그는 법에 대한
고전적인 물음들을 비판적으로 논의하는 데 중대한 공헌을 했다.
하트는 무엇보다도 고전적 물음 자체가 극히 다의적이라는 사실
에 주목한다. "내가 언급했던 물음들, 즉 '국가란 무엇인가?', '법
이란 무엇인가?', '정의란 무엇인가?' 등의 물음은 너무나도 불확
실한 물음이다. 똑같은 언어표현이 어떤 법제도나 정치제도에 대
한 개념규정이나 근거를 요구하기 위해 쓰일 때가 있는가 하면,
그 목적, 정당성 또는 기원을 묻기 위해 쓰일 수도 있다."[7] '법이
란 무엇인가?'라는 물음 속에는 대개 이러한 여러 측면 가운데
몇 가지가 뒤섞여 있기 마련이며, 아마도 이 물음을 통해 '법'의
개념정의, 기원, 목적 등을 함께 묻는 경우가 많을 것이다. 따라
서 물음의 구체적 의미가 무엇인가에 따라 대답도 개념적(법개념
을 묻는 경우), 경험적(법의 기원을 묻는 경우), 규범적(법의 목적을
묻는 경우)으로 나눌 수 있으며,[8] 하나의 물음에 여러 가지 의미

---

5) Kant, Metaphysik der Sitten(1797) Einleitung in die Rechtslehre §B,
   S.337.
6) 이에 관해서는 Tugendhat, Zur Entwicklung von moralischen Begrün-
   dungsstrukturen im modernen Recht, ARSP, Beiheft 14(1980), S.1ff.(13)
   참고.
7) Hart, Definition and Theory in Jurisprudence, Oxford 1953, S.4.
8) 이에 관해서는 Hoerster, Grundthesen analytischer Rechtsphilosophie,

가 포함되어 있다면 분리된 각각의 대답을 나중에 다시 결합시켜
야 할 것이다.

그럼에도 과연 이 물음들을 명확히 구별할 수 있을지 의문이
다. 일단 좁은 의미의 개념정의에 대해 물음을 제기하기로 합의했
다 하더라도, 개념정의를 위해서는 근거, 정당성, 목적, 기원 등에
대해서도 내용을 전달할 수 있어야 한다는 문제에 봉착하지 않을
수 없기 때문이다. 이 점은 앞에서 인용했던 켈수스의 법개념에서
도 알 수 있다. 즉 "법은 선과 정의의 기술이다"라는 개념정의는
이미 법의 목적이 정의의 수립이라는 점을 포괄하고 있다.

이러한 문제점을 제쳐두더라도, 과연 개념정의가 어떠한 역
할을 할 수 있는가에 대해 묻지 않을 수 없다. 개념정의는 언어
사용을 확인하는 것일 수 있다. 예컨대 '법'이라는 단어가 일반적
인 언어사용에서 어떻게 이해되고 있는가를 묻는 경우가 있다.
다른 한편, 개념정의는 일상적인 언어사용에서 벗어나 이보다 더
명백하고 정확한 언어사용을 제안하는 것일 수도 있다. 이는 학
문세계에서 흔하게 찾아볼 수 있는 방식이다.

하트의 물음의 대상은 일상적인 언어사용이다. 그는 특히 하
나의 단어가 사용되는 특정한 맥락을 중시하며,9) 개개의 단어 자
체의 의미는 별로 중요하지 않다고 본다. 오히려 그는 개개의 단
어로 구성된 문장의 의미를 탐구해야 한다고 주장한다. 또한 하
트의 견해에 따르면 '가장 가까운 유(類)'와 '종(種)의 차이'에 따라
구성(예컨대 '코끼리'는 견피질, 어금니, 긴 코를 가진 네발동물이다)되
는 고전적 방식의 개념정의는 법의 개념정의에서는 결코 고려의
대상이 될 수 없다. 왜냐하면 네발동물이라는 '유'가 코끼리라는
'종'과 관련을 맺는 경우와는 달리, 법에서는 그것이 속하는 보편
적인 범주를 확정할 수 없기 때문이다.10) 따라서 하트는 '법이란

---

in: Jb.f.RSoz.u.RTh. Bd.2(1972), S.115ff.(120) 참고.
9) Hart, Definition and Theory of Law, S.8, S.14, S.15.

무엇인가?'라는 '참으로 다루기 어려운 물음'[11]을 세 가지 반복되
는 문제영역으로 분해한다. "법은 강제에 기초한 명령과 어떻게
구별되며, 법과 강제는 어떠한 관련이 있는가? 법적 의무와 도덕
적 의무는 어떻게 구별되며, 양자는 어떠한 관련이 있는가? 규칙
이란 무엇이며, 법과 규칙은 어떠한 측면에서 관계가 있는가? 이
세 가지 문제에 대한 회의와 혼란을 불식시키는 것이 '법'의 '본
성'에 대한 거의 모든 사유의 주요 목적이었다."[12]

　　하트가 제시한 세 가지 문제영역은 분명 "법이란 무엇인가?"
라는 물음이 갖는 중요한 측면에 해당한다. 그러나 앞으로 우리
가 보게 되듯이, 이 세 영역이 물음의 중요한 문제점들을 모두
포괄하고 있는 것은 아니다. 그러나 하트나 하트처럼 문제의 몇
가지 중요한 측면에서 법에 대한 물음에 접근하는 사람이 과연
어떤 '개념정의'(Definition)를 제시했는지 아니면 하트 자신의 생각
처럼 단순히 '설명'(Erklärung)[13]을 한 것에 불과한지는 어려운 문
제이긴 하지만, 현실적으로 중요한 문제는 아니다.[14]

　　하트가 말하는 일상적 언어사용의 불확실성을 감안할 때, 하
나의 올바른 언어사용에 관한 명확한 규칙을 밝히려는 꿈은 포기
해야 할 것이다. 하지만 일반적인 언어사용에 기초해서 법의 개
념을 분석해 보면, ─ 물론 이 개념이 사용되는 맥락을 면밀히 고
찰해야 한다 ─ 미처 의식하지 못했던 내용이 드러날 수도 있고,

10) Hart, The Concept of Law, S.14, dt. Übers. S.28.
11) Hart, The Concept of Law, S.1, dt. Übers., S.11.
12) Hart, The Concept of Law, S.13, dt. Übers., S.27.
13) Hart, The Concept of Law, S.17, dt. Übers., S.33. 하트의 이론에 기
　　초해서 법의 개념정의를 논의하고 있는 Kunz / Mona, Rechtsphilosophie,
　　Rechtstheorie, Rechtssoziologie, S.1f., Rd. 2ff. 참고.
14) 이 문제 자체도 또한 개념정의의 문제이다. 즉 '개념정의'의 의미가 '가
　　장 가까운 類와 種의 차이'를 통해 어떤 설명을 하는 것을 뜻하는지 아
　　니면 이와는 다른 종류의 설명을 뜻하는지는 우리가 '개념정의'를 어떻
　　게 개념정의하느냐에 달려 있다.

그럼으로써 사회적 현상으로서의 법을 더 잘 이해하는 데 도움이
될 수 있다. "법이란 무엇인가?"라는 물음은 대개 이와 같은 의식
하지 못했던 내용을 대상으로 하며, 단순히 누구나 인정하는 일
상의 언어사용을 대상으로 하지는 않는다. 더욱이 일상적 언어사
용이 너무 불명확하고, 엄밀하지 않으며 또한 일관성을 상실하고
있다고 판명될 경우, 개념을 설명할 목적에서 일상적 언어사용을
수정하는 것은 극히 당연한 일이다.[15] 아래의 논의는 바로 이와
같은 점을 유의하며 이루어질 것이다.

하트의 언어비판은 기존의 언어사용의 불확실성을 제거하려
는 치료의 의도를 갖고 있다.[16] 그의 언어비판은 우리가 법의
'본질'에 대한 물음을 더 엄밀하게 제기하고, 이 물음에 대한 대
답이 흔히 생각하는 것보다 훨씬 복잡하게 이루어지도록 만든다.

하트의 언어비판은 이미 헤겔이 1820년 자신의 「법철학 기
초」(Grundlinien der Philosophie des Rechts) 서두에서 '법'의 개념을
처음부터 정의하면서 시작할 수 없다고 한 유보적 태도와 일치한
다. 즉 법과 관련된 중요한 측면들은 풍부하고 복잡한 사유과정
을 거쳐 비로소 밝혀낼 수 있다고 헤겔은 쓰고 있다.[17] 그렇다고
해서 헤겔이 법에 대한 개념정의를 하지 않은 것은 아니다. 예컨
대 그는 §29에서 다음과 같이 쓰고 있다. "하나의 존재가 진정
자유의지의 존재라면, 그것이 바로 법이다."[18] 하지만 이 말은 여
러 가지 사유단계를 거친 결론이며, 그러한 단계를 밟지 않고서
는 이 말이 무슨 의미인지를 이해할 수 없다. 또한 그 이후에도

---

15) Hoerster, Zum begrifflichen Verhältnis von Recht und Moral, in: Neue
Hefte für Philosophie Bd.17(1979), S.77ff.(78).
16) E. v. Savigny, Die Philosophie der normalen Sprache, Frankfurt a.M.
1993, S.177ff.; 분석적 법철학의 언어분석에 관해서는 또한 v. d.
Pfordten, Rechtsethik, S.31ff. 참고.
17) Hegel, Grundlinien der Philosophie des Rechts, §2, S.30ff.
18) Hegel, Grundlinien der Philosophie des Rechts, §29, S.80ff.

여러 사유단계가 뒤따르고 있고, 따라서 앞에서 인용한 개념정의가 단지 한 가지 측면만을 조명하고 있음을 알 수 있다. 이러한 모범에 따라 우리도 '법'이라는 현상에 차츰차츰 접근해가는 방법을 따르기로 하자.

2. 법실증주의의 문제

법철학에서 법의 개념정의에 대해 얘기를 하게 되면 곧장 법실증주의의 문제에 직면하게 된다.[19] 아마도 법실증주의라는 개념처럼 법철학에서 논란도 많고, 찬성과 반대의 편가르기가 분명한 개념도 없을 것이다. 법실증주의자를 자처하는 사람들과 자연법론자라 불리는 그 적대자들 사이에는 세계관을 둘러싼 감정적인 대립까지도 자리 잡고 있다. 외관상으로는 이러한 감정적 대립이 충분히 납득할 수 있는 것처럼 보인다.

흔히 법실증주의는 국가가 제정한 법만을 정당한 법으로 여기고, 그 법이 어떠한 내용을 갖고 있는지는 문제 삼지 않는 입장으로 규정된다. 이에 반해 자연법론은 내용적으로 '본성상' 올바르고, 따라서 국가의 법제정과는 무관한 진정한 법의 기준을 갖고 있는 입장이라고 한다. 자연법론자들은 법실증주의자들이 히틀러의 반인종법까지도 구속력이 있는 법으로 인정한다고 비난하는 반면, 이에 대해 법실증주의자들은 자연법론자들이 민주적

---

19) 이에 관한 최근의 논의에 관해서는, 법도덕주의의 입장에 있는 R. Dreier, Der Begriff des Rechts, NJW, 1986, S.890ff.; Alexy, Begriff und Geltung des Rechts와 법실증주의의 입장에 있는 Hoerster, Verteidigung des Rechtspositivismus 참고. 또한 법실증주의의 다양한 문제영역에 관해서는 Ott, Der Rechtspositivismus. Kritische Würdigung auf der Grundlage eines juristischen Pragmatismus, 2.Aufl., Berlin 1992 참고. 아래에서 내가 설명하는 방식과 마찬가지로 이 논쟁이 지나치게 과장된 측면이 있다는 지적으로는 Raz, About Morality and the Nature of Law, in: American Journal of Jurisprudence 48(2003), S.1ff. 참고.

다수결에 따른 결정마저도 그것이 자연법론자들의 개인적(종교적·정파적·이데올로기적) 정당성사고와 일치할 때에만 효력을 인정한다고 비난한다. 물론 그 어느 쪽이든 설득력을 가진 입장이라고 볼 수 없다. 그러나 과연 이러한 서술이 법실증주의와 자연법의 입장을 올바르게 반영하고 있는지 의문이다.

a) 문제의 핵심

우리가 법실증주의의 문제를 그 진정한 핵심으로 돌아가 사고해 본다면, 법철학의 많은 문제들이 사실은 잘못된 문제제기에 기초하고 있음을 알 수 있으며, 따라서 그러한 문제제기 자체를 피할 수 있게 된다. 우선 20세기의 가장 유명한 법실증주의자인 한스 켈젠(Hans Kelsen; 1881-1973)과 하트가 생각한 법실증주의가 무엇인지를 분명하게 밝혀 볼 필요가 있다.

법실증주의는, 법은 국가가 선포한 법률과 동일하다는 테제를 제기한 적이 없다.[20] 20세기에 들어서도 그러한 '법률실증주의'를 진지하게 주장하는 사람은 없으며, 오늘날 어느 누구도 법관법(Richterrecht)이나 관습법도 법에 속한다는 사실에 대해 이의를 제기하지 않는다. 또한 현대의 법실증주의자 가운데 어느 누구도 법과 도덕이 논리적으로 완전히 독립되어 있다고 주장하지 않는다. 실정법 자체는 언제나 실정화되지 않은 정당성기준(예컨대 독일민법 제242조의 '신의성실' 또는 독일형법 제240조 제2항의 '사악한' 등의 구성요건표지에 대한 해석)을 필요로 하며, 윤리적 성질의 정당성기준이 없이는 해석, 유추, 법형성이 전혀 불가능하다는 사실은 너무나도 당연하다고 받아들여진다. 그리고 20세기의 어떠한 법실증주의자도 '법'이라는 표현으로부터 필연적으로 법에 대한 각 개인의 준수의무가 도출된다고 주장하지 않는다. 다시 말

---

20) Hoerster, Verteidigung des Rechtspositivismus, S.10f.

해, 나치의 인종차별법도 또한 '법'이라고 주장하는 법실증주의자가 이 주장을 통해 그러한 법률에 복종해야 할 의무가 있다고 말하려는 것은 결코 아니다.[21] 관찰자(예컨대 법관)의 관점에서 보더라도 결정의 결과가 실정법과 합치하는 것만으로 이미 충분하다.[22] 이 점은 법이 명시적으로 도덕적 규범을 포함시킨 경우에도 마찬가지이다. 즉 결정을 내리는 자는 그와 같은 '법'규정을 통해 확보된 범위 내에서 움직이면 그만이고, 법규정과는 구별되는 별도의 '정당한 도덕'이라는 이념을 따를 필요가 없다.

그렇다면 논쟁의 핵심은 무엇인가? 이미 언급한 바와 같이, 문제는 '법'의 개념정의이다. 개념정의는 그것이 사실상의 언어사용을 따르고 있다고 주장할 때에만, '올바른' 개념정의이거나 '그릇된' 개념정의일 수 있다. 예컨대 흰색 말을 '백마'라고 부르는 것이 사실상의 언어사용에 상응하는가를 검토해 볼 수 있다. 만일 누군가가 일상적인 언어사용보다 더 명확하다거나 현실적으로 더 유용하다는 근거로 새로운 개념정의를 제안한다면, 이 새로운 개념정의가 '옳다' 또는 '그르다'라고 말할 수는 없으며, 단지 현실적으로 더 유용한가에 대한 찬성 또는 반대가 가능할 뿐이다.

현실적 유용성은 '법'의 개념정의에서 고려할 수 있는 하나의 관점일 수 있다. 예컨대 두 개의 개념정의를 놓고, 일반적인 도덕적 확신에 비추어 국가의 불법적인 명령에 대한 복종을 거부하는 데 더 강력한 영향을 미칠 수 있는 개념정의가 어느 것인가를 검토할 수 있다. 또한 어떠한 개념정의가 그러한 복종거부의 가능성을 더 많이 포함하고 있는지에 대해 논란을 벌일 수도 있다.

---

21) H. Dreier, Die Radbruchsche Formel – Erkenntnis oder Bekenntnis? in: H. Mayer(Hrsg.), Staatsrecht in Theorie und Praxis. FS für Robert Walter, Wien 1991, S.117ff.(132).

22) 이에 반대되는 견해로는 Alexy, Begriff und Geltung des Rechts, S.62ff. 비판적 입장으로는 Ward, Two Schools of Legal Idealism – A positivist Introduction, in: Ratio Iuris 2006, 127ff.

법실증주의의 적대자들은 아마도 어떤 법은 아예 "법이 아니다"
라고 말함으로써, 인간은 도덕적으로 비난받아 마땅할 그 법에
대해 복종을 거부하는 성향이 있음을 지적할 수 있다.[23] 이에 대
해 법실증주의자들은, 복종을 거부하는 성향은 오로지 실정법과
그에 반하는 도덕적 정당성기준을 정확히 구별할 능력을 가진 사
람들만이 보유하고 있으며, 따라서 각 개인은 오로지 스스로의
판단에 따라 법복종에 대한 의무감을 느낄 수 있을 뿐이라고 반
론을 제기할 수 있다.

　하트의 이론은 법과 도덕적 척도를 충분히 구별하지 않으면
도덕을 행위의(따라서 복종의무의) 궁극적 척도로 삼아버리는 결과
를 야기할 수 있다는 점에서 출발한다.[24] 이에 대해 법실증주의
의 반대자들은 법실증주의보다 더 넓은 법개념을 옹호하기 위해
다른 논거를 제시할 수도 있다. 즉 일반적 언어사용과 판례에 따
르면, 국가가 제정한 법률일지라도 예외적으로 '불법'으로 규정되
는 경우가 있으며, 따라서 법개념에 대한 일반인의 이해를 위해
학문적 언어사용도 일상적인 언어사용에 따라야 한다는 논거를
제기한다.[25] 또한 법실증주의의 반대자들은 법과 도덕의 개념적
분리로 말미암아 법철학이 구체적인 법학적·법철학적 논의와의

---

23) Radbruch(1878-1949), Gesetzliches Unrecht und übergesetzliches Recht,
in: ders, Rechtsphilosohie, hrsg. v. Wolf / Schneider, Anhang, S.339ff.
(346); Fuller, Positivism and Fidelity to Law – A Reply to Professor
Hart, Harvard Law Review 71(1958), S.630ff.(659f.).

24) Hart, Positivism and the Separation of Law and Morals, Harvard Law
Review 71(1958), S.593ff., dt. Übers. v. Hoerster in: Hart, Recht und
Moral, hrsg. v. Hoerster, Göttingen 1971, S.14ff.(19).

25) U. Neumann, Positivistische Rechtsquellenlehre und naturrechtliche
Methode. Zum Alltagsnaturrecht in der juristischen Argumentation, in:
R. Dreier (Hrsg.), Rechtspositivismus und Wertbezug des Rechts,
Stuttgart 1990, S.141ff(150f.); *Schild*, Abstrakte und konkrete
Rechtslehre, in: Rechtsphil. Hefte 1/1992, S.97ff.(116).

연관성'을 상실할 수 있음을 경고한다.[26]

이러한 반론에도 불구하고 법실증주의자들은 명확성과 엄밀성이라는 법실증주의 법개념의 장점을 결코 포기하지 않는다. 즉 법실증주의 법개념은 개념정의를 내리는 사람으로 하여금 어떠한 가치평가도 요구하지 않으며,[27] '법'의 개념을 '국가가 제정한 법률'에 국한시킨다는 것은 곧 가치중립성을 확보하는 것을 뜻한다고 한다(물론 실무에 종사하는 법률가들이 가치평가를 하지 않을 수 없다는 사실 자체에 대해 법실증주의자들은 어떠한 반론도 제기하지 않는다).[28] 이에 반해 '법'의 개념구성에 정의이념이 반드시 포함된다고 여기게 되면 결국 가치평가의 다양성 때문에 각자마다 서로 다른 법개념을 갖고 작업을 하지 않을 수 없으며, 그리하여 서로 다른 법개념들 상호간의 대화가 불가능해질 위험이 있다고 한다. 따라서 상호이해를 위해서라도 법과 도덕을 뚜렷이 구별해야 한다는 "도덕적" 명령이 필요하다는 것이다. "우리가 법적 문제와 도덕적 문제가 서로 혼동되는 것을 피하기 위해 노력하는 것 자체가 이미 도덕적 근거를 갖고 있다."[29]

b) 법률적 불법? : 라드브루흐 공식

'법'에 관한 하나의 개념정의가 현실적으로 얼마만큼 유용한

---

26) Kriele, Recht und praktische Vernunft, Göttingen 1979, S.9f. 법적용이 전적으로 실정법적 연원에만 근거할 수 있다고 믿는, '법적용실증주의'에 대한 반론으로는 Auer, Materialisierung, Flexibilisierung, Richterfreiheit, S.214ff. 참고.

27) Hoerster, Verteidigung des Rechtspositivismus, S.11f.

28) 과연 법적 논증의 범위 내에서 도덕적으로 논증을 할 수 있는가에 관한 의문에 관해서는 Raz, Ethics in the public domaine, Oxford 1994, S.330 참고.

29) MacCormick, Natural Law and separation of law and morals, in: George (Hrsg.), Natural law theory. Contemporary essays, Oxford 1996, S.105ff. (129).

가의 관점에서 법실증주의적 법개념이나 비법실증주의적 법개념에 대한 찬반의 논거가 여러 가지 측면에서 제기될 수 있고, 그러한 논거들을 좀 더 실질적이고 합리적으로 논의할 수 있음은 물론이다. 그러나 법실증주의를 둘러싼 논쟁은 상당히 감정적인 차원에서 벌어지고 있고, 따라서 이 논쟁의 내부에는 단순히 법개념의 적합성에 대한 논란 이외의 다른 요소들이 짙게 배어 있다고 추측된다. 이 논쟁이 언제나 초미의 관심사가 되는 현실적인 맥락을 살펴보면, 그와 같은 추측이 정당함을 알 수 있다.

문제의 초점은 2차대전 직후에 특정한 나치 법률의 효력문제와 관련하여 아주 구체적으로 드러났다. 즉 몇몇의 나치 법률을 무효로 볼 것인가 아니면 효력이 있긴 하지만 이를 준수할 도덕적 의무가 없다고 볼 것인가에 따라 전후의 재판에서는 현실적으로 중요한 차이가 발생할 수 있었다.

당시의 법원이 특정한 나치 법률의 법적 효력의 문제가 재판에서 결정적인 역할을 하는 사건에 직면하는 것은 결코 드문 일이 아니었다. 문제는 그 부정의성을 누구나 인정하는 법률의 효력에 관한 것이었다. 예컨대 반정부적인 언행을 한 사람을 비밀경찰에 알려 사형선고를 받게 만든 밀고자를 형법적으로 기소할 수 있는지가 현실적 문제로 등장했다. 과연 그러한 밀고자가 자신은 나치 당시의 법률에 따라 합법적으로 행위했다는 근거로 살인죄의 비난을 면할 수 있었을까? 또는 사형을 선고한 법관을, 비록 그가 당시의 법률을 적용하여 재판했음에도 불구하고, 법왜곡죄(Rechtsbeugung)로 기소할 수 있었을까? 이 문제는 50년이 지나 구동독의 법과 관련하여 다시 의미를 갖게 되었다.

관련자들을 사후적으로 처벌할 수 있는가는 현실적으로 매우 중요한 의미를 가진 물음이며, 이 물음에 대해 어떻게 대답하는가는 '법'이라는 단어를 어떻게 정의하느냐에 달려 있다. 물론, "법률 없으면 형벌 없다(nulla poena sine lege)"는 죄형법정주의원칙을 법치국가형법의 근본원칙으로 인정한다면, 이 물음은 간단히 해결될 수도 있다. 더욱이 이 원칙은 독일 기본법 제103조 제2항, 프랑스의 「인간과 시민의 권리에 관한 선언」 제VIII조, 이탈리아 공화국 헌법 제25조에 명문으로 규정되어 헌법적 지위까지 부여받고 있다. 그리고 유럽인권협약 제7조와 유엔협정 II의 제15조 제1항에도 명문으로 이 원칙을 규정하고 있다. 다시 말해 행위시에 금지되어 있지 않은 행위에 대해서는 어느 누구도 형법적 처벌을 받지 않는다. 아마도 이 원칙은 심지어 행위시에 명령되어 있는 행위에 대해서도 적용될 것이다.[30] 따라서 나치의 특정 법률들이 무효라는 주장은 결과적으로는 소급처벌을 인정하는 것이다.

이 문제는 이미 공포된 법률이 도덕적 근거에 비추어 비난받아 마땅한 법률로 규정될 때에는 언제나 중요한 의미를 갖게 된다. 어쨌든 "법률 없으면 형벌 없다"는 원칙에 따른 소급처벌금지의 문제 때문에 법실증주의의 입장이 우위를 점하고 있는 것처럼 보인다. 하지만 법실증주의의 우위는 "법률 없으면 형벌 없다"는 원칙이 사실상으로 준수되는 범위 내에서만 주장될 수 있다. 이는 형법과 관련하여 매우 중요한 의미가 있다. 따라서 문제 자체를 더욱 자세하게 규정할 필요가 있다.

만일 어떤 규범이 '법률'이라고 지칭될 수는 있지만, 우리가 흔히 '법'이라고 부르는 영역에 명백히 속하지 않는다면, 그러한 규범에 대해서는 "법률 없으면 형벌 없다"는 원칙이 갖는 신뢰의 기초가 완전히 결여되어 있다.[31] 예를 들어, 어느 강도단체의 두목이 그 단체의 구성원들에게 피해자를 언제나 살해하라는 '법칙'을 선포했다고 가정해 보자. 이 경우, 법원이 나중에 이 '법칙'에

---

30) Hart, The Concept of Law, S.2006, dt. Übers., S.291.

31) 이에 관해서는 Ott, Die Radbruch'sche Formel. Pro und Contra, Zeit-schrift f. Schweizerisches Recht, N.F. 107(1988), S.335ff. 참고.

따라 재판하지 않았다고 해서 "법률 없으면 형벌 없다"는 원칙에 위반했다고 생각할 사람은 아무도 없을 것이다. 문제는, 국가기관이 선포한 법률이 '법'에 관한 일반적인 이해와 너무 동떨어진 나머지 그 법률에 대해 마치 강도단체 두목의 '법칙'처럼 어떠한 신뢰도 부여할 수 없는 경우가 있는가이다.

극단적인 예외상황에서는 그러한 경우를 충분히 생각할 수 있으며, 라드브루흐의 유명한 논문 "법률적 불법과 초실정적 법" (Gesetzliches Unrecht und überpositives Recht)[32]은 바로 그러한 극단적 예외상황에 관련된 것이다. 이 논문에서 라드브루흐는, 정의의 원칙에 대한 중대한 침해이긴 하지만 '법'의 존재 여부나 그에 대한 복종의무와 관련해서는 어떠한 변화도 야기하지 않는 규범과 '정의를 향한 어떠한 노력도 찾아볼 수 없는' 규범을 구별하고, 후자는 결코 '법'이라 말할 수 없다고 한다.[33] 이러한 구별에 따른다면, '정의의 핵심'인 '평등원칙'을 부정했던 일련의 나치 법률은 결코 '법'이 아니다. 예컨대 특정 집단의 인간을 인간 이하로 취급하고 그들의 인권을 부정하거나, 오로지 위협 자체만을 목적으로 하는 형벌을 내용으로 하는 법률은 법이 아니다.[34] 이 점은 예컨대 정치적 적대자들을 살해한 행위를 정치적 처형이라

---

32) Radbruch, Gesetzliches Unrecht und übergesetzliches Recht, insb. S.215ff.; 또한 라드브루흐의 이 텍스트를 그의 신칸트주의 법철학 전체와 관련시켜 그 위치를 규정하고, 이에 대한 비판을 행하고 있는 Wiegand, Unrichtiges Rechts, bes. S.208ff. 참고.

33) Alexy, Begriff und Geltung des Rechts, S.62는 전체 법질서와 관련하여 '정의에 대한 추구'를 법의 한 개념기준으로 파악한다. 이에 관해서는 또한 Tschentscher, Prozedurale Theorien der Gerechtigkeit, Baden-Baden 2000, S.37f.도 참고. '정의를 향한 어떠한 노력도 하지 않는다'를 주관적으로 해석하는 일반적인 입장(이는 나의 입장이기도 하다)에 대한 비판으로는 Funke, Überlegungen zu Gustav Radbruchs 'Verleugnungsformel,' in: ARSP 2003, S.1ff. 참고.

34) Radbruch, Gesetzliches Unrecht und übergesetzliches Recht, S.217.

는 명목으로 소급적으로 합법화한 법률에 대해서도 마찬가지이다.[35] 라드브루흐가 명백히 밝힌 점은 이것이다. 즉 적어도 법개념에 현실적 의미를 덧붙이려 한다면, 법개념은 일반인의 신뢰보호라는 관점에서 일반적인 언어사용과 합치해야 한다는 사실이다. 따라서 법개념은 정의를 향한 노력이라는 최소한의 요구를 포함해야 한다는 것이다. 이러한 라드브루흐의 입장은 얼마든지 수긍할 수 있을지도 모른다. 그렇지만 앞에서 말한 것과 같은 극단적인 예외상황에 국한할 때에만, 하나의 규범이 – 이 규범을 제정하는 자들에 의해 이미 – 전혀 정의를 추구하지 않았다고 말할 수 있을 뿐이라는 사실도 분명하게 의식을 해야 한다. 따라서 라드브루흐 공식이 갖고 있는 이 세 번째 차원을 두 번째 차원과 구별하고자 한다면, 이렇게 단순히 관찰자의 관점에서가 아니라, 규범제정자 자신이 이미 정의를 전혀 추구하지 않았다는 사실을 입증하는 것이 결정적인 의미를 갖는다. 그렇기 때문에 라드브루흐 공식의 세 번째 차원은 구동독의 법을 둘러싼 최근의 논쟁에서 별다른 역할을 하지 못했다. 이 논쟁에서는 단지 정의에 대한 참을 수 없는 위반으로 말미암아 효력을 갖는 법이라고 말할 수 없다는 의미에서 '법'의 개념과 효력을 이해하는, 라드브루흐 공식의 두 번째 차원이 문제의 중심이었다. 만일 한 관찰자의 관점에서 정의에 대한 '참을 수 없는' 모순의 정도를 판단하여 법률의 효력을 부정할 수 있게 된다면, '참을 수 없음'에 대한 각자의 평가가 서로 다르기 때문에, 사실상 신뢰보호의 원칙 및 '죄형법정주의 원칙'이 파괴되는 부당한 결론에 도달하게 된다. 이 점에서 국경수비대 소송과 관련된 독일 법원의 판결들은 '죄형법정주의 원칙'을 진지하게 고려하지 않았다는 비난을 받지 않을 수 없다.[36]

---

35) Fuller(주 23), 650면 이하.
36) 판례에 대한 비판적 입장으로는 H. Dreier, Gustav Radbruch und die

c) 감정적인 잔재 : 주관주의테제

행위시의 실정법이 처벌하지 않는 행위를 사후적으로 처벌하는 문제도 비교적 실질적이고 합리적으로 논의할 수 있다. 그렇지만 이 문제에서도 법실증주의와 관련시켜 감정적인 논란의 대상이 되는 이유는 다른 데에 있다. 아마도 이 이유가 법실증주의를 둘러싼 대립의 가장 중요한 이유일 것이다. 이 점은 논쟁에 참여한 학자들이 특정한 주장에 대해 떠올리는 연상작용을 함께 고려해 보면 잘 알 수 있다. '중립성테제', 즉 법개념은 개념정의의 '현실적 유용성'을 고려하여 그 내용이 가치중립적으로 규정되어야 한다는 테제를 많은 법실증주의자들은 '주관주의테제'와 결합시킨다. 주관주의테제란 각 개인의 주관적 가치관과 구별되는 비실정적 정당성척도란 존재하지 않음을 뜻한다.[37]

그러나 법실증주의의 반대자들이 법실증주의의 근원적 오류로 여기는 것이 바로 주관주의테제이다. 왜냐하면 법실증주의의 반대자들은 '현실적 유용성'이라는 표현을 초실정적 정당성척도를 객관적으로 인식가능하다는 의미로 이해하기 때문이다. 물론 이는 '현실적 유용성'을 법실증주의자와 완전히 다르게 이해하는 데서 기인하는 문제이다. 결론부터 말하자면, 많은 법실증주의자들이 주장하는 인식론적 '주관주의테제'의 내용이 반드시 개념정의

Mauerschützen, in: JZ 1997, S.421ff.; Arnold, Gustav Radbruch und die Mauerschützenfälle — Ein Kontinuitätsproblem, in: ders.(Hrsg.), Strafrechtliche Auseinandersetzung mit Systemvergangenheit, Baden-Baden 2000, S.147ff. 참고.

37) Hoerster, Verteidigung des Rechtspositivismus, S.15에 따르면 '거의 대부분의 현대 법실증주의자들'은 이 두 가지 테제를 동시에 주장한다고 한다. v.d. Pfordten, Rechtsethik, S.100ff.은 주관주의테제의 지지자들을 법윤리적 허무주의 또는 법윤리적 환원주의의 주장자로 규정하고, 법윤리적 규범주의(즉 비실정적 정당성기준에 관한 합리적 논의가 가능하다고 여기는 입장)와 법윤리적 본질주의(예컨대 고전적 자연법론)를 주장하는 사람들과 대비시킨다.

상의 '중립성테제'와 결합할 필요는 없을 것이다. 주관주의테제는
중립성테제와는 별도로 논의될 수 있으며 또한 그래야만 한다.
이 문제는 체계적인 연관성을 고려하여 이 책의 제2부에서 다루
기로 하겠다.

3. 규범적 법이론과 사회학적 법이론 : 존재와 당위

a) 켈젠과 에어리히의 논쟁

지금까지 우리는 비교적 소극적인 관점에서 법의 개념에 접
근했다. 즉 §1에서는 법에 대한 비판적 입장들을 살펴보면서 기
본적인 이해를 하고자 했고, §2.1에서는 법개념정의의 문제를 논
의함으로써 이 주제가 극히 복잡하다는 인상을 얻게 되었다. 또
한 §2.2에서는 법실증주의를 둘러싼 논쟁을 엄밀하게 파악함으로
써 이 주제에 관한 불필요한 논의를 배제하고자 했다. 이제 우리
는 서서히 법의 개념규정에 관한 요소들을 적극적으로 찾기 위한
노력을 시작해 보고자 한다.

우선 두 명의 유명한 학자들 사이에서 벌어졌던 과거의 한
고전적 논쟁은 우리의 노력이 결실을 맺기 위한 좋은 계기를 마
련해 줄 것이다. 20세기 초반에 오이겐 에어리히(Eugen Ehrlich;
1862-1922)와 한스 켈젠 사이에 벌어졌던 이 논쟁은, 당시의 대부
분의 논쟁이 그랬듯이, 첨예한 대립 속에서 행해졌다. 켈젠은 에
어리히의 저작 「법사회학 기초」(Grundlegung der Soziologie des
Rechts)에 관한 상세한 서평에서, 에어리히가 규율이 갖는 존재적
측면과 당위적 측면을 충분히 구별하지 않았으며, 그로 인해 규
칙적으로 반복되는 사회적 행위로부터 법이 형성된다고 주장하는
오류를 범했다고 비판했다.[38] 즉 행위의 규칙성이라는 사고로부

---

38) Kelsen, Eine Grundlegung der Rechtssoziologie, S.843.

터 획득되는 규율의 개념과 당위의 의미에서의 규율은 다르다는
것이다. 이러한 켈젠의 비판에 대해 에어리히는 존재/당위의 방
법적 문제를 무시한 채, 자신의 법규범 개념은 국가가 제정한 법
규에 관한 개념보다 훨씬 더 넓다고 반박했다. 즉 한 사회의 내
적 질서는 국가가 법규범을 통해 어떤 명령을 하기 이전에 이미
규정되어 있다고 한다.[39]

　이 논쟁은 매우 격렬하게 진행되었는데, 그 이유는 무엇보다
도 법에 관한 과학적 접근의 본질이 무엇인가에 대해 이 두 학자
가 전혀 다른 생각을 갖고 있었기 때문이다.

　에어리히로서는 법이란 '하나의 사회현상'이기 때문에, 바로
법사회학이 법에 관한 과학적 이론이었다.[40] 이에 반해 켈젠은
'법학적 개념형성을 사회학적 성격을 갖는 요소로부터도 완전히
해방'시키고자 했다.[41] 왜냐하면 켈젠에게 법학은 하나의 규범과
학이기 때문이었다. 켈젠은 인과적으로 규정되는 사건의 세계와
규범이 효력을 갖는 세계, 즉 '존재'와 '당위'를 엄격히 구별했다.
따라서 켈젠의 견해에 따르면 법은 규범, 즉 당위적 규율로서만
고찰될 수 있으며, 규범과학으로서의 법학은 그러한 당위적 규율
로서의 법만을 연구대상으로 삼을 수 있다. 물론 법은 사회현실의
한 부분, 즉 사실로 이해될 수 있으며, 법의 사실적 측면을 탐구
하는 것은 사회학의 과제라는 점은 켈젠도 인정한다. 그러나 사실
상 발생한 것, 즉 인간이 특정한 관점에서 규칙적으로 행하는 것
과 인간이 법적 근거에서 마땅히 행해야 할 것은 "형식적으로 전
혀 다른 효력을 갖지 않을 수 없다. 이 점은 설령 규범이 당위로

---

39) Ehrlich, Entgegnung, S.844ff.
40) Ehrlich, Grundlegung der Soziologie des Rechts, Leipzig 1913, S.19.
41) Kelsen, Über Grenzen zwischen juristischer und soziologischer
　　Methode, in: Klecatsky, Marcic, Schambeck(Hrsg.), Die Wiener
　　rechtstheoretische Schule, Wien / Frankfurt / Zürich 1968, S.1ff.(5).

규정한 내용이 사실상 발생하는 존재규칙의 내용과 완전히 일치하는 경우라 할지라도 마찬가지다"[42]라고 켈젠은 주장했다.

하지만 켈젠 스스로도 말한 바와 같이, 실제로는 존재와 당위가 완전히 일치할 수 있다. 다시 말해서 당위규칙이 명령한 내용과 일반적으로 행해지는 사실상의 행위가 동일할 수 있다. 그렇기 때문에 존재와 당위의 구별은 방법적 구별이다. 존재의 영역과 당위의 영역은 서로 분리되어 각각 별개의 과학적 연구의 대상이 될 수 있다. 그래서 켈젠 등의 학자들이 주장하는 이러한 분리를 방법이원주의(Methodendualismus)라고 부른다.[43]

사실로서의 법에 지향된 법사회학과 규범적 법학을 구별하는 오늘날의 일반적 방식은 바로 이러한 이론모델에 뿌리를 두고 있다. 법사회학의 가장 핵심적인 물음은 그 연구대상인 '존재'가 과연 무엇인가 하는 것이다. 켈젠은 물론 법사회학을 부정하지는 않았지만, 자신의 「순수법학」(Reine Rechtslehre)과 법사회학을 엄격히 구별하면서, 법사회학의 올바른 목표는 오로지 "법규범의 형성과 작용을 탐구하고 이를 사회심리적 사실로 파악"하는 것뿐이라고 지적했다.[44] 따라서 켈젠의 입장에서는 특정한 행위의 사회적 규칙성 가운데 오로지 법규범에 의해 규정되는 규칙성만이 법사회학의 연구대상이 될 수 있다.

그렇기 때문에 에어리히 법사회학의 대부분은 켈젠으로서는 결코 법사회학으로 볼 수 없었다. 그러나 법사회학은 '수범자의 승인'이나 '법집행관료의 강제' 등과 같은 개념에 기초한 구별기준

---

42) Kelsen, Eine Grundlegung der Rechtssoziologie, S.841.

43) 방법이원주의에 관한 인상적인 서술로는 Radbruch, Rechtsphilosophie, S.13ff. 참고.

44) Kelsen, Eine Grundlegung der Rechtssoziologie, S.875. 켈젠의 자연주의비판과 관련된 양상적(modal) 규범성 및 켈젠의 '이원주의 세계론'(Zwei-Welten-Lehre)에 관해서는 Paulson, Der Normativismus Hans Kelsens, in: JZ 2006, S.529ff. 참고.

을 끌어들여 그 대상영역인 '법'을 법률가들이 흔히 인정하는 것
보다 훨씬 넓게 해석하곤 했다. 예컨대 막스 베버(Max Weber;
1864-1920)는 "대부분의 종파에서 흔히 그렇듯이 죄악을 범한 자
들에 대해 형제애에 기초한 경고와 같은 부드러운 강제를 최초의
수단으로 사용한다는 사실"이나 "교회의 독특한 규율수단을 통한
심리적 강제"45)도 곧 법의 영역에 속하며, 따라서 이 또한 법사
회학의 연구대상이 된다고 생각했다.

　법사회학은 법률가들이 당위의 측면에서 다루는 (국가가 공포
한) 법규범의 존재적 측면에 국한되지 않는다. 법사회학은 하나의
독립된 학문분과로서 고유의 연구대상을 스스로 결정하며, 법학
의 단순한 보조과학 이상의 포괄적인 의미를 갖고 있다.

　이처럼 법사회학이 탐구하는 지평의 확대와 함께 또 다른 의
미에서 법사회학은 법규범의 존재영역을 뛰어넘는다. 즉 법사회
학은 법복종행위뿐만 아니라 법불복종행위까지도 탐구하며, 흔히
후자가 연구의 일차적 관심이 되기도 한다.46) 특히 범죄사회학은
법규범으로부터 일탈된 행동을 그 연구대상으로 한다. 법사회학
이 법과 불법의 관계를 연구대상으로 삼을 수밖에 없으며, '법'을
'불법'과의 대비를 통해 연구한다는 사실은 단순히 전문용어상의
결과만을 낳는 데 그치지 않는다. 최근의 법사회학은 "법의 완전
한 실현은 법이 이미 실현된 불법에 대항하여 반작용을 할 때에
만 가능하다"47)는 점을 분명하게 밝히고 있으며, 범죄사회학의

---

45) Max Weber, Wirtschaft und Gesellschaft, 5.Aufl., Nachdruck Tübingen
　　2002, S.18.
46) 법에 관한 철학적 이해를 위해서도 법이 그 불복종에 대항하여 끝없이
　　반작용을 해야 한다는 점이 중요함을 헤겔은 인상적으로 서술하고 있
　　다. Hegel, Grundlinien der Philosophie des Rechts(1820), bes. §97,
　　S.185f. 또한 이와 관련된 Seelmann, Anerkennungsverlust und Selbst-
　　subsumtion. Hegels Straftheorien, Freiburg I. Br. 1995, S.11ff. 참고.
47) Zielcke, Die symbolische Natur des Rechts. Analyse der Rechts-
　　soziologie Niklas Luhmanns, Berlin 1980, S.108.

연구결과에 따르면 범죄는 이에 대한 반작용이 곧 규범의 안정성을 강화하기 때문에 사회질서의 유지를 위해 필요하다고까지 말한다. 즉 법은 불법에 대항하여 불법이 아니라, 법이 타당하다는 요청을 지속적이고 명백하게 관철시킬 때에 비로소 실효성을 가질 수 있다. 이런 맥락에서 사회통제기관은 항상 일정한 범위의 범죄화(kriminalisieren)를 해야만 하고, 그래야만 규범과 사회질서의 안정화가 달성되는지 여부에 관련된 문제는 법사회학의 한 연구영역으로 자리 잡고 있다(범죄를 사회의 주변 영역에 속하는 예외적 현상으로 규정함으로써 사회의 안정성을 강화하는 문제).

b) 당위의 의미

이제 규범적 법학(법철학도 여기에 속한다)의 대상인 당위에 관해 논의해 보기로 하자. 일단 '당위'가 구체적으로 무엇을 의미하는지 살펴보자. 이 물음에 대한 대답은 여러 가지 관점에서 이루어질 수 있다. 즉 '당위'란 더 이상 자세히 설명할 수 없다든가, 그것은 우리의 의식에 직접적으로 자리 잡고 있다든가,[48] 또는 "마치 미래나 과거처럼 정의할 수 없는 사유형태"[49]라는 등의 대답이 있다. 이러한 소극적 규정과 반대로 '당위'를 더 자세히 규정하려고 시도할 때에는 흔히 '의욕'(Wollen)이라는 요소를 빌려 설명하는 것이 보통이다. 즉 무엇인가를 의욕하는 사람의 관점에서는 의욕에 해당하는 것이 그 의욕의 대상이 되는 사람의 관점에서는 '당위'(Sollen)로 여겨진다는 것이다. 이처럼 '당위'를 명령으로 해석하는 입장에서는 명령하는 자의 의욕을 강조하지 않을 수 없다. 다른 한편 '당위'를 타인의 행위에 대한 특정한 기대의 형식으로 해석할 수 있다. 기대가 좌절되었을 때에는 그 기대 자체를 변경해야 하는 보통의 경우와는 달리, 당위의 경우에는 설

---

48) Kelsen, Reine Rechtslehre, S.5.
49) Simmel, Einleitung in die Moralwissenschaft I, Berlin 1892, S.8ff.

령 기대가 좌절되는 구체적인 사례가 발생하더라도 기대 자체가 그대로 유지된다고 한다.

그러나 곧바로 알 수 있듯이, '당위'를 '의욕'이나 '기대'로 설명하더라도 당위의 의미가 완전히 밝혀지지는 않는다. 법적 '당위'라는 특수한 '당위'는 의욕행위라는 의미도 갖고 있지만, 설령 이 의욕행위가 더 이상 존재하지 않더라도 계속해서 객관적으로 존재한다. 예컨대 입법기관의 구성원이었던 사람이 죽어서 더 이상 의욕행위를 할 수 없더라도, 그가 제정한 법률은 '당위'로서 여전히 존재한다. 따라서 '규범'이라는 개념은 '당위'가 특정한 '의욕'이나 '기대'와는 분리되어 있음을 밝히려고 노력한다.

4. 규범의 총체로서의 법

이러한 이유에서 법은 규범의 총체 – 또는 흔히 규범과 동의어로 쓰이는 '법명제'(Rechtssatz)의 총체 – 라는 견해가 널리 퍼져 있다.[50] 법규범이 도덕규범과 같은 다른 종류의 규범과는 어떻게 구별될 수 있는가의 문제는 나중에 자세히 논의하기로 하자. 법과 도덕의 구별문제와는 별도로 과연 어떻게 법규범을 형식적으로 더 자세히 규정할 수 있는가를 둘러싸고 상당한 논란이 벌어지고 있다.

a) 명령설: 찬성론과 반대론

이른바 '명령설'(Imperativentheorie)은 법의 개념이나 본질과 관련하여 빈번하게 주장되는 이론이다.[51] 이에 따르면 법규범은 명

---

50) Engisch, Auf der Suche nach der Gerechtigkeit. Hauptthemen der Rechtsphilosophie, München 1971, S.26("객관적 법이 상호연관성을 갖는 법명제들의 총체라는 점에 관해서는 의견이 일치되어 있다").

51) J. Austin, Lectures on Jurisprudence or the Philosophy of Positive

령, 즉 개개의 시민이나 국가기관에 대한 명령 또는 금지라고 하며, 명령을 하는 개별적인 의욕주체는 구체적으로 확정되어 있지 않다고 한다.

'명령설'에 대한 거센 반론도 여러 가지 측면에서 제기된 바 있다. 예컨대 법질서는 명시적인 명령 이외에도 개념정의와 같은, 명령의 요소가 없는 법규(보기: '물건'의 개념을 규정한 독일민법 제90조)도 포함하고 있다는 사실을 지적한다. 특히 '명령설'은 법이 어떤 것을 허용하는 경우가 있음을 설명할 수 없다는 반론이 있다. 이 점은 정당방위상황에서 행한 방어행위나 주관적 권리를 생각해 보면 금방 알 수 있다.

그러나 이러한 반론은 명령설의 주창자들에게는 유력한 반론으로 여겨지지 않는다. 예를 들어 개념정의를 내린 법규가 있다는 사실도, 독자적인 법규범과 비독자적인 법규범을 구별하고, 개념정의를 내용으로 하는 법규는 명령을 보충하기 위한 비독자적 법규범으로 분류한다면 명령설과 얼마든지 부합할 수 있다고 한다. 또한 권한이나 주관적 권리도 두 가지 방식으로 명령설에 합치되게 구성할 수 있다. 즉 국가기관을 명령의 대상으로 본다면, 주관적 권리는 이러한 권리를 보장하라는 국가기관에 대한 명령의 결과라 할 수 있다.[52] 또는 법적 허용을 (타인에 대한) 명령이나 금지의 '반사'(Reflex)로 이해할 수도 있다.[53]

'명령설' 이외에도 법규범을 출발점으로 삼는 일련의 법개념 규정들이 있다. 이러한 개념규정들의 특징은, 법규범의 개념을 논의할 때 권리의 승인을 명령이나 금지와 동등한 선상에서 취급한

Law, Bd.1, S.88f.("모든 법이나 규율은 … 명령이다").

52) M. E. Mayer, Rechtsnormen und Kulturnormen, Breslau 1903, S.4f., 13, 35, 41; 이에 대한 비판으로는 Thon, Der Normenadressat, in: Jherings Jahrbücher für die Dogmatik des bürgerlichen Rechts Bd.50(1906), S.12ff. 참고.

53) Engisch(주 50), 47면.

다는 점이다. 이 경우 모든 법규범에 공통된 측면을 명령이 아 닌, 다른 성질에서 찾으려고 시도하게 된다. 예컨대 켈젠은 법규 범 가운데는 명령뿐만 아니라, 허용 및 권한부여도 있음을 지적 한다. 이들은 모두 하나의 행위, 하나의 사건에 법적 의미를 부 여한다('해석도식 Deutungsschema'으로서의 규범)는 점에서 공통점을 갖고 있다고 한다.[54] 라렌츠(Larenz)도 이와 비슷한 견해를 갖고 있다. 라렌츠는 예컨대 소유권은 법질서가 소유권자 이외의 사람 에게는 이에 대한 모든 형태의 침해를 금지했기 때문에 배타적 기능을 갖는다는 빈트샤이트(Windscheid)의 견해의 일면성을 비판 하고, 배타적 기능의 이면에는 법질서가 소유권자만이 소유물을 사실적 및 법적으로 처분할 수 있도록 허용한 적극적 측면이 있 음을 지적한다. '허용의 내용'이라는 측면과 '배타적 기능'이라는 측면은 서로 관련이 있으며, 따라서 어느 한 측면이 다른 한 측 면의 '반사'라고 볼 수는 없다고 한다.[55] 오히려 법규범은 '결정규 범'으로서, 그것이 명령이든 허용이든, 무엇인가가 당위되어 있음 을 확정하는 것이라고 한다.[56] 법규범의 이러한 성격 이외에도, 켈젠은 법규범이 그 위반에 대한 제재를 명령하거나 또는 제재권 한을 부여하는 경우에만 완벽할 수 있다는 사실에서 법규범의 공 통점을 찾는다.[57]

　이에 반해, 하트와 같은 학자는 두 개의 규범유형(명령과 허 용)의 분리를 더욱 분명히 하면서, 행위지시규범(일차적 규범)과 사

---

54) Kelsen, Reine Rechtslehre, S.73(예를 들어 의회에서 한 국회의원이 손 을 드는 행위는 의회의 입법권을 규정한 헌법이나 여타 법규범의 관점 에 비추어 볼 때에만 이 국회의원이 식당에서 종업원을 부르기 위해 손 을 드는 행위와 구별할 수 있다. 규범이 행위나 사건을 '해석하는 도식' 이라는 켈젠의 입장은 대강 이와 같은 의미를 갖는다 - 옮긴이).

55) Larenz / Canaris, Methodenlehre der Rechtswissenschaft, S.75.

56) Larenz / Canaris, Methodenlehre der Rechtswissenschaft, S.77f.

57) Kelsen, Reine Rechtslehre, S.35, S.124.

인이나 공공기관에게 권한을 부여하는 규범(이차적 규범; 권한규범) 사이에는 어떠한 공통점도 없다고 본다.[58] 켈젠과 같이 일차적 규범과 이차적 규범의 대립을 어느 경우에든 제재규정이 존재한다는 사실로 해소하려는 시도에 대해, 하트는 제재가 규범에 불복종한 경우에 비로소 나타나는 하나의 보조수단일 뿐이기 때문에, 규범의 본질을 설명하기에 충분한 요소가 아니라는 반론을 제기한다.[59]

b) 법현실주의

지금까지 언급한 학자들은 규범의 '당위성'을 모든 법규범에 공통된 구조적 특성으로 파악한다. 이에 반해 이른바 '법현실주의'는 – 비록 법규범론이라는 토대 위에 있긴 하지만 – 명령설의 입장과는 상당한 거리가 있다. 법현실주의는 법규범의 당위성이 사실상 무엇을 의미하는지를 밝히려고 한다.

스칸디나비아 법현실주의학파에 속하는 칼 올리버크로나(Karl Olivecrona)는 명령하는 자와 명령에 복종하는 자를 전제하는 '명령'이라는 사고 자체가 형이상학적이라고 비판한다. 올리버크로나는 언어분석적 사고를 통해, 명령이라는 언어형식이 간과하고 있는 사실을 다음과 같이 지적한다. "법규범은 실제로 어떤 명령을 내리거나 의욕을 표현하는 것이 아니라, 그 자체만으로 이미 인간 행위에 작용을 미치고 있다." 즉 법규범은 명령자가 없이도 이미 그 영향력을 통해 인간의 행태를 변경시킨다. 이런 의미에서 올리

---

58) Hart, The Concept of Law, S.77ff., dt. Übers., S.115ff. 이에 관해서는 Renzikowski, Die Unterscheidung von primären Verhaltens- und sekundä- ren Sanktionsnormen in der analytischen Rechtstheorie, in: Dölling / Erb (Hrsg.), FS Gössel, Heidelberg 2002, S.3ff.(11) 참고.

59) Hart, The Concept of Law, S.38ff., dt. Übers., S.61ff. 명령설에 대한 하트의 비판에 관해 자세히는 S.34ff. 그리고 일차적 규범과 명령의 차이점에 관해서는 특히 S.76ff. 참고.

버크로나는 '(명령자로부터) 독립된 명령'(independent imperatives)[60]
이라는 표현을 사용한다.

올리버크로나가 '당위'를 사실상의 영향에 비추어 해석하는
것에 반해, 미국 법현실주의의 선구자인 올리버 홈즈(O. W.
Holmes)는 한 걸음 더 나아간 해석을 제시한다. "법이란 법원이
실제로 어떠한 결정을 내릴지를 예언하는 것에 불과하다."[61] 이
러한 법현실주의자의 규범관에서 법은 하나의 사회적 사실로 여
겨지며, 사회적 사실과 원칙적으로 구별되는 의욕행위를 뜻하지
않는다.[62]

이처럼 당위명령이라는 의미의 규범에 국한된 사고방식을 뛰
어넘어 법개념을 더 넓게 파악하게 된 데에는 법과 법규범을 동
일시하는 입장에 대한 두 가지 반론이 중요한 역할을 했다. 첫
째, 사실상의 사회적 행태는 규범의 실효성뿐만 아니라 규범의
효력(당위의 측면) 자체에도 영향을 미친다는 점은 오늘날 일반적
으로 인정되는 견해이다. 사실상 거의 준수되지 않는 규범은 효
력이 없다. 둘째, 법원의 판결행태에 관한 홈즈의 지적은, 일반적
법규범(실정법과 관습법)뿐만 아니라 법관의 판결도 '법'에 속한다
는 사실을 분명히 밝히고 있다.

---

60) Olivecrona, Law as Fact, S.130ff. 스칸디나비아 법현실주의에 관한 상
    세한 문헌으로는 J. Bjarup, Skandinavischer Rechtsrealismus, Freiburg
    1978; Martin, Legal Realism - American and Scandinavian, New York
    u.a. 1997, S.123ff. 참고.
61) O. W. Holmes, The Path of the Law, S.461. 또한 A. Ross, On Law
    and Justice, London 1958, S.41 참고(다만 로스는 주로 법 자체보다는
    법학의 규칙들과 관련하여 논의하고 있다). 미국의 법현실주의에 관해서
    는 Fauchinger, Der amerikanische Rechtsrealismus: Karl Llewellyn,
    Jerome Frank, Underhill Moore, Berlin 2006 참고.
62) 나우케(Naucke, Rechtsphilosophische Grundbegriffe, 2.Aufl., Frankfurt
    a.M. 1986, S.66ff.)에 따르면, 법현실주의의 원조는 마키아벨리(Machiavelli;
    1469-1527)라고 한다. 즉 마키아벨리도 '오로지 인간의 현실적 경험에만
    기초한 법이론'을 만들어내려고 노력했다는 것이다.

c) 법효력과 실효성

앞에서 설명한 두 가지 반론 가운데 두 번째 반론(판결의 규범구체화기능)은 법규범이론의 새로운 구성에 그대로 반영되고 있다. 이에 반해 법효력이 실효성과 밀접한 관련성이 있다는 첫 번째 반론은 법을 규범의 총체로 파악하는 입장에서는 훨씬 더 커다란 문제점을 낳는다. 여기서는 이 문제를 상세히 고찰해 보기로 하자.

실효성과 법효력은 어떠한 관계를 맺고 있는가? 켈젠에 따르면, 양자의 관계를 정확히 규정하는 것은 법이론의 "가장 중요한 문제 가운데 하나이자 동시에 가장 어려운 문제"라고 한다.[63] 적어도 법의 효력의 문제를 다루는 사람이라면 결코 간과할 수 없는,[64] 켈젠의 고전적 표현은 다음과 같다. "단 한 번도 적용되거나 준수된 적이 없는 규범, 즉 최소한의 실효성도 없는 규범은 효력을 갖는 법규범으로 볼 수 없다. 이른바 최소한의 실효성은 법효력의 조건이다."[65] '최소한'의 실효성이 법효력의 '조건'이라는 말이 무엇을 의미하는지 설명하기 위해서는 '효력'(Geltung)과 '실효성'(Wirksamkeit)의 개념 자체가 분명하게 밝혀져야 한다.

켈젠이 규정한 실효성의 의미는 이 개념에 대한 통상적인 이해와 거의 일치한다. 켈젠은 하나의 규범이 법집행기관에 의해 사실상 적용되고 법규범에 복종하는 주체들에 의해 사실상 준수되는 것을 규범의 실효성으로 이해한다.[66] 이는 실효성에 대한

---

63) Kelsen, Reine Rechtslehre, S.215.
64) 만일 법효력의 개념을 실효성과는 관계없이 단지 특정한 규범질서에 대한 귀속 여부라는 측면에서만 규정하게 되면, 아주 먼 과거의 법과 강도집단 두목의 명령도 효력을 갖는 법으로 인정하지 않을 수 없다. 법효력을 그런 식으로 개념정의하는 것은 법규범의 특수성을 이해하는 데 현실적으로 아무런 쓸모가 없다.
65) Kelsen, Reine Rechtslehre, S.10.
66) Kelsen, Reine Rechtslehre, S.11.

오늘날의 일반적인 이해와 결과적으로 큰 차이가 없다. 즉 국가기관이 규범의 전반적 관철가능성을 보장하고, 평균적으로 보아 법공동체 내에서 규범이 준수되는 경향이 존재할 때 그 규범은 실효성이 있다고 말한다.[67]

켈젠은 법규범의 특수한 존재방식을 효력이라고 지칭한다.[68] 하지만 이 견해는 실효성에 관한 켈젠의 개념규정에 비해 훨씬 더 많은 모순을 내포하고 있다. 만일 법규범의 특수한 존재방식이 효력이라면, 도대체 왜 법규범은 효력을 갖는가, 즉 법규범은 왜 준수되어야 하는가라는 물음에 대해 그것이 바로 법규범의 본질이기 때문이라고 대답할 수밖에 없다. 사실 켈젠은 가상적인 근본규범(Grundnorm)을 모든 규범의 효력근거로 전제함으로써, 규범의 내용적 효력근거에 대한 물음을 미리 차단해 버렸다.[69] 물론 이러한 이론구성이 아무런 근거도 없이 이루어진 것은 아니다. 켈젠은 이를 통해 효력근거를 끝없이 정당화해야 하는 딜레마로부터 빠져나오려고 했다. 물론 이 딜레마는 다른 방법으로도 피할 수 있다. 즉 자연법적 효력근거나 기타 의문의 여지없는 효력근거를 상정하여 규범의 어떠한 단계에서도 또 다른 효력근거를 찾을 필요가 없게 만들거나, 이와는 정반대로 효력을 실효성과 완전히 일치한다고 볼 수도 있다. 후자의 방법을 따를 경우, 예컨대 강제를 통한 법규범의 관철가능성은 '실효성'의 전제조건이 아니라, 법규범의 '효력근거' 자체로 파악된다.[70] 그러나 규범

---

67) 실효성의 객관적 측면(관철가능성)에 관해서는 이하의 §3.1을, 그 주관적 측면('승인설')에 관해서는 Bierling, Juristische Pinzipienlehre Bd.1, Freiburg i.Br. / Leipzig 1894, S.19 참고.

68) Kelsen, Reine Rechtslehre, S.215.

69) Kelsen, Reine Rechtslehre, S.5: 존재와 당위의 구별은 "우리의 의식 속에 직접적으로 자리 잡고 있다."

70) 이에 관해서는 Welzel, An den Grenzen des Rechts. Die Frage nach der Rechtsgeltung, Köln / Opladen 1966, S.8ff. 참고.

의 효력을, 그 관철가능성이 아니라 '수범자가 규범을 준수할 이유를 갖고 있다'는 사실에서 찾으려는 것이 켈젠의 의도에 가깝다.[71)]

켈젠이 규범이 효력을 갖기 위한 조건으로 단순히 실효성이라 하지 않고, '최소한'의 실효성이라고 말한 데에는 용어상의 문제가 개입되어 있다. 오늘날 실효성의 개념은 규범이 관철될 수 있는 '전반적 개연성', 즉 '평균적으로 규범을 준수'하는 경향으로 정의하기도 한다. 이에 반해 켈젠이 말하는 '최소한'의 실효성은 인간의 행위가 '어느 정도는' 규범에 상응한다는, '실효성'에 관한 일반적인 이해방식과 일치한다.

켈젠의 이론에 따라 실효성을 법효력의 조건으로 파악하는 오늘날의 일반적인 경향은 효력과 실효성이라는 두 개념의 구별을 그대로 유지하려고 한다. 또한 근본규범을 전제한 효력의 근거와 실효성이라는 효력의 조건을 구별하는 것도 일반적인 경향에 속한다. 다시 말해서, 실효성이 유일한 효력근거가 되는 것은 아니다. 이를 더 이해하기 쉽게 표현하면, 효력근거와 실효성은 각각 법규범이 효력을 갖기 위한 필요조건이긴 하지만, 결코 충분조건은 아니라고 말할 수 있다. 실효성은 규범의 제정과 마찬가지로 사실의 영역에 속하는 조건이며, 효력근거는 왜 규범이 준수되어야 하는지를 밝혀주는 규범적 성격의 것이다. 이에 반해 라즈(Raz)[72)]처럼 효력의 핵심은 규범이 충분한 근거가 있다는 점

---

71) Hoerster, Zum Problem einer absoluten Normgeltung, in: H. Mayer (Hrsg.), Staatsrecht in Theorie und Praxis, FS für Robert Walter, Wien 1991, S.255ff.

72) Raz, Practical Reason and Norms, 2. Aufl., Princeton 2002, S.170ff. 파울리(Pauly, Grundnormkonzept und Kantianismus bei Kelsen, in: Rechtsphilosophische Hefte 6[1996], S.99f.[115])의 견해에 따르면, 켈젠의 이론에서 규범적인 것은 언제나 실효성을 갖는 실정법과 연관성을 맺고 있다고 한다.

에서가 아니라, 사람들이 그렇게 믿는다는 점이라고 본다면, 결국 사람들이 그렇게 믿는다는 의미에서의 실효성은 유일한 효력근거가 된다.

5. 사회질서로서의 법

법복종자와 법집행기관의 (사회적) 행태는 실효성의 토대로서 법을 규범의 총체로 이해하기 위한 필수조건이다. 따라서 법을 규범의 총체로 이해하는 것은 이미 법을 사회질서로 이해한다는 것까지 포함한다. 법을 사회질서로 이해할 경우, 전통적인 사회학적 법개념이 논의되지 않을 수 없다. 물론 법철학에 대한 기초적인 지식을 전달하려는 이곳에서 사회학적 법개념은 간략히 언급하는 데 그칠 수밖에 없다. 스칸디나비아 법현실주의의 전통에 서있는 법사회학자 테오도르 가이거(Theodor Geiger)는 법을 규범의 총체가 아니라, 규범을 통해 보장되는 사회적 관습, 즉 하나의 사회적 질서구조로 규정하고, 규범적 보장이라는 특수한 성격 때문에 여타의 사회질서와 구별된다고 한다.[73] 법을 사회질서, 즉 행위의 규칙성으로 이해하고, 규범을 단지 그러한 이해를 구성하는 한 요소로 파악하는 것은 법사회학에서는 극히 일반적인 방식이다. 법사회학의 선구자 가운데 한 사람인 오이겐 에어리히는 이미 법을 하나의 질서, 즉 사실상의 조직으로 서술한 바 있다.[74] 그에 따르면, 법이란 다수의 대중이 복종하는 질서로서, 복종의 이유는 그들이 법을 질서로 느끼기 때문이라고 한다.[75] 막스 베버의 경우에도 법은 일차적으로 행위의 규칙성이라는 의미

---

73) Geiger, Vorstudien zu einer Soziologie des Rechts; hrsg. v. Rehbinder, 4.Aufl., Berlin 1987, S.19ff.

74) Ehrlich, Grundlegung der Soziologie des Rechts, S.60f.

75) Ehrlich, Grundlegung der Soziologie des Rechts, S.76.

에서의 질서이다. 다만 에어리히와는 달리 막스 베버는 강제가능
성에 의해 보장된다는 점에서 법질서의 특징을 찾는다.[76]

법철학자들 가운데도 법과 '사실상의 사회적' 법질서가 동일
하다고 주장하는 학자가 있다. 예컨대 쌍띠 로마노(Santi Romano)
는, 법규범은 법을 설명하는 데 단지 이차적인 요소에 불과하다
고 한다. "법규범을 창조·변경·적용·보장하는 것은 위계질서와
권력의 상호관련 속에 있는 수많은 메커니즘과 관계들이다."[77]
또한 법을 규범과 관련된 절차의 체계로 이해하는 경우[78]에도,
사회적 질서구조라는 사고가 규범의 총체라는 사고에 앞서 있다.

법을 사회질서로 규정하는 것은 충분히 일리가 있다. 우리가
'한국법' 또는 '독일법'이라고 말할 때, 우리는 규범 자체만을 생각
하는 것이 아니라 특정한 규칙에 따르는 국가기관이나 각 개인의
행위라는 법현실까지 함께 생각하기 때문이다. 실효성이 법효력
의 조건인 한, 법사실적인 법개념은 법을 규범의 총체로 이해하
기 위해 피할 수 없는 전제이다. 하지만 관계를 정반대로 생각해
볼 수도 있다. 즉 법을 오로지 '사회질서'의 관점에서만 규정하려
는 것[79]은 그 자체 모순이다. 왜냐하면 규범적 요소를 완전히 배
제하려는 법개념은 법적 행위와 다른 종류의 사회적 행위를 구별
할 수 없기 때문이다.[80] 따라서 법에 대한 이 두 가지 고찰방식
가운데 어느 하나만을 고집하는 것은 일방적이고 불완전하다.[81]

---

76) Max Weber(주 45), 17면.

77) Santi Romano, Die Rechtsordnung(1918), dt. Übers. v. Daum, hrsg.
v. Schnur, Berlin 1975, S.23.

78) Alexy, Die Idee der prozeduralen Theorie der juristischen Argumen-
tation, Rechtstheorie, Beiheft 2(1981), S.177ff.

79) 법을 전적으로 사회과학적으로만 고찰하는 것에 대한 비판으로는
Naucke / Harzer, Rechtsphilosophische Grundbegriffe, S.122ff. 참고.

80) 이에 관해서는 또한 Bobbio, Teoria generale del diritto 1993, S.14.

81) Aarnio, Reason and Authority. A Treaties on the Dynamic Paradigm
of Legal Dogmatics, Aldershot u.a. 1997, S.19.

6. 인간 상호간의 관계로서의 법

규범의 총체로서의 법(이 경우 법개념은 그 규범적 효력의 관점에 집중된다)과 사회질서로서의 법(이 경우 법은 사실상의 행위규칙성을 의미한다)은 각각 법의 서로 다른 측면을 밝힘으로써 나름의 의미를 갖고 있다. 그렇기 때문에 법개념을 설명하면서, 단순히 두 관점이 모두 보완을 필요로 한다고 확인하는 데 그치지 않고, 가능한 한 두 요소를 밀접하게 관련시키려고 시도하는 것은 당연한 일이다. 이 두 요소의 결합은 법을 제도적 질서나 특수한 상호작용형식으로 파악하면 더욱 분명해진다. 법의 사실적 측면과 규범적 측면을 결합시키는 가능성은 제도적 법실증주의(institutioneller Positivismus)에서 찾을 수 있다.[82] 제도는 사회적 사실이지만, 이를 서술할 때에는 규범적 명제를 필요로 한다. 물론 이러한 제도주의는 1차적으로 사실과 규범이라는 요소의 결합보다는, 국가만을 중심으로 삼는 법이론에 대한 비판에 더 많은 관심을 기울인다. 하지만 규범과 사실은 법을 인간 상호간의 관계로 이해할 때, 더욱 밀접하게 결합한다.[83] 이러한 이해는 이미 근대 초기부터 일반화된 사고방식이었다.[84] 물론 인간 상호간의 관계는 경험적 세계의 사실이다. 이 관계가 일정한 방식에 따라 사전에 구성되어 있다면, 다시 말해서 순전한 우연이나 당사자들의 우연적인 의지에 맡겨져 있지 않다면, 이 관계는 어떤 규범적 구상에 따라 조종되거나, 적어도 규범적 구상에 따라 가늠될 수

---

82) MacCormick, Institutions of law: an essay in legal theory, Oxford 2007. 제도주의적 법사상에서 법이 갖는 의미에 관해서는 M. Kaufmann, Rechtsphilosophie, Freiburg i.Br. 1996, S.178 참고.

83) 이러한 고찰방식으로는 Achterberg, Rechtsverhältnisse als Struktur-elemente der Rechtsordnung, Rechtstheorie 9(1978), S.385ff. 참고.

84) Aarnio(주 81), 282면.

있을 것이다. 따라서 인간 상호간의 관계는 사실적인 요소뿐만 아니라, 규범적 요소도 포함하고 있다.

법을 인간 상호간의 관계로 이해하더라도, 내용적인 전제를 어떻게 세우느냐에 따라 그 이해의 범위가 서로 다를 수 있음은 물론이다. 특히 그러한 관계를 규정할 때, 자유라는 개념이 필요한지, 만일 그렇다면 얼마만큼 필요한지에 관해서는 상당한 논란이 있다. 아래의 논의에서는 우선 자유개념을 배제하면서 법을 인간 상호간의 관계로 이해하는 최근의 한 이론(a)을 다룬 이후에, 자유를 중심으로 하는 두 가지 고전적 모델(b와 c)과 대비시켜 보겠다.

a) 기대관계로서의 법 : 루만의 테제

법적 관계는 오늘날 특히 니클라스 루만(Niklas Luhmann)의 법사회학에서 법개념규정의 출발점으로서 중요한 역할을 한다. 파슨스(Parsons)의 입장을 수용한 루만의 이론에서 법은 '서로 상응하도록 일반화된 규범적 행위기대'(kongruent generalisierte normative Verhaltenserwartungen)를 의미한다.[85] 루만은 인간 상호간의 특정한 관계를 법의 토대로 파악한다. 그에 따르면, 사람들은 서로서로 무엇인가를 기대한다. 또한 타인이 자신에게 무엇인가를 기대하리라고 기대하며, 타인도 자신의 특정한 기대를 또한 기대하리라는 사실까지도 기대한다. 상대방에 대해 품고 있는 기대가 비록 좌절되더라도 그 기대 자체를 그대로 유지하는 경우를 루만은 '규범적' 기대라고 부른다. 그 반대의 경우, 즉 기대가 좌절되어 기대 자체를 변경하는 것을 '학습'이라고 한다.[86]

---

85) Luhmann, Rechtssoziologie I, S.99.
86) Luhmann, Rechtssoziologie I, S.43(예를 들어 '내 물건을 훔쳐가지 않을 것'이라는 기대는, 설령 누군가 내 지갑을 훔쳐 그러한 기대가 좌절되더라도, 기대 자체는 그대로 유지되는 반면, 상대방이 자신을 사랑한다는

이러한 구별에 따를 경우, 법은 좌절되더라도 내용의 변경이 없는 기대, 즉 충족되지 않더라도 그대로 유지되는 기대와 관련된 커뮤니케이션이다. 루만에 따르면, 우리가 법이라고 말할 수 있기 위해서는, 그러한 규범적 기대가 시간적·사회적·내용적 차원에서 '일반화'되어야 한다. 첫째, 규범적 기대는 특정한 시점에만 국한되지 않고 지속적으로 안정성을 유지해야 한다(시간적 차원의 일반화). 둘째, 규범적 기대가 제도화되어야 한다. 다시 말해 기대가 제3자와의 합의에 기초하고 있어야 한다(사회적 차원의 일반화).[87] 셋째, 규범적 기대는 그 내용의 복잡성이 감축(Reduktion)되어야 한다. 즉 하나의 규범적 기대에 관해 개개인들이 갖는 실질적 내용이 서로 다르다 할지라도, 기대 자체의 의미를 통일시켜 공통된 연관성을 보장해야 한다. 예컨대 하나의 사회적 역할은 그에 대한 기대의 내용을 일반화하여 의미의 통일성을 보장하게 된다(내용적 차원의 일반화). 루만의 이 모델은 여러 가지 측면에 비추어 볼 때, 법의 추상화기능을 지적하고 있다.[88] 규범적 기대는 시간적 지속성을 가지기 때문에 어느 정도

기대는 그러한 기대가 거듭해서 좌절되면 기대를 포기하거나 수정하지 않을 수 없다. 전자를 '규범적' 기대라고 하며, '학습'과 관련된 후자를 '인식적' 기대라고 한다 - 옮긴이).

87) Luhmann, Rechtssoziologie I, S.51ff., S.94ff.

88) Zielcke(주 47), 108면[앞에서 언급한 루만의 법개념정의와 관련하여 '서로 상응하도록 일반화'된다는 의미는 이 세 가지 차원의 일반화 사이에 지나친 불일치가 발생하지 않도록 상호관련성을 맺는 관계에 있어야 함을 뜻한다. 예를 들어 특정한 법규범이 제정되어 시간적 일반화가 이루어졌다고 해서, 곧바로 사회적 일반화(제도화)가 이루어지는 것은 아니다(법규상으로는 30km로 달리게 되어 있는 —시간적 일반화— 지역에서, 실제로 이를 준수하면 다른 운전자들의 신경질적 반응 —사회적 일반화의 부재— 을 받는 경우를 생각해 보자). 그러한 상응관계를 고려해야 한다는 점에서 법은 다른 규범과 구별되고, 특히 현대의 법은 하나의 사회적 체계로서 일반화차원 사이의 상응관계를 고려할 수밖에 없다고 루만은 생각한다 - 옮긴이].

의 시간적 변화에 영향을 받지 않는다. 또한 타인이 특정한 기대를 갖고 있으리라는 나의 기대는 규범적으로 볼 때, 나의 특정한 기대에 대해 타인도 기대를 가질 수 있도록 요구한다. 따라서 제도화는 단지 기대를 가질 수 있다는 사실에 대한 보편적 합의를 의미할 뿐이며, 기대의 내용은 타인의 기대권한(Erwartungskompetenz)을 짓밟지 않는 한, 어떤 것이라도 무방하다. 그리고 사회적 역할의 의미를 고정시킴으로써, 구체적 개인이나 개인적 욕구에 지향된 기대를 제한할 수 있을 뿐만 아니라 그러한 구체적 기대를 일반화된 기대로 전환시킬 수도 있다. 그렇기 때문에 법은 단순히 규범들의 구조가 아니라, 커뮤니케이션이며, 이 법적 커뮤니케이션에서는 법과 불법을 구별하는 도식('코드')이 기대를 고수하는 근거로서 작용하게 된다고 한다. 따라서 이러한 코드에 지향된 모든 커뮤니케이션은 법체계에 속한다고 한다.[89]

　　사회적 사실로서의 기대라는 개념은 루만 법개념의 사회학적 핵심내용이다. 그러나 이 기대라는 개념에는, '행위규칙성'이라는 전통적 법사회학의 개념에서와는 달리 규범적 측면[사실상의 상황(기대의 좌절)]과는 다른 상황(규범적 기대)이 포함되어 있다. 규범적 측면은, 기대가 '일반화'되어야 한다는 점에서 더욱 확장된다. 더욱이 이러한 일반화는 다시 '규범'을 통해 이루어져야 한다.[90] 이렇게 볼 때, 루만의 법개념에는 사실 근대 법개념의 전통적인 두 가지 측면(규범적 및 사실적 측면)이 함께 포함되어 있다. 그러나 기대권한의 유지라는 것은 무엇을 뜻하는가? 기대에 관한 커뮤니케이션이라고 할 때에는 그러한 기대권한을 전제해야만 하는데, 루만 자신은 이 점에 대해 자세히 논의하지 않고 있다. 아마

---

89) Luhmann, Das Recht der Gesellschaft, S.38ff., S.124ff.

90) 법을 규범에 의해 규정된 상호작용으로 파악하는 입장으로는 Bobbio (주 80), 21면도 참고.

도 이 개념의 배후에는 '법적 관계'에 대한 고전적 학설에서 '자유'라고 부르는 요소가 감추어져 있을지 모른다.

b) 자유의 최적상태 : 칸트의 법개념

칸트(Kant; 1724-1804)의 법철학에서 법의 개념은 '한 인격의 다른 인격에 대한 실천적 관계'를 의미한다.[91] 이미 앞에서 인용한 바 있는, 법에 관한 칸트의 개념정의를 다시 떠올려 보자. "법이란 한 사람의 자의가 다른 사람의 자의와 자유의 일반법칙에 따라 서로 양립할 수 있는 조건의 총체이다."[92] 인간이 공동생활을 영위하면서도 동시에 최대한의 자유(여기서 말하는 자유는 독일 관념론 철학에서 의미하는 자유, 즉 외부적 강제가 없는 '외적 자유'를 뜻한다. 하지만 칸트는 자유를 '내적 자유'로 파악하는 경우가 더 많다)를 유지하고자 원한다면, 이는 확고한 외적 조건에 의해서만 가능하다. 자유의 외적 조건에 대한 보장은, 설령 모든 사람이 가장 선한 의지를 가지고 행동하더라도 필요하다. 왜냐하면 선한 의지에 따른 행동일지라도 결과적으로는 자유에 반하는 것일 수 있기 때문이다. 따라서 자유의 외적 조건은 자유의 충돌을 규율하기 위해 각 개인의 자유영역을 상호적으로 제한하지 않을 수 없다.

그렇다면 이러한 외적 조건은 과연 어떠한 것인가? 무제한의 외적 자유를 인정하게 되면 항상 어느 누군가의 자유 자체가 완전히 말살될 위험이 있다.[93] 따라서 한 공동체에서 아무런 갈등

---

91) Kant(주 5), §B, S.337.
92) Kant(주 5), 337면. 이와 유사한 개념정의는 이미 홉스에서도 찾아볼 수 있다[Hobbes, Leviathan(1651), Kap.14., English Works vol. 3, Edition Molesworth, London 1839, 2. Nachdruck Aalen 1966, S.118; dt. Übers. v. Euchner, hrsg. v. Fetscher, Neuwied / Berlin 1984, S.99]: "어느 누구든지 … 자신이 타인에 대해 갖는 자유의 정도는 그가 타인이 자기 자신에 대해 가져도 좋다고 인정하는 만큼의 자유에 그쳐야 한다."

이 없는 자유의 실현을 생각한다면, 한편으로는 폭력을 독점하고, 다른 한편으로는 보편적인 행위원칙(일반법칙)에 지향된 기관에 의한 강제가능성을 함께 생각하지 않을 수 없다. 그렇기 때문에 칸트의 경우에 강제권한은 법적 자유의 전제조건이다.

칸트는 법개념을 정의하면서 각 개인이 가지고 있는 내적 목적을 완전히 배제한다. 즉 법개념에 관한 한, 외적 자유의 획득이라는 목적 이외에는 어떠한 내용의 목적도 개입되지 않는다. 이 점에서 칸트의 이론은 근대의 고전적 자연법과 완전히 다르다. 물론 외적 자유의 필연성이 아무런 목적도 없이 그 자체만을 위해 요청되는 것은 아니다. 외적 자유는 전적으로 자기입법(Selbstgesetzgebung)이라는 더 강한 의미의 자유개념에 기초하고 있다. 물론 자기입법은 칸트의 법론(Rechtslehre)에서 결정적인 의미를 부여받지 못한다. 그렇지만 칸트의 법론이 실천이성이 요청하는 근원적 권리의 획득이라는 측면에서 출발하고 있다는 점에서, 자기입법이라는 자유개념은 법론에도 영향을 미치고 있다.[94] 다시 말해, 외적 자유는 궁극적으로 개인의 자기입법을 보장하는 조건으로 파악된다. 따라서 외적 자유의 영역을 제한해야 할 필요성은 바로 근원적 권리의 획득에서 도출된다. 어쨌든 칸트의 이론에 따르면, 법이 효력을 갖는 전제조건은 '자율'(Autonomie)이라는 강한 의미의 자유개념이다. 그러나 법의 내용까지도 그러한 자유개념을 근거로 삼지는 않는다. 즉 법은 자유의 적극적 실현

---

93) 이에 관해서는 Höffe, Immanuel Kant, 6.Aufl., München 2004, S.215.

94) Bartuschat, Praktische Philosophie und Rechtsphilosophie bei Kant, Philosoph. Jahrbuch 99(1987), S.24ff.(30f.); ders, Zur Deduktion des Rechts aus der Vernunft bei Kant und Fichte, in Kahlo / E. A. Wolf / Zaczyk(Hrsg.), Fichtes Lehre vom Rechtsverhältnis. Die Deduktion der §§1-4 der Grundlage des Naturrechts und ihre Stellung in der Rechtsphilosophie, Frankfurt a.M. 1992, S.173ff.(178ff.); Lim, Der Begriff der Autonomie und des Menschenrechts bei Kant, Frankfurt a.M. u.a. 2002.

이 가능하기 위해 각 개인의 자의를 상호적으로 제한할 뿐이다.

따라서 실정법을 지향하는 것은 이성의 명령이지만, 실정법의 내용까지 반드시 이성적인 것은 아니다(보기: 자유의 상호제한이라는 이성적 목적을 실현하기 위해 물리적 강제라는 비이성적 수단을 동원하도록 규정하고 있는 법 ─ 옮긴이).[95]

자유개념으로부터 도출된 칸트의 법개념은 이와 같은 논리구성이 필연적이라는 사고를 전제하고 있다. 그런 의미에서 칸트의 법개념은 '자연법적'이고, 따라서 그 정당성기준에 대한 근거가 제시되어야 한다. 칸트의 법론을 고찰할 때, 칸트가 제시한 정당성기준을 '보편화원칙'(Verallgemeinerungsprinzip)[96]과 '보편적 합의의 원칙'(Prinzip der universalen Konsensfähigkeit)[97]에 대한 요청으로 구체화할 수 있을 것이다. 물론 후자의 원칙은 기본적인 형태로만 제시되어 있다. 이러한 원칙들을 어떻게 합리적으로 정당화할 수 있는가 하는 문제는 제2부에서 자세히 논의하기로 하겠다.

c) 승인관계로서의 법 : 헤겔의 입장

칸트의 법론에서 법적 관계는 사회현실 속에서 개인의 자유영역을 제한한다는 소극적 관점에서 구성되는 반면, 헤겔의 법철학에서는 법을 인격의 상호적 승인관계로 규정하는 적극적 관점이 등장한다. 헤겔은 그의 「법철학 기초」(1820) §36에서, 법이란

---

95) 칸트의 법론에 관한 최근의 연구 가운데 이러한 문제점을 자세히 다루고 있는 Küsters, Kants Rechtsphilosophie, Darmstadt 1988, S.61ff.; Th.S. Hoffmann, Kant und das Naturrechtsdenken, in: ARSP 2001, S.451ff. 참고.

96) R. Dreier, Rechtsbegriff und Rechtsidee. Kants Rechtsbegriff und seine Bedeutung für die gegenwärtige Diskussion, Frankfurt a.M. 1986, S.13f.; Kühl, Naturrecht und positives Recht in Kants Rechts-philosophie, in: R. Dreier(Hrsg.), Rechtspositivismus und Wertbezug des Rechts, Stuttgart 1990, S.77.

97) Höffe(주 93), 230면; Kühl(주 96), 77면.

"스스로 인격적 존재가 되어야 하고 또한 타인을 인격적 존재로 존중해야 하는 법적 명령"이라고 규정한다.[98]

법을 상호적 승인관계와 동일한 것으로 파악하는 입장은 이미 헤겔의 초기저작에도 나타나 있다. 그는 1805년에서 1806년 사이의 겨울학기 강의안의 여백에 "이러한 승인이 곧 법이다"라고 적어 놓았다.[99] 헤겔은 이러한 승인의 과정을 하나의 투쟁으로 서술한다.[100] 헤겔에 따르면, 의식(Bewußtsein)은 자기 자신에게 명료한 것이 되기 위해, 자기 자신의 의식이 아닌 것을 말살하는 가운데 스스로를 확인해야 한다. 다시 말해, 의식은 다른 의식을 말살해야만 철두철미한 것이 될 수 있다. 그러나 투쟁 속에서 의식은 이러한 사고가 일방적임을 인식하게 된다. 왜냐하면 말살되어 죽어버린 의식을 대상으로 자기의식을 확인할 수는 없기 때문이다. 이에 반해 의식이 다른 의식의 존재를 획득하고자 한다면, 의식은 다른 의식에 의해 예속되어 자신의 목적을 달성할 수 없다는 위험에 처하게 된다. 만일 의식이 스스로를 다른 의식의 노예로 만들어 버리면, 의식은 단지 예속된 승인만을 얻을 수 있을 뿐이다. 이러한 딜레마로부터 빠져나오는 것은 거의 불가능하게 보이며, 그래서 헤겔은 이를 '절대적 모순'이라고 부른

98) Hegel, Grundlinien der Philosophie des Rechts, §36, S.95.

99) Hegel, Vorlesungsmanuskript zur Realphilosophie(1805/06), Edition der Rheinisch-Westfälischen Akademie der Wissenschaft Bd.6, hrsg. v. Düsing / Kimmerle, Hamburg 1975, S.215.

100) Hegel, Phänomenologie des Geistes, B.IV.A., S.145ff. 헤겔의 승인이론에 관해서는 Siep, Anerkennung als Prinzip der praktischen Philosophie. Untersuchungen zu Hegels Jenaer Philosophie des Geistes, Freiburg / München 1979; Wildt, Autonomie und Anerkennung. Hegels Moralitätskritik im Lichte seiner Fichte-Rezeption, Stuttgart 1982; Honneth, Kampf um Anerkennung. Zur moralischen Grammatik sozialer Konflikte, Frankfurt a.M. 1992; Schild(Hrsg.), Anerkennung. Interdisziplinäre Dimensionen eines Begriffs, Würzburg 2000 참고.

다. 그래서 헤겔은 법적 관계의 평등성에서 출구를 찾으려고 한다. 투쟁의 결과가 보여주듯이, 독립성은 결코 다른 의식을 말살함으로써 이루어지지 않는다. 오히려 두 개의 의식은 자기부정을 수행해야만 한다. 즉 의식이 자기목적을 달성하려면 엄격한 상호성 속에서 스스로도 다른 사람의 수단이 되지 않으면 안 된다. 다시 말해 서로 쌍방적으로 상대방을 승인해야 한다.[101] 헤겔의 이러한 이론구성은 원칙적으로 피히테(Fichte; 1762-1814)의 이론에 연결되어 있다. 피히테는 승인관계를 유한한 개인의 자기의식이 존재하기 위한 필연적 조건으로 파악하고, 법의 존재를 승인관계로부터 전개하려고 시도했다.[102]

칸트가 법개념을 위해 자유개념을 전제했음에 반해, 피히테와 헤겔은 법개념을 승인관계로 규정하면서도 승인의 전제가 되는 자유개념을 끌어들이지 않는 논증방식을 택하고 있다. 이들의 논증의 바탕에는 오늘날 '선험화용론적'(transzendentalpragmatisch)이라고 부르는, '최종적 정당화'의 문제가 자리 잡고 있다. 이 문제에 관해서는 비실정적 정당성기준을 다루는 제2부 §9 이하에서 자세히 논의하겠다. 다른 한편, 헤겔은 자신의 승인이론과 의지개념으로부터 외적 자유를 법개념의 기초로 삼는 칸트의 입장을 비판하려고 한다. 즉 헤겔의 입장에서 법은 외적 자유의 보장이라는 목표뿐만 아니라, 개인의 욕구에 대한 배려까지도 지향한다(이에 관해 자세히는 §13 참고).

---

101) 야콥스(Jakobs, Norm, Person, Gesellschaft, 2.Aufl. Berlin 1997, S.35ff.)는 승인이란 쌍방적인 활동이 될 수 없으며, 단지 하나의 규범을 통한 결합일 뿐이라고 비판한다. 그러나 이러한 비판은 쌍방적인 승인이 없다면 그러한 규범을 승인할(다시 말해 규범을 준수할 경우 개인적으로 이익이 될 것이라는 고려가 아니다) 근거 또한 존재하지 않는다는 점을 간과하고 있다.

102) Fichte, Grundlage des Naturrechts nach Principien der Wissenschafts-lehre, Sämtliche Werke Bd.3, Edition I, H. Fichte, Berlin 1845 / 46, Neudruck Berlin 1965, S.47ff., 85ff.

7. 체계로서의 법

　　지금까지 우리가 개관한 여러 가지 논의들에서 알 수 있듯이, 법이라는 현상은 인간 사이의 특수한 사회적 관계와 관련을 맺는다. 이 특수한 사회적 관계는 법이라는 규범을 통해 규율되며, 더욱이 단순히 두 사람 사이의 관계를 규율하는 모델에 그치지 않고, 그 자체 하나의 사회질서로 이해될 수 있다. 이처럼 법의 성격을 규정할 때에는 이미 하나의 특정한 관점을 묵시적으로 포함하고 있다. 즉 법에서는 전체를 구성하는 각 부분들이 일정한 정합성(Kohärenz)을 갖고 있음을 알 수 있다. 만일 서로 모순되는 규범들이 존재하고, 상위의 모순해결규범이 어느 한 규범의 우위를 확정하지 않는다면, 그러한 규범들은 준수되기 어려우며, 사실상 실효성을 가질 수도 없다. 또한 각각의 생활세계들이 아무런 연관성도 없이 단순한 병렬상태로 존재하는 사회질서란 생각할 수 없다. 칸트의 보편화요청에서 나타나듯이, 이 요청을 법개념에 수용하려고 할 때 상호관련성이라는 요소는 (평등취급의 관점에서) 필수불가결한 것이다.

　　18세기 이후 법이 갖는 정합성의 측면을 흔히 '체계', 즉 '법체계'라는 개념으로 파악해 왔다. 법은 언제나 보편적 법원칙이나 규범들의 체계적 연관성을 중시해야 한다는 것이다. 이 점은 실제로도 중요한 의미가 있다. 왜냐하면 개개의 법규범은 대개 부분체계로서 특정한 법규범에 초점을 맞추는 것으로 충분한 반면, 체계론(Systematik)은 법규범 전체에 대한 지도적인 해석기준을 마련하기 때문이다. 이하의 논의에서는 다음과 같은 몇 가지 보기를 통해 체계로서의 법이라는 사고를 분명하게 밝혀 보기로 하겠다: (a) 자연법의 연역적 체계론, (b) 흔히 비난적 의미로 사용되는 이른바 '개념법학'의 귀납적·연역적 체계론, (c) '순수법

학'의 체계에서 말하는 규범의 단계구조. 이와 함께 현대논리학
의 성과를 이용하여 법규를 공리체계로 구성하는 문제에 관해
간략히 언급하겠다(d). 체계이론(Systemtheorie)에서 의미하는 체계
로서의 법은 '자기생산(Autopoiesis)'의 문제를 논의하면서 다루기
로 한다(§3). 한 가지 주의할 점은, 체계에 관한 19세기의 사고가
앞서 말한 의미의 정합성에 관한 사고인 경우는 거의 없다는 사
실이다. 19세기의 체계사고는 대개 논리만으로 정당화할 수 없는
진리, 즉 자연법적 공리가 존재한다는 사고와 결합되어 있다.[103]

a) 자연법의 연역적 체계론 : 크리스티안 볼프의 이론

17세기에 프란시스 베이컨(Fransis Bacon; 1561-1626)과 갈릴레
오 갈릴레이(Galileo Galilei; 1564-1642)에 의해 발전된 근대 자연과
학의 특징은 자연의 법칙성을 탐구한다는 데 있었다. 당시의 법
학자들도 근대 자연과학의 발전에 완전히 매혹되었고, 그리하여
자연과학의 연구방법을 사회과학의 영역에도 적용하려고 했다.
푸펜도르프(Pufendorf; 1632-1694)는 자연과학자들이 물체의 외관을
파악하는 것에 만족하지 않고, 이를 개개의 구성부분으로 분해하
는 것처럼, 국가라는 '정신적 존재'(moralischer Körper)에 관한 연
구에서도 이를 구성하고 있는 인간에 관한 연구가 선행되어야 한
다고 생각했다.[104] 이를 위해서는 특히 어떠한 사회도 성립하지
않은 상태에서의 인간상황, 즉 사회가 개개의 인간들로 구성되기
이전의 인간상황을 생각해 보아야 한다고 한다. 이와 비슷하게
홉스(Hobbes; 1588-1679)는 인간사회를 시계에 비유하면서, 전체를
이해하기 위해서는 개개의 부분이 어떻게 작용하는지를 알아야

---

103) Gagnér, Zur Methodik neuerer rechtsgeschichtlicher Untersuchungen
   I. Eine Bestandsaufnahme aus den sechziger Jahren, S.170 참고.
104) Pufendorf, De statu hominum naturali, §1 in: Dissertationes
   Academicae Selectiores, Uppsala 1677, S.458.

한다고 주장한다.105) 이러한 이론적 입장들은 결국 사회계약이라
는 가상적인 이론구성으로 집약되었다. 즉 인간공동체는 그것이
개인의 욕구나 의지에 부합할 때에만 정당화된다는 것이다. 이러
한 사회계약이론에는 부분과 전체가 필연적으로 체계적 연관성을
갖는다는 사고가 내포되어 있고, 이 사고는 자연법적 체계론자들
이 구성한 개개의 규범체계의 출발점이 되었다.

　　자연과학은 최초의 개념정의(Definition)들과 최초의 원칙들로
부터 논증의 연쇄를 통한 연역과 증명을 거쳐 개개의 언명을 도
출한다. 17,8세기의 자연법론자들은 법의 체계도 이러한 자연과학
적 논증방법을 그대로 따라야 한다고 생각했다. 개개의 법규는
보편개념에서 특수개념에 도달하는 일관된 추론연관을 통해 '증
명'될 수 있어야 한다는 것이다. 이것이 바로 당시의 모든 과학을
지배했던 '기하학적 방법'(more geometrico)106)이다.

　　이러한 체계구조의 한 보기로서 크리스티안 볼프(Christian
Wolff; 1679-1754)의 「자연법과 만민법의 제도」(Institutionen juris
naturae et gentium; 1750)를 고찰해 보자. 이 책의 §43에서 볼프는,
인간(여기서 인간은 법이 존재하기 이전의 인간을 의미한다)은 자기
자신을 완성시켜야 할 자연적 의무가 있다고 전제한다. 이러한
도덕적 의무에 따라 행동하는 것이 사실상 가능하기 위해서 인간
은 법을 필요로 한다(§§44, 45). 법이 체계의 출발점인 도덕적 주
체를 위해 존재한다는 법의 기능규정으로부터 볼프는 단계적으로

---

105) Hobbes, De cive, S.145f., Vorwort, dt. Übers., S.67f.

106) 이에 관해서는 Wieacker, Privatrechtsgeschichte der Neuzeit, 2.Aufl.,
　　Nachdruck Göttingen 1996, S.275f.; Baldus, Die Einheit der
　　Rechtsordnung — Bedeutungen einer juristischen Formel in Rechts-
　　theorie, Zivil- und Staatsrechtswissenschaft des 19. und 20. Jahrhunderts,
　　Berlin 1995, S.34f.에서는 개개의 법이 하나의 체계의 연관성 하에 있어
　　야 한다는 생각은 18세기 말경에야 비로소 나타나기 시작했다는 올바른
　　지적을 하고 있다.

더욱 구체적인 법원칙들을 연역해 낸다. §69에서는 자연적 의무가 모든 인간에게 동일하게 적용된다는 점에서 인간의 권리 또한 평등해야 한다는 사실을 도출하며, 따라서 모든 인간은 평등하다는 사실을 도출해 내고(§70), 이로부터 한 인간은 그가 타인을 위해 해줄 수 있는 것만을 또한 타인에게 요구할 수 있다는 사실을 도출한다(§73).

이처럼 개별 주체와 이 주체의 속성으로부터 논리적으로 엄격한 연역을 거쳐 구체적인 법원칙들을 도출하는 방법은 그 당시 자연법론의 전형적인 특징이다. 이러한 연역체계는 '주관적 권리'라는 사유형태를 공리(Axiom), 즉 체계화의 전제조건으로 삼고 있다. 이에 관해서는 나중에 다시 논의하겠다(§8).

b) '개념법학'의 귀납적-연역적 및 유기적 체계론 : 푸흐타의 개념피라미드

18세기 말부터 이성법체계는 강한 비판을 받기 시작했다. 보편적 개념에서 구체적 개념에 이르는 체계구성을 위한 전제로 보편적 이성원칙을 가정하는 것에 대해 특히 이른바 '역사법학'(Historische Rechtsschule)은 다음과 같은 반론을 폈다. 즉 개개의 민족이나 시대는 서로 다른 개별적 속성과 이념을 창출하고, 따라서 법의 원칙들도 각 민족에 고유한 역사적 변화를 겪지 않을 수 없다고 한다.[107]

이러한 비판 때문에 법체계에 관한 사고는 완전히 바뀔 수밖에 없었다. 이제 이성으로부터 선험적으로 도출된, 인간의 본성에 관한 원칙이 법규범의 체계를 형성할 수는 없었다. 오히려 역사적으로 성립된 구체적 법제도, 법규 또는 법개념의 역사적 근원을 캐물어야 했고, 이로부터 법제도나 법개념의 공통된 내용, 즉 어

---

107) '역사법학'에 관한 기초적인 설명은 H. Schlosser, Grundzüge der neueren Privatrechtsgeschichte, 10.Aufl., Heidelberg 2005, S.143ff. 참고.

떤 질서원칙을 밝혀야 했다. 따라서 체계는 이성법(Vernunftrecht)
에서와 같이 보편에서 특수로의 연역을 통해 구성되는 것이 아니
라, 거꾸로 특수에서 보편으로의 귀납적 방법을 통해 구성되어야
했다. 하지만 당시의 학자들은 이러한 귀납적 방법이 논리적 작
용으로서 단순히 이차적 의미만을 갖는다고 생각했다. 법체계에
관해 당시의 사고를 지배했던 것은 쉘링(Schelling)의 영향을 받은
'유기체론'(Organismus)이었다. 유기체론에 따르면 법제도의 내적
연관성은 '지성적 직관'을 통해 직접적으로 파악할 수 있다고 한
다.108) 하지만 유기체론도 이론을 구성할 때 전적으로 자연법적
원칙을 이용한다. 단지 유기체론이 이용한 자연법적 원칙이 계몽
철학의 그것과는 다를 뿐이다.

　　당시의 법학은 결코 귀납적 방법에 머무를 수 없었다. 왜냐
하면 법학의 인식목표는 질서원칙 그 자체를 귀납적으로 밝혀내
는 것이 아니라 개개의 규범에 대한 해석이었기 때문이다. '역사
법학'의 가장 대표적인 학자 가운데 한 사람이었던 푸흐타(Puchta;
1798-1846)의 말은 귀납적 방법이 결국 어떠한 방향으로 흘러가는
지를 이해하게 해준다. "학문(법학)의 과제는 법규의 체계적 연관
성, 즉 법규들의 상호관계와 파생관계를 인식하는 것이다. 이러한
인식을 통해 각 법규들의 계보(Genealogie)와 그 원칙들을 추적해
볼 수 있고, 이 원칙들로부터 연역적 사유과정을 거쳐 법규의 가
장 기초적인 근원까지도 밝혀낼 수 있다."109) 더 나아가 이러한
연역적 방법은 지금까지 법률이나 관습법으로 존재하지 않았던
법규들까지도 밝힐 수 있다고 푸흐타는 생각했다.

　　이러한 체계는 두 가지 방향으로 구성된다. 첫째, 이미 주어
져 있는 법규들로부터 출발하여 법규들의 공통점과 그들을 하나
의 관계로 묶어주는 요소를 추적함으로써 더 보편적이고 추상적

---

108) 이에 관해서는 Gagnér(주 103), 155면 이하 참고.
109) Puchta, Cursus der Institutionen, 1.Buch, S.36.

인 법규들을 찾아내고, 결국은 피라미드의 정점에 도달한다. 둘째, 피라미드의 정점으로부터 하강하면서 점차적으로 더 구체적인 법규들을 탐구하거나, 심지어 아직 존재하지는 않지만 체계에 잘 부합할 수 있는 법규들을 구성해내기도 한다. 훗날 개념법학 — 푸흐타는 그 창시자 가운데 한 사람이다 — 이라 불린 이러한 사고의 연역적 체계구성의 측면은 부분적으로는 이성법적 사고와 일치한다. 다만 이성법적 사고와 같이 하나의 이성원칙에 대한 선험적 확정으로부터 출발하는 것이 아니라, 이미 주어져 있는 법규를 체계구성작업의 출발점으로 삼는다는 차이가 있다.

체계구성은 다음과 같이 이루어질 수 있다. 우선 법규들을 그 기본이 되는 '원소',110) 즉 전체체계에 본질적인 개념들(분쟁당사자 모두가 인정하는 원칙들)로 집약시킨 후, 이 개념들의 결합을 통해 새로운 개념과 법원칙들을 전개한다.111) 구체적인 보기를 들어보자. 계약상의 여러 가지 의무(주된 급부의무, 지체이자 지급의무, 특수한 종된 급무의무, 손해배상의무 등)는 '일차적 급부의무'(주된 급부의무와 종된 급부의무를 포함)와 '이차적 급부의무'(지체이자 지급의무와 손해배상의무를 포함)라는 근본개념으로 집약할 수 있다. 이두 개념을 결합시키면, 일차적으로 개입하는 이차적 급부의무, 다시 말해서 일차적 급부의무가 사전에 성립되지 않고서도 존재하는 이차적 급부의무를 생각해 볼 수 있다. 이것이 바로 '계약체결상의 과실'(culpa in contrahendo)에 따른 의무에 대한 '개념법학적' 구성이다.

이른바 이익법학(Interessenjurisprudenz)은 법적 문제를 그 바탕에 있는 이익에 초점을 맞추어 해결하고자 했으며, 논리적 구

---

110) 이러한 자연과학적 비유를 선호하는 Jhering, Der Geist des römischen Rechts, Teil 1, 6. Aufl., Leipzig 1907, Neudruck 10.Aufl., Aalen 1968, S.39 참고.

111) Jhering(주 110), 40면.

성이나 개념의 계보를 중시하는 개념법학을 극복하고자 했다. 이익법학의 형성과 더불어 개념법학과 그 체계사고는 19세기 말부터 점차 영향력을 상실해 갔다.112)

   c) 법의 단계구조 : 켈젠의 '순수법학' 체계
   켈젠의 '순수법학'은 어떤 측면에서는 법학이 사회학적 방법을 지향하는 이익법학에서 다시 멀어져가는 경향을 상징하고 있다. 순수법학은 법학이 또다시 법체계의 문제를 다루게 만드는 분위기를 조성했다. 켈젠의 순수법학에서 법질서는 곧 "규범들의 체계이며, 규범의 통일성은 모든 규범들이 동일한 효력근거를 갖고 있다는 사실을 통해 형성된다."113) 즉 하나의 규범질서에 속하는 모든 규범의 효력은 (가상적인) 근본규범으로부터 도출될 수 있다고 한다. 따라서 근본규범으로부터 출발하는 법체계 내에서는 하나의 단계구조가 형성되어 있다. 다시 말해, 각 법규범에 대해서는 그것이 창설되는 절차를 규율하는 하나의 법규범이 존재해야 하며,114) 절차를 규율하는 이 법규범 또한 그보다 더 상위에 있는 규범을 필요로 한다. 이러한 단계구조의 정점에는 '근본규범'이 자리 잡고 있다. 따라서 켈젠에 따르면 법질서는 서로 다른 단계의 법규범들의 계층질서이다.115) 이러한 규범단계의 관계는 예컨대 하나의 실정법질서에서 '헌법', '형식적 법률', '명령', '판결' 또는 '행정결정' 등의 단계구조를 통해 분명하게 드러나 있다.

---

112) 이익법학에도 여전히 체계사고의 요소가 남아 있음을 지적하는 입장에 관해서는 Canaris, Systemdenken und Systembegriff in der Juris-prudenz, Berlin 1969, S.35ff. 참고.

113) Kelsen, Reine Rechtslehre, S.32. 켈젠의 순수법학에 대한 요약적인 설명으로는 Hofmann, Einführung in die Rechts- und Staatsphilosophie, S.14ff. 참고.

114) Kelsen, Reine Rechtslehre, S.73, S.228ff.

115) Kelsen, Reine Rechtslehre, S.210, S.212, S.228ff.

켈젠의 규범체계는 두 가지 관점에서 이성법의 연역적 체계나 개념법학의 귀납적-연역적 체계와 구별된다. 첫째, 체계화의 기준이 하나의 법규에서 다른 법규를 도출하는 논리적 연역가능성, 즉 추론절차가 아니며 또한 논리적으로 더욱 보편적인 원칙을 추구하기 위해 구체적인 것에서 일반적인 것을 획득하는 것도 아니다. 켈젠의 체계에서 체계화의 기준은 전적으로 규범의 규범적 효력관계이다. 예컨대 규범 A가 규범 B의 논리적 전제를 포함하고 있기 때문에 규범 B가 효력을 갖는 것이 아니라, 단지 규범 A가 규범 B의 형성절차를 규율함으로써 규범 B는 효력을 가져야 된다고 선포하기 때문에 규범 B가 효력을 갖는다. 따라서 규범 상호간의 연관성은 오로지 특수한 법적 기준에 따른 것이다. 둘째, 과거의 체계사고와는 달리 켈젠의 순수법학에서는 어떠한 규범내용도 체계화되어 있지 않다. 법이 어떠한 내용을 가져야 하는가의 문제는 그의 체계에서는 아무런 의미가 없다. 이런 의미에서 켈젠의 체계는 앞서 논의한 체계보다 훨씬 형식적이며, 바로 이 형식적 체계연관의 측면에서 켈젠은 자신의 이론이 법의 특수한 요소를 고려한 이론이라고 생각했다.

d) 법규의 공리화를 통한 체계화 : 현대 논리학과 체계

개별 법영역의 전체 법규범을 가능한 한 최소한의 명제(공리 Axiom)로부터 다른 모든 명제들을 도출할 수 있는 하나의 체계로 구성하는 것[116]은 현대 논리학을 법학에 도입하려는 이론적 경향이 갖고 있는 한 가지 목표이다.[117] 그러한 공리체계는, 어떠한

---

116) 공리화(Axiomatisierung)에 대한 이러한 개념정의에 관해서는 Wagner / Haag, Die moderne Logik in der Rechtswissenschaft, Bad Homburg v.d.H. / Berlin / Zürich 1970, S.33 참고.

117) U. Neumann, Juristische Logik, in: Arthur Kaufmann / Hassemer / Neumann(Hrsg.), Einführung in die Rechtsphilosophie und Rechtstheorie der Gegenwart, 7.Aufl., Heidelberg 2004, S.298ff.(311ff.); Naucke /

공리도 다른 공리와 모순되지 않고, 어떠한 공리도 다른 공리로부터 도출되지 않으며, 체계를 구성하는 모든 명제(정리 Theorem)가 각각 하나의 공리에 근거하고 있을 때에 존재한다. 이 점에서 자연법체계론자들의 목표와 일치하는 부분을 확인할 수 있다. 물론 차이점 또한 명백히 있다. 공리체계는 특정한 공리를 규범적으로 요청하는 것을 목표로 하지 않으며, 공리로부터의 연역을 통해 아직 알려져 있지 않은 법규를 구성하는 법창조를 목표로 삼지도 않는다. 더욱이 공리체계가 단순히 과학적·체계적인 목표에서 행해지는 것도 아니다. 오히려 공리화를 통해 개별 명제나 법규의 오류를 더욱 쉽게 입증하는 것, 즉 법규범 상호간의 모순을 발견할 수 있도록 하는 것이 공리체계가 추구하는 목표이다. 또한 이와 같은 방법으로 논리적 흠결도 밝혀낼 수 있다.

공리화는 원칙적으로 법규가 어떠한 언어형식을 갖고 있든지 달성할 수 있다. 그러나 만일 법규가 일상언어로 표현되어 있다면, 복잡한 모순관계를 찾아내기는 그렇게 쉬운 일이 아니다. 따라서 법규의 내용을 고려하지 않고서도 논리적 추론관계나 모순을 밝힐 수 있는 형식적 수단이 필요하다. 이를 위해 일상언어로 표현된 법규들을 논리'계산'(Kalkül), 즉 기호의 체계로 서술하고, 기호들이 특정한 규칙에 따라 서로 결합할 수 있게 한다. 이를 통해 규범들의 논리적 구조를 명백하게 인식할 수 있음은 물론이다. 이러한 공리화는 수많은 문제점을 안고 있고, 그 때문에 완전히 형식화된 법률언어를 형성하는 것에 대한 반론118)도 많다. 설령 몇 가지 문제점들을 해결할 수 있다 하더라도, 공리체계를 법에 원용하기 위해서는 다음과 같은 문제가 해결되어야 한다. 첫째, 법률언어에 적합한 더 정확한 문장구조론(Syntaktik)을 형성해야 한다. 둘째, 논리계산의 해석이 실제적 유용성을 갖게 하는

Harzer, Rechtsphilosophische Grundbegriffe, S.99ff.
118) 이에 관해서는 Wagner / Haag(주 116), 77면 이하 참고.

문제, 즉 법적 의미론(Semantik)의 문제가 해결되어야 한다. 공리
체계와 논리계산을 법에 끌어들이려는 어떠한 노력도 아직 이 두
가지 문제를 해결하지 못했다. 그래서 법논리학자들도, 해석과 포
섭(Subsumtion)이라는 법의 고유한 활동에 대해 자신들이 줄 수
있는 도움은 제한적일 수밖에 없다는 사실을 인정하고 있다.[119]
그 때문에 1970년대 초반처럼 특히 법논리학에서 법적용의 자동
화가능성에 커다란 희망을 품고 있는 사람은 오늘날 더 이상 없
다. 그렇지만 논리학이 예나 지금이나 법적인 문제들을 구조화하
는 데 매우 중요한 도구라는 점은 분명하며, 따라서 논리학 자체
를 결코 과소평가해서는 안 된다.

　'체계로서의 법'이라는 주제에 관한 지금까지의 논의는 다음
과 같이 요약할 수 있다. 즉 구체적 문제를 더 일반적이며, 일관
된 논리적 평가연관과 효력연관의 측면에서 파악하는 것은 분명
법의 특성이다. 이 점은 너무나도 당연한 언급이기도 하지만, 법
이 '구체적'이지 못하다는 §1에서의 법비판은 바로 이 점을 출발
점으로 삼았다는 점을 상기해 볼 필요가 있다.

　이에 반해 '법다원주의'(Rechtspluralismus)의 입장은 특히 식민
지시대 이후의 법질서에서는 다양한 법질서의 다원성이 존재한다
는 사실을 지적하는데,[120] 이는 중요한 관찰이다. 하지만 그러한
'다수의 중심을 가진 법'(Rechtspolyzentrismus)은 단지 과도기적 현
상에 불과할 것이다.

---

119) Tammelo / Schreiner, Grundzüge und Grundverfahren der Rechtslogik
　　Bd.1, München 1974, S.132; Joerden, Logik im Recht. Grundlagen und
　　Anwendungsbeispiele, Berlin u.a. 2005, Vorwort(이 책은 별다른 논리학
　　지식이 없는 법률가들에게도 도움이 되는 입문서이다).
120) 이에 대한 개관으로는 Günther / Randeris, Recht, Kultur und Gesell-
　　schaft im Prozeß der Globalisierung, Bad Homburg 2001, S.84ff. 참고.

§3 법과 법에 유사한 현상의 구별

┃참고문헌 ┃ *Alexy*, Theorie der juristischen Argumentation, 3. Aufl., Nachdruck Frankfurt a.M. 2001; *Baurmann*, Grundzüge der Rechtssoziologie Max Webers, JuS 1991, S.97ff.; *Eder*, Prozedurales Recht und Prozeduralisierung des Rechts. Einige begriffliche Klärungen.; *Ehrlich*, Grundlegung der Soziologie des Rechts(1913), Berlin 1989; *Ellscheid*, Die Verrechtlichung sozialer Beziehungen als Problem der politischen Philosophie, in: Neue Hefte für Philosophie 17(1979), S.37ff.; *Ilting*, Naturrecht und Sittlichkeit, Stuttgart 1983; *Koller*, Die Tugenden, die Moral und das Recht, in: Prisching(Hrsg.), Postmoderne Tugenden? Wien 2001, S.163ff.; *M.H. Kramer*, On Morality as a Necessary or Sufficient Condition for Legality, in: American Journal of Jurisprudence 47(2002), S.53ff., *Kunz/Mona*, Rechtsphilosophie, Rechtstheorie, Rechtssoziologie, Bern 2006; *Ladeur*, Postmoderne Rechtstheorie. Selbstreferenz - Selbstorganisation - Prozeduralisierung, Berlin 1992; *J.S. Mill*, Utilitarianism(1861), Werke II. Abteilung Lateinische Schriften Bd.26, Edition Lindsay, London/New York 1936, dt. Übers. v. Birnbaucher, Stuttgart 1976; *Ott/Schäfer*, Die ökonomische Analyse des Rechts - Irrweg oder Chance wissenschaftlicher Rechtserkenntnis?, JZ 1988, S.213ff.; *Teubner*, Das Recht als autopoietisches System, Frankfurt a.M. 1989; *Thomasius*, Fundamenta Iuris Naturae et Gentium (zuerst erschienen 1705), 4.Aufl., Halle 1718, 2.Neudruck Aalen 1979; *Waldron*, Law and Disagreement, Oxford 2004; *von der Pfordten*, Normativer Individualismus und das Recht, JZ 2006, S.1069ff.; *Max Weber*, Wirtschaft und Gesellschaft, 5.Aufl., Nachdruck Tübingen 2002.

지금까지 우리는 법을 규범체계, 사회질서 또는 인간의 상호작용의 한 형식 등으로 고찰했다. 이를 통해 '법이란 무엇인가?'라는 물음을 체계적으로 논의하기 위한 여러 가지 논점들도 알게 되었다. 이제 법개념의 여러 측면들에 대한 이러한 고찰을 법과 법에 유사한 다른 현상들을 구별함으로써 더 구체화해 보자.

법사회학적 경향을 띤 논의는 법을 대개 풍속, 관행, 사회적 규약 등과 대비시키는 것이 일반적이다(1). 물론 이러한 논의가 법철학적으로도 중요하다는 점은 당연하다. 그러나 전통적인 법철학은 무엇보다도 법과 도덕의 구별문제를 다루어 왔다(2). 이밖에도 특히 20세기의 경향으로서 법과 경제를 비교하려는 노력도 중요한 영역에 속한다(3).

1. 법과 풍속, 관행, 사회적 규약의 구별

a) 심리적 반응과 제재의 차이

법사회학의 전통에 서 있는 법개념에서는 행위의 규칙성과 실효성이 규범에 대한 일반적인 승인의 징표로서 중요한 개념표지로 여겨졌다. 그러나 이러한 개념표지만으로는 풍속, 관행, 사회적 규약과 같은 현상과 법을 구별하기 어렵다. 왜냐하면 이러한 현상들도 부분적으로는 행위의 규칙성과 실효성을 개념표지로 삼고 있기 때문이다. 그래서 법과 이 현상들을 구별할 수 있는 두 가지 다른 기준이 중요한 의미를 가졌다. 즉 이 현상들에 대한 심리적 반응과 제재의 형태가 법의 그것과 다르다는 점이다.

오이겐 에어리히(Eugen Ehrlich)는 법, 윤리, 풍속, 예절, 분위기에 맞는 행동, 유행 등 사회적 규칙으로 이해되는 현상들을, 그것을 위반했을 때 나타나는 감정적 반응이 각각 어떻게 다른가에 초점을 맞추어 구별하려고 했다. "법을 위반했을 때 나타나는 분노와 풍속을 위반한 것에 대한 흥분, 예의에 어긋난 행동을 보았을 때의 짜증, 분위기를 망치는 행동에 대한 불쾌감, 유행의 첨단을 걷는 사람이 유행을 못 따르는 사람에 대해 갖는 경멸감 등을 비교해 볼 필요가 있다. 법규범에는 보통법시대 법률가들이 필연적 확신(opinio necessitatis)이라는 특이한 이름을 붙였던 감정이 본래부터 자리 잡고 있다. 따라서 법규범도 이러한 측면에서 인식해야 한다."1) 그러나 한 집단의 구성원이 법위반에 대해 나타내는 감정적 반응을 법의 구별기준으로 삼으려는 에어리히의 입장은 그 이후의 사람들에게는 너무 막연하게 여겨졌다. 그래서 법에 대한 반응과 같은 심리적 차원에서가 아닌, 법 자체의 속성에서 구별을 시도하게 되었다.

이러한 시도를 위한 최초의 실마리는 막스 베버가 제공했다. 베버에 따르면 법은 그가 '풍속' 또는 '사회적 규약'과 같은 개념으로 규정했던 여타의 사회질서와 마치 빈틈이 없는 사다리와 같은 관계를 맺는다고 한다.2) 베버는 '풍속'을 "유형적으로 동일한 행위가 반복되지만 행위가 오로지 '습성'이나 무비판적인 '모방'에 따라 기존의 궤도 내에서 이루어지는 경우"로 이해한다.3) 따라서 어느 누구도 이러한 풍속을 준수하도록 강제당하지 않으며, 어느 누구에게도 풍속에 따른 행위를 '요구'할 수 없다고 한다. 이에 반해 사회적 규약(Konvention)의 경우는 사정이 다르다. 사회적 규약도 강제성이 없는 규칙적 행동이긴 하지만, 그것을 준수하는 행위와 그렇지 않은 행위에 대해 "행위를 한 사람의 특수한 '주변세계'를 형성하는 인간집단의 승인이나 거부"가 뒤따른다고 한다. 이처럼 사회적 규약에서는 특정한 행위에 대해 반작용이 가해지지만, 그 반작용은 물리적 강제를 수반하지 않는다는 점에서 법과 구별된다. 물론 풍속과 사회적 규약 사이의 경계선이 불확실

1) Ehrlich, Grundlegung der Soziologie des Rechts, S.131ff.
2) Max Weber, Wirtschaft und Gesellschaft, S.17.
3) Max Weber, Wirtschaft und Gesellschaft, S.63.

하듯이, 사회적 규약과 법 사이의 경계선도 유동적이다. 베버에 따르면 '법'이란 "물리적 또는 심리적 강제의 개연성을 통해 외적으로 보장된 질서로서, 그러한 강제력은 오로지 법질서유지를 강제하고 법질서위반을 처벌하는 업무를 전담하는 인간집단(관료)의 행위를 통해 행사되어야 한다."[4]

물론 막스 베버도, 예컨대 어떤 장소에서는 특정한 복장을 갖추어야 한다는 사회적 규약을 위반했을 때 '사회적으로 배척당하는 민감한 결과'를 야기할 수 있음을 알고 있었다. 그러나 베버가 보기에 강제수단을 수반한 법의 특수성은 '법질서유지를 보장하는 특수한 행위를 전담하는 인간집단(관료)'에 있다.[5] 이처럼 법질서유지의 보장만을 담당하는 '관료들'이 존재한다는 사실은 법규범이 관철될 개연성이 있다는 점을 기대가능하게 만들고, 이를 담당하는 관료들은 ― 합목적성과는 관계없이 ― 법규범을 관철해야 한다는 점을 뜻한다. 그렇게 될 때에만 법규범의 관철은 객관화가 가능하고 또한 그 결과를 예측할 수 있는 현상이 되며, 바로 이 점에서 습속이나 관행의 내용을 지향할 때와는 달리 형식적 합리성을 갖게 된다.[6] 어쨌든 베버가 생각한 법과 다른 사회질서의 단계적 구조는, '일탈에 대한 반작용이 없는 행위규칙성', '일탈에 대한 비난을 수반하는 행위규칙성' 그리고 '일탈에 대해 강제적 관철의 개연성이 있는 행위규칙성'(법)으로 이루어져 있다. 그러나 이러한 단계구조는 법의 관철과 관련된 형식적 합리성을 지적함으로써, 에어리히의 구별보다는 훨씬 더 섬세하긴 하지만, 법적용의 합리성에 관한 ― 결코 반론의 여지가 없다고 보

---

4) Max Weber, Wirtschaft und Gesellschaft, S.17.
5) Max Weber, Wirtschaft und Gesellschaft, S.18.
6) 이러한 형식적 합리성과 서구 사회의 발전 사이의 관련성을 탐구한 막스 베버의 이론에 관해서는 Baurmann, Grundzüge der Rechtssoziologie Max Webers, S.99ff. 참고.

기 어려운 – 특정한 이해방식에 의존하고 있다는 한계가 있다.

베버의 구별보다 한층 더 세분화된 단계구조는 테오도르 가이거(Theodor Geiger)의 법사회학에서 이루어져 있다. 그는 '관행', '관습', '풍속', '정관(定款)', '도덕', '법'의 단계구조를 설명하고, 법은 "중앙집권적 조직을 가진 사회적 통합체의 사회적 생활질서로서, 이 질서는 특수한 기관에 의해 독점적으로 행사되는 제재수단에 기초하고 있다"고 한다.[7] 막스 베버와 마찬가지로 가이거의 경우에도 법이 다른 질서구조와 구별되는 결정적인 기준은 강제적 관철, 즉 법위반에 대해 특수한 기관(경찰, 검찰, 법원 등)이 행사하는 제재이다.

b) 상호작용형식의 차이

앞에서 살펴본 법사회학적 구별에 대해, 법과 다른 질서현상을 구별하는 기준은 법이 갖는 특수한 당위적 성격에 있고, 따라서 법은 본성상 규범적 영역에 속한다는 법철학적 반론이 제기될 수 있다. 이러한 법철학적 반론과는 별개로, 제재를 전담하는 기관의 존재를 법과 다른 사회질서를 구별하는 기준으로 삼는 것과 규율위반에 대한 감정적 자극의 차이를 구별기준으로 삼는 것은 모두 만족스러운 것이 못된다. 설령 사회학적 입장에서 법을 하나의 사회적 질서구조로 파악하고, 이를 다른 질서구조와 구별하려고 시도할지라도, 제재기관의 존재는 결코 유일한 구별기준도 그렇다고 결정적 구별기준도 될 수 없다. 이 점에서 물리적 강제라는 특정한 측면을 중시하기보다는, 규범이 효력을 갖도록 조직적으로 대처한다는 극히 일반적인 측면에서 법의 특성을 찾으려는 최근의 법사회학은 설득력이 있다.[8] 이러한 입장에서 제재는

---

7) Geiger, Vorstudien zu einer Soziologie des Rechts(1947), hrsg. v. Rehbinder, 4.Aufl., Berlin 1987, S.297.

8) Dux, Rechtssoziologie. Eine Einführung, Stuttgart 1978, S.131.

생각해 볼 수 있는 하나의 수단일 뿐이다.

법과 법에 유사한 현상을 구별하려는 초기 법사회학에 대한 가장 강력한 반론은, 초기 법사회학이 역설적이게도 법을 오로지 규범체계로만 이해하고 있었다는 사실이다. 왜냐하면 초기 법사회학은 언제나 규범에 대한 심리적 반응 또는 규범의 관철방식에 이론의 초점을 맞추었기 때문이다. 따라서 더 적절한 구별이 가능하려면 내용적인 측면에서 하나의 현상을 찾아내어, 그러한 현상의 일반화를 위해서는 규범이 필요하다는 식으로 접근하는 것이 좋을 것이다. 이런 의미에서 최근의 연구는 '법이라는 관념이 상호작용의 과정이나 구조에 미치는 영향'[9]을 중시한다. 예컨대 친구 사이에서 어느 한쪽이 약속을 서면으로 작성하여 필요한 때에는 소송을 할 수 있도록 하자고 요구한다면, 친구 사이는 이미 한계에 도달하고 법이 모습을 드러낸다. 즉 법은 도덕적 기준에 기초한 자율적 신뢰관계가 한계에 도달했을 때 등장한다.[10] 이 점은 가족생활에서도 마찬가지이다. 가족생활에서 법적인 논거가 우선한다면, 그 가족생활은 해체되는 과정에 있다고 볼 수 있다.[11] 생활관계가 법적 관계로 변한다면, 그 관계는 (도덕적으로 요청되는) 서로를 아끼는 쌍방적 보호라는 해석도식에서 이해관계의 '정당한' 경계설정이라는 도식으로 바뀌었음을 의미한다.[12] 이 점은 우리가 이 책의 서두에서 현대의 법비판을 논의하면서 이미 지적한 바 있다. 법을 끌어들임으로써 구체적인 생활관계를 떠나

---

9) Ellscheid, Die Verrechtlichung sozialer Beziehungen als Problem der praktischen Philosophie, S.41.

10) 법이 공동체를 파괴하는 성격이 있다는 점에 관해서는 Coing, Grundzüge der Rechtsphilosophie, 5.Aufl., Berlin / New York 1993, S.175f. 참고.

11) Ottmann, Politik und Vertrag. Eine Kritik der modernen Vertragstheorien, ZfP 33(1986), S.22ff.(30).

12) Ellscheid, Die Verrechtlichung sozialer Beziehungen als Problem der praktischen Philosophie, S.44.

외부의 제3자가 (필요할 때는 강제를 동원해서라도) 갈등을 해결해야 한다는 사실은 법비판의 중요한 논거가 된다. 물론 이처럼 상호작용형식의 차이로 법과 다른 현상을 구별하려는 모델에서도 강제의 개연성은 중요한 의미가 있지만, 베버의 법사회학에서처럼 결정적인 기준은 아니다. 이러한 모델은 법이 풍속이나 도덕과 같이 법에 유사한 현상과 구별되는 결정적 차이점을, 구체적 생활관계를 정형화·일반화함으로써 이를 묵살해 버리는 법의 특수한 상호작용형식에서 찾는다.

지금까지의 논의는 모두 법과 법에 유사한 현상의 구별에 관한 것이었다. 이와는 달리 양자의 상호관계에 관한 논의는 아직 초기단계에 머물러 있다. 예컨대 형법에서는, 형법과 다른 (국가가 개입하지 않는) 사회통제 사이에 어떤 보충관계가 있는지에 대해 논의가 이루어지고 있다. 만일 형법과 다른 사회통제수단 사이에 그러한 관계가 있다면, 상황에 따라서는 형법이 물러서고 그 자리를 다른 사회적 제재가 대체하는 경우도 생각해 볼 수 있다. 또한 그러한 관계가 입증될 수만 있다면, 무절제한 자기만족적 사법(司法)을 방지하는 형법제도를 실현하기 위한 좋은 논거가 될 것이다. 물론 이에 관한 경험적 연구는 아직 없다. 하지만 부분적으로는 형법이 아닌 다른 사회통제가 더 유리한 결과(이는 경험적 문제가 아니라 평가의 문제이다)를 낳는다는 사실은 충분히 생각해 볼 수 있다.

2. 법과 도덕: 법철학의 고전적 구별

a) 양 면 성

서양문화가 법과 도덕을 구별하려는 과제를 다룬 지는 약 300년 전부터이다. 그 이후 다음과 같은 기이한 양면성을 의식하게 되었다. 즉 강제를 행사할 권한과 결합된 제도인 법은 한편으로는 상당부분 도덕규범을 관철하고, 그 점에서 도덕을 구현하는 제도로 파악된다. 다른 한편 법은 타인들의 무리한 도덕적 요구로부터 한 개인을 보호하며, 이를 통해 도덕적 결정의 자유가 가능할 수 있게 만든다.

법은 예를 들어 살인금지나 절도금지와 같이 우리들의 도덕의식 속에 깊이 뿌리내려 있는 금지규범을 정립함으로써 도덕규범을 보호한다. 또한 법은 계약을 맺을 때 갖게 되는 신뢰를 보호하며, 개인이 공동체로부터 부당한 침해를 받지 않도록 하며, 이 점에서 서양문화 속에 자리 잡고 있는 기본적인 도덕적 확신을 보호한다.

다른 한편 법은 다른 사람이나 공동체의 과도한 도덕적 요구로부터 우리를 보호하기도 한다. 법과 도덕의 구별이 갖는 1차적 기능도 바로 이와 같은 점에 있다. 다시 말해 만일 도덕규범의 관철만이 중요하다면, 굳이 법과 도덕의 구별에 대해 생각해볼 필요가 없을 것이다. 즉 물리적 폭력을 통해 관철할 수 있는 규범의 범위는 단순히 우연적인 이유에서가 아니라, 매우 원칙적인 이유에서 다른 사회적 행위규범의 범위보다 더 좁아야 한다면 곧바로 법과 도덕의 분리는 중요한 의미를 갖게 된다. 그 때문에 법과 도덕의 분리에 대한 사고가 시작된 시점은 18세기 초의 초기계몽시대였다. 즉 각 개인에게 종교의 자유, 세계관의 자유가 명확히 보장되어야 하고, 각자는 자신이 생각하는 대로 행복을 찾을 수 있어야 한다는 주장이 등장하는 시기가 곧 초기계몽시대였다. 당시의 계몽사상가들에 따르면 사회적 평화를 위해 불가피하다고 여겨진 것만을 강제를 통해 관철해도 좋다고 한다.

도덕과 비교하여 법이 갖는 기능을 서술할 때 등장하는 이러한 양면성을 감안하면 다음과 같은 두 가지 물음이 제기된다. 먼저 얼마만큼 법이 도덕규범에 의해 규정되어야 하는지, 다시 말해 법이 일정한 범위 내에서 도덕으로부터 벗어나거나 심지어 도덕에 반한다는 사실이 과연 법의 효력에 어떠한 영향을 미쳐야 하는가라는 물음을 제기할 수 있고 또한 제기해야만 한다. 이 물음은 이미 자연법을 둘러싼 논쟁이 존재하면서부터 계속 다루어온 물음이다. 다시 말해 법과 도덕이라는 용어상의 구별이 시작되기 전부터 제기되던 물음이다. 그 당시 이 근본적인 이원주의는 자연법 대 실정법이라는 용어로 등장했다. 즉 실정법이 자연법의 원칙이나 규범에 어긋날 경우 실정법이 무효가 되는지 여부 및 그 정도에 대해 물음을 제기해왔다. 극단적인 경우에는 이러한 전통적인 용어가 법과 도덕의 구별에 관한 논쟁에까지 그대로 살아남아 영향을 미치기도 하는 것 같다. 특히 어떤 정치체제가 붕괴되어 과거의 체제하에서 효력을 갖던 실정법이 과거청산과 관련해서도 결정력을 가져야 하는지 아니면 실정법의 피안에 존재하는 고차원의 '자연법'이 과거청산에 대한 결정력을 가져야 하는지라는 물음이 제기될 때에는 언제나 실정법 / 자연법이라는 용어가 법과 도덕의 구별이라는 의미로 사용된다. 20세기에 와서도 '라드브루흐 공식'과 '국경수비대'라는 주제를 둘러싸고 그러한 논쟁이 이루어졌다(이에 관해서는 §2 참고).

　　법과 도덕의 양면적 관계의 다른 측면, 즉 타인의 무리한 도덕적 요구로부터 개인을 보호하는 법이라는 측면은 두 번째 영역의 물음에 해당한다. 이와 관련해서는 법이 서로 경합하는 여러 가지 초실정적 정당성기준들에 직면하여 과연 어느 정도까지 특정한 초실정적 정당성기준에 구속당해도 좋은지 아니면 법은 평화보장을 위해 불가피한 최소한의 행위기준을 보장하는 것에만 국한되어야 하는 것인지가 문제된다. 이 물음은 스페인의 후기 스콜라철학에서부터 크리스티안 토마지우스(Christian Thomasius, 1655-1725)에 이르기까지 200년에 걸쳐 자연법논쟁의 핵심테마였다. 토마지우스에서는 어떠한 행위규범들이 국가의 강제를 통해 관철되어도 좋은지가 결정적인 물음이었다. 토마지우스에 따르면

honestum(미덕, 이는 오늘날의 '도덕' 개념과 거의 일치한다)과 decorum(예의범절; 이는 상황에 적절하게 대응하는 현명함을 필요로 한다)에 속하는 규칙은 강제를 통해 관철될 수 없는 반면, 사회적 평화를 보호하고 타인의 침해를 억제하는 규칙들은 justum이라는 법규칙이 된다고 한다.13) 따라서 사회평화를 저해하고 타인을 침해하는 것만이 법적 재재의 대상이 될 수 있다고 한다.14) 최근의 이론들 역시 − 1970년대 이후부터 법철학에서 상당한 비중을 차지하고 있는 정의이론이나 도덕에 근접한 법관의 활동을 전면에 부각시키는 논증이론과는 반대로 − 도덕과는 달리 법이 갖고 있는 분쟁조정기능에 초점을 맞추기도 한다(물론 이제는 그 정당성근거를 민주주의원칙에서 찾는다).15)

　　지난 300년 동안의 논쟁이 갖는 특징은 논쟁의 중심이 바뀌었다는 사실이다. 물론 특별히 중요한 도덕규범들−'도덕적 최소한'−은 강제를 동원하는 법의 도움으로 관철될 수 있다는 점은 예나 지금이나 의식하고 있다. 다만 강제의 도움을 받아 법규범으로서 관철해야 할 행위규범들의 범위를 원칙적으로 제한해야 한다는 것은 새로운 사고이다. 이렇게 볼 때, 유럽의 근대에서

---

13) Thomasius, Fundamenta Iuris Naturae et Gentium, Buch I, 5. Kapitel, §§21, 25. 법철학의 역사에서 이 강제논거가 갖는 의미에 관해서는 Engisch, Auf der Suche nach der Gerechtigkeit. Hauptthemen der Rechtsphilosophie, München 1971, S.92ff. 토마지우스에 대해서는 위 라틴어 저작의 독일어 번역본인 Grundlehren des Natur- und Völkerrechts hrsg. v. Grunert, Hildesheim 2003의 서문을 참고.

14) Thomasius, Fundamenta Iuris Naturae et Gentium, Buch I, 4. Kap., §89ff., bes. §90; 5. Kap., §24. 이 점에서 토마지우스에 대해 개관을 하고 있는 문헌들인 Ilting, Naturrecht und Sittlichkeit, S.90ff.; Welzel, Naturrecht und materiale Gerechtigkeit, 4. Aufl., Nachdruck Göttingen 1990, S.164ff.; Wieacker, Privatrechtsgeschichte der Neuzeit, 2. Aufl., Nachdruck Göttingen 1993, S.315ff.은 비록 읽을 만한 가치가 있긴 하지만, 토마지우스를 부당하게 비판하는 경향이 있다.

15) Waldron, Law and Disagreement, S.4ff.

법은 도덕을 지원하는 기능보다는 자유를 보장하는 기능이 더 전면에 부각되게 되었다.

　이러한 전개과정의 원인 가운데 하나는 분명 이 시기부터 국가의 침해활동의 예측가능성에 대한 필요, 즉 법적 안정성을 통한 경제활동의 안정성을 보장해야 한다는 요구가 높아졌다는 점이다. 법의 힘을 빌려 관철되는 도덕규범과 어떠한 경우에도 법을 통해 강제를 동원하여 관철될 대상이 되어서는 안 될 도덕규범들 사이에 명확한 경계를 그어야 한다는 요구 역시 이러한 필요성에 비추어 설명할 수 있다.

　경우에 따라서는 한 개인에게 매우 중요한 의미가 있는 도덕규범일지라도 근대 국가에서는 법적으로 규율되어서는 안 된다는 점은 이미 법과 도덕의 구별이 형성되기 시작한 초창기부터 다원주의라는 또 다른 이유 때문에도 당연한 것으로 여기게 되었다. 즉 장래에는 계속 상이한 세계관들이 공존할 것이라는 사정은 법적 평화를 위하여 법의 영역을 제한해야 한다는 것을 불가피하게 만들었다. 그리하여 여러 도덕규범들의 공통분모, 특히 올바른 삶이 무엇인가에 대한 다양한 관점들이 평화롭게 공존할 수 있도록 하는 절차적 성격의 규범들만이 관철가능하고 또한 관철되어야 할 필요가 있다고 생각하게 되었다.

　b) 무엇이 침해인가?
　오늘날의 관점에서 보면, 생활과정의 예측가능성 그리고 평화보장을 위해 필요한 그와 같은 규범들은 고전적 자유주의에서 생각했던 것과 같이 단순히 자유를 보호하는 규범에 그치는 것은 아니었다. 이미 현대사회의 안정성에 대한 요구 때문에도 단순한 자유보호를 넘어서는 규범(이에 관해서는 아래의 c에서 다시 논의한다)이 필요하다는 점은 분명해진다. 현대의 법치국가에 가장 필요하면서도 동시에 가장 문제가 없다고 여겨지는 규범은 물론 타인의 자유권을 침해하는 것을 금지하는 규범들이다. 불개입명령이라고도 불리는 침해금지는 현대 법치국가 규범이 이상적인 유형으로 삼는 내용이다. 왜냐하면 존재하고 있는 권리가 침해되지 않기를 원하는 것은 정반대의 세계관을 지지하는 사람들조차도 공유할 수 있는 것이 보통이기 때문이다.

이러한 최소한의 내용에 대해서는 누구나 동의할 수 있음에 비해, 과연 타인을 침해한다는 것이 무엇인지에 대해 개념정의를 하는 일은 몹시 어려운 문제이다. 이 물음만으로도 이미 법과 도덕의 구별과 관련된 첫 번째 문제영역이 등장한다. 타인을 살해하거나, 타인의 재산을 훔치거나 또는 타인을 속이는 행위를 해서는 안 된다는 점에 대해서는 곧바로 합의를 도출할 수 있다. 하지만 타인의 감정을 해치는 것도 법적으로 금지된 침해에 속한다고 보아야 한다면, 타인이 갖고 있는 문화적 관념의 총체 역시 법적으로 금지된 침해의 대상에 속한다고 해야 하는가? 타인들이 지향하고 있는 어떤 가치의 확실성을 침해하는 것까지도 금지되어야 하는가? 서두에서 언급한 근본적인 양면성 – 즉 도덕의 관철로서의 법과 타인의 도덕으로부터 한 개인을 보호하는 제도로서의 법 – 은 이 첫 번째 문제영역에서 그 구체적인 윤곽이 뚜렷해진다.

예를 들어 장례식을 방해하는 행위, 타인의 신앙을 모욕하는 행위, 과도한 노출행위, 인종학살이라는 역사적 사실을 부정하는 행위 등을 법이 금지하는 경우, 과연 법이 보호하고자 하는 것은 무엇인가?16) 무엇이 타인을 '침해'하는 행위가 될 수 있는가라는 물음은 오늘날 그 중요성이 갈수록 더 높아져가고 있는 실정이다. 예를 들어 인간복제는 누구를 또는 무엇을 침해하는가? 또는

---

16) 이에 관해 자세히는 Hörnle, Grob anstössiges Verhalten. Strafrechtlicher Schutz von Moral, Gefühlen und Tabus, Frankfurt 2005 참고.

인간과 동물의 잡종을 창조하는 행위는 누구를 침해하고, 어떤 측면에서 침해가 되는가? 위에서 보기로 제시한 전통적인 사례나 오늘날의 사례에서 볼 수 있듯이, 보호객체를 확정하려는 시도는 경건한 감정에 대한 침해에서 시작해서 현저한 미학적 장애유발이나 자기정체성에 대한 감정의 손상에 이르기까지 광범위한 영역에 걸쳐 있다. 그렇다면 과연 법을 통한 감정보호 또는 문화보호의 한계는 어디에 있고, 그 근거는 무엇인가?

그러한 한계의 존재에 대해 회의적인 입장이 있다.[17] 그렇다면, 법을 통한 감정보호와 문화보호의 확대에 따라 전혀 다른 시나리오를 상상해 볼 수 있고, 그러한 시나리오는 합리적 근거를 갖는 한계를 확정할 수 있는가라는 물음을 제기하게 만든다. 즉 문화적 변화를 전제로 하여, 어떤 입법자가 다시 예전과 마찬가지로 동성애를 형사처벌하기로 결정하고, 그 근거로 다른 사람의 침실에서 그런 일이 일어난다는 생각만으로도 많은 사람들은 가치지향의 확실성을 박탈당한다고 한다면, 그러한 입법을 가로막을 수 있을 정도로 충분한 근거를 가진 한계는 어디에 있는가? 또한 무신론을 신봉하는 행위는 많은 신자들에게 도저히 용납할 수 없는, 금기의 파기이기에 법에 의해 금지되어야 한다는 논거에 대해 어떠한 반대논거를 제시할 수 있을 것인가? 또는 자유주의자들처럼 이러한 문제와 관련하여 법적 보호는 전적으로 물질적 재화에만 국한되어야 한다고 보는 것이 올바른 대응책인 것일까? 당연히 침해의 범위는 물질적 침해에 국한되지 않으며, 정신적 손해 역시 법위반이 될 수 있다. 우리는 극단적인 모욕행위를 얼마든지 법위반으로 인정한다. 그리고 앞의 사례에서도 보듯이 우리의 현행법 역시 감정을 보호하고 있다. 그렇지만 다원주의

17) 이에 관해서는 Stratenwerth, Zur Legitimation von 'Verhaltensdelikten', in: v. Hirsch / Seelmann / Wohlers(Hrsg.), Mediating Principles. Begrenzungsprinzipien bei der Strafbegründung, Baden-Baden 2006, S.157ff. 참고.

사회에서는 "자신이 (윤리적·도덕적·관습적으로) 용납할 수 없다고 여기는 일정한 행위를 눈뜨고는 볼 수 없다고 할 권리 역시 존재하지 않는다. 많은 경우 신경을 끄거나 고개를 돌려야만 한다."[18] 하지만 법과 도덕에 관한 고전적인 구별에 따르더라도 이 경우 어떤 것을 그저 도덕일 뿐이라고 해야 하는가? 다시 말해 단순한 도덕과 강제로 관철해야 할 법 사이의 경계는 어디에 있는가? 예컨대 '국민의 의식 속에 깊이 뿌리박혀 있는 일반적 가치관'[19]에 관련된 것이라면 법을 통해 보호해야 하는가? 그러한 논거는 금기의 파기를 금지하는 데에는 충분한 근거가 될지는 모르지만, 법적으로 중요한 의미가 있다고 여겨지는, 현저한 감정침해나 집단적 정체성감정에 대한 침해를 법적으로 보호할 근거로는 충분하지 않다. 이러한 문제영역에서 법의무와 단순한 도덕의무 사이의 구별은 오로지 누군가가 타인의 행위를 통해 자신의 법(권리)주체성에 대한 승인에 침해를 당했는지 여부만이 기준이 될 수 있다.

감정침해와 문화침해의 공통점을 양자 모두 세계 내에서 인간들이 갖고 있는 가치지향의 확실성과 관련된다는 점에서 찾는다면, 당연히 과연 어떠한 전제 하에서 각 개인이 더 이상 법주체로 승인받지 못한다고 해야 할 정도로 그러한 가치지향의 안정성에 손상을 받았다고 할 수 있는지를 묻게 된다. 내 생각으로는 한 개인이 타인의 행태를 통해 세계 내에서 충분히 살아갈 수 있는 일반적인 능력을 상실한 경우, 다시 말해 가치지향능력을 상실한 때에야 비로소 그러한 상황에 처해 있다고 말할 수 있을 것 같다.[20] 왜냐하면 문화가 변화를 거듭하는 세계에서는 특정한 시

---

18) Dreier, Kommentierung zu Art. 1 GG, in: ders., Grundgesetz. Kommentar, BGd. 1, Tübingen 2004, Rn. 119.

19) Amelung, Rechtsgüterschutz und Schutz der Gesellschaft, 1972, S.318f.

20) 이에 관해서는 Seelmann, Verhaltensdelikte – Kulturschutz durch Recht?

점에서 사람들이 갖고 있는 특정한 상태의 가치지향을 고착화시키는 것은 결코 형법 또는 법 일반의 과제라 할 수 없기 때문이다. 물론 극단적인 상황에서는 인간들의 가치지향능력을 보장하는 과제를 법이 완전히 무시할 수는 없다. 다시 말해 특정한 가치지향의 보호는 (단순한) 도덕보호에 그칠 수 있는 반면, 가치지향능력의 보호는 타인과의 정상적인 상호작용능력 자체를 보호함으로써 궁극적으로는 개인을 보호하는 것이다. 따라서 타인과의 정상적인 상호작용능력의 보호는 법주체로서 개인이 갖고 있는 능력의 보호이며, 이는 법의 정당한 과제에 속한다.

c) '도덕의무'도 법의무인가?

상당히 넓은 범위에 걸쳐 있는 감정침해에서 과연 법(권리)침해의 본질이 무엇인지에 대해 어느 정도 원칙적인 설명이 가능하다면, 법과 도덕의 구별 및 국가의 강제적 개입의 범위에 대한 제한이라는 오늘날의 문제와 관련해서는 현재 전 세계적으로 논의되고 있는 두 가지 커다란 문제영역이 중요하다.

법의무의 영역에서 특히 논란이 많은 것은 연대성에 대한 법의무 및 후견주의적 동기에서 부과되는 법의무라고 지칭할 수 있다. 양자는 다음과 같은 공통점을 갖고 있다. 즉 도덕의무와 법의무에 대한 칸트의 구별에 따르면 양자 모두 전적으로 도덕의무에 속한다고 보아야 한다. 칸트의 용어로 표현하자면, 연대성의무는 '타인의 행복'을 지향해야 할 의무이고, 후견주의적 동기에서 부과되는 법의무는 '자신의 완전성'을 지향해야 할 의무를 뜻한다.21) 칸트는 타인을 위해 적극적으로 무엇인가를 하라는 의무나 자기 자신에게 그렇게 하라는 의무를 분명히 법의무의 영역에서 배제했다. 따라서 문제의 중심은 인간의 행위영역 가운데 그 목

---

in: FS für Heike Jung, Baden-Baden 2007, S.893ff. 참고.
21) Kant, Metaphysik der Sitten, Einleitung zur Tugendlehre IV, S.515f.

표설정이나 행위동기에 비추어 결코 법의 대상이 되어서는 안 될 영역이 있는가 하는 물음이었다. 이에 대한 논의는 도덕의무와 법의무에 대한 칸트의 구별에서는 약간은 과장된 면이 있다. 칸트의 구별에 따르면 법의무는 오로지 모든 사람의 평등한 정도의 자유를 보존하기 위한 경우에만 허용된다고 한다.[22]

그러나 법의무를 개입금지에 국한시키고, 연대성의무와 후견주의적 동기에서 부과되는 법의무를 법으로부터 배제하는 것은 이미 18,9세기 근대적 직관에 비추어 보더라도 문제가 있다. 예를 들어 오늘날에도 세계의 상당수 국가에서는 생명에 대한 위험과 같이 특수한 긴급상황에서는 타인을 도와야 할 법의무를 부과하고 있다. 또한 촉탁살인의 금지와 같이 타인 스스로는 전혀 침해를 받는다고 여기지 않을지라도, 국가가 규정하고 있는 대로 타인의 복리를 보호해야 한다는 법규정도 존재한다.

먼저 연대성의무를 고찰해 보자. 이와 관련해서는 - 존 스튜어트 밀(1806-1873)이 주도한 전통[23]과는 별개로 전개된 - 칸트철학의 전통[24]에서 연대성의무에 반대하는 여러 가지 논거가 있다.

---

22) Kant, Metaphysik der Sitten, Einleitung in die Rechtslehre, §B, S.336f. 법의무와 도덕의무의 구별은 두 가지 서로 다른 의무와 그에 따른 개념적 구별을 위한 것이다. 하지만 이 구별은 규범을 준수하는 동기의 차이에 따른 구별, 즉 행위의 '동기'가 무엇인지를 고려하지 않고 단지 행위가 법률에 합치하는지 여부만을 문제 삼는 '합법성'(Legalität)과 법률에 합치하는 것이 곧 법률의 준수'동기'인 '도덕성'(Moralität) 사이의 구별과는 별개의 것이다. 이에 관해서는 Kant, Metaphysik der Sitten, Einleitung in die Metaphysik der Sitten III, S.324 참고. 합법성과 도덕성에 관한 칸트의 구별은 푸펜도르프(Pufendorf, De officio hominis et civis, 1673, Vorrede)의 이론에 연결되어 있다.

23) J.S. Mill, Utilitarianism, S.46.

24) 칸트철학의 전통에 서있는 학자들로는 v. Zeiller, Das natürliche Privat-Recht, Wien 1802, §§6ff.; Fries, Philosophische Rechtslehre und Kritik aller positiven Gesetzgebung, Jena 1803, S.13f. 참고. 물론 칸트 이전에도 이미 Chr. Wolff, Institutiones iuris naturae et gentium, §§76ff., Halle / Magdeburg 1750, Nachdruck Hildesheim 1969, Gesammelte

첫 번째 논거는 자유보호논거이다. 법은 인간의 쌍방적인 관계에서 오로지 의사형성능력만을 중시할 뿐, 타인의 욕구라는 의사의 내용을 중시하지 않는다고 한다. 왜냐하면 그렇지 않을 경우에는 한 개인의 자유가 타인의 우연한 목적설정에 의존할 위험이 있기 때문이라는 것이다. 또한 연대성의무와 같이 적극적으로 무엇을 행하라고 명령하는 작위의무는 평등한 조건하에서는 무엇을 하지 말아야 한다는 부작위의무에 비해 자유를 훨씬 더 많이 침해한다고 한다.[25]

두 번째 논거는 보편화논거이다. 명령으로서의 이타주의는 보편화할 수 없다고 한다. 왜냐하면 타인을 도와야 한다는 명령은 타인을 기꺼이 도울 의지가 있는 사람들 자신이 또 다른 사람의 도움에 의존할 수밖에 없는 상황에 처하게 만들 것이기 때문이라는 것이다. 그 때문에 보편적 구속력을 갖는 이타주의 자체의 토대가 무너지는 상황이 온다고 한다.[26]

세 번째 논거는 법이론적 논거로서, '불확정성논거'라 불린다. 이 논거에 따르면, 연대성의무와 같이 전통적으로 '불완전한' 의무로 표현되는 의무는 이 의무를 면밀하게 규정할 수 없기 때문에 강제로 관철할 수 없다는 특징을 갖고 있고, 이런 이유에서 어떠한 경우에 그러한 의무를 침해했는지를 확정하기 어렵다고 한다. 모든 사람에게 도움을 줄 수는 없는 노릇이기에, 연대성의무와 관련해서는 어느 누구나 법적으로 그 한계를 명확히 설정하기 어

Werke Abt. II. Bd. 26, S.39ff.; dt. Übers., Halle 1754, Nachdruck Hildesheim 1980, Gesammelte Werke Abt. I. Bd. 19, S.47ff.에도 같은 입장이 나타나 있다.

25) Engisch, Tun und Unterlassen, in: FS für Wilhelm Gallas, Berlin 1973, S.163ff.(173f.).

26) Ilting, Sittlichkeit und Höflichkeit oder: Von der Würde der Persönlichkeit und der Verletzlichkeit des amor propre, in: Stagl(Hrsg.), Aspekte der Kultursoziologie, FS für M. Rassem, Berlin 1982, S.107.

려운 행위재량을 가질 수밖에 없다는 것이다.27)

법의무를 불개입의무로 이해하는 것은 오늘날에도 우리의 일상의식 속에 어느 정도 뿌리박고 있긴 하지만, 이와 동시에 그러한 이해의 시대적 배경이 되었던 자유주의는 상당부분 흔들리고 있다. 19세기 후반부터 발전된 사회국가사상 및 생존배려에 대한 법적 규율은 법과 도덕에 관한 자유주의적 경계설정을 불안하게 만들었다.

법과 도덕을 구별하는 칸트와 밀의 이론이 낳게 되는 실제적인 결과에 대해서는 오늘날 중대한 반론이 제기되고 있다. 즉 자유보호논거에 대하여, 개인을 형식적인 법주체로 국한시킬 경우에는 법의 외부에서 엄청난 불평등을 야기하고, 사회적 권력의 격차를 영구화하며, 이로써 실질적 부자유를 가능하게 만드는 역설에 봉착한다고 지적한다.28) 바로 개인의 자유를 위해 사회적 불평등을 법적으로 고려하고, 이를 배제할 것을 요구한 것은 1920년대와 30년대에 전개된 독일의 사회국가 이론이었다.29) 이 이론은 국가의 적극적 사회형성뿐만 아니라, 예컨대 노동법과 경제법의 영역에서 개인, 특히 사회적 강자들의 연대성의무까지도 요구했다.30) 자유보호 논거의 두 번째 형태, 즉 명령은 금지보다 자유를 훨씬 더 강하게 침해한다는 논거에 대해서도, 예를 들어 자기 집에 머물러 있으라거나 운전을 할 때에는 일정한 속도를 넘지 말라는 금지는 사고가 났을 때 구급차를 불러야 한다는 명

---

27) Kant, Metaphysik der Sitten, Einleitung in die Tugendlehre VII, S.520; J.S. Mill, Utilitarianism, S.46.

28) Eder, Zur Rationalisierungsproblematik des modernen Rechts, in: Soziale Welt 29(1978), S.247ff.(254); Tugendhat, Zur Entwicklung von moralischen Begründungsstrukturen im modernen Recht, in: ARSP Beiheft 14(1980), S.1ff.(19).

29) 예컨대 Radbruch, Vom individuellen zum sozialen Recht(1930), in: ders., Der Mensch im Recht, Göttingen 1957, S.35ff. 참고.

30) Radbruch(주 31), 134면.

령에 비해 자유를 더 많이 침해한다는 반론이 제기되고 있다.[31]

　보편화논거에 대해서는 자기책임이 없이 곤궁상태에 빠진 사람을 돕는 일이 타인의 시민적 생존을 보존하기 위한 것이라면, 얼마든지 법원칙으로서 보편화 가능하다는 반론이 제기된다. 그와 같은 연대성의무는 일정한 모순해결규칙을 통해 도움을 주는 사람 자신의 정당한 이익도 보장하기만 한다면,[32] 자신이 도움을 받아야 되는 상황에 처할 위험이 없이도 장기적으로 얼마든지 보편화할 수 있는 원칙이 될 수 있다는 것이다. 예를 들어 일반적인 부조의무를 규정하고 있는 독일형법 제323c조나 스위스형법 제128조, 오스트리아형법 제95조 2항, 프랑스형법 제223-6조 2단에는 그와 같은 모순해결규칙을 담고 있다(부조행위가 자신에게 중대한 위험을 야기하거나 다른 중요한 의무를 위반하게 될 때에는 부조행위의무가 없다. ― 옮긴이).

　끝으로 전통적인 법이론적 논거에 대해서도 연대성의무를 예컨대 긴급한 사고나 특별한 위험상황에 국한시킴으로써 의무를 부담하는 각 개인의 행위재량의 범위를 상당히 제한할 수 있고, 그래도 남아 있는 구체화의 문제는 예컨대 기대가능성, 위험발생에 대한 책임 여부, 신뢰관계 등과 같은 사회적 기준을 끌어들여 탄력적으로 해결할 수 있다는 반론이 제기된다.[33]

　오늘날에는 칸트나 밀에 비해서는 연대성의무를 인정하는 범위가 훨씬 넓다. 이는 비단 연대성의무와 관련해서뿐만 아니라,

---

31) 이에 관해서는 Feinberg, Harm to Others ― The Moral Limit of the Criminal Law, S.163ff. 참고.

32) Feinberg(주 31), S.134.

33) 이에 관해 자세히는 Seelmann, Opferinteresse und Handlungsverantwortung in der Garantenpflichtdogmatik, in: Goltdammer's Archiv für Strafrecht, 1989, S.241ff.(244, 253) 참고. '완전한' 의무만을 법의 대상으로 삼는 것에 대해 회의적인 내용을 표방하는 문헌으로는 Koller, Die Tugenden, die Moral und das Recht, in: Prisching(Hrsg.), Postmoderne Tugenden? Wien 2001, S.163ff.(175f.) 참고.

후견주의적 동기에서 부과되는 법의무와 관련해서도 마찬가지이
다. 물론 칸트는 오늘날에도 국제적인 논의의 출발점이자 좌표의
역할을 하지만, 결과적 측면에서 보면 칸트의 논증이 여러 가지
해석의 여지를 남겨두고 있다는 사실을 확인할 수 있다.

후견주의적 동기에서 부과되는 법의무의 문제는 촉탁살인의
금지에서 가장 뚜렷하게 드러난다. 신체의 완결성은 비록 그것이
개인적인 이익이긴 하지만, 무제한적으로 개인이 마음대로 처분
할 수 있는 대상은 아니다. 이 점에서 법질서는 자기결정권을 제
한하고 있는 셈이다. 물론 오래 전부터 개인의 이익에 대한 침해
는 당사자의 동의가 있을 때에는 – 동의한 자에게는 불법이 행해
지지 않는다(volenti not fit iniiria)는 원칙에 따라 – 법위반으로서의
성격을 갖지 않았다. 그렇지만 동의만으로는 침해행위를 합법적
이라고 보기에 충분하지 않는 것이 보통이다. 물론 모든 개인적
이익에 대해서 그렇다는 것은 아니다. 신체나 생명과 같은 예외
적인 경우에 한정된다. 이 지점에서 우리는 안락사를 둘러싼 논
쟁 그리고 일정한 보호조치가 한 개인의 구체적인 의사에 합치하
지 않더라도, 스스로를 침해하는 행위로부터 그 개인을 보호한다
는 후견주의의 문제에 봉착하게 된다.[34] 이러한 경우 법은 각 개
인이 자기 자신, 특히 자신의 육체에 대해 완전한 처분권이 없고,
오히려 자기 자신과 관련해서조차도 일정한 행위 또는 부작위를
감수해야 한다는 점에서 출발한다. 이는 자기 자신에 대한 의무
라는 전통적인 사고의 표현으로서, 심지어 현대의 법에서도 법적
강제를 통해 관철되는 명백한 예외상황에 속한다.

물론 국가가 개인의 의사에 반할지라도 그 개인의 복리를 관
철할 수 있다는 생각은 법과 도덕의 분리라는 근대적 사고에 기

---

34) 독일어권에서 이 주제를 처음으로 다루고 있는 상세한 논의로는
   Anderheiden u.a.(Hrsg.), Paternalismus und Recht, Tübingen 2006 참
   고.

초해서 보면 상당히 문제가 많다. 오늘날 서양의 문화를 지배하고 있다고 볼 수 있는 규범적 개인주의는 국가가 개인의 자유영역을 침해할 때에는 언제나 그에 대한 정당한 근거를 제시해야 한다. 이 점에서 규범적 개인주의는 어떠한 형태의 후견주의적 입장에 대해서도 난색을 표명할 수밖에 없다. 설령 현대의 도덕이 '자기 자신에 대한 의무'를 설득력 있게 논증하는 데 성공할지라도, 그러한 도덕적 의무는 기존의 사고방식에 따른다면 결코 법의무로 확립되기 어렵다. 그렇긴 하지만 이와 관련된 이론적 영역에서도 개인의 개별성에 대한 고려는 얼핏 보기보다 훨씬 더 복잡하게 전개되고 있다. 예를 들어 그러한 이론에서도 원칙적으로는 회피해야 마땅한 후견주의적 입장이 어디에 한계가 있는가라는 물음을 제기한다. 이 물음에 대해 어떤 식으로 대답하든, 예컨대 어린아이나 치매환자에 대해 우리가 통상 이해하고 있는 이익을 보존하도록 강제하는 것은 별다른 문제가 없다고 보인다. 그러한 '연성 후견주의'(soft paternalism)는 충분히 인정할 수 있다고 여겨진다. 그렇다면 이러한 후견주의적 보호의 기준으로 정신병리학에서 통용되는 질병개념을 원용해야 하는가 아니면 평균적인 인간의 상식을 원용해야 하는가? 아마도 정신병리학적 기준은 어느 정도 객관적이라고 여겨지는 반면, 여타의 기준들은 자의적인 기준으로서 배제되어야 한다고 생각할 것이다.

　　이보다 더욱 어려운 문제는 국가와 국가의 법이 한 개인의 장래의 이익을 보호한다는 명분으로 그 개인이 현재 선호하고 있는 것을 묵살해도 좋은가 하는 물음이다. 예를 들어 실연의 상처로 말미암아 자살을 하려고 하지만, 모든 정황에 비추어 볼 때 3개월 후면 다시 활기찬 삶을 영위할 사람에 대해서조차도 국가의 이름으로 그가 지금 여기서 자살하는 것을 저지하고, 이를 통해 그의 장래의 행복을 위해 강제를 행사하는 것을 용납해서는 안 되는 것일까? 만일 그러한 국가의 행위를 용납해도 된다고 생각하는 사람은 적어도 타인에 대해 "이것이 곧 너의 행복이다"라는 식의 개념을 강요하는 것이 아니라, 타인의 장래의 이익을 위해 행동한다는 논거를 제시할 수 있다. 어떤 사람이 판단능력을 상실한 경우, 그 사람이 예전에 표명했던 의사를 일단 무시해도 좋은지 여부를 둘러싼 문제에서도 같은 물음이 제기된다. 또한 손해를 야기할 잠재성을 지닌 행위를 하기 전에 자문을 받도록 강제(예컨대 주택을 매입하기 전에 공증인의 자문을 받도록 하는 경우)하거나 반드시 일정한 기간 동안 숙고를 한 이후에 스스로 결정을 내리도록 강제하는 사안 역시 후견주의적 개입의 한계사례에 속한다.

끝으로 후견주의적 의무와 연대성의무의 유사성을 지적할 필요가 있다. 물론 칸트가 표명했던, 법과 도덕의 구별과 관련된 고전적인 기준들은 상당부분 지금도 타당하다. 이에 반해 그 섬세한 내용과 구체적인 결과의 측면에서는 많은 것들이 변화했다. 연대성의무는 더 이상 법의 영역에서 배제되지 않는다. 이 점은 심지어 칸트철학의 입장에서도 충분히 정당화할 수 있다. 즉 긴급한 상황은 이 상황에 고통을 받는 사람에게는 부자유를 뜻하기 때문이다. 그리고 각자가 갖고 있는 나름의 행복을 침해하지 않는다는 전제하에 타인을 돕도록 의무를 부과하는 것이 언제나 자기결정권에 대한 침해가 되는 것도 아니다.

지금까지의 논의에 대한 중간결론으로서 우리는 다음과 같은 점을 확인할 수 있다. 즉 법과 도덕을 구별하는 전통에서 침해금지는 법에 귀속되는 가장 명백한 내용이다. 이러한 명백성에도 불구하고, 다음과 같은 세 가지 의문이 논쟁거리로 남아 있다. 첫째, 무엇이 정확한 의미의 침해인가? 둘째, 인간 상호간의 부조에 관련된 명령들 가운데 어떠한 명령이 법규범의 대상으로 삼기에 충분할 정도로 침해금지에 근접하는 구조를 갖고 있는가? 셋째, 어떠한 경우에 자기 스스로를 배려하라는 명령이 그와 같은 구조를 갖는가? 어쨌든 오늘날 특정한 경우에는 타인을 도우라고 의무를 부과하거나 자기 자신을 배려하라고 의무를 부과하는 것이 별다른 문제가 없다고 여겨지며, 이 점에서 침해금지 이외에도 다른 유형의 법의무를 인정하는 것에 대해 이의가 있을 수 없다.

d) 의무의 경합

이처럼 여러 가지 유형의 법의무가 존재한다는 사실은 곧 이들 법의무 사이에 경합관계가 발생할 수 있다는 것을 뜻한다. 즉 어떤 사람을 침해하지 말라는 금지가 결과적으로는 다른 사람을 돕지 말라는 금지가 되는 경우가 생길 수 있다. 예를 들어 판단 능력을 상실한 사람에 대해 약물실험을 하는 것과 같이 당사자의 동의가 없는 상태에서 한 사람을 침해하는 행위가 질병에 대한 이해를 높이거나 유사한 질병을 가진 다른 환자들을 훨씬 더 잘 치료할 수 있는 계기가 될 수도 있다. 만일 법이 그와 같은 행위를 금지한다면, 다른 사람들을 도울 수 있는 잠재성 자체를 금지하는 것이 된다. 이에 반해 어떤 긍정적인 결과가 나올 수도 있다는 가능성 때문에 그와 같은 행위를 허용한다면, 법은 결과적으로 약물실험을 당하는 당사자를 침해하는 것이 된다. 윤리학자들은 흔히 해결할 수 없는 딜레마라고 표현하는, 이러한 의무의 충돌은 어떻게 해결해야 할 것인가?

다음과 같은 극단적인 사례는 적어도 딜레마 상황에 봉착한 우리의 직관이 어떤 식의 결론을 받아들일 것인지를 분명하게 보여준다. 어떤 사람의 동의도 받지 않고 그의 장기들을 적출하여 곧 죽게 될 상황에 처한 일곱 사람의 생명을 구할 수 있고, 그 대신 장기를 적출당한 사람은 죽게 되는 경우, 과연 그러한 행위를 해도 좋은가? 이 물음에 대해 '좋다'라고 대답할 사람은 없을 것이다. 하지만 만일 타인을 침해하지 말라는 의무와 타인을 배려하라는 의무가 같은 가치를 갖는다고 전제한다면, 위의 구체적인 사례에서는 어느 누구도 의문을 제기하지 않을 결론에 대해 충분한 근거를 제시하기가 어려워진다. 법은 그것이 사회적으로 어떠한 결과를 빚는지에 대해서도 책임을 부담해야 하며, 따라서 딜레마 상황을 그대로 감수해서도 안 된다. 그 때문에 법은 양면 적이고 이중적인 상황에 대해서도 뚜렷한 구조를 갖게 만드는 데 대해 커다란 의미를 부여한다. 이 사례에서도 마찬가지이다. 즉 침해금지의무가 원칙적으로 부조의무에 우선한다고 해결하면 된다. 왜냐하면 그렇지 않을 경우에는 법 자체가 불가능해지기 때문이다. 상이한 이익들을 비교형량하고 산정하는 것은 분명 문명이 이룩해 낸 커다란 업적에 속한다. 하지만 그러한 비교형량을 하는 주체를 도구화해서는 안 된다는 점이 곧 비교형량이 가능하기 위한 조건이다. 만일 이 가능성의 조건까지 형량의 대상으로 삼게 되면 법질서의 토대 자체가 붕괴되고 말 것이다. 고문의 절대적 금지에 대해서도 이보다 더 적확한 논거를 제시할 수는 없을 것이다.

이상의 서술은 법과 도덕의 구별이 의무의 내용에 따른 구별 뿐만 아니라, 충돌해결규칙에 따른 구별로도 이해될 수 있다는 점을 보여준다.

e) 법에 내재한 도덕적 논증의 차원

최근 30년 동안의 법이론적 연구는 법률의 적용이 결코 단순한 포섭행위(Subsumtionsakt)가 아니라(이에 관해서는 아래의 §6을 참고), 여러 가지 형태의 논증들이 상호작용을 하면서 구체적 사례를 결정하게 된다는 점을 밝혀 주었다. 이러한 법이론적 인식과 더불어 법에 내재하는 도덕적 논증의 차원에 대한 관심도 증폭되었다. 특히 목적론적 해석에서 판결이 미칠 결과를 고려할 경우, 기대되는 결과를 평가하기 위한 합리성의 기준을 필요로한다. 이 점에서 법은 가치평가에 관한 합리적 논증이라는 일반적인 문제영역과 관계를 맺지 않을 수 없다. 다시 말해서 법은 실천철학이나 도덕과 관계를 맺는다. 설령 법적 논증을 일반적인 실천적 논증, 즉 규범에 대한 합리적 정당화를 위한 특수한 경우(Sonderfall)로 파악하는 입장[35]과 같은 극단적인 이론을 따르지는 않는다 할지라도, 가치평가를 직관에 내맡기려 하지 않는 한, 법률가에게 도덕적 논증은 불가피한 요소이다.

　　법이 도덕을 끌어들이지 않을 수 없다는 인식으로부터, 법과 도덕의 상관성을 부정하는 법실증주의(앞의 §2 참고)는 결코 견지될 수 없다는 결론이 도출되기도 한다.[36] 하지만 이는 법실증주의자에게 하등의 문제가 되지 않는다. 하나의 법질서가 특정한 도덕규범을 명시적으로 원용함으로써 도덕규범을 법질서에 편입(Inkorporation)시켰다면, 이 도덕규범은 분명 법질서의 한 부분이며, 법실증주의자가 법질서를 가치중립적으로 서술하는 데 아무런 어려움도 야기하지 않는다.

　　그러나 모든 법질서는 법률문언의 불확정성이나 규범충돌 때문에 결국 비실정적 정당성기준을 끌어들이는 법관의 판결에 의존하지 않을 수 없다면, 법실증주의자의 상황은 상당히 어려워진다. 문제의 핵심은 이렇다. 법관의 판결이 실정법과 일치한다는 이유만으로 그 정당성이 인정되는 것이 아니라, 설령 실정법에 명백한 규정이 없더라도 법관은 특정한 도덕관념에 구속되어야 할 법적 의무가 있다면, 법실증주의자의 논거는 유지될 수 없는 것처럼 보인다. 하지만 이 문제와 관련해서도 법실증주의 자체가 오류를 범하고 있다고 볼 수는 없다. 법실증주의에 반대하는 로날드 드워

---

35) Alexy, Theorie der juristischen Argumentation, S.34.
36) R. Dreier, Der Begriff des Rechts, NJW 1986, S.890ff.(892). 이에 반해 도덕규범을 법에 수용하는 것이 법실증주의를 견지하는 데 하등 문제가 없다는 입장으로는 M.H. Kramer, On Morality as a Sufficient Condition for Legality, S.53ff. 참고.

킨(Ronald Dworkin)은 법률의 해석만으로 해결할 수 없는 어려운 사건(hard cases)에서도 법적으로 정당한 결정은 오직 하나만이 존재하며, 이 하나의 결정은 전체 법질서와의 정합성(Kohärenz)을 고려하여 획득할 수 있다고 주장한다.[37] 하지만 이러한 주장은 현대 법실증주의자의 법개념과 결코 모순되지 않는다.

3. 법과 경제

법과 경제를 과연 어떻게 '유사한 현상'으로 파악하여 함께 논의할 수 있는지를 우선 설명해야 할 필요가 있다. 20세기 독일 법철학의 전통은 법과 경제를 일단 서로 대립되는 현상으로 파악하고(이는 마치 '정신'과 '물질'을 대립시키는 신칸트학파의 전통을 연상시킨다), 두 현상이 어떠한 관계에 있는지를 밝히려 했다(한쪽이 다른 한쪽에 영향을 미치는 인과성의 관계인가 아니면 상호작용의 관계인가?).[38] 결론은 물론 양자의 상호작용을 확인하는 것이었다. 생산관계는 법에 영향을 미치고, 모든 법적 규율이 순응해야 할 '사물의 본성'이라고 말한다. 거꾸로 법이 경제를 규정하기도 한다고 말한다. 근대 경제의 발전을 저해했던 중세의 이자금지법, 노동영역을 규정한 근대 노동법의 생성, 독점과 카르텔을 통제·방지하는 법 등은 법이 경제를 규정하는 대표적인 예에 속한다는 것이다.

법과 경제를 일단 대립적으로 파악하고 그러면서도 양자의

---

37) Dworkin, Taking Rights seriously, Cambridge 1977, Neuauflage 2005, dt. Übers., Bürgerrechte ernstgenommen, Frankfurt a.M. 1990, S.154ff., S.157.

38) Radbruch, Kulturlehre des Sozialismus(1922), hrsg. v. Arthur Kaufmann, 4.Aufl., Frankfurt a.M. 1970, S.15; ders., Klassenrecht und Rechtsidee, in: ders., Der Mensch im Recht, Göttingen 1957, S.23ff.(26f.); Coing, Grundzüge der Rechtsphilosophie, 5.Aufl., Berlin / New York 1993, S.209ff.

타협을 모색하려는 법철학적 이원주의의 경향은 오늘날 별다른 영향을 미치지 못하고 있다. 19세기에도 그랬지만, 특히 최근 20년 동안에는 법과 경제의 상호관련성을 전면에 내세우는 경향이 더 강하다. 이와 관련해서는 세 가지 방법적 논의가 특별히 중요한 의미를 갖는다. 첫째, 헤겔철학에서부터 논의되어 온, 법이 특수한 경제형태를 지탱한다는 보충성테제(a). 둘째, 현대사회에서 법과 경제는 서로 다른 조종프로그램에 속한다는, 체계이론의 영향을 받은 사회학적 입장(b). 셋째, 법과 경제를 서로 밀접하게 관련된 메커니즘으로 이해하고 '법의 경제적 분석'을 통해 결정이론(Entscheidungstheorie)적 문제들을 해결하려는 입장(c).

a) 보충관계로서의 법과 경제

이미 19세기 초반에 헤겔은 법과 경제의 연관성을 보충관계로 파악했다. '윤리성'(Sittlichkeit)이라는 개념 하에 현실의 사회적 관계들에 할애된 「법철학」 제3부에서 헤겔은 우선 가족의 문제를 논의한 후, 제2절에서 개별적인 욕구에 지향된 개인들의 경제활동과 사법(司法)을 '시민사회'라는 이름으로 함께 다루고 있다.[39] 헤겔에 따르면 사법제도는 욕구들 상호간의 조정을 담당하며, 분열된 사회를 결합시키고 특수이익에 대항하여 다른 특수이익을 실현해야 한다는 공통의 이익(보기 : 계약을 이행하지 않는 자의 특수이익에 대항하여 그로 인해 손해를 입은 자의 특수이익을 실현하는 것은 공통의 이익이다)을 관철시킨다. 그러나 사법제도에 대한 헤겔의 이해는 상당히 비판적이기도 하다. 즉 전체가 단순히 이기주의를 통해 매개되고 오로지 강제에 대한 공포 때문에 각 개인이 자신의 욕구를 직접 충족시키지 못하게 되는 사회에서는 개인

---

39) Hegel, Grundlinien der Philosophie des Rechts(1820), §§182-256, in: Werke Bd.7, Edition Moldenhauer / Michel, Frankfurt a.M. 1996, S.339ff.

의 전체에 대한 도덕적 관계, 즉 오늘날 '연대성'이라고 부르는 요소가 결여되어 있다고 한다.[40]

맑스는 이러한 비판을 더욱 발전시켜, 법이 보장하는 형식적 자유와 평등은 부정의한 경제질서를 성립하게 하는 매개체라고 주장한다. 맑스의 논증은 다음과 같이 전개된다. 법은 노동력을 상품으로 제공하는 자와 다른 상품을 제공하는 자를 원칙적으로 평등하게 취급한다. 그러나 노동력이라는 상품은 새로운 가치를 창출하기 때문에 다른 종류의 상품과는 근본적으로 구별된다. 따라서 법은 노동가치가 축적하는 생산수단을 소유한 계급과 노동력을 제공하는 계급 사이의 사회적 불평등을 고착시킨다. 결국 노동자는 그가 노동력 이외에는 아무 것도 제공할 필요가 없다는 의미에서만 '자유'일 뿐이다.[41] 물론 맑스가 분석한 경제와 법의 (부정적 의미의) 보충관계가 '자본주의' 경제체제에만 해당한다는 점은 너무나도 당연하다.

b) 서로 다른 조종모델로서의 법과 경제: 자기생산(Autopoiesis)을 둘러싼 논쟁

이러한 보충성체제는, 예컨대 체계이론을 끌어들여 전개된 논쟁이 보여주듯이, 여러 가지 비판에 부딪힌다. 사회를 독자적 메커니즘에 따르는 체계로 파악한다면, 사회는 여러 가지 프로그램에 의해 조종되는 체계들의 구성체로 볼 수 있다. 그렇다면 법규범, 도덕규범, 관습 등은 경제적 원칙에 지향된 경제과정과 마

---

40) 헤겔은 이러한 비판적 측면을 '윤리성'에 관한 세 번째 부분인 '국가'에서 다루고 있다. 이로 인해 헤겔의 이론이 전체주의적이라는 여러 가지 오해가 빚어졌다. Hegel(주 39), §§257-360, S.398ff.

41) 법과 경제에 관한 이러한 비판적 이론은 1939년부터 1941년 사이에 비로소 출판된 맑스의 수고(手稿)의 제3장에 가장 분명하게 나타나 있다; Marx, Grundrisse der Kritik der politischen Ökonomie(1857/58), MEW Bd.42, Berlin 1983, S.15ff.(165ff.).

찬가지로 조종프로그램 가운데 하나이다. 물론 각각의 조종프로 그램의 우선순위에 대해서는 논란이 있다. 사회의 정치적(법적) 부분체계(Teilsystem)는 이미 경제적 부분체계에 그 지도적 위치를 넘겨주었다고 주장하는 입장은, 경제체계가 고도의 사회적 복잡성을 정치체계에 비해 더 잘 처리할 수 있다는 점을 근거로 내세운다. 이러한 입장에서는 (헤겔이나 맑스처럼) 인간성이라는 미명하에 특정한 경제형태의 자기법칙성을 부정하는 경향은 "사회의 발전상태를 거역하여 경제에 대한 정치의 우위를 다시 회복하려는 야만적인 시도"[42]로 여겨질 뿐이다. 이와 비슷한 이론적 배경에서, 법과 경제는 서로가 서로에게 아무런 관심을 보이지 않을 때에만 각각의 최적의 기능을 발휘할 수 있다고 하거나, 법규범은 다른 사회적 제도들을 불안하게 만드는 외부로부터의 침해일 뿐이기 때문에 법의 배제(Entrechtlichung)를 기치로 삼아야 한다고 주장하는 입장이 있다.[43] 이러한 주장은 각각의 정치적 이해관계에 따라 과거에 국가가 담당했던 영역을 완전히 민영화 (Privatisierung)하자는 입장('작은 국가, 기업주도권의 확대')과 결합할 수도 있고, '법의 통제를 배제'할지라도 결정에 대한 정치적 책임을 존속시키기 위해, 결정과정만을 탈중앙집권적 형태로 만들자는 입장과 결합할 수도 있다.[44]

---

42) Luhmann, Positivität des Rechts als Voraussetzung einer modernen Gesellschaft, in: ders., Ausdifferenzierung des Rechts. Beiträge zur Rechtssoziologie und Rechtstheorie, Frankfurt a.M. 1981, S.113ff.(151f.). 체계이론적 법모델에 관해서는 Büllesbach, Systemtheorie im Recht, in: Kaufmann / Hassemer / Neumann(Hrsg.), Einführung in die Rechts- philosophie und Rechtstheorie der Gegenwart, 7.Aufl., Heidelberg 2004, S.428ff. 참고.

43) 이에 관해서는 Roellecke, Zur Unterscheidung und Kopplung von Recht und Wirtschaft, in: Rechtstheorie 31(2000), S.1ff.(14) 참고. 하지만 룈레케는 결과적으로는 법체계와 경제체계 사이의 엄격한 구별과 중첩의 중간에 해당하는 입장을 표명하고 있다.

이와는 달리 경제에 대해서도 도덕적 규칙에 지향된 법을 통한 조종이라는 모델에 명백한 우선권을 인정하는 학자들도 있다. 즉 법은 시장법칙에 지향된 경제에 대항하여 사회국가적 목표를 관철해야 할 과제를 안고 있다는 것이다. 물론 이러한 입장에 있는 학자들은 법이 경제와 마찬가지로 결과를 지향해야 하지만, 그 결과는 경제의 그것과는 달라야 한다고 생각한다.[45] 그리하여 시장에서 발생하는 현상 그대로를 규범적으로 절대화하는 '순수한' 경제적 이성과 시장절대주의에 대항하여 자유를 지향하는 시민적 덕성이 시장을 조종해야 한다고 요구한다.

심지어 경제를 정치화하는 것이 불가피하다는 주장도 있다. 기술적으로 거대한 프로젝트의 경우, 엄청난 투자비용은 지속적인 합의를 전제로 한다는 의미에서 경제가 곧 정치적 영역이 된다는 것이다.[46]

법이 하나의 '자기생산적 체계'(autopoietisches System)라는 테제는 법과 경제에 관한 체계이론적 이해를 더욱 발전시킨 결과이다.[47] 이 테제에 따르면 법체계는 다른 체계와 마찬가지로 자기

---

44) 두 가지 입장에 관해서는 Voigt, Steuerung durch Recht?, in: ders. (Hrsg.), Abschied vom Recht? Frankfurt a.M. 1983, S.17ff.(43) 참고.

45) 예컨대 법의 기능에 대해서도 논의하고 있는 Ulrich, Integrative Wirtschaftsethik. Grundlagen einer lebensdienlichen Ökonomie, 3.Aufl., Bern u.a. 2001 참고.

46) U. Beck, Die Erfindung des Politischen, 3.Aufl., Frankfurt a.M. 1994, S.182ff., 특히 S.197ff. 참고.

47) Teubner, Das Recht als autopoietisches System; Ladeur, Postmoderne Rechtstheorie. Selbstreferenz - Selbstorganisation - Prozeduralisierung, bes. S.155ff. 한 가지 사례를 보기로 하여 체계이론적 사고를 서술하고 있는 훌륭한 논문으로는 Heine, Normierung und Selbstnormierung im Strafrecht, in: Zeitschrift für Lebensmittelrecht 1997, S.269ff. 참고. 특히 개발도상국에서 경제적 및 정치적 요소가 법에 개입하는 것에 대해 회의적인 입장을 표명하고 있는 문헌으로는 Neves, Von der Autopoiesis zur Allopoiesis des Rechts, in: Rechtstheorie 2003, S.245ff. 참고.

자신과의 끊임없는 관계 속에서 스스로를 산출하고 재생산해낸다는 것이다. 물론 이 테제가 법이 경제적·정치적 조건과 결과에 의존한다는 사실을 부정하려는 것은 아니다. 하지만 이 테제는, 다른 부분체계들로부터 받는 영향은 오로지 법체계 자체의 의미에 비추어서만 수용되고 처리될 수 있다고 주장한다. 다시 말해 다른 부분체계들의 영향은 법체계의 유지를 위한 요소로 전환될 때에만 의미가 있으며, 그렇지 않을 경우 법체계에 대한 다른 부분체계의 영향은 공허한 것일 뿐이라고 한다.

자기생산테제는 다음과 같은 관찰(물론 경험적으로 확증되지는 않았다)에 근거하고 있다. 즉 법이 사회형성을 위한 실질적 수단으로 투입되면서, 법은 어쩔 수 없이 더욱 불확실해지는 과정을 밟게 되었다는 관찰이다.[48] 단순히 형식적 규율이 아니라 구체적 형성이라는 과제를 담당하게 된 현대의 법[이 점에서 법의 실질화(Materialisierung)라고 말한다 — 옮긴이]은 본질적으로 목표만을 제시하며, 목표를 달성하기 위한 수단의 선택은 장래의 불투명성, 급속한 사회변화, 더욱 복잡해져 가는 결정구조 등을 이유로 법률을 구체화해야 할 기관에게 위임된다. 구체적인 예로, 건축법과 도시건축촉진법은 '환경보호의 중요성' 또는 '교통의 중요성'[49]을 고려해야 한다는 목적규정을 담고 있다. 따라서 더 많은 조종을 위해서는 사법과 행정이 독자적인 지위를 갖게 되는 결과를 낳는다.[50] 다원주의사회에서 공통된 가치관이나 목적표상은 존재할 수 없기 때문에 입법을 통한 조종이 작용하는 범위는 축소될 수

---

48) Günther, Vernunftrecht – nach dem versäumten Augenblick seiner Verwirklichung. Kritische Anmerkungen zu Gerhard Haney, KritJ 25 (1992), S.178ff.(194).

49) 이에 관해서는 Maus, Perspektiven 'reflexiven Rechts' im Kontext gegenwärtiger Deregulierungstendenzen, KritJ 1983, S.390ff., 395ff. 참고.

50) Günther(주 48), 194면.

밖에 없다. 조종 자체를 포기하려고 하지 않는 한, 다른 유형의 조종방식을 찾아내어 대안으로 삼게 된다. 그러한 대안은 사회의 각 하위체계들이 갖고 있는 독자성을 감안하고, 각 하위체계들이 갖고 있는 부분적 합리성을 서로 융합시키는 것이어야 하며, 특정 내용의 목적을 강압적으로 관철시키는 것이어서는 안 된다. '자기생산적' 법이라는 유형은 바로 그러한 대안으로 제시된 것이다.[51]

이와 같은 '자기생산적' 법은 주로 두 가지 방법을 이용한다. 첫째, 자기생산적 법은 국가의 권력행위를 가능한 한, 협동적인 국가행위모델, 즉 합의와 타협 중심의 모델(환경행정법에서 형사소송법에 이르기까지 '협상'을 중시하는 경향)로 대체한다.[52] 둘째, 자기생산적 법은 '절차적 프로그램화'로 스스로를 축소시킨다. 절차적인 법은 대화에 참여할 기회의 분배를 규율하며, 어떤 내용을 규정하기보다는 내용에 관한 의사소통방법만을 제시한다. 따라서 절차적 법은 문제해결이 아니라 갈등해결을 지향한다.[53]

자기생산체제에 대해서는 무엇보다도 그 경험적 전제에 의문을 품고, 법과 관련된 그러한 조종의 문제는 비록 정도는 다를지라도 어느 시대에나 존재하지 않았는가 하는 물음을 제기할 수

---

51) Teubner, Das Recht als autopoietisches System, S.102ff. 법에서의 자기생산체제에 관한 상세한 서술은 Kunz / Mona, Rechtsphilosophie, Rechtstheorie, Rechtssoziologie, S.209ff. 참고.

52) Teubner, Das Recht als autopoietisches System, S.113ff.; Eder, Prozedurales Recht und Prozeduralisierung des Rechts. Einige begriffliche Klärungen, in: Grimm(Hrsg.), Wachsende Staatsaufgaben − sinkende Steuerungsfähigkeit des Rechts, Baden-Baden 1990, S.155ff.(156); Habermas, Recht und Moral, in: ders., Faktizität und Geltung. Beiträge zur Diskurstheorie des Rechts und des demokratischen Rechtsstaats, Nachdruck Frankfurt a.M. 2001, S.541ff.(553). '강제가 아닌 합의'라는 모토에 대한 비판으로는 Naucke / Harzer, Rechtsphilosophische Grund- begriffe, S.128ff. 참고.

53) Eder, Prozedurales Recht und Prozeduralisierung des Rechts, S.157.

있을 것이다.

의문은 현상 자체에 대해서뿐만 아니라, 그러한 현상을 논의하는 이론에 대해서도 제기된다. 법이 조종의 효과를 갖고자 한다면, 규율대상에 내재하는 법칙성을 따라야 한다는 사실은 이미 예전부터 '사물의 본성'(이 표현이 적절하다고 볼 수는 없다)이라는 표제로 논의되어 왔다.[54] 또한 법이 여러 가지 생활세계와 관련하여 절차적 성격을 갖고 있다는 점은 이미 법을 자유영역에 대한 한계설정의 총체로 파악(위의 §2.6b)하고, 법과 도덕을 구별(위의 §3.2a)한 칸트의 사상에도 포함되어 있다. 심지어 법이 '자기생산'체계라고 한 생물학적 비유도 이미 예전부터 존재했다. 법의 유기체론을 떠올리는 것만으로도 이 점은 분명해진다.[55] 그렇다면 '자기생산적 법'에 관한 모든 논의는 전혀 새로운 것이 없는가? 아마도 하나의 측면만은 새로운 것 같다. 협동적인 법에 대한 권고, 협상과 부드러운 법(Soft Law)에 대한 요구가 그것이다.[56]

'자기생산' 테제에 대한 법철학적 반론의 핵심은, 합의를 지향하는 법은 인간의 자유보장이라는 목표에 대한 원칙적 지향까지도 포기할 수 있다는 지적이다.[57] 즉 합의에 지향된 법은 개별사례에서 이해관계들이 서로 타협하기 위한 법이며, 따라서 '일반화'되지 않은 법이라는 것이다. 그러한 법은 민주적 법치국가를 위협할 수 있다. 왜냐하면 상황에 따라서는 다수결에 의해 정당

---

54) 이에 관해서는 아래의 §8.2b를 참고.

55) 칼 폰 사비니의 유기체사상 및 그 연원이 쉘링의 철학에 있음을 밝히고 있는 H. Kantorowicz, Volksgeist und historische Rechtsschule, Historische Zeitschrift 109, 1912, S.295ff. 참고.

56) 이러한 자기규율의 가능성과 한계에 관해서는 Jung, The Concept of Regulated Self-Regulation, in: Svensk Jurist Tidning 2001, S.121ff. 참고.

57) Haney, Rechtsphilosophie in den juristischen Zeitenwenden, KritJ 25 (1992), S.168ff. (175); Kunz / Mona, Rechtsphilosophie, Rechtstheorie, Rechtssoziologie, S.220.

화되지 않는 사실상의 권력을 영구화할 수 있기 때문이다. 예컨대 환경을 오염시킨 기업과 정화장치의 설치에 관해 협상을 벌이는 사람은 그 기업을 명백한 법에 구속시키는 대신, 사회적 권력을 장악한 기업에게 굴복하는 셈이 된다. 또한 합의에 지향된 법은 결정의 '보편화가능성'이라는 기준을 포기함으로써 칸트의 '자유의 최적화'와 정반대되는 결과에 빠질 수도 있다. 과연 이러한 법철학적 반론이 자기생산체제에 대한 종국적인 판단인지 그리고 그러한 판단이 정당한지에 관해서는 비실정적 정당성기준의 문제를 상세히 다룬 이후에 비로소 설명할 수 있다(아래의 §11).

c) 법에 대한 경제학적 분석

'법에 대한 경제학적 분석'(economic analysis of law)은 법과 경제의 관계를 더욱 밀접한 것으로 파악한다. 이 분석은 두 영역의 목표설정 사이의 갈등 자체를 부정하고, 경제에서 비용과 효용의 관계를 고려하듯이, 법도 정의를 실현하기 위해 그러한 고려를 해야 한다고 주장한다.[58] 그리하여 개개의 법적 규율은 '자원할당의 효율성'(Allokationseffizienz), 즉 전체 사회에 비추어 법규율을 통해 자원이 낭비되는지 여부를 기준으로 판단해야 한다고 주장한다. 법의 경제적 분석을 주장하는 학자들에 따르면, 이처럼 법이 공공복리를 지향하는 방식은 개인의 이익에도 기여하며 따라서 합의가능하고 정당하다고 한다. 왜냐하면 이 방식에 의해 단기적으로 손해를 입는 개인도 장기적으로는 이로부터 더 많은 효용을 얻을 수 있기 때문이라고 한다.[59] 이러한 주장은 공리주

---

58) Ott / Schäfer, Die ökonomische Analyse des Rechts S.213ff(215); 간단한 입문으로는 Burow, Einführung in die ökonomische Analyse des Rechts, JuS 1993, S.8ff. 참고. 상세한 서술은 Schäfer / Ott, Lehrbuch der ökonomischen Analyse des Zivilrechts, 4.Aufl., Berlin 2005; Posner / Parisi(Hrsg.), Economic Foundations of Private Law, Cheltenham 2003; Mackaay, L'analyse économique du droit I, Montréal 2000 참고.

의(Utilitarismus) 윤리학에 의해 전개된 초실정적 정당성기준의 문제
와 관련되기 때문에, 초실정적 정당성기준을 논의하는 부분(§10.1)
에서 더 자세히 다루기로 하겠다.

　이상의 논의에서 분명하게 밝혀지듯이, 법과 법에 유사한 현
상의 관계에 관한 여러 가지 문제들을 자세히 설명하기 위해서는
비실정적 정당성기준을 합리적으로 정당화할 수 있는 가능성이
검토되어야 한다. 이 문제는 나중에 비실정적 정당성기준을 논의
하면서 다시 다루기로 한다. 우선 지금까지의 논의를 요약해 보
도록 하겠다.

59) Ott / Schäfer, Die ökonomische Analyse des Rechts, S.218ff.

§4 법의 대안의 문제점과 법의 역할

▌참고문헌 ▌ *Habermas*, Faktizität und Geltung. Beiträge zur Diskurstheorie des Rechts und des demokratischen Rechtsstaats(1992), Nachdruck Frankfurt a.M. 2001; *Duncan Kennedy*, The Critique of Rights in Critical Legal Studies, in: Brown / Halley(Hrsg.), Left Legalism, Left Critique, London 2002, S.178ff.; *Koch / Rüßmann*, Juristische Begründungslehre, München 1982; *Luig*, Macht und Ohnmacht der Methode, in: NJW 1992, S.2356ff.; *Pawlowski*, Methodenlehre für Juristen, 3.Aufl., Heidelberg 1999; *Rüthers*, Die unbegrenzte Auslegung. Zum Wandel der Privatrechtsordnung im National-sozialismus, 6.Aufl., Heidelberg 2005.

법개념의 여러 가지 측면들을 개관한 지금까지의 서술은 법의 대안을 둘러싼 논쟁을 다시 살펴봄으로써 가장 잘 요약될 수 있을 것이다.

1. 법, 공동체, 자유

하나의 상호작용형식으로서의 법이 우호적인 감정에 기초하여 결합된 공동체에 대립된다는 점은 특히 법과 다른 상호작용형식의 관계를 자세히 고찰하는 가운데 명백하게 밝혀졌다. 법을 통해 결합된 집단과 우호관계에 기초한 집단은 전혀 다른 성격을 갖는다. 이러한 차이점을 부각시키는 것은 법의 기능을 자유보호에 국한시킨 칸트 이후의 전통과 뚜렷한 관련이 있다.

우호적이고 자발적인 관계나 도덕적 신뢰원칙에 바탕을 둔 관계를 유지하기 위해 법적 절차를 회피하는 것은 때로는 부정적인 작용을 할 수도 있다. 예컨대 그러한 관계에서 약자의 위치에 있는 개인은 어쩔 수 없이 관계에 계속 매달릴 수밖에 없는 상황에 처할 수도 있고, 관계가 일방적으로 해소되어 그에게 불리한 결과가 발생하는데도 아무런 보호도 받지 못하고 희생당할 수도 있다. 이 경우 그 개인은 노골적인 폭력에 내맡겨진 것과 다름없고, 더욱이 폭력을 억제하는 기관에 호소할 수도 없다. 이러한 문제는 제3세계의 여러 나라에 존재하는 현실이다. 이에 반해 법을 원용하여 중립적인 제3자에게 결정을 맡김으로써 친밀한 관계를 자발적으로 청산하고 오로지 자기 자신에 의지하게 되면 법외적인 구속으로부터 벗어나는 자유영역이 있게 된다.[1] 이러한 자

---

1) Ellscheid, Die Verrechtlichung sozialer Beziehungen als Problem der praktischen Philosophie, in: Neue Hefte für Philosophie 17(1979), S.37ff. (48); 특히 소수자와 여성과 관련하여 이 점을 밝히고 있는

유영역을 "의사소통적 자유에 따른 의무로부터 벗어나는 것"[2]이라고 표현할 수도 있을 것이다. 물론 직접적인 윤리적 관계는 잠재적인 강제와 결합된 법적 관계와는 달리 당사자들의 자율에 근거한다는 장점을 갖고 있다. 그러나 역설적으로 들릴지 모르지만, 그러한 직접적 관계를 자발적으로 중단할 수 없거나 법을 원용할 가능성이 주어져 있지 않다면, 그 관계는 결코 윤리적 관계라 할 수 없다. "연대성에 기초한 관계로부터 자유롭지 못한 자는 그러한 관계 내에서도 결코 자유로울 수 없다."[3] 물론 모든 잠재적인 참여자들이 그러한 직접적 관계에서 절대적으로 평등한 정치적 권력과 평등한 재산, 평등한 사회적 지위를 갖고 있고, 모든 기본적인 규범을 합의를 통해 산출할 수 있다면 사정은 전혀 다를 수 있다. 그러나 이러한 비현실적인 전제로부터 출발하는 것은 사실상 불가능하다.[4]

Duncan Kennedy, The Critique of Rights in Critical Legal Studies, S.184 참고.

2) Habermas, Faktizität und Geltung. Beiträge zur Diskurstheorie des Rechts und des demokratischen Rechtsstaats, S.152(의사소통적 자유는 사회적 관계가 개인들의 자유로운 의사소통에 기초하여 형성된다는 적극적 의미의 자유를 의미한다. 문제는 이 적극적 의미의 자유가 때로는 개인이 그러한 의사소통의 영역에서 벗어나 완전히 개인적 영역에 머물러 있지 못하도록 구속하는 의미를 가질 수도 있다는 데 있다. 자유를 일차적으로 적극적 의미의 의사소통적 자유로 이해하는 하버마스 철학에서 의사소통의 구속으로부터 이탈할 자유는 소극적 의미의 자유로서 부차적인 의미만을 갖게 된다. 전통적 자유주의가 옹호하려고 했던 소극적 자유는 하버마스에서는 이처럼 의사소통의 구속에서 벗어나는 자유로 해석된다 - 옮긴이).

3) Ellscheid(주 1), 55면. 쉘링과 푸흐타로부터 시작된 이러한 사상의 전통에 관해서는 Smid, Einführung in die Philosophie des Rechts, München 1991, S.165ff. 참고.

4) 그렇긴 하지만 현실적인 이유 때문에 법적인 협력이 이를 포기하는 것보다 더 많은 자유를 보장한다는 점에 관해서는 v. d. Pfordten, Rechtsethik, München 2001, bes. S.244ff., 262f. 참고.

2. 법, 추상성, 자유

사회와 공동체의 관계와 결부된 관점인 추상성의 문제(법은 개인의 개별성을 도외시하며, 갈등을 해결하는 것이 아니라 단지 특정한 형태로 갈등을 처리하는 것에 불과하다는 지적)에 대해서도 법개념에 관한 고려에 비추어 긍정적 측면을 분명하게 확인해야 할 필요가 있다.

갈등을 실질적으로 해결하고 인간을 그 개별성의 관점에서 파악하려는 모든 시도들(예컨대 인민재판, 비정규법원 또는 비공식적 직장재판소 등)은 개인의 자유에 대한 위험성을 내포하고 있다. 법원의 분쟁규율은 보통 구체적인 분쟁 자체만을 고려한다. 따라서 심지어 형사소송에서도 갈등당사자의 개인적 신상은 다툼의 대상이 되지 않는다(특별히 중한 범죄에서는 약간의 예외가 있다). 물론 당사자들과 같은 생활영역에 속하는 비법률가들이 분쟁을 조정하거나 재판할 경우, 법원의 재판에 비해 더 효율적인 갈등해결이 이루어질 수 있다는 장점이 있다. 하지만 이러한 장점은, 갈등당사자들의 개인적 신상까지 낱낱이 고려함으로써 야기되는 자유의 제한을 대가로 치르지 않을 수 없다. 또한 당사자들의 생활영역에 속하는 사람은 중립적인 제3자보다 편견을 가질 확률이 더 높다. 더욱이 분쟁해결을 담당한 사람이 당사자들을 교육시키겠다는 목표를 갖고 있다면 편견은 더욱 심해진다. 이처럼 비공식적 갈등해결은 순간적인 갈등해결이 아니라, 포괄적인 갈등해결을 추구한다는 긍정적 평가를 받기도 하지만, 그 이면에는 많은 위험이 도사리고 있다. 무엇보다도 개인적 자유는 사회적 분화의 결과이기도 하다. 다시 말해서 개인이 자신의 사회적 주변세계로부터 벗어날 수 있는 최소한의 가능성이 남아 있어야 개인적 자유도 가능하다. 따라서 개인적 자유는 사회통제기관이 그 개인의

특정한 일부분만을 구속할 때 비로소 가능하다.[5] 한 집단의 내부
적인 갈등해결이 안고 있는 특수한 문제점은 국외자에 대한 집단
의 행태를 보면 뚜렷해진다. 이웃끼리의 분쟁을 해결하거나 기업
내의 재판을 담당하는 자들은 그 집단의 여러 가지 문제를 국외
자의 책임으로 돌리고, 국외자를 집단의 단결을 보장하기 위한
희생양으로 삼을 수 있기 때문이다.[6]

갈등을 당사자의 개인적 신상까지도 고려하여 판단하는 것은
사회적으로 친밀한 영역에서는 결국 개인적 영역에 대한 제한을
의미하는 경우가 많다. 이러한 결과는 유럽 문화권에서는 결코
바람직한 것으로 여겨지지 않는다. 단순한 사회에서는 주로 가정
문제나 부부 사이의 문제가 그 사회집단의 내부적인 분쟁규율을
통해 해결되고, 그러한 갈등은 집단 구성원들의 모임을 통해 해
결하는 것이 가장 적절하다고 여겨진다. 그러나 유럽 문화권에서
는 그러한 문제들을 (당사자들 스스로 선택하지 않은) 제3자와 토론
을 하거나 공공연한 논의의 대상으로 삼는 것 자체를 거부한다.

3. 법, 도그마틱, 형식주의

법의 대안을 둘러싼 논쟁에서는 사법에 접근하는 것을 가로

---

5) 이른바 '사회적 법원'의 문제점에 관해서는 Schönfeldt, Vom Schiedsmann
  zur Schiedskommission. Normdurchsetzung durch territoriale gesell-
  schaftliche Gerichte in der DDR, Frankfurt a.M. 2002 참고.

6) 국외자의 문제 및 사회의 배제기능에 관하여 여전히 일독을 권할 만한
  문헌으로는 공동체로부터의 배제를 경험적으로 입증하고 있는
  Hegenbarth, Sichtbegrenzungen, Forschungsdefizite und Zielkonflikte in
  der Diskussion über Alternativen zur Justiz, in: Jb.f.RSoz.u.RTh.
  Bd.6(1980), S.48ff.(70) 참고. 또한 Gottwald, Verfahrensmässige
  Bedingungen alternativer Konfliktregulierung, in: Brand / Strempel
  (Hrsg.), Soziologie des Rechts, FS Blankenburg, Baden-Baden 1998,
  S.635ff.도 참고.

막는 장애요소를 자주 지적한다. 법적 문제해결을 시도하는 것은 많은 돈과 시간 그리고 사회적 능력을 요구한다. 게다가 '법을 담당하는 기관'(Rechtsstab),[7] 즉 '특수한 조직에 의해 독점적으로 운용되는 제재기관'[8]에 예속되지 않을 수 없다. 이러한 비판을 추상성에 대한 비판과 결부시켜 보면, 법에 대한 거부감이 강하게 드러난다. 이 거부감은, 법을 끌어들이는 것은 주어진 '도식'에 따라 형식적으로 재판하는 권위적인 관료들에게 자신을 내맡기는 것이라는 감정에서 분명하게 드러난다.

그러한 거부감의 원인이 되는 사실상의 경험은 충분히 이해할 수 있다. 법률가들의 작업은 분명 도그마틱적이다. 다시 말해 법규범으로부터 출발하여 엄격한 논증의 규칙에 따라 결론을 도출한다. 법률가들은 또한 형식주의적으로 업무를 수행한다. 확립된 공식적·비공식적 프로그램에 따라 제한된 논거만을 사용하며, 정작 당사자들에게 중요하게 여겨질 수 있는 많은 부분들을 배제해 버린다. 하지만 이 문제와 관련해서도 앞에서 논의한 법 개념의 여러 측면들에 비추어, 그러한 현상들이 긍정적 의미를 갖고 있는지 검토해 볼 필요가 있다. 법을 담당하는 기관의 작업은 그 도그마틱적 형식주의의 측면에도 불구하고 과연 어떤 역할을 하는가?

문제를 법적으로 처리하는 것의 특수성은 기대의 안정성, 즉 법적 안정성을 보장한다는 데에 있다. 이 점이 어떠한 내용을 담고 있는지는 이미 앞에서 설명한 바 있다. 기대는 특정한 시간대를 넘어 지속적으로 안정성을 유지해야 하며 또한 제도적으로 보장되어야 한다.[9] 법의 대안적 형태인 공동생활 영역에서조차도

---

7) Max Weber, Wirtschaft und Gesellschaft, 5.Aufl., Nachdruck Tübingen 2002, S.18.

8) Geiger, Vorstudien zu einer Soziologie des Rechts(1947), hrsg. v. Rehbinder, 4.Aufl., Berlin 1987, S.297.

엄청난 정도의 법제화가 이루어지고 있다는 사실만큼 기대의 안정성을 추구하는 수많은 사람들의 욕구를 뚜렷이 입증해주는 증거는 없을 것이다. 예를 들어 혼인이라는 법제도도 최대한으로 기대의 안정성을 확보할 수 있도록 더욱 많이 법적 통제 하에 놓이게 되었다. 이렇게 어느 곳에서나 바람직하다고 여겨지는 법적 안정성을 보장할 수 있게 된 이유는 도그마틱이 제도화되고,[10] 이를 통해 제도적으로 보장된 일관된 결정이 가능해졌기 때문이다. 그러나 제도화는 법적 안정성의 필요조건이긴 하지만, 충분조건은 아니다. 즉 법적 안정성이 보장되려면 반드시 '어떠한 조건이 충족되었을 때 구체적 법률효과를 규율하게 되는지도 인식할 수 있어야 한다."[11] 이를 위해서는 '제도적 제3자', 즉 법원이나 여타의 법적 결정기관으로 하여금 자신들의 결정에 원용된 모든 전제들(법률, 사용한 법적 논증방법 및 모든 사실판단과 가치평가 등)을 공개하고, 그러한 전제들로부터 결정을 도출하도록 강제하는 방법이 가장 적절할 것이다.

　이러한 안정화기능은 법적 문제해결방식의 또 다른 기능과 밀접하게 맞물려 있다. 그것은 바로 도그마틱의 통제기능이다.[12] 즉 결정의 모든 전제를 밝힐 때에만 결정한 자 이외의 제3자가 전제와 결정이 일치하는가를 통제할 수 있으며, 전제들로부터 결정을 도출하도록 강제할 때에만 사후의 비판에 대해 몇몇 전제들은 결정 자체에 별로 중요하지 않았다는 식으로 변명하지 못하도록 만들 수 있다. 이 밖에도 통제기능이 가능하기 위해서는 법

---

9) 위의 §2.6a 참고.

10) 이 제도화기능을 Rühthers, Rechtstheorie, S.203에서는 도그마틱의 '안정화기능'이라고 표현한다.

11) Koch / Rüßmann, Juristische Begründungslehre, S.141.

12) 이에 관해서는 Alexy, Theorie der juristischen Argumentation, 3.Aufl., Nachdruck Frankfurt a.M. 2001, S.331f.; Koch / Rüßmann, Juristische Begründungslehre, S.115ff.('근거제시와 비판') 참고.

및 도그마틱적 논증기준과 같은, 규범에 관한 통일적이고 체계적인 서술을 필요로 한다. 따라서 일반적인 법개념과 법제도가 구성되어 있어서, 이를 통해 법적 변수의 조건과 한계를 확정할 수 있어야 한다.[13] 기대의 '내용적 차원의 일반화'와 마찬가지로 결정을 내려야 할 구체적 사건을 구성하고 있는 많은 부분들이 배제되는 이유는 바로 체계적인 서술의 필요성 때문이다. 기대가 다른 사람에 의해 기대로 이해될 수 있으려면 기대 자체가 지나치게 복잡해서는 안 되는 것처럼,[14] 법적 결정을 검증할 수 있기 위해서는 구체적 사례를 앞서 말한 일반화의 의미에서 '본질적 부분'에 국한시켜야 한다.

법도그마틱에 관한 언급은 이 정도로 만족해야 하겠다. 법도그마틱의 기능에 관한 더 자세한 논의는 방법론의 영역에 속한다. 법철학적 문제를 다루는 여기서는 방법론이 법철학과 관련되는 측면들만을 다루었다.[15]

4. 법과 불확정성

법도그마틱의 비판자들이 흔히 주장하듯이 법이 너무나도 불확정적이라면, 법도그마틱의 긍정적 기능은 한낱 환상에 불과하다. 즉 법적 결정이 사실상으로는 법에 의해 규정되지 않는다면, 법도그마틱은 법적 안정성과 결정의 검증가능성을 보장할 수 없

---

13) Rüthers, Rechtstheorie, S.203f.('구속 및 혁신기능').

14) 위의 §2.6a 참고.

15) 규범적 평등과 이른바 현자재판(Kadijustiz; 이는 솔로몬왕의 재판과 같이 일정한 규범적 원칙에 따른 재판이 아니라, 재판관의 카리스마에 기초하여 개별사례의 정의를 지향하는 재판을 말한다. 따라서 특정한 재판의 결론을 다른 유사한 사례에 그대로 원용할 수는 없다. 이 점에서 규범적 평등을 지향하는 오늘날의 사법작용과 구별된다 – 옮긴이)의 관계에 관해 자세히 서술하고 있는 Pawlowski, Methodenlehre für Juristen, S.24ff. 참고.

을 뿐만 아니라, 칸트가 말하는 자유보호기능 또한 법은 제대로
수행해낼 수 없을 것이다.

법의 불확정성에 관한 테제는 결코 새로운 것이 아니다. 법
규범의 의미론적 불확정성과 그에 따른 해석의 필요성은 법학이
존재하는 한, 잘 알려져 있는 문제이다. 또한 오래 전부터 법적용
자에게는 재량이 존재했다. 왜냐하면 법적용자는 규범을 구체적
상황에 귀속시키고 또한 거꾸로 구체적 상황을 규범에 귀속시켜야
하기 때문이다. 현대의 법이 갈수록 불확실해져간다는 점은 인정
할 수밖에 없는 사실이다. 사회의 복잡성이 증대하면서 결과를 예
측하기가 어려워졌고, 이로 인해 개별사례의 결정에서 재량의 폭
이 확대되어야 하기 때문에 법의 조종기능은 상당히 감소했다. 이
러한 현상으로 말미암아 법은 의미론적으로 더욱 불확실해졌고 최
근의 법에서는 단순한 프로그램적 규정이 증대한다고 볼 수 있다.
이처럼 법이 의미론적으로 불확실하고, 하나의 구체적 사례를 해
결하기 위해 특정한 규범이 과연 적절한 것인가를 결정해야 한다
는 점 때문에 정치적 또는 경제적 이해관계가 법에 침투하는 현
상이 발생한다는 것은 오늘날 너무나도 명백한 사실이다.

그럼에도 모든 법은 불확정적이라는 테제는 지지할 수 없다.
왜냐하면 법률언어의 의미나 그 구체적 쓰임새에 비추어 불확실
한 영역이 있다고 해서 어떠한 결정이든 규범텍스트와 합치할 수
있다는 것을 의미하지는 않기 때문이다.16) 이 점은 그 자체 불확
정적인 여러 개의 해석규칙이 경합한다고 전제하더라도 마찬가지

---

16) 특정한 결과에 도달하려고 의도하는 한, 방법적으로는 정확한 해석을 제
시하는 데 아무런 어려움도 없다는 점을 입증하고자 시도하는 Rüthers,
Die unbegrenzte Auslegung. Zum Wandel der Privatrechtsordnung im
Nationalsozialismus 참고. 뤼터스의 견해에 회의적인 입장으로는 Luig,
Macht und Ohnmacht der Methode, NJW 1991, S.2536ff.(2536); 주관적
해석의 여지를 제한할 수 있는 가능성에 관해서는 Kramer, Juristische
Methodenlehre, 2. Aufl., Bern u.a. 2005, S.40ff., 270ff.도 참고.

이다. 해석규칙 자체의 불확정성은 결코 또 다른 불확정성을 추
가하거나 불확정성을 강화하지 않는다. 왜냐하면 해석규칙을 통
해 법규범의 불확실한 영역이 확대되는 것이 아니라, 단지 그 불
확실한 영역을 좁히는 절차가 더 복잡하게 되는 것뿐이기 때문이
다. 이 밖에도 모든 법이 불확정적이라는 테제가 법적 결정은 단
순히 사회적 요소에 의해 규정되는 필연적 산물일 뿐이라는 테제
와 결합하게 되면, 결국 법은 완전히 법 이외의 요소에 의해 규
정된다는 결론에 도달하지 않을 수 없다. 그러나 법이 다른 사회
적 하위체계에 의해 조종된다는 사고는 너무나도 소박한 사회학
적 사고이다.

　　모든 법이 불확정적인 것은 아니라면 법철학에는 다음과 같
은 물음이 제기된다. 현실적으로 존재하고 있고 과거에 비해 더
욱 커져가는 법의 불확정한 영역을 어떻게 메워야 하는가? 법률
과 법도그마틱 프로그램이 우리에게 어떠한 도움도 되지 않는다
면, 과연 충분한 근거를 가진 다른 규범적 기준이 존재하는가?
정치적·경제적 이해관계도 법을 규정한다면 어떠한 이해관계가
우선적으로 고려되어야 하는가? 우리가 제2부에서 논의하게 될
초실정적 정당성기준의 문제는 바로 이러한 물음들을 다루게 된
다.

제2부 법은 법률 이외의 전제
에도 구속되는가?

젤 · 만 · 법 · 철 · 학

§5 물음의 타당성

┃참고문헌┃ *Alexy*, Theorie der juristischen Argumentation, Nachdruck Frankfurt a.M. 2001; *Böckenförde*, Zur Kritik der Wertbegründung des Rechts, in: ders., Recht, Staat, Freiheit, Frankfurt a.M. 2006; *Günther*, Der Sinn für Angemessenheit. Anwendungsdiskurse in Moral und Recht, 2.Aufl., Frankfurt a.M. 1992; *Carl Schmitt*, Die Tyrannei der Werte, in: Schelz(Hrsg.), Die Tyrannei der Werte, Hamburg 1979, S.9ff.; *Smid*, Einführung in die Philosophie des Rechts, München 1991; *Waldon*, Law and Disagreement, Oxford 2004.

제1부에서는 법을 사회적 공동생활에 관한 다른 형태의 규율들과 비교하면서 법의 특성(법의 개념)을 서술하려고 했다. 이제 시야를 다른 방향으로 돌려보자. 이제부터 제기해야 할 물음은 이것이다. 즉 법은 자신에게 부여된 과제를 달성하기 위해 반드시 법률 이외의 어떤 전제를 앞세울 수밖에 없는가? 또한 그러한 전제들을 과연 합리적으로 논의할 수 있는가?

이 물음에 답하기 위해서는 먼저 법철학이 비실정적 정당성 기준에 관한 물음을 제기하는 것이 과연 정당한가 하는 물음부터 먼저 밝히지 않으면 안 된다. 물론 전통적 자연법을 지지하는 사람이 이 물음에 대해 당연히 긍정적으로 답하리라는 것은 명백하다. 또한 이른바 '법윤리'(Rechtsethik)라는 이름으로 비실정적 정당성기준을 다루고 있는 오늘날의 법실증주의자들도 이 물음에 대해서는 긍정적으로 대답할 것이다. 다만 법실증주의자들은 비실정적 정당성기준이 실정법에 편입되어 있지 않는 한, 그러한 기준은 '법'의 영역이 아니라는 사실만은 고수하려고 할 것이다(앞의 §2.2 참고).

이와는 달리 비실정적 정당성기준이 법과 관련하여 갖는 의미를 극히 회의적으로 바라보는 입장이 있다. 즉 그러한 정당성기준은 법의 자율성에 심각한 위협이 된다고 우려하는 목소리가 있다. 이러한 회의적 입장과 관련하여 아래에서는 가치지향의 관점(1) 그리고 특수한 법적 논의라는 관점(2)에서 이 문제를 고찰해 보도록 하자.

1. 가치지향은 위험한가?

법학의 자율성은 곧 법학이 가치를 정당화하려는 어떠한 시도에 대해서도 눈을 감아야 한다는 의미로 이해해야 하는가? 아마도 다음과 같은 사정은 이 물음에 대해 '그렇다'라고 대답할 충

분한 근거가 될 것이다. 즉 인간의 가치표상은 극히 다양하기 때
문에 법과 국가에 관한 어떠한 가치지향도 필연적으로 그와 다른
가치를 지향하는 특정한 개인이나 집단에게 불이익이 될 수밖에
없다. 설령 법이 '최소한의 윤리'를 지향한다 할지라도 특정 소수
집단은 그 공통의 법질서로부터 배제될 것이다.[1] 즉 심지어 이성
을 지향한다고까지 주장하는 가치지향은 법적 결정에 대한 민주
적 정당화라는 이유만으로도 이미 문제가 있으며, 이해갈등이 발
생할 때에는 오로지 타협만이 의미가 있다고 볼 수 있다.[2]

하지만 이처럼 가치지향을 부정하는 입장 자체도 예컨대 법
은 '자유, 평등, 연대'[3]의 원칙을 보장해야 한다는 식의 일정한
근본적 가치평가에 구속되어 있다. 왜냐하면 가치지향에 대한 비
판은 가치지향적 논증의 위험성을 지적하면서도 다시 자유, 평등,
연대와 같은 원칙들의 가치를 인정하는 입장으로 귀착되기 때문
이다. 그렇다면 논쟁은 결국 서로 다른 유형의 가치평가를 둘러
싸고 벌어지는 것에 불과한가, 아니면 두 입장 사이에는 커다란
차이가 있는 것인가?

앞에서 언급한 원칙들(자유, 평등, 연대)[4]은 보편적 타당성을
가지며, 서로 대립적인 관계에 있지 않다. 이에 반해 가치들

---

1) 이러한 근거에서 스미트는 주로 홉스와 쉘링의 입장에 따라 비실정적
   정당성기준에 대한 논의 자체를 일관되게 거부한다. Smid, Einführung
   in die Philosophie des Rechts, S.25ff., 43ff., 165ff. 참고.
2) Rüthers, Rechtstheorie, S.361f. 정당한 가치평가에 관한 이론들은 민주
   주의와 부합할 수 없다고 비판하는 입장으로는 Waldon, Law and Dis-
   agreement, S.8f. 참고.
3) Smid, Einführung in die Philosophie des Rechts, S.50.
4) 이와는 달리 알렉시는 '원칙'이라는 용어를 최적화규칙(Optimierungsregel)
   의 의미로 사용한다(Alexy, Theorie der Grundrechte, 5.Aufl., Frankfurt
   a.M. 2006, S.134ff.). 따라서 알렉시는 우리가 여기서 말하는 '가치'의
   의미로 원칙이라는 용어를 사용하고 있다. 이러한 용어상의 차이에 관
   해서는 Penski, Rechtsgrundsätze und Rechtsregeln, JZ 1989, S.105ff. 참
   고.

(Werte)은 각각의 목적에 따라 이를 최대한 실현되도록 해야 할 최적화규칙(Optimierungsregel)이며, 서로 대립적인 관계에 놓일 때 우열을 가늠해야 하고, 개별사례마다 그 실현의 정도가 다르다. 가치라는 개념이 원래 경제학에서 비롯되었듯이, 가치들은 그때 그때의 판단에 내맡겨져 있고 계산의 대상이다. 당연히 가치들 상호간의 우열관계가 어떤 합리적 논의를 통해 확인될 수도 없 다.5) 따라서 원칙지향은 법의 일반화성향을 강조하는 것을 의미 함에 반해, 가치지향은 개별사례에서의 합목적적 결정을 강조하 는 의미를 갖는다.6) 법의 가치지향에 대한 비판의 배후에는 다 음과 같은 우려가 깔려 있다. 즉 법이 가치를 지향하게 되면, 민 주적 입법자가 미리 동일한 종류의 모든 사례에 대해 내린 결정 이라는 법의 전통적 패러다임이 파괴되고, 생각할 수 있는 모든 이해관계(이는 지속적인 예측가능성이 없다)를 개별사례를 결정할 때마다 고려해야 하는 '형량(衡量)의 법학'(Abwägungsjurisprudenz) 으로 전락할지 모른다는 우려가 깔려 있다.7) 결국 법의 가치지향 과 관련해서도 법의 대안을 둘러싼 논쟁에서 다루었던 일반화와 개별화 사이의 논쟁(앞의 §1과 §4) 그리고 현대의 법이 개개의 상 황을 조종하기 위해 일정 범위의 결정을 법적용자에게 위임하지 않을 수 없고, 따라서 갈수록 그러한 개별사례의 형량의 범위가 넓어져야 하는가 하는 문제가 논의의 초점이다. 하지만 이처럼 법이 수행해야 할 과제의 측면에서 논증을 한다면, 단순히 '가치 지향' 자체를 비판하는 반론들은 더 이상 타당성이 없다. 왜냐하 면 어떤 특정한 가치가 법을 형성하는 것이 아니라, 법의 필요(예

---

5) Böckenförde, Zur Kritik der Wertbegründung des Rechts, in: ders., Recht, Staat, Freiheit, S.67ff.; Carl Schmitt, Die Tyrannei der Werte, in: Schelz(Hrsg.), Die Tyrannei der Werte, S.9ff.

6) 이러한 구별에 관해서는 Pawlowski, Methodenlehre für Juristen, 3.Aufl., Heidelberg 1999, S.382ff.(Rdn. 853ff.) 참고.

7) Pawlowski (주 6), 353면 이하(단락번호 803 이하).

컨대 앞에서 언급한 원칙들은 법이 필요한 근거가 될 수 있다)에 따라
가치의 의미가 결정되기 때문이다.8) 더욱이 법이 가치를 지향하
면 법적 안정성이 상실될 것이라는 우려도 타당성이 없다. 왜냐
하면 형량을 할 때 절대적으로 우선해야 할 보편적 전제를 규정
함으로써 법적 안정성이 상실될 위험의 상당부분을 상쇄할 수 있
기 때문이다(잘 알려진 예는 형법상 정당화적 긴급피난이다. 즉 특정한
이익의 침해에 대해 형벌위협의 정도를 다르게 규정함으로써 이익형량
에 의해 법적 안정성이 침해되는 것을 사전에 제한한다. 예를 들어 재
산상의 피해를 막기 위해 생명을 침해하는 행위는 정당화적 긴급피난이
될 수 없다).

또한 법을 (개념적으로든 아니면 의도하는 목표설정의 관점에서
든) 오로지 자유, 평등, 연대라는 구성원칙(Strukturprinzip)에 지향
시키고자 하더라도, 이러한 원칙들의 근거를 제시하거나 이를 엄
밀하게 밝히기 위해서는 필연적으로 비실정적 정당성기준을 자세
히 고려하지 않을 수 없다. 더욱이 원칙에 대한 회의 때문에 이
익갈등과 관련하여 곧바로 타협책을 모색하는 사람일지라도, 타
협의 지속성을 위해서라도 자신의 입장이나 타협책 자체를 합리
적으로 정당화하는 것이 바람직하다.

2. 특수한 법적 논의

초실정적 정당성기준이 법철학의 논의대상으로 허용될 수 있
는가 하는 물음은 비록 성격은 다르지만, 내용상 밀접하게 관련
된 또 다른 논의와 맞물려서도 등장한다. 즉 특수한 법적 논의가
일반적인 도덕적 논의의 특수경우(Sonderfall)인가 하는 물음이 그
것이다. 만일 법적 논의와 도덕적 논의의 상관성을 부정한다면,

---

8) Böckenförde, Zur Kritik der Wertbegründung des Rechts, S.83에서는
이 점을 정확히 지적하고 있다.

원래는 법적이지 않은 정당성기준이지만 그것이 법적으로 의미가 있다는 식의 논증을 하는 데 상당한 어려움이 따를 것이다.

특수경우테제는 논의윤리(Diskursethik; 이에 관해서는 §9.2b를 참고)를 주장하는 학자들에게서 등장하는 것으로서, 두 가지 형태가 있다. 첫 번째 형태의 특수경우테제에 따르면 법적 논의와 도덕적 논의는 똑같이 '보편화가능성의 원칙'(Prinzip der Universalisierbarkeit) 및 강제의 배제, 균등한 참여기회 등의 특정한 논의규칙을 지향하며, 다만 법적 논의는 법률구속과 같은 일반적인 도덕적 논의에서는 등장하지 않는 부가적인 전제조건도 충족시켜야 한다고 한다.9) 물론 이러한 법적 전제조건 하에서도 하나의 실정적 정당성기준 또는 최소한 그와 유사한 기준이 도덕적 논의와 법적 논의 양자 모두에 의해 다루어질 수 있고, 그러한 논의로부터 기준을 도출해 낼 수 있어야 한다. 두 번째 형태의 특수경우테제는 정당화논의(Begründungsdiskurs)와 적용논의(Anwendungsdiskurs)를 구별하고, 법적 논의는 규범의 공평한 적용을 문제 삼는 적용논의의 특수경우라고 한다.10) 여기서 말하는 적용논의는 아리스토텔레스 이후 도덕규범의 적용을 둘러싸고 이루어진 전통적인 논의와 관련을 맺고 있다.

어떤 형태의 것이든 특수경우테제에 대해서는, 이 테제가 "자연법의 내용으로부터 완전히 해방되지 못한 채, 법이 도덕에 예속되어 있는 것 같은 인상을 갖게 만든다"는 반론이 제기된다.11) 그렇다면 법철학은 도덕에서 유사한 구조를 띠고 나타나는 비실정적 정당성기준과 결합되는 어떠한 형태로부터도 완전히 해

---

9) Alexy, Theorie der juristischen Argumentation, S.33f.
10) Günther, Der Sinn für Angemessenheit. S.309.
11) Habermas, Faktizität und Geltung. Beiträge zur Diskurstheorie des Rechts und des demokratischen Rechtsstaats(1992), Nachdruck Frankfurt a.M. 2001, S.286.

방되어야 하는가? 법이 도덕으로부터 해방될 수 없다는 점은 특수경우테제를 비판하는 하버마스도 인정하고 있다. 그의 견해에 따르면 단순히 도덕적 논의가 법에 적용되는 것이 아니라, 법과 도덕은 (양 영역 모두에게 의미가 있는) 추상적인 규범정당화구조를 서로 다르게 구체화할 뿐이라고 한다.[12] 이와 같은 관점에서도 법의 토대로서의 비실정적 정당성기준을 찾고자 하는 노력은 정당하다.

비실정적 정당성기준에 관한 물음이 법철학의 과제영역에 속한다는 사실에서 출발한다면, 특수경우테제는 입법, 최고법원의 판결, 일상적인 법학적 작업을 경험적으로 관찰함으로써 더욱 견고하게 구성될 수 있을 것이다. 아래에서는 우선 이 모든 영역에서 비실정적 정당성기준이 핵심적인 역할을 하고 있음을 밝히겠다. 비실정적 정당성기준의 실천적 의미(§6)를 서술한 이후에는 정의개념을 둘러싼 논의의 역사적 전개과정(§7)과 '자연법'(§8)에 관해 간략하게 개관하겠다. 물론 아래의 서술의 중심은 규범을 합리적으로 정당화할 수 있는가 하는 문제에 관한 최근의 논쟁(§9), 그 구체화의 표현으로서의 정의에 관한 최근의 논쟁(§10), 공동선(§11) 그리고 인간의 존엄(§12)이다.

---

12) Habermas(주 11), 286면 이하.

§6 비법률적 전제의 실천적 의미

┃참고문헌┃ *Alexy*, Begriff und Geltung des Rechts, 2. unveränd. Aufl., Freiburg/Müchen, (Studienausgabe, Freiburg/München 2002); *Alexy / Koch / Kuhlen/Rüßmann*, Elemente einer juristischen Begründungslehre, Baden-Baden 2003; *Auer*, Materialisierung, Flexibilisierung, Richterfreiheit, Tübingen 2005; *Esser*, Vorverständnis und Methodenwahl in der Rechtsfindung, 2.Aufl., Frankfurt 1972; *Gadamer*, Wahrheit und Methode. Grundzüge einer philosophischen Hermeneutik, 2. Bde. 5.Aufl., Tübingen 1986; *Koch / Rüßmann*, Juristische Begründungslehre, München 1982; *Kramer*, Juristische Methodenlehre, 2.Aufl., Bern 2005; *Larenz/Canaris*, Methodenlehre der Rechtswissenschaft, 3.Aufl., Berlin u.a. 1995; *G. Müller*, Elemente einer Rechtssetzungslehre, 2.Aufl., Zürich 2006; *Noll*, Gesetzgebungslehre, Reinbek bei Hamburg, 1973; *Ogorek*, Richterkönig oder Subsumtionsautomat? Zur Justiztheorie im 19. Jahrhundert, Frankfurt a.M. 1986; *Sack*, Das Anstandsgefühl aller billig und gerecht Denkenden und die Moral als Bestimmungsfaktoren der guten Sitten, NJW 1985, S.761ff.; *Schneider*, Gesetzgebung. Ein Lehrbuch, 3.Aufl., Heidelberg 2002; *Teubner*, Standards und Direktiven in Generalklauseln, Frankfurt a.M. 1971.

1. 입법자의 법철학에 대한 의존성

입법이 이론적 연구대상이 된 것은 그리 오래된 일이 아니다. 물론 몇 십 년 전부터 입법학(Gesetzgebungslehre) 또는 법제정학(Rechtssetzungslehre)에 관한 몇 가지 시론적 연구가 있어 왔다. 이들 분과는 입법과정에 대한 공법적 형성의 구체적 내용과는 별개로 입법과정 자체를 연구대상으로 삼으면서, 법철학에 속하는 과제들도 다룬다.[1]

어쨌든 기존의 입법학에 따르면 모든 입법과정은 다음과 같이 서술할 수 있다고 한다. 먼저 입법자에게 어떤 것이 문제로 떠올라야 한다. 다시 말해서 입법자가 특정한 상황을 규율할 필요성이 있다고 여겨야 한다. 이 단계부터 이미 입법자의 작업은 가치결정에 의해 규정된다는 사실이 명백해진다. 즉 무엇인가를 규율할 필요성이 있다고 여기기 위해서는 특정한 상황을 사회적 문제상황으로 평가해야 한다. 만일 그러한 '문제상황'이 여러 개 있다고 진단하게 되면, 입법학에서 말하는 이른바 다수의 '문제요인'(Problemimpulse)이 존재한다. 이 때 입법자가 사실상 규율할 수 있는 것보다 더 많은 문제요인이 존재한다면, 어쩔 수 없이 규율의 우선순위를 정하지 않을 수 없으며, 이러한 우선순위의 차원 및 다른 여러 차원에서 상호간의 정합성을 통제할 필요성도 생긴다.[2] 우선순위를 결정할 때에도 당연히 규범적 기준이 필요

---

1) 입법학에 관한 일반적인 설명으로는 Schneider, Gesetzgebung; G.Müller, Elemente einer Rechtssetzungslehe, 2.Aufl., Zürich 2006; Richli, Interdisziplinäre Daumenregeln für eine faire Gesetzgebung, Basel u.a. 2000. 참고.

2) 우선순위에 관해서는 Noll, Gesetzgebungslehre, S.72ff.; 일관성통제와 관련해서는 Kunz / Mona, Rechtsphilosophie, Rechtstheorie, Rechtssoziologie, S.105f. 참고.

하다. 그러나 이와 같은 가치평가가 제대로 이루어지기 위해서는, 우선 사실과 관련된 정보가 입법자에게 제공되어 있어야 한다. 또한 기존의 특정한 법제도가 실제에서는 아무런 기능을 하지 못한다는 의문으로부터 하나의 '문제요인'이 발생할 수도 있다. 법사실연구의 선구자인 아르투어 누스바움(Arthur Nußbaum)은 1914년에 이미 토지채무를 예로 들어 이 점을 주장한 적이 있다.[3] 이와는 달리 법률규정과는 상관없이 일반적인 법생활에서 새로운 제도가 성립한 경우에도 문제요인이 발생한다. 법규가 제정되기 이전의 '보통거래약관'은 이에 관한 가장 대표적인 보기라 할 수 있다. 입법자가 새로운 제도를 입법의 대상으로 삼고자 한다면, 우선 이 제도가 사실상 어떻게 형성되어 있는지를 자세히 알아야 하며, 그런 이후에 비로소 현실에 따라가든지 아니면 현실을 통제하고 다른 방향으로 입법적 조종을 할 수 있게 된다. 대개의 경우 사실상의 제도가 법률에 받아들여지긴 하지만, 일정한 가치결정에 따라 변형되는 것이 일반적이다. 예컨대 형사소송상의 협상에 관한 법률규정을 둘러싼 최근의 논의도 이러한 경향을 반영하고 있다. 이를 위해서는 상당히 오랜 시간에 걸친 과정이 필요하다는 사실은 유전자기술과 관련된 전 세계의 입법에서 잘 드러난다. 이 문제영역에서는 계속해서 새로운 기술발전이나 새로운 사실의 발견에 대응할 방안을 마련해야 한다.

우선순위가 결정되고 나서 비로소 어떠한 목표를 추구할 것인지를 결정할 수 있게 된다. 물론 목표설정을 위해서도 규율할 영역의 사실적 측면에 대한 지식을 필요로 하며, 또한 기존의 이해관계를 저울질하고 가치의 우선순위를 확정해야 한다. 보기를

---

3) Nußbaum, Die Rechtstatsachenforschung. Ihre Bedeutung für Wissenschaft und Unterricht, Tübingen 1914, in: Rehbinder(Hrsg.), Die Rechtstatsachenforschung. Programmschrift und praktische Beispiele von Prof. Dr. Arthur Nußbaum, Berlin 1968, S. 24.

하나 들어보자. 입법자가 임신중절을 법률로 규율하려면, 입법자
는 우선 과연 태어나지 않은 생명이 생명권을 갖는 것인지, 어떠
한 조건하에서 아직 태어나지 않은 생명의 가치와 임신부의 자
율을 비교형량해도 좋은지, 어떠한 법적 상태를 기초로 삼을 것
인지(즉 공격적 긴급피난을 기본사상으로 할 것인지 아니면 방어적 긴
급피난을 기본사상으로 할 것인지?) 등에 대해 결정을 내려야 하며,
그 이후에 과연 형법이 입법자의 이러한 가치결정을 실현하는
데 적절한 수단이 될 수 있는지도 결정해야 한다.[4] 이와 마찬가
지로 적극적 안락사를 예외적으로 허용할 것인지에 대해 입법적
결정을 내릴 때에도 이익충돌(자기결정권과 자기결정권의 대체 및
환자의 존엄 ─ 이에 대한 개념규정은 누가 하는가? ─ 대 인간생명을 경
시하게 될 수도 있는 '경사면효과(Slippery-Slope)' 또는 가족이 환자에
대해 압력을 행사할 가능성 등)뿐만 아니라, 예상되는 사실상의 상
황(실제로 '경사면효과'가 현실이 될 것인지 그리고 생명을 단축하라는
압력을 행사할 것인지?)도 반드시 연구해 보아야 할 대상이다.[5] 다
시 말해 미래를 예측하는 요소도 입법단계에서 고려되어야 한다.
따라서 규율의 실효성과 그것이 다른 영역에 미치게 될 파급효과
를 가늠해야 하며, 이를 위해서도 또한 사실에 대한 지식이 요구
된다. 법률이 일단 공포되면, 그 법률이 실제로 효력을 갖도록
일정한 통제가 필요하다. 이를 위해서도 법사실연구가 중요하다.
예컨대 청소년근로보호에 관한 법률을 청소년들의 관점에서 연구
한 보고서가 있는데, 이러한 연구는 입법자에게 기업 내에서 발
생하는 법률위반에 관한 정보를 제공해 준다.[6]

---

4) 이와 관련된 여러 가지 고려들(물론 모든 내용이 들어 있지는 않지만,
   예시적인 의미가 있다)에 관해서는 1998년의 위원회보고서에 대한 스위
   스 연방 상원의 입장표명(BBl. 1998, 5376)을 참고.
5) 하나의 특수한 사례를 둘러싸고 제기되는 여러 가지 논거들에 관해서
   는 Bänzinger, Sterbehilfe für Neugeborenen aus strafrechtlicher Sicht,
   Zürich 2006 참고.

이상의 서술에서 알 수 있듯이, 입법의 전 과정에서는 법사회학적 고려뿐만 아니라 법철학적 고려도 개입되지 않을 수 없다. 그런데도 입법과정에 법사회학이 개입하는 경우 – 비록 소수에 불과하지만 – 가 있음에 반해, 법철학이 명시적으로 개입하는 경우는 아직 없다. 그 원인은 아마도 입법과 결부된 가치평가의 문제가 대개 '정치적' 문제로 여겨지고, 따라서 합리적 논증을 통해 접근할 수 없다고 생각하는 데 있는 것 같다. 과연 이러한 추측이 올바른지는 특히 §10에서 밝히기로 하겠다.

2. 특히 논란의 대상이 되고 있는 원칙적인 문제들에서 행해지는 법적 가치평가

입법자가 법률을 형성할 때에는 가치평가와 관련된 결정을 내려야 함에 반해, 법관은 단순한 법적용자, 즉 '법률의 입'일 뿐이라는 사고방식은 18세기 말과 19세기 초반까지만 하더라도 일반화된 견해였다.[7] 그러나 이러한 고전적 견해는 오늘날 설득력을 상실했으며, 입법과 사법 모두 창조적 활동이고, 다만 그 정도에서 차이가 있을 뿐이라는 점이 일반적으로 인정되고 있다. 판결이 단순한 포섭(Subsumtion)에 불과하다는 사고는 너무나 단순하다. 판결도 법률로부터 도출해 낼 수 없는 정당성기준에 근거해야 한다는 사실을 여기서는 특히 논란이 많은 원칙적인 문제 몇 가지를 보기로 들어 고찰해 보도록 하자. 비실정적 정당성기준을 원용하는 여러 가지 법영역들 가운데 여기서는 그 현실적 중요성이 갈수록 커져가고 있는 생명공학기술의 두 가지 주제를 선택했다.

---

6) Diekershoff / Kliemt, Jugendarbeitsschutz aus der Sicht der Jugendlichen, Essen 1972.

7) 이에 관해 자세히는 Ogorek, Richterkönig oder Subsumtionsautomat? Zur Justiztheorie im 19. Jahrhundert 참고.

하나는 생식의학(a)이며, 다른 하나는 장기이식(b)이다. 그리고 '도덕률' 또는 '선량한 풍속'이라는 단어들로 표현되는 개념들을 보충적으로 다루어 보겠다(c). 첫 번째 문제영역에서는 특히 인간의 존엄이, 두 번째 문제영역에서는 (분배의) 정의가, 세 번째 문제영역에서는 가치평가능력의 배분이 중심적인 역할을 한다.

a) 생식의학과 인간의 존엄

생식의학에 관한 법률규정에서는 '인간의 존엄'이라는 개념(이 개념에 대한 일반적인 문제는 아래의 §12를 참고)이 핵심적인 역할을 한다. 예를 들어 독일 기본법(제1조 제1항)이나 스위스 연방헌법(제7조) 그리고 여러 나라의 헌법에서는 기본권목록에 앞서 또는 헌법의 서두에 인간존엄의 보호를 선언하는 일반적인 조항을 두고 있다. 심지어 스위스 연방헌법은 생식의학에 대한 특별규정(제119조)을 두고, 생식의학과 관련하여 '인간존엄의 보호'를 다시 한 번 규정하여 이를 명시적으로 강조하고 있다. 따라서 '인간의 존엄'은 법률가들이 헌법을 다룰 때뿐만 아니라, 예컨대 독일의 배아보호법이나 스위스의 '생식의학법'과 같은 단행 법률을 다룰 때에도 적용해야만 하는 개념이다. 하지만 이에 대한 실정법상의 개념정의가 존재하지 않기 때문에, 실정법이 이 개념의 적용과 관련하여 줄 수 있는 도움에는 한계가 있다. 여기에서는 이 개념을 해석할 때 고려해야 할 관점들 — 이를 통해 비실정적 정당성 기준을 찾아내야 할 필요가 있다는 점을 분명하게 밝히고자 한다 — 을 간략하게 설명하겠다.

특별히 생식의학에서 인간존엄의 침해라는 비난이 제기되는 배경은 무엇인가? 생식의학과 관련하여 인간존엄의 개념은 최소한 세 가지 내용으로 채울 수 있는데, 이 세 가지 내용은 모두 하나의 논의 내에서 다룰 수 있다. 보통은 세 가지 구체적 원칙들이 문제되지만, 이 원칙들이 논증에서 차지하는 위상은 인간존

엄이라는 개념을 지적함으로써 곧잘 은폐되어 버리곤 한다. 이
세 가지 원칙은 다음과 같다. 첫째, '반자연적인 것'을 유발해서는
안 된다는 원칙. 둘째, 한 개인이 형성되는 우연성에 개입해서는
안 된다는 원칙. 셋째, 인간존재를 도구화해서는 안 된다는 것,
다시 말해 인간존재를 단순한 수단으로 전락시켜서는 안 된다는
원칙.

어떤 행위의 '반자연성'에 대한 지적은 일부의 대화참여자들
만을 흡족하게 할 수 있을 뿐이기 때문에, 세계관적 중립성을 견
지해야 하는 국가에서는 결코 법적 금지를 정당화할 수 있는 논
거가 되지 못한다. 이와는 달리 '인간의 존엄'을 한 인간이 성립
하게 되는 과정의 우연성, 즉 인간존재의 우연성을 침해해서는
안 된다는 의미로 이해할 수 있다.[8] 하지만 이러한 이해방식에서
는 구체적인 인간이 아니라, 우리의 '인간상(Menschenbild)'이 보호
법익이 된다는 점을 분명히 해야 한다.[9] 세계관적 중립성을 견지
해야 할 국가에서 과연 어느 정도까지 타인의 인간상에 대한 침
해를 형벌이 부과되는 불법으로 규정해도 좋은지는 특히 형법학
에서는 결코 간단히 논의할 수 있는 문제가 아니다. 어쨌든 20세
기의 형법개정은 타인에 대한 침해만을 처벌하는 데 국한시키는
것을 지도상으로 삼았고, 예를 들어 과거에 이른바 '윤리범죄'라고
불렀던 행위들은 그것이 개인의 성적 자기결정권이나 장애가 없

---

8) Jonas, Biogenetik und Ethik, in: Universitas 1987, S.111ff. (113).

9) 이에 관해서는 Gutmann, Gattungsethik als Grenze der Verfügung des
   Menschen über sich selbst? In: v.d. Daele(Hrsg.), Biopolitik.
   Sonderband Leviathan, Wiesbaden 2005, S.235ff. 참고. Birnbacher,
   Gefährdet die moderne Reproduktionsmedizin die menschliche Würde?
   in: Leist(Hrsg.), Um Leben und Tod, Frankfurt a.M. 1992, S.267ff.에서
   는 개인의 존엄과 인간이라는 유(類)의 존엄을 구별하고, 후자를 "유로
   서의 인간이 갖고 있는 고유하고 또한 혼동할 수 없는 성격에 대한 관
   념"이라고 한다(286면). 이에 대해 회의적인 입장으로는 Leist, Eine
   Frage des Lebens, Frankfurt a.M. / New York 1990, S.214 참고.

는 성적 발달을 보호하는 범위 내에서만 범죄로 인정된다. 반자
연성 또는 우연성침해라는 비난과는 달리 인간배아의 도구화라는
비난은 특정한 행위방식이 배아를 특정한 목적을 위한 일방적인
수단으로 축소시킨다는 비난이며, 이러한 비난에 기초할 경우 설
령 숭고한 목적을 갖고 행하는 것일지라도 배아를 단순한 도구로
이용하는 것은 허용되지 않는다고 한다.[10) 다른 사람을 수단으로
만드는 것에 대한 금지는 물론 아주 오래된 논증방식이긴 하지
만, 그 구체적인 내용이 무엇인지는 예전부터 커다란 논란거리이
다. 예를 들어 칸트는 다른 사람에 대한 위하효과를 형벌의 정당
성 근거로 삼는 것에 대해 처벌을 받는 범죄자를 '수단으로 만든
다'는 관점에서 격렬하게 비난하지만,[11) 모든 상대적 형벌이론을
거부하는 칸트의 이러한 태도는 오늘날 더 이상 인정받지 못하고
있다.[12) 설령 이 금지를 자신의 의사에 반하여 누군가를 **일방적**
인 수단으로 만들어서는 안 된다는 식으로 구체화할지라도, 여전
히 설명을 필요로 하는 부분이 많이 남는다. 예를 들어 정당방위
와 전쟁에서 행해지는 살인의 경우, 심지어 이미 태어난 생명이
재산상의 이익이나 국가의 영토지배권의 희생양이 되기도 하며,
더욱이 전쟁에서는 희생자가 책임이 있는 생명인지 아무런 책임
도 없는 생명인지조차도 따지지 않는다.[13) 그렇다면 (허용되지 않

---

10) 이에 관해서는 Höfling, Die Forschung an embryonalen Stammzellen
   in verfassungsrechtlicher Perspektive, in: Maio / Just(Hrsg.), Die
   Forschung an embryonalen Stammzellen in ethischer und rechtlicher
   Perspektive, Baden-Baden 2003, S.141ff., S.150 참고.

11) Kant, Metaphysik der Sitten, Allg. Rechtslehre, Anm. E. zu §49,
   S.452ff.

12) 거의 통설에 가깝다고 할 수 있는 이러한 입장에 대해서는
   Stratenwerth, Schweizerisches Strafrecht, AT I, 3.Aufl., Bern 2005,
   S.33ff. 참고.

13) Eser, Forschung mit Embryonen in rechtsvergleichender und
   rechtspolitischer Sicht, in: H.-L. Günther/R. Keller, Fortpflanzungsmedizin

는) 일방적인 수단으로 만드는 것과 (어느 정도 허용되는) 수단으로도 만드는 것 사이의 경계는 어디에 있는가? 이에 대한 결정은 결국 이미 주어져 있는 권리를 기준으로 삼을 수밖에 없고, 수단으로 만드는 것에 대한 금지 자체는 여기에 아무런 내용도 추가하지 못하는 것은 아닌가?[14]

설령 제한적인 범위 내에서 '잉여' 배아에 대한 연구와 이식전진단술을 법윤리적으로 인정할 수 있다고 볼지라도, 법의 영역에서는 또 다른 문제가 제기된다. 즉 그 자체만으로는 도덕적으로 인정할 수 있는 행위일지라도 그 행위가 전혀 의도하지 않았던 부작용이 너무나도 커다란 문제가 있다고 보여서, 법적으로 금지해야 할 것인지를 검토해 보아야 하는 상황이 올 수 있다. 유명한 '경사면효과' 논거가 제기되는 지점이 바로 이러한 맥락이다. 즉 잉여배아연구나 이식전진단술은 다른 사람들로 하여금 인간생명을 경시하게 만들 가능성이 있다는 것이다(물론 이는 경험적으로 연구해 보아야 할 문제이다). 배아연구를 허용하게 되면, 인간연구에 대한 거부감의 한계가 전반적으로 낮아지기 때문에 태어난 인간들에게도 위험이 닥치는 것일까? 또는 잉여배아 연구를 허용하면, 여성의 자궁에 이식할 수 있는 배아보다 더 많은 숫자의 시험관 배아를 배양하도록 자극하는 요인이 되는 것은 아닐까? 이 '경사면효과' 논거와 밀접한 관련을 맺고 있는 것은 예측과 조망이 불가능한 위험이라는 논거이다. 이 논거 역시 특정한 연구나 진단절차를 전면적으로 비난하는 것이 아니라, 단지 현재

---

und Humangenetik, 2.Aufl., Tübingen 1991, S.263ff.(285).

14) 이러한 물음을 긍정하는 Leist(주 9), 214면 이하 참고. 비슷한 입장으로는 Birnbacher(주 9), 271면 참고. 또한 정당화적 긴급피난에서는 타인을 도구화하는 것을 자명한 것으로 인정하는 반면. 독일형법 제34조 2문에서처럼 적절성이라는 기준을 통해 도구화를 제한하게 된다는 점을 지적하고 있는 R. Merkel, Forschungsobjekt Embryo, München 2002, S.124도 참고.

의 과학수준에 비추어 볼 때, 위험을 예측하는 것이 불가능하다고 여기며, 바로 그런 이유에서 금지를 해야 한다고 주장할 뿐이다.[15] 이러한 논거에 따르면 예를 들어 유전자치료술은 그것이 계속 유전되는 유전자에 대한 침해라는 점에서 명백한 반대의 대상이 된다.[16] 이 논거가 의미하는 위험은 예견하지 못한 질병일 수도 있고, "이런 장애는 오늘날 더 이상 가져서는 안 된다"는 태도로 미래의 장애인을 취급하게 될 사회적 위험일 수도 있다.[17] 하지만 '경사면효과' 논거와 '위험' 논거는 모두 결과주의적 입장에 서있기 때문에, 절대적 규범주의적 입장과는 달리 원칙적으로 예컨대 고도의 가능성을 담고 있는 연구와의 비교형량을 할 가능성까지 배제하지는 않는다. 물론 우려되는 경사면효과가 인간의 존엄과 같은, 산정할 수 없는 원칙에까지 영향을 미친다고 판단될 때에는 그렇지 않다.

특히 법의 입장에서는 현재로서는 알 수 없는 손해발생의 위험이 있다는 사실만으로 곧장 입법적 보호의무를 발동할 수는 없으며, 단지 엄청난 정도의 손해발생과 관련될 때에만 미약한 정도의 확실성만으로도 보호의무의 대상으로 삼게 된다는 사정도 고려해야 한다.[18]

---

15) 예측할 수 없는 위험이라는 논거에 관해서는 Steinvorth, Experimente mit Embyonen, in: Logos 1995, S.406ff.(407) 참고. 특히 잉여배아연구와 관련하여 이 논거가 갖는 의미에 대해서는 Seelmann, Haben Embryonen Menschenwürde? Überlegungen aus juristischer Sicht, in: Kettner(Hrsg.), Biomedizin und Menschenwürde, Frankfurt a.M. 2004, S.63ff. 참고.

16) 이에 관한 상세한 내용은 Rehmann-Sutter, Politik der genetischen Identität. Gute und schlechte Gründe, auf Keimbahntherapie zu verzichten, in: Rehmann-Sutter / Müller, Ethik und Gentherapie, 2.Aufl., Tübingen 2003, S.225ff. 참고.

17) Rehmann-Sutter(주 16), 181면.

18) 환경법에서는 이러한 측면을 '사전배려원칙'이라고 부른다. 이 원칙에 관해서는 Rippe, Der Vorrang der schlechten Prognose, NZZ 2006, S.65

생식의학과 관련하여 '인간존엄'에 대한 해석상의 난점들을 간략히 개관한 것만으로도 법과 관련된 작업을 할 때, 근본적인 문제에 봉착하게 되면, 언제나 비실정적 정당성기준들을 집중적으로 탐구하지 않을 수 없다는 사실을 분명하게 알 수 있다.

b) 장기이식과 분배의 정의

비실정적 정당성기준을 원용해야 할 필요성을 보여주는 두 번째 보기는 의료현실에서 희소한 재화를 분배하는 문제이다. 여기서는 특히 이식을 하기 위해 죽은 사람의 장기를 분배하는 문제를 다루겠다. 독일 장기이식법은 장기 분배의 기준에 대해서는 아무런 언급을 하지 않은 채, 이와 관련해서는 순전히 의학적 기준에 따르면 된다는 식의 인상을 불러일으킨다. 즉 장기이식법 제13조에서는 단지 "의학적 지식의 상태에 비추어, 특히 이식의 성공가능성과 절박성을 고려한" 규칙에 따라 처리한다고만 규정되어 있다. 이에 반해 스위스에서 이루어지고 있는 최근의 논의에서는 장기의 할당이 정의의 핵심적인 문제(및 평등원칙의 적용문제)와 관련이 있음을 잘 보여준다. 스위스 연방헌법은 1999년부터 제119조 2항에 명문의 규정을 통해 희귀한 장기의 '정의로운' 분배를 요구하고 있다. 2007년의 신 「장기이식법」은 장기분배와 관련된 차별을 금지하는 일반규정(스위스 장기이식법 제17조 제1항)을 두면서, 의학적 절박성, 의학적 효용, 대기시간 등 ─ 물론 열거의 순서에 따라 중요도가 확정되지는 않는다 ─ 과 같은 핵심기준들을 규정하고 있다(제18조 제1항). 그렇기 때문에 같은 해에 제정된 장기분배에 관한 법규명령도 여러 기준들 사이의 명확한 우선순위를 규율하는 것을 피하고 있다. 그러나 이 법률을 실제로 현실에 적용해야 하는 법률가로서는 이와 같은 가이드라인에 비추어

─────────────

참고.

과연 정의의 원칙에 부합하는, 분배기준의 우선순위가 무엇인지를 묻지 않을 수 없다.

과연 장기의 분배는 어떤 식으로 규율해야 하는가? 이와 관련해서는 특히 효율성, 대기시간, 절박성이라는 세 가지 기준이 고려대상이다.[19)]

효율성이란 최대의 효율을 발휘하는 경우에 희귀한 장기를 이식하도록 하는 것을 뜻한다. 이는 결과적으로 이식을 통해 기대되는 수명연장(경우에 따라는 삶의 질도 고려대상이다)의 정도에 초점을 맞추는 것이 된다. 이와 같이 효율성을 핵심기준으로 삼게 되면, 당연히 고령자와 중환자는 불이익을 받게 되고, 그리하여 평등취급의 원칙 그리고 인간존엄의 원칙에 충돌하게 되는 결과를 빚게 된다. 그렇다고 해서 – 최대한의 집단적 효용과는 구별되는 – 최대한의 개인적 효용에 지향하는 것 자체를 정의기준들의 범위에서 아예 배제시켜 버릴 수는 없는 노릇이다.

대기시간을 기준으로 삼는 것은, 비록 여러 가지 사회적 능력도 대기자명단의 순위에 함께 영향을 미칠 수 있긴 하지만, 어떤 의미에서는 평등취급의 원칙을 충분히 고려할 수 있다는 장점이 있다. 그러나 대기시간을 1차적 기준으로 삼으면, 치료의 절박성이라는 기준이 배제됨으로써 우리의 직관적 정의감각에 모순된다. 즉 명단의 1순위에 있는 사람이 아직은 어느 정도 기다릴 수 있는 상황이라면, 그보다 절박한 상태에 있는 2순위 사람에게 장기를 이식하는 것이 바람직하지, 오로지 대기시간만을 이유로 2순위의 죽음을 감수할 수밖에 없다고 말하는 것은 정의감각에 반한다.

절박성이라는 기준은 병원의 입원과 관련된 구체적 사례에서

---

19) 이 기준들에 관해서는 Birnbacher, Organtransplantation - Stand der ethischen Debatte, in: Brudermüller / Seelmann, Organtransplantation, Würzburg 2000, S.13ff.(25f.) 참고.

지침이 되는 현행법 규정에도 합치한다. 즉 신속하게 치료를 받아야 하는 사람에게 치료를 제공하지 않을 때에는 심지어 형사처벌의 대상이 될 수도 있다. 하지만 두 사람이 동시에 신속하게 장기를 필요로 하고, 이식할 수 있는 장기는 하나밖에 없다면 의사는 다른 2차적 결정기준을 필요로 하게 되며, 이때에는 다시 효율성이나 대기시간이 그러한 2차적 결정기준이 될 수 있다. 이와 같이 이익충돌이 발생하는 상황에서는 평등취급을 보장하는 대기시간 모델이 현행법상 가장 결정적인 기준이 될 것이다. 다만 대기시간이 장기일 수 없는 어린 아이들은 대기시간 모델의 적용범위에서 배제되어야 한다. 과연 극단적인 상황에서는 순수한 의학적 기준(예컨대 이식할 장기가 즉시 거부반응을 일으킬 것이라는 예측)과는 관계없이 효율성 기준을 어느 정도 상대화해도 되는지(예컨대 90세 노인과 18세 청년이 신속히 신장이식을 필요로 하는 경우)는 장기이식윤리를 둘러싼 공개적인 논의를 통해 더 상세히 다루어지게 될 문제이다.

기준들의 우선순위를 실정법으로 명백히 규정하지 않는 한, 법률가 스스로 구체적 결정상황에서 윤리적 문제를 제기해야만 한다. 독일의 현행법에 따른다면, 심지어 명확한 법률규정이 있는 경우에조차도 법률가들의 판단을 필요로 하게 된다. 왜냐하면 명확한 법규정도 얼마든지 헌법에 위반될 수 있기 때문이다. 이때에는 헌법재판소가 기본법 제3조(평등조항)에 규정되어 있는 정의개념에 비추어 판단을 내려야 할 것이다.

c) 도덕률, 선량한 풍속 등

연방재판소 형사부가 도덕률이나 풍속위반의 문제를 다루어야 하는 경우는 자주 발생했다. 이에 관한 가장 유명한 판결은 이미 전설이 되다시피 한, 연방재판소의 매음매개죄(Kuppelei) 판결이다.[20] 연방재판소 형사합의부는 약혼자 사이의 성교행위가

구 독일형법 제180조와 제181조에서 의미하는 간음행위에 해당하
는지에 관해 결정을 해야만 했다. 연방재판소 형사합의부는 혼인
관계에 있지 않은 남녀의 성교행위가 도덕률에 반한다는 근거로
간음행위를 원칙적으로 인정하고, 도덕률의 성격을 다음과 같이
규정했다. "도덕률의 규범은 … 그 자체로서 타당성을 갖는다. 즉
이 규범의 구속력은 이미 주어져 있고 또한 우리가 인정하지 않
을 수 없는 가치질서와 인간의 공동생활을 지배하는 당위법칙에
근거하고 있다. 따라서 도덕률은 이를 준수할 것을 요청받는 사
람들이 실제로 이 규범을 준수·승인하고 있는가에 관계없이 효
력을 갖는다. 그렇기 때문에 도덕률의 내용은 무엇이 타당한 것
인가에 관한 견해가 변화했다는 이유만으로 변경될 수는 없다."[21]
여기에서 연방재판소는 이 구체적 사건을 해결하기 위해, 영원한
도덕률의 존재와 이 도덕률의 내용을 연방재판소 자신은 잘 알고
있음을 전제하고 있다.

　하지만 15년 이후(1969년)에 선고된 이른바 '파니 힐'(Fanny
Hill) 판결에서 도덕률 규범은 전혀 다른 입장에서 파악된다. 즉
도덕률도 시간의 변화에 복종하지 않을 수 없다는 논거가 제시된
다. 이 사건에서는 「파니 힐의 회상」이라는 책이 구 독일형법 제
184조 제1항 1호에서 말하는 '음란문서'에 해당하는지를 결정해야
했다. 연방재판소는 사람들의 생각이 변화했다는 근거로 이 책의
음란성을 부인했다. "무엇이 공동체에 유해한 영향을 미치는가.
그리고 성과 관련된 묘사에 대해 어디에서 관용의 한계를 설정해

---

20) BGHSt 6, 46ff. 이 판결(딸과 딸의 약혼자의 동침을 묵인한 어느 전쟁
미망인의 행위가 구 독일형법상의 매음매개죄에 해당하는지가 사안이었
다. 물론 이 규정은 훗날 '영업적'인 매음매개만을 처벌하는 쪽으로 개정
되었다 – 옮긴이)과 그 이후의 몇몇 유사한 판결에 관해서는 Arthur
Kaufmann, Recht und Sittlichkeit, S.34ff.; ders., Strafrechtspraxis und
sittliche Norm, JuS 1978, S.361ff. 참고.
21) BGHSt 6, 46ff.(52).

야 할 것인가에 대한 생각은 시대에 따라 다르며, 따라서 변화가 있을 수밖에 없다."[22]

물론 도덕규범이 시대에 따라 변화한다고 인정하게 되면, 과연 누구의 생각에 따라 그 변화를 진단해야 하는지를 제시해야 하는 어려움이 따른다. 연방재판소는 '파니 힐' 판결에서, 사법은 "특별히 경건하거나 지나치게 관대한 집단의 생각에 따라서는 안 된다"는 점을 지적하고 있다. 당연히 평균적인 생각에 초점을 맞추어야 한다는 것이다. 하지만 연방재판소는 학생들 사이의 결투가 독일형법 제226a조(피해자의 승낙이 있으면 풍속에 반하지 않는 한, 상해죄가 성립하지 않는다)의 의미의 풍속위반에 해당하는지에 관한 결정을 할 때에는 다른 관점에서 논증을 하고 있다. 즉 연방재판소는 이 조문을 피고인에 유리하게 좁게 해석한다. "공평하고 올바르게 생각하는 모든 사람들이 갖고 있는 윤리관 (Anstandsgefühl aller billig und gerecht Denkenden)에 비추어 의심할 바 없이 마땅히 형벌을 받아야 할 불법행위만이 이 형법규정에서 의미하는 선량한 풍속에 대한 위반으로 파악되어야 한다."[23]

이런 종류의 문제는 어느 법영역에서나 등장한다. 윤리 또는 풍속이라는 개념이 국민들의 사회윤리적 가치관념과 관련되어 있다는 점은 오늘날 일반적으로 인정되고 있다. 예컨대 연방재정법원(Bundesfinanzhof)은 소득세법 제33조 II 1호의 윤리적 부조의무와 관련하여 일반 국민들에 의해 승인된 사고방식에 초점을 맞추고, 이에 따를 경우 동성연애자들의 공동생활도 그러한 부조의무의 성립근거가 된다고 판결했다.[24] 그러나 '선량한 풍속'이 '역사

---

22) BGHSt 23, 40ff.(42). 이에 관해서는 또한 스위스 연방법원 판결 BGE 117 IV 276ff.(279), BGE 96 IV 64ff.도 참고. 그런데도 스위스 연방법원 은 2002년에도 '공공도덕의 보호' 필요성이라는 점을 지적하여 수간행위 나 분뇨를 묘사한 '작품'의 판매에 대한 형사처벌이 표현의 자유에 반하 지 않는다고 판결했다.

23) BGHSt 4, 24ff.(32).

적으로 변화하는 사회윤리적 가치관념'이나 '지배적인 사회윤리적
확신'25)을 의미한다는 점을 인정한다고 할지라도, 연방행정법원의
'핍쇼우'(Peep-Show) 판결이 보여 주듯이, 방법적으로는 상이한 길
을 걸을 수 있다. 예컨대 영업법 제33a조 제2항 1호에서 말하는
선량한 풍속을 기본법 제1조 제1항의 인간의 존엄이라는 개념을
빌려 구체화하고, 가치윤리적 원칙으로 이해되는 이 개념을 특정
한 철학적·세계관적 사고를 토대로 규범적으로 확정할 수 있
다.26) 이와는 달리 여러 가지 문헌들을 검토하여 법공동체에서
지배적인 확신들을 추측해보고, 선량한 풍속을 확정하는 방법을
취할 수도 있다.27)

   앞에서 고찰한 판결들은 법철학이 원칙적 형태의 가치평가를
하지 않을 수 없는 최고법원의 판결에서 어떠한 의미가 있는가
하는 물음에 대답하는 데 커다란 관심을 끄는 판결들이다. 영원
한 도덕률을 말하는 판결은 아마도 그러한 영원한 도덕률의 내용
을 서술하려고 노력하는 법철학에게 큰 관심거리가 될 것이다.
물론 최악의 경우에는 사회적 승인에 대한 요구나 근거제시를 회
피할 목적으로 영원한 도덕률을 주장할 수도 있다. 이에 반해 도
덕률이 시대변화에 복종한다고 주장하면, 두 가지 방식의 논증이
가능하다. 첫째, 법원이 현재의 윤리적 상황을 규범적으로 확정
('오늘날 사람은 이러이러하게 행동해야 한다')한 근거를 요구받을 수

---

24) BFH, NJW 1991, 2312.
25) BVerwGE 64, 274ff.(276); BVerwG, NVwZ 1990, 668ff.(668). 이 두 개
   의 판결에 관해서는 Discher, Die Peep-Show-Urteile des BVerwG –
   BVerwGE 64, 274 und BVerwG, NVwZ 1990, 668, JuS 1991, S.642ff.
   참고.
26) BVerwGE 64, 274ff.(276)이 이러한 입장에 있다[이 판결에서 연방행정
   법원은, 핍쇼우[핍(Peep)은 원래 '훔쳐보기'라는 뜻이다]는 스트립걸이 직
   접 볼 수 없는 고객을 대상으로 하기 때문에 이는 스트립걸의 인간존엄
   을 침해한다고 판결했다 ― 옮긴이].
27) BVerwGE, NVwZ 1990, 668ff.(669)이 이러한 입장에 있다.

있다. 따라서 법률에 명백한 입장이 표명되어 있지 않는 한, 법원은 자신의 확정에 관한 법윤리적 근거를 제시해야 한다. 이를 위해서는 상당히 수준 높은 법철학적 논증이 필요하다. 둘째, 사실상으로 주장되는 사회적 규범이나 가치평가를 확인함으로써 이를 판결의 기준으로 삼을 수도 있다.

이른바 일반조항(Generalklausel)의 의미에 관한 논의는 바로 이러한 문제점과 관련시켜 법발견의 방법적 문제를 다룬다. 어떤 학설에 따르면 일반조항(예컨대 독일민법 제242조의 '신의성실' 또는 독일형법 제226a조의 '선량한 풍속')에 직면한 법관은 법관 자신의 독자적인 가치판단을 확정함으로써, 사실상 존재하는 행위규칙성에 반해서라도 일정한 '도덕률을 형성하는' 방법에 따라야 한다고 한다.[28] 물론 법관의 견해가 중시되어야 한다는 점은 도덕률을 형성하려는 의도를 갖지 않는 경우에도 주장될 수 있다.[29] 이와 반대되는 학설에 따르면, 관련된 문제에 대해 사회 내에 어떠한 견해가 존재하는지를 탐구해야 한다고 한다. 이는 경험적·사회학적 연구를 전제로 한다. 물론 법관이 자신의 사회화과정에 기초하여 어떤 견해를 직관적으로 옳다고 판단한다고 생각한다면, 그러한 경험적 연구가 필요하지 않을 수 있다. 오늘날 일반조항에는 이 두 가지 학설의 주장이 모두 담겨져 있다고 보는 것이 일반적이다. 토이브너(Teubner)에 따르면 일반조항은 수용기능, 전환기능, 위임기능 등 세 가지 기능을 갖는다.[30]

수용기능(Rezeptionsfunktion)이란 일반조항을 통해 확고한 척도와 가치평가로 받아들인다는 의미에서 법외적인 사회규범이

---

28) Stammler, Die Lehre vom richtigen Rechte, Berlin 1902, S.12ff.; Eb. Schmidt, Schlägermensur und Strafrecht, JZ 1954, S.369(374f.).

29) OVG Schleswig, NJW 1992, S.258f.

30) Teubner, Standards und Direktiven in Generalklauseln, S.60ff. 일반조항의 기능에 관해서는 Kramer, Juristische Methodenlehre, S.61ff. 참고.

법으로 수용된다는 것을 뜻한다.[31] 그러한 사회규범은 단순한 행위규칙성에 그치지 않고, 이 규칙을 위반할 때에는 어떤 부정적 제재가 가해지고 이러한 사정(행위규칙성과 제재)이 관련자들에 의해 승인되어 있다는 의식이 존재한다는 점을 특징으로 한다. 이와 같은 사회규범을 법실무에서 의도적으로 조사한 예는 경쟁제한법(Wettbewerbsrecht)에 국한되어 있다.[32] 즉 특정 분야의 상인들이 규칙적으로 특정한 방식으로 행위하고 또한 그들은 다른 사람들에 대해서도 그러한 행위를 기대하며 다른 사람들도 그러한 기대를 정당하다고 여기는가에 관한 조사가 있었다.

전환기능(Transformatiosfunktion)은 아직 구속력 있는 행위모델(규범)로 집약되지 않은 일반국민들의 가치관을 일반조항을 통해 법에 수용하는 것을 뜻한다. 이는 사회적 규범을 수용하는 것과는 비교할 수 없을 정도로 어려운 작업이다. 만일 가치에 관한 선호도가 상이하게 존재한다면(대부분의 경우가 그렇다), 법적용자는 우선순위를 결정할 수 있는 기준을 필요로 한다. 그러나 그러한 기준은 결코 경험적으로 획득될 수 없다.

따라서 일반조항의 전환기능은 위임기능(Delegationsfunktion)과 밀접한 관계가 있다. 위임기능은 법률의 목적표상을 척도로 하여 법관 스스로 구속력 있는 행위준칙을 기획해야 하며, 입법적 활

---

31) 이에 관해서는 Huwiler, Privatrecht und Methode, Bern 1999, S.22f. 후빌러는 체계이론의 관점에서 볼 때, 일반조항을 통해 타자준거(Fremdreferenz)가 법체계 내재적으로 구조화된다는 점을 지적한다.

32) 이에 관해서는 Knaak, Demoskopische Umfragen in der Praxis des Wettbewerbs- und Warenzeichenrechts, Weinheim 1986; Th. W. Müller, Die demoskopische Ermittlung der Verkehrsauffassung im Rahmen des §3 UWG, München 1987 참고. 여론조사 방법을 별로 사용하지 않는다는 비판적 지적으로는 Raiser, Grundlagen der Rechtssoziologie, 4.Aufl. 2007, S.21f. 참고. 스위스 연방법원은 형사절차에서 문제되는 도덕감정이나 수치심과 관련하여 "여론조사를 하는 것은 무용하다"고 지적한다(BGE 103 IV 96).

동이 일반조항을 통해 법관에게 위임되었음을 뜻한다. 전환기능
의 경우에는 최소한의 경험적 자료수집이 법관 자신의 가치평가
의 기초를 이루는 반면, 위임기능의 경우에는 이러한 요건마저도
필요로 하지 않는다. 그 어느 경우이든 법관이 자의적으로 결정
하지 않고자 한다면, 법관은 합리적인 결정기준들을 살펴보아야
하며, 따라서 법철학에서 논의하는 합리적 결정기준들은 유용한
지침이 될 수 있다.

　　구체적인 개별사례에서 위에서 말한 기능(수용기능, 전환기능,
위임기능) 가운데 어느 기능이 타당한지에 관한 결정은 단순히 그
일반조항의 문언이나 그에 대한 지배적 해석에만 의존하지 않는
다. 예컨대 독일민법 제242조의 '거래관행'을 원용하는 것이 관련
된 사회적 규범을 조사해야 한다든가, 그러한 조사가 가능하다는
것을 뜻하지는 않는다. 물론 '신의성실'의 의미를 이 개념이 지시
하는 대상에 대한 경험적 관찰이 가능하도록 하는 명제로 전환시
키는 작업[이를 사회학에서는 경험적 조작(Operation)이라고 부른다] 자
체 또한 아주 어려운 일이다. 따라서 지금까지 법실무에서 경험
사회학이 도움을 준 영역이 경쟁제한법에 국한되어 있다는 사실
은 결코 우연이 아니다. 왜냐하면 특정 집단의 사고방식을 밝히
려 할 때, 그 집단이 크면 클수록 그리고 그 구성원들이 이질적
일수록, 명백한 사회적 규범을 확인하기가 더 어려워지기 때문이
다. 따라서 앞에서 보기로 든 판결들이 '특별히 경건하지 않은 집
단', '지나치게 관대하지 않은 집단' 또는 '공평하고 올바르게 생각
하는 모든 사람들'이라는 표현을 썼다고 해서, 법원이 여론조사의
가능성을 생각한 것은 아니다. 이는 오히려 가치평가문제에 대한
결정을 위임받았다는 사실을 은폐하기 위한 전략일 수 있다. 다
시 말해 법원이 타인들의 견해를 원용하는 것은 단순히 판결을
정당화하는 의미를 가질 뿐이다.[33] 결국 법관은 자신의 직위에
근거하여 공평하고 올바르게 생각하는 사람들의 대표자를 자처하

는 것이다.[34]

물론 여기서 최고법원이 어떠한 경우에 사실주장에 관한 경험적 조사를 했어야 했고 또한 할 수 있었는가를 판단할 수는 없다. 경험적 조사에 대한 근원적인 불신과 비용문제와 같은 실제적인 문제는 이런 방향에 대한 진지한 논의에 장애요소가 되고 있는 것만은 사실이다. 어쨌든 앞에서 보기로 든 판결들을 통해 우리는 최고법원의 판결에서 법철학적 고려를 전제하지 않을 수 없는 경우가 빈번히 발생한다는 점을 확인할 수 있었다. 수많은 규범들 가운데 법도 도덕을 명시적 또는 묵시적으로 구현하는 것이기 때문이다.[35]

3. 일상의 법학적 작업에서 나타나는 가치평가의 문제

'인간의 존엄', '정의' 또는 '풍속'과 같은 개념을 다루면서 원칙적인 법적 결정을 내릴 때, 법철학의 관심영역인 가치평가를 하지 않을 수 없다는 사실은 법을 잘 모르는 사람도 금방 이해할 수 있을 것이다. 하지만 일상의 법학적 작업에서도 언제나 비슷한 상황이 발생한다는 사정이 더욱 중요한 의미가 있다. 즉 법도 그마틱도 무엇이 문제인가를 밝힐 수는 있지만, 스스로 해결책을 제시하지 못하는 상황이 자주 발생한다. 흔히 실정법의 '개방적 영역'[36]이라 부르는 상황에서 법은 단순히 도덕을 구현하는 데

---

33) 일반조항을 구체화할 때 개인주의적 지향과 집단주의적 지향 사이의 가치평가의 대립에 관해서는 Auer, Materialisierung, Flexibilisierung, Richterfreiheit, bes. S.166ff. 참고.

34) 일반조항을 위임규범으로 이해하는 것에 관해서는 Rüthers / Stadler, Allg. Teil des BGB, 14.Aufl., München 2006, §26, Rn. 29 참고.

35) 이와 관련된 방법적 문제에 관해서는 Neumann, Positivistische Rechtsquellenlehre und naturrechtliche Methode, Zum Alltagsnaturrecht in der juristischen Argumentation, in: R. Dreier(Hrsg.), Rechtspositivismus und Werkbezug des Rechts, Stuttgart 1990, S.141ff. 참고.

그치지 않고, 실정법 자체가 아무런 내용적 지침도 제시하고 있지 않지만, 실정법이 반드시 전제할 수밖에 없는 정당성기준과 관련을 맺게 된다. 이 경우에도 법률가는 어떤 식으로든 결정을 내려야 한다.

a) 해석에서의 의미론적 폭

법률해석에서 등장하는 난점들은 법도그마틱이 처하게 되는 한계상황의 대표적인 보기에 속한다. 문법을 정확하게 준수하더라도 그러한 난점이 발생하는 이유를 최근의 방법론은 언어가 갖는 두 가지 속성에 있다고 본다. 즉 언어는 '다의적'일 수도 있고, '모호'할 수도 있기 때문이라고 한다.

다의성(Mehrdeutigkeit)이란 하나의 단어에 대해 상이한 의미론적 적용규칙이 존재하여, 콘텍스트에 따라 서로 다른 의미를 가지는 경우를 말한다. 예컨대 '스타'라는 단어는 콘텍스트에 따라 '별'이나 '영화배우'를 뜻하기도 하고, 의학에서는 '눈병의 일종'을 뜻하기도 한다.[37] 이처럼 완전히 다른 의미를 갖는 경우가 있는가 하면, 서로 다르면서도 비슷한 의미를 갖는 경우도 자주 있다. 예를 들어 사기죄(독일형법 제263조, 스위스형법 제146조) 구성요건에서 '손해'는 모든 형태의 경제적 불이익을 의미할 수도 있고, 단순히 법적으로 보호되는 지위에 대한 침해를 의미할 수도 있다.

이에 반해 모호성(Vagheit)이란, 한 단어를 일정한 수의 대상에 적용하는 규칙 자체는 분명하지만, 이 단어를 적용할 수 있는지가 명백하지 않은 대상들, 즉 이른바 '중립적 대상'(neutraler Kandidat)이 존재한다는 것을 뜻한다.[38] 예컨대 만일 자동차를 망

---

36) Alexy, Begriff und Geltung des Rechts, S.118.

37) Koch, Die Auslegungslehre der Reinen Rechtslehre im Lichte der jüngeren sprachanalytischen Forschung, in: Alexy / Koch / Kuhlen / Rüßmann, Elemente einer juristischen Begründungslehre, S.155ff.(159).

가뜨렸다면 독일형법 제303조의 '손괴'에 해당한다는 점은 일상의
언어사용(물건의 파괴＝손괴)에 비추어 명백하다. 또한 자동차에
다른 색깔의 페인트를 칠한 행위는 손괴에 해당하지 않는다는 점
도 명백하다(물론 법률해석과는 무관한 형사정책적 근거에서 이 행위
도 손괴로 처벌해야 하는가에 관해 형법상의 논란이 있다). 전자와 같
이 어떤 대상이 한 단어에 명백히 해당할 때, 이를 '긍정적 대상'
(positiver Kandidat)이라 하고, 그 반대인 후자를 '부정적 대상'
(negativer Kandidat)이라고 한다. 이와는 달리 어떤 행위가 과연
'손괴'에 해당하는지를 일상의 언어사용에 비추어 결정할 수 없는
경우(예컨대 타이어의 밸브를 돌려 바람을 뺀 경우39))는 긍정적 대상
과 부정적 대상의 중간영역에 위치한다.

　　이처럼 문언이나 콘텍스트가 전혀 도움을 줄 수 없는 상황에
서는 어떻게 결정해야 하는가? 이 경우 역사적 입법자의 의사(주
관적 해석) 또는 법률의 '취지'(ratio; 객관적·목적론적 해석)를 물을
수 있다. 만일 이 두 해석방법이 서로 모순되는 결론을 야기할
경우 어떠한 우선순위에 따라야 하는가의 문제를 여기서 자세히
다룰 수는 없다. 우리의 관심사는 이러한 해석방법에서 어떠한
측면들이 고려되는가 하는 점이다. 입법자의 의사를 물을 경우,
상황에 따라서는 입법이유서에 나타나 있는 동기들을 원용할 수
있을 것이다. 그러나 대부분의 경우가 그렇듯이 입법자의 명백한
목적을 찾을 수 없을 때에는, 어떠한 해석이 입법자의 목적에 부
합하는가에 관한 경험적 지식을 필요로 한다.40) 물론 이는 '객관
적·목적론적 해석'에서도 마찬가지이다. 이 점에서 사회과학적
또는 자연과학적 인식은 불가피하다.

---

38) Koch(주 37), 158면 이하. 서술적 구성요건표지의 다의성과 모호성에
　　관해서는 또한 Kramer, Juristische Methodenlehre, S.52ff.도 참고.
39) BGHSt 13, 207ff.
40) Koch / Rüßmann, Juristische Begründungslehre, S.216.

행정법과 같이 상대적으로 법률규정의 목표가 명백한 경우에
도 그러한 인식의 필요성이 뚜렷이 드러난다. 형법과 같이 이데
올로기적 성향이 강하고 입법의 목적이 대개는 극히 추상적인(특
정한 법익의 보호, 특정한 범죄행위에 대한 투쟁) 법영역에서는 사정
이 훨씬 더 복잡하고 어렵다. 재산보호, 소유권보호와 같은 목적
은 앞에서 든 보기(독일형법 제263조의 손해, 제303조의 손괴)에서
제기되는 물음에 대답하는 데 별다른 도움이 되지 않는다. 따라
서 법관은 입법자가 명백히 제시하지 않은 입법취지까지 묻게 된
다. 예컨대 법관은 손해라는 개념을 법질서의 통일성을 고려하여
좁게 해석할 수도 있고, 형법의 규율대상에서 벗어나는 영역이
생기지 않도록 넓게 해석할 수도 있다. 또한 피해자의 이해관계
를 중시하여 손괴를 '목적에 따른 사용에 대한 침해'로 해석할 수
도 있고, 형법의 '최후수단적 기능'(ultima-ratio-Funktion)을 강조하
여 이 개념을 제한적으로 해석할 수도 있다. 어떠한 경우든 법관
이 자신의 판결에 대해 자세한 근거를 제시하고자 한다면, 정의
에 관한 복잡한 사고를 거치지 않을 수 없다. 이는 객관적·목적
론적 해석의 특수한 방식인 결과지향(Folgenorientierung)에서도 마
찬가지이다. 즉 판결을 그것이 장래에 미칠 결과의 측면에서 정
당화하기 위해서는 원칙적으로 경험적인 법사실연구를 필요로 할
뿐 아니라, 법관이 그 결과를 평가하는 것도 판결에 필수적이
다.[41]

b) 가치평가

법문의 의미론적 폭 때문에 생기는 경험적 문제나 가치평가
의 문제와는 별개로 법률문언 자체에 특수한 가치개념이 존재하
는가 하는 물음에 대해서는 쉽사리 대답하기 어렵다. 만일 그러

---

41) Gast, Juristische Rhetorik. Auslegung, Begründung, Subsumtion,
Heidelberg 1988, Rn. 238 a.E.

한 가치개념을 인정한다면 그 자체 독자적인 해석방법을 필요로 할 것이며, 다의성이나 모호성이 확인되지 않더라도 법적용자에게 가치평가를 요구하게 될 것이다. 예컨대 '기대가능성', '부적절한', '불공평한', '본질적 침해', '위험한' 등의 구성요건표지는 가치개념 또는 가치의 충족을 필요로 하는 개념으로 여겨진다. 일부의 학설에 따르면, 이러한 가치개념은 결코 특별한 해석상의 문제를 야기하지 않는다고 한다. 즉 해석의 문제는 단지 그러한 개념들이 갖고 있는 서술적(deskriptiv) 요소들이 모호할 때 발생할 뿐이며, 평가적 요소는 입법자의 긍정적 또는 부정적 태도에 이미 표현되어 있기 때문에 별도의 해석문제는 발생하지 않는다는 것이다.42) 그러나 이러한 학설에 반대하는 입장에 따르면, 그러한 가치개념에 직면한 법적용자는 무엇이 좋고, 무엇이 기대가능하고 또는 무엇이 바람직한가에 대해 상이한 서술적 판단을 내릴 수 있다고 한다.43) 따라서 가치개념에서는 평가적 요소와 관련된 별도의 해석문제가 발생하며, 단순히 입법자의 태도를 확인하는 것만으로는 충분하지 않다고 한다.

하지만 가치개념에서는 서술적 요소의 모호성 때문에 해석의 문제가 발생하기도 한다는 점에 관해서는 두 견해 사이에 차이가 없다. 물론 모든 가치개념의 공통된 성격은, 평가적 의미요소를 통해 입법자가 법적용자로 하여금 법문의 서술적 의미만으로는 명백히 확정할 수 없는 영역을 보충하도록 권한을 위임했다는 데 있다는 두 번째 견해는 분명 옳다. 흔히 일반조항이라고 말할 때에는 독일민법 제242조(신의성실)와 같이 그 서술적 내용이 상대

---

42) Koch(주 37), 159면 이하. 이와 비슷한 입장의 Kramer, Juristische Methodenlehre, S.54ff.도 참고.

43) Alexy, Die logische Analyse juristischer Entscheidungen, in: Hassemer / Kaufmann / Neumann(Hrsg.), Argumentation und Recht, Wiesbaden 1980, S.181ff.(191).

적으로 불확실한 가치개념을 포함한 법규정을 염두에 두는 경우
가 많다. 법관이 평가의 권한을 갖는다는 점에 비추어 서술적 내
용을 규정할 때에는 특히 앞에서 논의한 일반조항의 기능의 문제
가 뚜렷하게 부각된다. 즉 법관은 사회생활에서 사실상으로 주장
되고 사회규범으로 집약된 가치평가에 따라 판단해야 하는가 아
니면 자신의 평가에 기초하면 그만인가? 이러한 결정상황은 객관
적·목적론적 해석에서는 언제나 등장하는 문제이며, 좁은 의미
의 가치개념에만 국한된 문제가 아니다.

　　가치의 충족을 필요로 하는 개념과 관련하여 특별히 주목을
끄는 조항은 독일형법 제34조(정당화적 긴급피난)이다. 이 규정에
따르면 정당화사유가 존재하기 위해서는 '(긴급피난행위로) 보호되
는 이익이 침해되는 이익보다 본질적으로 중대할 것'을 전제로
한다. 보통의 경우와는 달리 이 법규정은 명백히 가치평가를 관
련시키고 있다. 즉 '본질적으로 중대하다'는 문언에 대한 판단은
'침해된 법익과 이 법익침해를 야기한 위험의 정도라는 서로 대
립하는 이익을 저울질'해야만 내려질 수 있다. 따라서 서로 갈등
관계에 있는 이익의 평가는 법적용자의 과제이다. 법적용자는 법
률이 그에게 평가를 위해 충분한 도움이 되지 않는 상황에서 어
떠한 이익이 더 중한가를 판단해야 한다. 물론 형량을 할 때에는
문제가 되는 두 법익의 침해에 대한 각각의 형벌을 기준으로 삼
을 수도 있을 것이다. 그러나 형법상의 형벌규정은 순전히 '명목
상'의 기능을 가질 뿐이다. 실제로 구체적인 사례에서 평가를 하
기 위해서는 실정법에서 직접 도출할 수 없는 기준들을 끌어들여
야 한다. 순전히 이론적으로만 생각하면 이 경우에도 두 가지 해
결방법이 있을 수 있다. 첫째, 법관이 대립하는 두 이익 가운데
일반적으로 어느 것이 더 중요하다고 여겨지는가를 조사하는 방
법이 있다. 둘째, 법관 스스로 법질서의 지도사상44)으로부터 서
로 대립되는 이익 사이의 위계질서를 확정하거나, 법질서에 앞서

있는 가치의 위계질서(이는 특별한 정당화를 요구한다)를 도출하는 방법이다.

　가치의 충족을 필요로 하는 개념과 경험적으로 확인할 수 있는 내용이 결합하는 경우는 결코 드물지 않다. 또 다른 보기를 들어보자. 독일형법 제47조 제1항은 "법질서의 방위를 위해 불가피한 때"에는 예외적으로 6개월 이하의 단기자유형을 선고하도록 규정하고 있다. 여기서 '불가피하다'는 명백히 가치개념이다. 또한 '법질서의 방위'는 오늘날의 통설에 의하면 독일형법 제47조가 예외적으로 형벌목적으로 허용하고 있는 일반예방으로 이해된다. 단기자유형이라는 순수한 위협형(威脅刑)이 법질서의 유지를 위해 불가피한지를 판단하기 위해, 법관은 우선 형벌의 예방효과에 대해 생각해야 한다. 법관의 평가는 이러한 경험적 문제의 해결에 의존하기 때문이다. 엄밀하게 말하면, 법관은 먼저 형벌의 일반예방효과에 관한 사회학적 연구를 원용해야 한다. 하지만 그러한 연구가 아직 초기단계에 머물러 있을 뿐만 아니라,45) 기존의 연구가 형벌의 일반예방적 효과 전반에 대해 회의적이라는 이유로 법실무는 자신들 나름의 사회학적 '일상이론'(명백한 근거가 없는 이론)에 기초하고 있다. 즉 불가피성에 관한 규범적 판단은 아주 박약한 토대에 기초하고 있다.

　c) 법률해석의 영역을 넘어서 있는 규범적 전제들
　법적용자의 활동이 단순한 법률해석에 국한되지 않는다는 점은 일반적으로 잘 알려져 있다. 판결 발견을 위한 규범적 전제의

---

44) Larenz / Canaris, Methodenlehre der Rechtswissenschaft, S.112.
45) Dölling, Generalprävention durch Strafrecht – Realität oder Illusion? in: ZStW 102(1990), S.1ff.(2f.); '적극적 일반예방'에 관해서는 v. Hirsch, Fairness, Verbrechen und Strafe: Strafrechtliche Abhandlungen, Berlin 2005, S.20 참고.

관점에서 보더라도 법률은 결코 유일한 전제가 아니다.

예컨대 법률이 명문의 규정으로 재량(Ermessen)을 인정하는 경우도 있다. 재량을 행사할 때에는 법률을 해석할 뿐만 아니라 법률구성요건을 보충해야만 한다. 이 경우 가치평가와 경험적 지식의 도입과 관련해서는 원칙적으로 주관적 해석이나 객관적-목적론적 해석에서 설명했던 내용들이 그대로 적용된다.[46]

'대소추론'(argumentum a maiore ad minus), '소대추론'(argumentum a minore ad maius), '유추', '반대추론'(argumentum e contrario) 등의 특수한 법적 추론[47]에서도 상황은 다르지 않다. 즉 하나의 사안이 특정한 관점에 비추어 다른 사안과 비슷한지 아니면 다른지를 판단하기 위해서는 사실에 관한 지식과 평가의 기준을 필요로 한다. 이 밖에도 법률상의 모순관계를 밝히고 이를 조화롭게 구성하는 작업, 흠결을 보충하는 작업 등을 위해서도 법적용자는 단순한 해석의 차원을 넘어 조화와 보충을 위한 법원칙을 형성해야 한다.

판결의 규범적 전제를 밝히기 위해서는 언제나 경험적 지식을 필요로 하듯이, 판결의 사실적 측면, 즉 사안의 확인을 위해서는 당연히 경험적 지식이 전제되어야 한다. 법률효과에 연결되는 사실의 확인은 법학방법론에서도 일반적으로 인정되는 인식활동

---

46) Koch / Rüßmann, Juristische Begündungslehre, S.236.

47) Kramer, Juristische Methodenlehre, S.173ff. ['대소추론'과 '소대추론'을 묶어 '당연추론'(Erst-recht-Schluß oder argumentum a fortiori)이라고도 한다. 예컨대 승용차에 6인이 탑승하는 것이 금지되어 있다면 '당연히' 7인이 탑승하는 것도 금지된다. ─ 이 경우는 '소대추론'에 해당한다. ─ 이에 반해 '반대추론'은 법률구성요건에 해당하지 않는 사안에 대해서는 법률효과가 발생하지 않는다는 결론을 도출할 때 사용되는 추론형식이다. 예컨대 타이어의 바람을 뺀 행위가 '재물손괴'의 구성요건에 해당하지 않는다면, 형벌이라는 법률효과가 발생하지 않는다. 물론 문제는 이러한 추론형식 자체에 있는 것이 아니라, 이 행위가 구성요건에 해당하는지 여부를 평가하는 데서 발생한다. ─ 옮긴이].

이다.[48] 사실확인에서는 법관이 증거조사를 할 때 직접 인지한 사실뿐만 아니라, 인과성판단에 관한 주장(필연적 경험법칙)과 통계나 개연성에 기초한 경험법칙이 동원된다.[49] 물론 판결의 규범적 전제를 밝히기 위해 경험적 지식이 필요하듯이, 법적으로 의미가 있는 사안을 확인하기 위해서도 규범적 고려를 필요로 한다. 이 때 법적으로 의미가 있다는 것은 법률규정에 비추어 의미가 있다는 것을 말하는가? 당연히 그렇다. 법률해석은 언제나 구체적인 사례와 관련하여 이루어진다. 자동차 타이어에서 바람을 뺀 행위를 다시 보기로 들어보자. 바로 이 구체적 사례가 발생했기 때문에 그것이 독일형법 제303조의 '손괴'에 해당하는가의 문제가 제기된다. 다른 한편, 이 '사례'를 일정한 구성요건표지를 갖추고 있는 특정한 법률에 비추어 볼 때에만 이 사례에서 법적으로 의미가 있는 표지를 밝혀낼 수 있다. 따라서 법률과 사례는 서로에게 필요한 존재이다.

법률과 사례 사이의 관계를 둘러싼 논의는 하이데거와 가다머(Gadamer)에 의해 발전된 해석학(Hermeneutik)[50]이 법학에 수용된 1960년대 이후부터 활발하게 진행되었다. 몇몇 학자들은 법관의 법발견이 필연적으로 법률과 사안 사이의 순환과정이라고 말한다(물론 여기서 말하는 순환과정은 논리적 순환과 같은 허용될 수 없는 모순을 뜻하지 않는다). 즉 사안을 구성하기 위해서는 이 사안이 포섭될 수 있는 법률을 찾아야 하고, 거꾸로 법률의 구성요건표지는 사안이 존재할 때 비로소 구체화될 수 있기 때문에 법률은

---

48) Larenz / Canaris, Methodenlehre der Rechtswissenschaft, S.99ff.

49) Rüßmann, Allgemeine Beweislehre und Denkgesetz, in: Alexy / Koch / Kuhlen / Rüßmann, Elemente einer juristischen Begründungslehre, S.369ff. (370ff.); Larenz / Canaris, Methodenlehre der Rechtswissenschaft, S.125f.

50) Gadamer, Wahrheit und Methode. Grundzüge einer philosophischen Hermeneutik; Heidegger, Sein und Zeit, 19.Aufl., Tübingen 2006, §32.

오로지 사안에 비추어서만 판단될 수 있다는 것이다. 또한 사안의 종국적인 확정은 법률을 통해서만 가능하고, 법률의 해석을 위해서는 사안을 필요로 한다는 점을 지적한다. 이러한 '해석학적 순환'과정이 왜 특정한 시점에서 사례해결이라는 종착점에 도달하는가에 대해 이들은 '선이해'(Vorverständnis)라는 개념을 빌려 설명한다.[51] 즉 어떠한 법률이 적합한가에 대한 법률가의 선이해는 법률에 포섭가능한 사안들을 이미 지시하고 있다는 것이다. 따라서 선이해를 통해 이미 특정한 법률과 특정한 사안 사이의 기본적인 결합이 이루어지고, 그 이후에는 법률과 사안을 포섭가능한 관계로 형성하면 된다고 한다.

철학적 해석학을 법학에 수용하는 것에 대해 전혀 반론이 없는 것은 아니다. 물론 법발견을 위해서는 사례를 법률에 포섭하는 것만으로 충분하다고 주장하는 사람은 아무도 없다(적어도 20세기에는 그렇다). 그러나 '해석학적 순환'이론을 언어분석의 관점에서 비판하는 학자들은, 이 이론이 법적용과정에서 발생하는 의미론적 문제를 엄밀하게 밝히지 못하고 있음을 지적한다.[52] 실제로는 사안과 이미 선택된 법률규정 사이의 시각의 왕래[53]가 이루어지는 것이 아니라, 우선 적합한 법률을 하나의 가설로 제기하고, 그 이후에 사안을 자세히 검토하여 제기된 가설을 수용하거나 폐기하게 된다는 것이다. 바로 이 점에서 '순환'은 존재하지

---

51) Esser, Vorverständnis und Methodenwahl in der Rechtsfindung, S.135ff. 이에 관해서는 또한 Habermas, Erkenntnis und Interesse, Sonderausgabe 2003, S.204ff.도 참고. 헌법적 관점에서는 F. Müller, Juristische Methodik, 8.Aufl., Berlin 2002, Rn. 271ff. 참고.

52) Rottleuthner, Hermeneutik und Jurisprudenz, in: Koch(Hrsg.), Juristische Methodenlehre und analytische Philosophie, Kronberg / Ts. 1976, S.7ff. (23ff.); Kuhlen, Typuskonzeption in der Rechtstheorie, Berlin 1977, S.162ff.

53) 이 유명한 표현은 Engisch, Logische Studien zur Gesetzesanwendung, Heidelberg 1963, S.15에 유래한다.

않는다는 것이 비판의 요지이다.

이러한 비판에도 불구하고 우리가 지금까지 서술한, 법률과 무관한 법적 논증의 형태를 지적했다는 점에서 법적 해석학의 성과를 인정해야 한다. 또한 법적 결정이 결코 의미론(Semantik)에 한정되지 않는다는 해석학의 주장54)에도 전적으로 동의할 수 있다. 그러나 이러한 해석학적 입장은 법적 결정을 위한 완벽한 연역적 논리체계를 구성하려는 시도와 결코 모순되지 않는다는 점을 지적해야 한다. 왜냐하면 모든 사실적 및 규범적 전제를 낱낱이 밝혀 이를 하나의 체계로 구성해야 한다는 요구가 강하면 강할수록, 법실무에서 정의에 관한 고려가 갖는 의미를 더욱 잘 인식할 수 있기 때문이다.

지금까지의 논의는 다음과 같이 요약할 수 있다. 한눈에 보아도 비실정적 정당성기준에 지향되는 경우가 빈번한 최고법원의 판결뿐만 아니라, 일상의 법학적인 작업도 법률에 규정되지 않은 일정한 지도원칙을 지향하지 않을 수 없다. 법획득은, 그것이 자의적으로 이루어지지 않고자 한다면, 비실정적 정당성기준에 대한 끊임없는 합리적 논의를 전제해야 한다.55)

---

54) U. Neumann, Zum Verhältnis von philosophischer und juristischer Hermeneutik, in: Hassemer(Hrsg.), Dimensionen der Hermeneutik. Arthur Kaufmann zum 60. Geburtstag 1983, S.49ff.(55).

55) 같은 입장에 있는 Hofmann, Rechtsphilosophie, in: Koslowski, Orientierung durch Philosophie, S.118ff. 참고.

§7 정의이론 :
간략한 역사적 개관

▌참고문헌 ▌ *Aristoteles*, Rhetorik, dt. Übers., 5.Aufl., München 1995; *Aristoteles*, Nikomachische Ethik, dt. Übers., 4.Aufl., Hamburg 1985; *Engisch*, Auf der Suche nach der Gerechtigkeit, München 1971; *Gordon*, Aristoteles über Gerechtigkeit: Das V. Buch der Nikomachischen Ethik, Freiburg i.Br. u.a. 2007; *Höffe*, Gerechtigkeit: Eine philosophische Einführung, 3.Aufl., München 2007; *Kelsen*, Was ist Gerechtigkeit? 2.Aufl., Wien 1975; *M. Köhler*, Iustitia distributiva. Zum Begriff und zu den Formen der Gerechtigkeit, ARSP 1993, 457ff.; *Kriele*, Kriterien der Gerechtigkeit, Berlin 1963; *Luhmann*, Gerechtigkeit in den Rechtssystemen der modernen Gesellschaft, Rechtstheorie 4(1973); *Perelman*, Über die Gerechtigkeit, München 1967; *Platon*, Politeia, dt. Übers., Werke Bd.4, hrsg. v. Eigler, Darmstadt 1971; *Platon*, Gorgias, dt. Übers., Werke Bd.2, hrsg. v. Eigler, Darmstadt 1973; *Platon*, Nomoi, dt. Übers., Gesetze VI, Werke Bd.8 Teil 1, hrsg. v. Eigler, Darmstadt 1977; *P. Prodi*, Eine Geschichte der Gerechtigkeit, 2.Aufl., München, 2005; *Radbruch*, Rechtsphilosophie, 2.Aufl. der Studienausgabe, hrsg. v. R. Dreier / Paulson, Heidelberg, 2003; *Rawls*, A Theory of Justice (1971), Cambridge Mass. 2005, dt. Übers. Eine Theorie der Gerechtigkeit, 14. Aufl., Frankfurt a.M. 2005; *Stratenwerth*, Wie wichtig ist Gerechtigkeit?, in: Strafgerechtigkeit, FS für Arthur Kaufmann zum 70. Geb., Heidelberg 1993, S.353ff.

법률은 어떠한 성질을 가져야 하는가 그리고 법적 결정, 즉 판결은 어떠한 지도원칙에 따라야 하는가와 같은 당위적 물음에 대해 흔히 사람들은 법률이나 판결은 '정의로워야' 한다고 대답한다. 이 절에서는 우선 정의의 개념이 역사적으로 어떻게 전개되어 왔는가를 살펴보겠다. 정의의 내용적 기준에 관해서는 다음 절에서 다루기로 한다.

1. '정의'의 의미 : 역사적 전개과정

a) 고대 정의론의 기초 : 플라톤과 아리스토텔레스

"정의란 무엇인가?"는 법철학의 핵심적인 물음 가운데 하나이자 가장 오래된 물음 가운데 하나이다. 이미 그리스 철학부터 이 물음에 답하려고 노력했으며, 오늘날에도 '정의'를 논의할 때는 거의 언제나 거치게 되는 확고한 틀을 형성했다. 플라톤(Platon; 기원전 427-347)은 정의를 정치적 덕(德 arete)으로 이해하고, 이 덕은 무엇보다도 "잡다한 다른 것들이 아니라, 바로 자기의 몫을 행하는 것"1)이라고 설명한다. 그리고 이러한 덕이야말로 그리스 도시국가에서 인간들의 공동생활을 가능하게 만드는 요소라고 한다. 플라톤보다 훨씬 더 자세하게 정의개념을 다루었던 아리스토텔레스(Aristoteles; 기원전 384-322)는 플라톤의 사고를 바탕으로 정의개념을 더욱 발전시켰다. 아리스토텔레스도 정의를 하나의 덕으로 이해하고, 이를 통해 "모든 사람이 각자 자기의 것을 갖게 된다"고 한다.2) 여기서 각 개인의 '자기의 것'이 무엇인가는 공동체 내

---

1) Platon, Politeia IV, 433a, dt. Übers., S.321; Gorgias 508, dt. Übers., S.451; Nomoi VI, 757, dt. Übers., Gesetze VI, S.357. 이를 통해 결과적으로 부정의가 플라톤 정의이론의 전면에 서게 된다는 점을 보여주고 있는 Böckenförde, Geschichte der Rechts- und Staatsphilosophie, S.98 참고.

2) Aristoteles, Rhetorik, Buch 1, Kap.9, 1366b, dt. Übers., S.47f.

에서의 구체적인 지위, 즉 각 개인의 '신분'에 따라 결정되며, 누군가가 자신의 지위에 만족하지 않거나 타인으로부터 그 지위에 걸맞은 대우를 받지 못할 때는 문제가 발생한다고 한다.

플라톤과 아리스토텔레스는 모두 '각자에게 그의 것을'이라는 표현을 정의의 내용으로 파악하지만, 아리스토텔레스는 플라톤과는 달리 정의의 또 다른 측면을 더 강조한다. 그의 견해에 따르면, 평등을 지향하는 사람이 곧 정의로운 사람이라고 한다.3) 이처럼 평등을 기준으로 내세우면, 자명하게 존재하고 있는 사실에 대해 회의가 싹트게 된다. 왜냐하면 존재하는 사실을 평가하고 상황에 따라서는 이를 비판할 수도 있는 척도가 생기기 때문이다. 물론 아리스토텔레스가 당시의 현실을 평등에 비추어 평가하거나 비판하지는 않았다. 그에게 평등은 단지 정의문제의 한 부분영역으로서만 의미를 가졌다. 아리스토텔레스는 정의가 실현되는 두 가지 방식을 제시한다. 하나는 분배적 정의로서 제3자에 의해 재화나 명예가 분배될 때, 다른 하나는 평균적 정의로서 오늘날의 법영역에서 계약이나 불법행위라 부르는 행위처럼 개인들 사이에 거래가 이루어질 때 문제가 된다. 정의로운 분배는 모든 사람을 그 지위와 자격에 상응하는 비율에 따라 고려함으로써 실현된다. 이에 반해 정의로운 거래는 모든 사람들이 서로를 동등하게 대우하고, 급부와 반대급부가 균형관계에 있을 때 실현된다. 전통적으로 후자의 평균적 정의는 다시 침해금지를 의미하는 회복적 정의(좁은 의미의 조정적 정의)와 쌍방적 이해관계의 조화를 의미하는 교환적 정의로 구별된다.4)

---

3) Aristoteles, Nikomachische Ehtik, Buch 5, Kap. 3, 1129a 35, dt. Übers., S.103. 이에 관해서는 또한 Gordon, Aristoteles über Gerechtigkeit도 참고.

4) Aristoteles(주 3), 제5, 6, 7장(회복적 정의)과 제8장(교환적 정의). 정의의 여러 가지 형태에 관해서는 M. Köhler, Iustitia distributiva. Zum Begriff und zu den Formen der Gerechtigkeit, ARSP 1993, S.457ff. 참

정의의 두 가지 중요한 측면, 즉 비례성(Proportionalität)과 평등성(Gleichheit)은 그 이후에도 항상 원용되었다. 예컨대 '각자에게 그의 것을'(비례성)은 중세의 법률가와 신학자들에게 아주 중요한 역할을 했던 반면, 근대의 계몽주의 시대에는 평등성이 정의의 요소로서 특별히 강조되었다.5) 물론 어떠한 대상을 정의의 중심적 문제영역으로 파악하는가의 관점도 시대마다 차이가 있다. 오늘날에는 법, 즉 개별 법규범이나 개별적인 판결 또는 전체 법질서가 과연 정의로운가를 묻는 것이 보통이지만, 고대와 중세에는 각 개인의 덕으로서의 정의에 더 많은 관심을 가졌다. 정치적 지배의 정의에 대한 논의가 시작된 것은 비로소 중세 후기부터이다.6)

b) 정의는 내용 없는 형식에 불과한가?

역사적 전개과정에서 나타난 바와 같이 정의개념의 가장 중요한 측면은 '각자에게 그의 것을'(jedem das Seine)과 '각자에게 같은 것을'(jedem das Gleiche)이라는 명령이다. 그러나 이 두 개의 명령은 서로 상반되고, 그로 인해 정의개념의 불명확성7)을 야기한다. 그런데도 역사적으로 양자를 대립된 것으로 이해하는 경우

고.

5) 정의개념의 간략한 역사에 관해서는 Engisch, Auf der Suche nach der Gerechtigkeit, S.147ff 참고. 중세의 정의개념에 대해 상세하게는 P. Prodi, Eine Geschichte der Gerechtigkeit, bes. S.48ff. 참고. 이밖에도 Beck- Mannagetta / Böhm / Graf(Hrsg.), Gerechtigkeitsanspruch des Rechts, FS Mayer-Maly, Wien / New York 1996에 실린 여러 글들도 참고.

6) Hofmann, Bilder des Friedens oder die vergessene Gerechtigkeit. Drei anschauliche Kapitel der Staatsphilosophie, München 1997은 정의를 묘사한 회화들에 비추어 정의문제의 관련점이 어떻게 변화해 왔는지를 인상적으로 서술하고 있다.

7) Engisch, Auf der Suche nach der Gerechtigkeit, S.153.

는 거의 없으며, 오늘날에도 정의에 관한 개념규정을 시도할 때
에는 두 요구를 결합시키는 형식을 찾아내려고 한다. "본질적으
로 같은 것을 같지 않게 다루어서는 안 되고, 본질적으로 다른
것을 같게 다루어서도 안 된다"[8]는 가장 흔하게 듣는 정의의 형
식이다. 또는 "본질적으로 같은 범주에 속하는 존재는 같은 방식
으로 다루어야 한다"[9]는 요구도 있다.

　　물론 "같은 것을 같게 다루어야 한다"가 정의의 본질적 내용
이라는 주장에 대해, 그것은 단지 내용 없는 형식에 불과하다는
비판이 제기된다.[10] 왜냐하면 법은 각 개인 상호간 또는 상황들
상호간에 어떠한 종류의 일치점이 있을 때 이들을 동등하게 취급
해야 하는가의 물음에 대해 앞서 제시한 형식만으로는 대답할 수
없기 때문이다. 다시 말해, 어떠한 차이점이 있을 때 차별취급을
규정한 법이 정당화되는가(대상의 어떠한 차이점이 '본질적'인 차이인
가?)에 관해 이 형식 자체는 아무 것도 말해주지 않는다. 정의개
념이 내용 없는 형식에 불과하다는 비판에 대해, 이 형식의 부정
형태(즉 '같은 것을 다르게 다루어야 한다!')를 내세워 그것이 도덕감
정에 반한다는 사실을 지적함으로써 반론을 제기하는 입장이 있
다.[11] 그러나 이러한 반론이 과연 적절한지 의문이다. 왜냐하면
도대체 '같다' 또는 '평등하다'가 무엇을 의미하는지를 밝히지 않
는 한, 이 부정문형태는 긍정문형태와 마찬가지로 그 의미가 불
확실하기 때문이다. 그러나 정의개념에서 더욱 결정적인 측면은,
우리가 정의개념을 표현할 때는 언제나 '같은 것을 같게 취급한
다'라는 간략한 형식에 그치지 않고 더 많은 것들을 염두에 두고

---

8) BVerfGE 1, 14ff.

9) Perelman, Über die Gerechtigkeit, S.28.

10) Kelsen, Was ist Gerechtigkeit? S.23ff.; Stratenwerth, Wie wichtig ist
　　Gerechtigkeit? S.353ff.

11) Tammelo, Theorie der Gerechtigkeit, München 1977, S.24.

있다는 사정일 것이다.

예컨대 우리가 정의개념을 표현할 때에는 '인간은 당연히 평등하게 취급받을 권리가 있다'[12]는 점을 생각하게 되며, 따라서 정의원칙을 불평등취급의 근거를 반드시 제시하라는 강제로 해석한다. 또한 평등취급이나 불평등취급에 대한 결정은 일정한 원칙 또는 규칙에 따를 수 있다.[13] 다시 말해 정의원칙을 적용할 때에는 개별사례마다 똑같이 적용되는 척도가 있어야 하고 '같은 것'이 존재하는가를 결정할 때에는 자의가 배제되어야 한다는 사실을 염두에 두게 된다.

이 밖에도 개인적 이해관계가 개입되어서는 안 된다는 점도 어떤 것이 본질적으로 같게 또는 다르게 취급되어야 하는가에 관한 하나의 결정이 정의원칙을 충족하기 위해 필요한 조건으로 자주 언급된다(정의의 여신의 눈이 가려진 이유도 여기에 있다고 해석하는 것이 보통이다). 영미에서 특히 많이 논의되어 왔고, 최근에는 독일에서도 자주 논의되는 존 롤스(John Rawls)의 정의론은 정의의 이 측면을 출발점으로 삼고 있다. 그에 따르면 한 공동체의 각 구성원들의 권리나 재화의 분배를 규정하는 원칙의 형성은, 어느 누구도 자신이 사회 내에서 어떠한 지위를 갖게 될지 그리고 어떠한 타고난 재능을 갖고 있는지를 전혀 모르는 (가상의) 상황을 전제하고 이루어져야 한다.[14] 롤스가 이러한 근원적 지위(original position)로부터 도출할 수 있다고 생각하는 정의의 기준들에 관해서는 다음 절에서 논의하겠다.

앞에서 서술한 정의의 내용과 관련시켜 볼 때, 정의개념을

---

12) Hart, The Concept of Law(1961), 2.Aufl., Oxford 1998, S.157, dt. Übers., Der Begriff des Rechts, Frankfurt a.M. 1973, S.223.

13) Perelman, Über die Gerechtigkeit, S.6ff. 이에 관해서는 Kriele, Krieterien der Gerechtigkeit, S.67ff.도 참고.

14) Rawls, A Theory of Justice, S.11, dt. Übers., Eine Theorie der Gerechtigkeit, S.29.

'공허하다' 또는 '내용이 없다'고 규정할 수는 없을 것이다. 그럼에도 하나의 법질서 전체 또는 개별적인 법규정이 구체적인 상황에서 어떠한 성질을 가질 때 정의롭다고 할 수 있는가와 같은 물음 앞에서 정의개념은 단순한 형식에 불과하다. '같은 것을 같게 취급하라!'는 요구는 설령 규칙의 수반이나 객관성을 그 배후에 깔고 있다고 할지라도, 단지 하나의 틀만을 제시해 줄 뿐, 그 구체적인 내용까지 충족시켜 주지는 못한다. 그러한 정의개념은 평등취급의 기준을 포함하고 있지 않으며, 무엇이 본질적 차이인가에 관해 아무런 말도 하지 않는다. 예컨대 재화의 분배는 성과에 따라 이루어져야 하는가 아니면 사회적 지위에 따라 이루어져야 하는가? 또는 필요에 따라 이루어져야 하는가 아니면 전체에 대한 유용성에 따라 이루어져야 하는가? 그리고 자유원칙은 제3자나 국가를 통한 분배에 어떤 한계를 설정하는가? 정의개념은 분배나 교환이 비례에 따라 이루어져야 한다는 사실 자체는 밝히고 있지만, 분배나 교환의 대상에 대해서는 구체적으로 말해주는 바가 없다.

물론 정의의 구체적 내용에 대한 물음은 여러 가지 형태로 제기될 수 있다. 예컨대 실질적 정의에 대한 물음, 법의 합목적성에 대한 물음, 정당한 법에 대한 물음 또는 단순히 정의의 기준에 대한 물음 등이 있을 수 있다. 과연 이러한 물음에 대해 합리적으로 대답할 수 있는가는 격렬한 논쟁의 대상이다. 이 문제는 과거에 '자연법'이라는 표제를 달고 이루어진 논의영역이며, 이제 우리는 이 문제를 다루게 된다. 그에 앞서 우선 정의와 관련하여 등장하는 몇 가지 문제들에 대해 간략한 개념적 설명을 하기로 한다.

2. 형평, 법적 안정성 그리고 정의

형평과 정의의 관계, 법적 안정성과 정의의 관계는 아직까지도 분명하게 밝혀지지 않고 있다.

아리스토텔레스 이래로 형평(Billigkeit)은 제정법이 그 보편성으로 말미암아 구체적인 사례에서 만족할 만한 해결책을 제시할 수 없다고 판단될 때, 그 제정법을 교정하는 원리로 이해되어 왔다.[15] 즉 하나의 사례가 유사한 다른 사례들과 특수한 관점에서 같지 않다면, 그 사례를 동일한 법률에 따라 취급해서는 안 된다는 원리이다. 이 점에서 형평과 정의의 관점은 일치한다.[16] 이에 반해 때때로 형평은 '동정, 연민, 인간애'의 결과로 파악되어 정의와 대비되기도 한다.[17] 그러나 형평을 정의에 속한다고 볼 것인가 그렇지 않다고 볼 것인가는 용어상의 문제일 뿐이다. 즉 정의의 개념을 규정할 때, 법적으로 고려해야 할 '같지 않음'의 범위를 어디까지 확장할 것인가에 달려 있다. 다시 말해 사람들 상호간 또는 상황 상호간의 차이를 어느 정도까지 고려해야 하는가의 문제이다. 물론 이러한 용어상의 문제와는 별개로 실질적인 문제가 개입되어 있긴 하다. 즉 법의 과제는 일반화(Generalisierung)를 통해 가장 확실하게 실현되고, 다만 극단적인 경우에만 개별적인 교정을 필요로 한다고 생각할 것인지 아니면 일반화에 대립되는 다른 원칙을 형성하여 이를 형평이라는 독자적 원리로 포괄할 것인지[18]가 문제된다(이에 관해서는 아래의 §11.3 참고).

---

15) Aristoteles, Nikomachische Ehtik, Buch 5, Kap.12-14, 1137 a/b, S.124ff.

16) 이에 관해서는 예컨대 Böckenförde, Geschichte der Rechts- und Staatsphilosophie, S.119f. 참고.

17) 예컨대 Tammelo, Theorie der Gerechtigkeit, S.82.

18) 아도르노가 아리스토텔레스의 '형평'을 찬양한 것은 이 후자의 의미이다

법적 안정성과 관련해서도 비슷한 용어상의 문제가 발생한다. 즉 법적 안정성도 정의개념을 어떻게 파악하느냐에 따라 정의의 한 요소로 볼 수도 있고, 정의에 대립되는 것으로 볼 수도 있다. 구스타프 라드브루흐는 법적 안정성을 (형식적) 정의와 '합목적성'(이는 실질적 정의의 요소와 순수한 유용성판단의 요소를 내용으로 한다)과 함께 '법이념의 세 번째 구성부분'으로 파악한다.[19] 라드브루흐는 법적 안정성의 개념과 관련하여 상황에 따라서는 실정법이 정의를 전혀 고려하지 않고 그 자체로 효력을 가져야 할 근거들을 논의하면서 정의와 법적 안정성이 대립할 수 있는 가능성을 인식하고 있다. 그러면서도 라드브루흐는 내용의 확정성, 예견가능성, 판결의 통일성과 일관성, 재판거부의 금지를 통한 평화유지 등과 같은 법적 안정성의 요소들이 정의개념의 요소이기도 하다는 사실을 정확하게 인식하고 있다. 이는 규칙의 존재와 결정의 객관성이 정의개념에 내재하는 관점이라는 사실을 생각해 보면 금방 알 수 있다.[20]

그러나 형평, 법적 안정성, 정의를 둘러싼 이러한 모든 사고들은 이미 고대 법철학부터 시작된 논의의 범위 내에서 움직이고 있다. 이와는 달리 최근에는 정의를 명백히 법적 안정성의 측면에 국한시키려는 경향이 존재한다. 니클라스 루만(Niklas Luhmann)은 정의원칙에 대한 물음은, 그것이 행위나 개별규범의 정의와 관련되는 한, 아무런 의미가 없다고 설명한다. 그에 따르면 현대

(Adorno, Negative Dialektik, 11.Aufl., Frankfurt a.M. 2003, S.305).

19) Radbruch, Rechtsphilosophie, S.73ff.; 이에 관해서는 Seelmann, Gerechtigkeit, Rechtssicherheit, Zweckrationalität, in: Siller u.a.(Hrsg.), Rechtsphilosophische Kontroversen der Gegenwart, Baden-Baden 1999, S.109ff. 참고.

20) Radbruch, Vorschule der Rechtsphilosophie, 3.Aufl., Göttingen 1965, S.30f.; Engisch, Auf der Suche nach der Gerechtigkeit, S.193. 엥기쉬는 법적 안정성에 관해 일반적으로 이해하고 있는 내용들은 결국 정의와 합목적성의 요구와 일치한다는 점을 지적한다.

사회는 극히 복잡하고, 개별적 행위나 규범의 의미를 파악하는
것은 거의 불가능하기 때문에 행위나 규범 자체의 '정의' 또는 '부
정의'를 판단할 수 없다고 한다. 정의판단은 오로지 법체계 전체
를 대상으로 내려질 수 있을 뿐이라는 것이다.[21] 이러한 관점에
서 루만은 정의의 내용을 평등으로 파악하는 고전적 입장을 극히
불만족스러운 것으로 여긴다. 즉 정의의 기준을 미리 제시하지
않는다면, '무엇이 평등인가?'라는 물음에 전혀 대답할 수 없다고
한다.[22] 이러한 순환관계는 오로지 이데올로기를 통해 단절할 수
밖에 없다는 것이 루만의 이론이다. 따라서 루만은 완전히 새로
운 관점에서 정의개념을 파악할 것을 제안한다. "정의란 법체계
의 적절한 복잡성(adäquate Komplexität des Rechtssystems)으로 이해
할 수 있다." 이 때 법체계의 적절한 복잡성이란 '법체계가 아직
은 일관된 결정을 할 수 있을 정도의 복잡성'을 의미한다.[23]

   루만의 이론은 현대사회 전체가 법(사회체계의 한 부분체계)이
그 기능을 충족할 수 없을 정도로 복잡해졌다는 전제에서 출발한
다. 그리하여 만일 법이 체계 내에서 발생하는 모든 개별적 상황
에 적절하게 반응하려고 한다면, 법은 일관성을 상실할 수밖에
없으며, 그로 인해 사회적 평화질서를 보장할 능력을 상실할 것
이라고 한다.[24] 따라서 법질서는 일관된 결정이 가능한 정도만큼
의 복잡성을 가져야 한다는 것이다. 결국 루만은 정의의 문제를

---

21) Luhmann, Gerechtigkeit in den Rechtssystemen der modernen
    Gesellschaft, S.143. 루만의 그 이후 저작에서도 이 점은 변하지 않았다.
    예컨대 Luhmann, Das Recht der Gesellschaft, 4.Aufl., Frankfurt a.M.
    2002, S.332f. 참고.
22) Luhmann, Gerechtigkeit in den Rechtssystemen der modernen
    Gesellschaft, S.133f.
23) Luhmann, Gerechtigkeit in den Rechtssystemen der modernen
    Gesellschaft, S.145.
24) 이 측면은 법의 대안을 둘러싼 논의에서 '추상성'이라는 표제(앞의
    §1.2b와 §4.2)와 관련된 중요한 논거 가운데 하나이다.

다른 차원으로 옮겨 놓았다. 즉 정의는 더 이상 하나의 결정에서 같은 것을 같게, 다른 것을 다르게 취급하는 것을 문제 삼는 것이 아니라, 결정들 상호간에 일관성이 있어야 한다는 요구로 바뀐다.

그러나 루만의 테제는 결코 혁명적인 사고방식이 아니다. 그는 단지 전통적으로 법적 안정성의 개념으로 파악되던 측면을 정의의 개념규정으로 제안한 것에 불과하다. 루만은 전통적인 논의 가운데 한 가지 입장, 즉 법적 안정성이 정의의 본질적 요소라는 입장을 일방적으로 부각시킨 것이다. 정의개념에서 모든 규범적 요소를 배제하는 자신의 이론의 일면성을 정당화하기 위해 루만은, 현대사회가 너무나 복잡하기 때문에 개별적인 행위나 규범 가운데 어느 것이 선호할 가치가 있는가에 대해 합리적 근거를 제시할 수 없다고 주장한다. 그러나 이러한 주장은 어느 정도 경험적 설득력을 갖고 있긴 하지만, 구체적인 경험적 대상과 관련하여 입증할 수는 없다. 목표에 지향된 사회적 행위가 예견하지 못했던 결과를 낳는다는 사실은 결코 새로운 문제가 아니다.[25] 그러나 정의에 관한 논의는 그것이 어떤 기능을 하기 위해 어쩔 수 없이 그러한 문제를 일단은 배제할 수밖에 없다. 다시 말해서 예견하지 못한 결과가 발생할 수도 있다는 문제점 때문에 정의에 관한 논의 자체를 포기할 수는 없다.

용어의 의미를 규정하려는 다양한 노력과 관련하여, 루만도 법적 안정성의 개념을 규정하고, 이를 정의에 관한 자신의 개념규정과 구별하고 있다는 점을 지적할 필요가 있다. 루만의 이론에서 법적 안정성이란 '미리 규율될 수 없는 사안까지도 결정할 수 있다는 추상적 가능성'[26]을 의미한다. 이는 결국 재판거부의

---

25) Merton, Die unvorhergesehenen Folgen zielgerichteter sozialer Handlung (1936), in: Dreitzel(Hrsg.), Sozialer Wandel, Neuwied u.a. 1967, S.169ff.

금지와 동일하다. 재판거부의 금지는 어쨌든 결정되어야 한다는 사실만을 의미할 뿐, 그 결정이 어떻게 이루어져야 하는가에 대해서는 아무 것도 말해주는 바가 없다. 더욱이 재판거부의 금지가 결정이 일관되게 이루어져야 한다는 것을 의미하지도 않는다. 그렇다면 재판거부의 금지와 루만의 정의개념은 구별되어야 한다는 사실은 아주 명백하다. 루만은 본래 법적 안정성의 개념에 속해 있던 측면들을 정의와 법적 안정성으로 분리한 것에 불과하다.

---

26) Luhmann, Gerechtigkeit in den Rechtssystemen der modernen Gesellschaft, S.166.

§8 자 연 법

┃ 참고문헌 ┃ *Aristoteles*, Poltik, dt. Übers., 4.Aufl., Hamburg 1981; *Duns Scotus*, Opera omnia Bd. VII 1, Lyon 1639, Neudruck Hildesheitm 1968; *Dworkin*, Law's Empire(1986), Reprint Oxford 2006; *Hegel*, Grundlinien der Philosophie des Rechts(1821), in: Werke Bd.7, Edition Moldenhauer / Michel, Frankfurt a.M. 1996; *Hobbes*, Leviathan(1651), English Works vol.3, Edition Molesworth, London 1839, 2. Nachdruck Aalen 1966; *Hobbes*, De cive(1642), Opera Latina Bd. 2, Edition Molesworth London 1839, 2. Nachdruck Aalen 1966; *Höffe*, Grundzüge einer Theorie politischer Gerechtigkeit, in: Heintel(Hrsg.), Philosophische Elemente der Tradition des politischen Denkens, Wien / München, 1979, S.45ff.; *Höffe*, Politische Gerechtigkeit. Grundlegung einer kritischen Philosophie von Recht und Staat, 3.Aufl., Frankfurt a.M. 2002; *Hume*, A treaties of human nature, Bd.III(of morals) (1740), The philosophical works Bd.2, Edition Green / Grose, London 1886; *Ilting*, Stichwort 'Naturrecht", in: Brunner / Conze / Koselleck(Hrsg.), Geschichtliche Grundbegriffe. Historisches Lexikon zur politisch-sozialen Sprache in Deutschland Bd. 4, 2.Aufl., Stuttgart 1997, S.245ff.; *Kant*, Grundlegung zur Metaphysik der Sitten(1785), Werke Bd. IV, Wiesbaden, 1956; *Klippel*(Hrsg.), Naturrecht und Staat — Funktionen des europäischen Naturrechts, München 2006; *Kranz*(Hrsg.), Fragmente der Vorsokratiker Bd. 1, 19. Aufl., Zürich 1996; *Moore*, Principia Ethica (1903), Cambridge 2002, dt. Übers., Stuttgart 1970; *Platon*, Protagoras 337c-d, dt. Übers., Werke Bd.1, hrsg. v. Eigler, Darmstadt 1977; *Platon*, Politeia 1. Buch, dt. Übers.,

Werke Bd.4, hrsg. v. Eigler, Darmstadt 1971; *Pufendorf*, De jure naturae et gentium, Edition Mascovius, Frankfurt / Leipzig 1759, Nachdruck Frankfurt a.M. 1967; *Raz*, Practical Reason and Norms, Oxford 2002; *v. Savigny*, Vom Beruf unserer Zeit für Gesetzgebung und Rechtswissenschaft, Heidelberg 1814; *Shaftesbury*, Characteristics of Men, Manners, Opinions, Times(1711), Neudruck Meisenheim / Glan 1978; *Thomas v. Aquin*, Summa Theologica, II II, dt. Übers., Die deutsche Thomas-Ausgabe(zweisprachig) Bd. 18, Heidelberg / München / Graz / Wien / Salzburg 1977.

1. 자연법과 그 역사

a) 자연법이란 무엇이며 자연법의 목적은 무엇인가?

정의의 기준에 대한 물음은 초실정적 규범을 정당화하는 문제로 귀착한다. 전통적으로 초실정적 규범을 정당화하려는 모든 시도는 자연법이라는 개념으로 집약된다.

오늘날의 논의에서 자연법은 인간이 자신의 이성을 통해 인식할 수 있는 실천적 원칙, 즉 인간의 행위와 관련된 원칙으로 이해된다.[1] 자연법규범의 가장 커다란 특징은, 실정법이 없이도 또는 실정법과 갈등상황이 발생할 때에도 구속력을 가져야 한다는 점이다.[2] 그 때문에 자연법은 흔히 법실증주의에 반대된다고 여겨진다. 여기서 법실증주의는 제정법 또는 관습법 이외에는 어떠한 정당성기준도 인정하지 않으며,[3] 따라서 실정법과 윤리적으로 정당한 법을 구별할 이론적 가능성을 부정하는 태도로 여겨진다. 그러나 앞의 §2.2의 서술을 통해 알 수 있었던 바와 같이, 법실증주의라는 용어 자체에 비추어 볼 때 이러한 대립적인 고찰방식이 반드시 옳은 것은 아니다. 왜냐하면 오로지 실정적으로 효력을 갖는 규범 및 판결만을 법으로 이해하는 사람일지라도 상황

---

1) Höffe, Grundzüge einer Theorie politischer Gerechtigkeit, in: Heintel (Hrsg.), Philosophische Elemente der Tradition des Politischen Denkens, Wien / München 1979, S.45ff.(47).

2) Ilting, Stichwort "Naturrecht," in: Brunner / Conze / Koselleck(Hrsg.), Geschichtliche Grundbegriffe. Historisches Lexikon zur politisch-sozialen Sprache in Deutschland, Bd.4, S.245ff.(245). 자연법 개념의 역사적 전개과정에 관해서는 Loos / Schreiber, Stichwort "Recht, Gerechtigkeit," in: Brunner / Conze / Koselleck(Hrsg.), Geschichtliche Grundbegriffe. Historisches Lexikon zur politisch-sozialen Sprache in Deutschland, Bd.5, Stuttgart 1984, S.231ff.

3) Höffe, Grundzüge einer Theorie politischer Gerechtigkeit, S.48.

에 따라서는 비실정적 정당성기준을 인정할 수 있기 때문이다. 물론 그러한 기준을 자연법적이라고 부를 수는 없겠지만(그러나 법윤리적이라고 부를 수는 있다), 비실정적 정당성기준을 인정하는 사람은 사실상 자연법론자라 할 수 있다. 또한 구체적 사례에서 윤리적 척도와 실정법이 일치해야 한다고 주장하거나 법의 실정성 또는 실정법에 대한 복종이 윤리적 필연성을 갖는다고 주장하는 이론은 명백히 자연법적 이론이다.[4]

자연법적 논증은 상반된 정치적 목표를 추구할 수 있다. 즉 실정법을 자연법을 통해 정당화하거나, 거꾸로 자연법을 원용하여 실정법을 비판할 수 있다.[5] 또한 자연법적 규범에 어떠한 방식의 효력을 인정해야 하는가에 관해서는 자연법론자들 사이에서도 논란이 심하다. 예컨대 자연법은 직접적으로 효력을 갖는가 아니면 단순히 실정법에 대한 판단기준인가? 오늘날의 자연법론자들은 후자의 입장에 서 있다. 즉 자연법이 실정법과는 별개의 법을 창설할 수는 없지만, 개개의 사례에서 실정법을 무효화할 수 있는 권능을 갖는다고 한다.

자연법에 관한 학설은 무수히 많다. 그러나 모든 자연법론은 법에 관한 국가의 완전한 독점권을 부정한다는 점, 즉 적어도 중대한 원칙들과 관련하여 법은 결코 자의적으로 처분될 수 없다는 근본사상에서 최소한의 공통분모를 갖고 있다.[6] 지난 몇 십 년

---

4) Raz, Political Reason and Norms, S.163에서는 이 입장도 '자연법적'이라고 지칭하는데, 이는 설득력이 있다.

5) 이와 같은 자연법의 이중적 기능(이데올로기적 정당화기능과 실정법 비판기능)에 관해서는 또한 Bloch, Naturrecht und menschliche Würde, 3.Aufl., Frankfurt a.M. 1999도 참고.

6) 이에 관해서는 Ellscheid, Das Naturrechtsproblem. Eine systematische Orientierung, in: Arthur Kaufmann / Hassemer / Neumann(Hrsg.), Einführung in die Rechtsphilosophie und Rechtstheorie der Gegenwart, 7.Aufl., Heidelberg 2004, S.148ff.(152f.) 참고. 이와 관련성을 맺고 있는 다른 사상, 즉 관헌의 권력으로부터 인간 및 인간존엄을 보호한다는 사

동안 수세적 입장에 처해 있던 자연법적 사고는 최근에 특히 영어권에서 다시 — 물론 오늘날의 맥락을 감안하면서 — 논의되고 있으며, 자연법전통을 새롭게 해석하는 시도와도 밀접하게 맞물려 있다.[7]

b) 고대의 목적론적 자연법론

자연법사상은 유럽 법문화의 원천인 고대 그리스에서 시작되었다. 그리스 사상은 무엇보다 자연의 영원한 질서를 법의 기초로 파악했다. 자연질서, 특히 사회생활에 앞서는 인간의 자연적 본성에 관한 사고는 몇몇 소피스트들에게는 실정법에 반대하는 논거로 작용했지만,[8] 소크라테스에서 아리스토텔레스에 이르는 고전철학에서는 오히려 기존상태를 정당화하는 논거로 이용되었다. 플라톤의 몇몇 저작을 제외한다면, 그리스 자연법사상에서는 규범적 질서와 자연질서가 명백히 분리되지 않았다고 말할 수 있다. 특히 자연(physis)은 근대의 자연개념과는 달리 인과적 연관성뿐만 아니라 목적론적 연관성으로도 파악되었다. 따라서 인간의 행위에 대한 지침을 얻고자 할 때에는 자연질서(kosmos)를 그 목적의 관점에 따라 고찰하는 것으로 충분했다. 인간은 자연적 본성에 비추어 폴리스, 즉 공동체와 결부된 존재라는 아리스토텔레

상에 관해서는 Cattaneo, Naturrechtslehre als Idee der Menschenwürde, Wiesbaden 1999, S.5ff. 및 아래의 §12를 참고.

7) 이에 관해서는 Massini Correas, The New School of Natural Law — Some Approaches, in: Rechtstheorie 40(2000), S.461ff. 참고.

8) Antiphon에 관해서는 Kranz(Hrsg.), Fragmente der Vorsokratiker, S.350ff.; Hippias에 관해서는 Platon, Protagoras 337c-d, dt. Übers., S.155; Alkidamas에 관해서는 Aristoteles, Rhetorik 1406a 22, 1406b 11, 1373b 18(Scholion), dt. Übers., 4.Aufl., München 1993, S.174ff.; Kallikles에 관해서는 Platon, Gorgias 483a-484b, dt. Übers., Werke Bd.2, hrsg. v. Eigler, Darmstadt 1973, S.379; Trasymachos에 관해서는 Platon, Politeia 1. Buch, dt. Übers., S.3ff. 참고.

스의 생각9)(물론 이는 아리스토텔레스의 독창적 견해가 아니라 그 이
전의 철학자들로부터 물려받은 것이다) 유명한 예에 속한다. 아리스
토텔레스는 이러한 목적론적 자연관으로부터 폴리스와 폴리스 속
에서의 삶에 관한 결론을 도출한다. 물론 인간의 이성도 그리스
자연법, 특히 스토아철학의 자연법에서 중요한 역할을 한다. 그러
나 인간의 이성은 그 자체 자연법의 근거가 아니라 자연 속에 이
미 자리 잡고 있는 목적을 파악하는 기관으로 여겨진다. 그러므
로 이미 출발점부터 자연의 목적과 이성의 목적이 대립할 가능성
이 잠재해 있다.

c) 기독교 신학과 자연법

이성을 자연이해의 기관으로 파악하는 고대의 목적론적 자연
관이 붕괴되는 최초의 계기는 기독교의 계시론이었다. 기독교 신
학은 초실정성의 존재를 자연질서에서 찾지 않는다. 즉 초실정성
은 기적이 일어나는 경우처럼 자연질서에 역행하기도 하며, 따라
서 이성이 아니라 오로지 신의 섭리를 통해서만 인식할 수 있다
고 한다. 더욱이 인간 역사의 종착점이 신의 구원이 이루어지는
시점이라는 사고는 초시간적 우주라는 관념을 몰아내 버렸다.10)
인간과 사회의 역사가 진보를 의미하는 하나의 목표를 향한 수직
적 전개과정으로 파악된다면, 그러한 역사는 영원한 자연의 순환
과정으로서의 역사와는 전혀 다르다.11)

12세기까지만 하더라도 그리고 법과 입법의 문제에 상당히
개방적이었던 태도를 취했던 토마스 아퀴나스12) 역시 신법과 자

---

9) Aristoteles, Politik Buch 1, Kap. 5, 1252b-1253a, dt. Übers. v. Rolfes, S.2ff.
10) 이에 관해서는 Löwith, Meaning in History(1949), dt. Übers.: Weltgeschichte und Heilsgeschehen, Stuttgart u.a. 2004, S.14ff. 참고.
11) 훨씬 훗날의 다윈(Darwin)과 같은 자연과학자도 자연을 진보라는 관점에서 이해했다.

연법의 조화를 꾀하는 경우가 많았던 반면, 13 · 14세기에는 특히 둔스 스코투스(Duns Scotus; 1266-1308)와 같이 양자 사이의 딜레마에 기초한 방법적 문제를 다루는 경향이 강했다. 즉 신의 입법과 인간의 이성으로 파악한 법을 완전히 분리시켜, 자연법규범의 구속력은 자연질서가 아닌 신의 의지에 근거한다는 결론을 도출한다.[13] 따라서 규범은 존재사실과 완전히 구별된다. 또한 신법과 자연법을 구별함으로써 양자는 상당히 유동적인 내용을 담게 되었고, 새로운 실정법은 둘 가운데 어느 하나를 또는 둘 모두를 원용하여 정당화할 수 있게 되었다.[14]

16세기에 접어들어 스페인의 후기 스콜라학파의 학자들은 법의 실정화에 대한 자연법적 정당화라 할 수 있는 이러한 발전경향을 보충한다. 이들은 특히 다음과 같은 두 가지 구별을 분명히 한다. 첫째, 신의 의지와 관련하여 토마스 아퀴나스(Thomas von Aquin)의 사상을 특별히 강조하면서 신이 실제로 명령한 것과 신이 허용한 것(따라서 인간의 처분에 맡겨진 것)을 구별한다. 둘째, 자연법과 관련하여 몇몇의 불변의 원칙과 역사적으로 가변적인 원칙을 그 이전보다 더욱 뚜렷하게 구별한다.[15]

17세기에 토마스 홉스(Thomas Hobbes; 1588-1679)는 이러한

---

12) 이에 관해서는 Seelmann, Thomas von Aquin am Schnittpunkt von Recht und Theologie, in: Luzerner Hochschulreden, Luzern 2000, S.10ff. 참고.

13) Duns Scotus, Quaestiones, lib. III. Sententiarum dist. XIX., quaestatio unica, schol. nu. 7, opera omnia Bd.VII 1, S.417("만물은 신이 의욕했기 때문에 선한 것이지, 선하기 때문에 신이 의욕한 것이 아니다."); 둔스 스코투스의 사상에 관해서는 Ilting, Stichwort 'Naturrecht,' S.266ff. 참고.

14) 이에 관해서는 Luhmann, Positivität des Rechts als Voraussetzung einer modernen Gesellschaft, in: ders., Ausdifferenzierung des Rechts, Frankfurt a.M. 1981, S.113ff.(bes. 119ff.) 참고.

15) 자세히는 Seelmann, Die Lehre des Fernando Vazquez de Menchaca vom dominum, Köln / Bonn / Berlin / München 1979, S.106ff. 참고.

경향을 발전시켜 자연질서와 자연법에 관한 지금까지의 구별을 더욱 분명히 한다. 홉스는 고대의 자연법론과는 전혀 다르게, 자연상태(Naturzustand)를 극복되어야 할 상태로 이해한다. 다시 말해 자연상태는 결코 법상태(Rechtszustand)가 아니라, 그 반대의 상태라는 것이다. 그에 따르면 자연상태에서 각자는 무엇이든 할 수 있는 권리를 가진다. 즉 개인의 행위를 제한하는 어떠한 형태의 강제도 자연상태에서는 존재하지 않는다. 바로 그렇기 때문에 각 개인은 타인에 대해 어떠한 권리도 갖지 못하고, 따라서 타인의 행위에 대한 구속력 있는 요구를 제기할 수 없다.16) 각자는 타인의 폭력에 내맡겨져 있으며, 마찬가지로 그 타인 또한 자기 아닌 타인의 폭력에 내맡겨져 있다. 그래서 자연상태란 '만인의 만인에 대한 투쟁상태'(bellum omnium contra omnes)를 의미한다. 개인들은 사회계약을 통해, 다시 말해 그들 가운데 한 사람을 지배자로 삼아 자신들 상호간의 관계를 구속력 있게 규율하도록 만드는 의사의 합치를 통해 자연상태로부터 벗어나게 된다.17) 실정법의 구속력은 사회계약에 표명된 각 개인의 자발적인 복종에 근거한다. 물론 이처럼 '자연상태로부터 이탈'하는 동기는 인간의 본성(이기주의와 공포)에 기인한다. 이 점에서 고대의 전통이 부분적으로 유지되고 있다.

　　푸펜도르프(Pufendorf; 1632-1694)는 자연과 법에 관한 홉스의 구별을 그대로 수용한다. 자연질서와 규범질서를 구별하는 그의 이원론은 '자연의 왕국'과 '자유의 왕국'을 대비시키는 칸트와 독일 관념론에서도 지속된다. 푸펜도르프에 따르면 법은 홉스의 사

---

16) Thomas Hobbes, Leviathan, Kap. 14, S.116("자연권이란 … 자신의 본성[자연]을 유지하기 위해 의욕하는 대로 자신의 힘을 사용할 수 있는 각 개인의 자유를 의미한다."); dt. Übers., hrsg. v. Fetscher, Neuwied / Berlin 1984, S.99.

17) Hobbes, De cive, Kap. 6, 12, S.224; dt. Übers., in: Vom Menschen / Vom Bürger, hrsg. v. Gawlick, S.137.

상에서와 같이 인간의 창조물이지만, 그 근거는 인간의 본성에
있다. 하지만 푸펜도르프는 홉스로부터 방법적 분리만을 수용했
을 뿐, 내용적으로는 다른 길을 걷는다. 그는 홉스보다는 낙관적
인 입장에 서서, 법을 인간이 본성적으로 갖고 있는 '사회성'
(socialitas)으로부터 전개해 나간다.[18] 물론 '사회성' 그 자체에는
어떠한 규범력도 부여되어 있지 않다. 그 역시 사회계약론의 입
장에서 인간들 상호간의 의사의 합치를 법의 생성연원으로 파악
하기 때문이다.

d) 칸트와 그의 영향

홉스와 푸펜도르프는 개인들이 사회계약을 체결하도록 결
정하게 되는 원인을 유용성판단이나 자연적 본능(생존, 자기보존,
안전 또는 사회성)으로 파악하고, 이것이 바로 실정법의 자연법
적 기초라고 한다. 이에 반해 칸트는 정당한 행위의 근거를 이
성적 의지의 자기입법(자율)에서 찾는다. 이 이성적 의지는 오
로지 보편화가 가능한 것만을 의욕할 수 있기 때문에, 하나의
행위는 그 행위가 보편적으로 타당한 규칙에 따른 것으로 볼
수 있는가를 기준으로 정당성이 판가름된다.[19] 오늘날의 표현
을 빌자면, 규칙의 '보편화가능성'(Universalisierbarkeit) 여부가 정
당한 행위의 기준이 된다. 이제 정당성기준은 자연이나 본성과는
완전히 단절된다(이 점에서 칸트의 입장은 홉스의 프로그램의 극단적
형태라 해석할 수 있다). 왜냐하면 자연상태를 벗어나려는 동기마저
도 더 이상 자연적 동기(폭력에 대한 공포, 사회성)가 아니라, 오로

---

18) Pufendorf, De jure naturae et gentium, lib. II, cap. III 16, 20,
   S.205ff., 211ff.
19) Kant, Grundlegung zur Metaphysik der Sitten, 1. Abschnitt; Kant,
   Kritik der praktischen Vernunft(1788), §4 Lehrsatz III, Werke Bd. 7,
   Edition Weischedel, S.27f., S.58ff., S.135ff.

지 이성적 존재라는 형식적 근원으로부터 도출되기 때문이다.

칸트는 다시 이성이라는 보편적 정당성기준과 법 그 자체를 구별해서 이해한다(이에 관해 자세히는 §2.6b, §3.2a 참고). 즉 법은 도덕적 행위를 관철시키지 못하며, 자율이라는 의미에서의 의사자유를 보장하지도 못한다(의사자유는 단지 언제나 전제되어 있을 뿐이다). 법의 과제는 오히려 각 개인의 외적 행위자유를 보장하고, 개인들의 자유영역이 서로 조화를 이루도록 형성하는 것이다. 그러므로 다음과 같은 원칙이 법의 기준이 된다. "하나의 행위는 그 행위나 행위의 준칙(Maxime; 행위의 일관성을 지배하는 주관적 원칙. 보기 : 매일 아침 두 시간씩 칸트책을 읽는다는 한 개인의 행위원칙 ─ 옮긴이)에 따를 경우 한 사람의 자유로운 자의가 모든 사람의 그것과 일반법칙에 따라 서로 양립할 수 있을 때에만 정당하다."[20]

최근의 자연법적 이론구성은 기본적으로 칸트의 이론에 연결되어 있다. 사실 초실정적 규범의 정당화 가능성을 둘러싼 오늘날의 논쟁에서 19세기의 학자들은 칸트에 비해 별다른 의미를 갖지 못한다. 특히 고대의 목적론적 자연법과 근대의 합리적 자연법을 하나의 체계로 결합시키려고 했던 헤겔의 시도는 자연법의 영역에서는 오랫동안 아무런 영향력도 행사하지 못했다. 근대 자연법에 대한 헤겔의 반론은, 자기의식이란 이미 타인과의 관련을 전제하고 있고 따라서 개인을 고립된 주체로 파악하는 사회계약이론은 이론적 허구일 뿐이라는 것이다. 또한 헤겔은 근대 자연법의 전통이 완전히 개인주의적이라고 비판한다. 이런 측면에서 그의 「법철학 기초」는 근대 자연법적 전통이 갖는, 사회성의 결핍에 대한 비판으로 볼 수 있다. 헤겔이 보기에 자유는 구체적 사회관계에서 비로소 실현된다.[21] 따라서 헤겔의 견해에 따르면

---

20) Kant, Metaphysik der Sitten(1797), Werke Bd. 8, Edition Weischedel, Einleitung in die Rechtslehre, §C, S.337.

21) Hegel, Grundlinien der Philosophie des Rechts, bes. §§82ff.(추상적 법

법은 한 개인의 자의를 타인의 자의를 통해 (소극적으로) 제한하는 것일 뿐만 아니라, 자유의 실현을 위해 인간 상호간의 (적극적) 관계를 요구할 수도 있다(앞의 §2.6c 참고). 이로써 헤겔은 개인에게 이미 부여되어 있는('자연적인') 가치질서로서의 자연법이라는 관념에 대한 비판을 완료한다. 그러나 헤겔의 이론은 상호주관성의 윤리에 관한 기초적인 내용만을 암시하고 있을 뿐, 이를 충분히 구체화하고 있지는 않다.[22]

흔히 이성법이라 부르는 근대의 자연법에서는 17세기 초반에 형성된 사회계약이론에서부터 19세기 초반의 자연법에 대한 근본적인 비판에 이르기까지, 이성의 과제가 고대 자연법에서의 그것과는 완전히 다르게 이해되었다. 즉 고대의 자연법에서처럼 인간에게 존재하는 자연적 질서를 인식하게 만드는 것이 아니라, 자연으로부터 점차적으로 이탈하면서 인간이 자유롭게 공존할 수 있는 최소한의 조건을 마련하는 것을 이성의 과제로 파악했다. 고대의 자연법에서는 주어진 질서가 일차적이었다면, 근대의 합리적 자연법에서는 각자의 욕구에 강하게 지향되어 있으면서도 스스로를 이성주체로 발전시켜 나가면서 질서를 형성하는 개개의 인간이 일차적이었다.

2. 자연법에 대한 근대적 정당화 : 이성법으로서의 자연법

a) 이성법의 전제 : 주관적 권리

근대의 이성법은 인간을 욕망을 가진 존재이자 동시에 이성

에 대한 비판), §§129ff.(개인주의적 도덕에 대한 비판), in: Werke Bd.7, S.172ff., 243ff.

22) 이 점을 잘 진단하고 있는 Theunissen, Die verdrängte Inter-subjektivität in Hegels Philosophie des Rechts, in: Heinrich / Horstmann, Hegels Philosophie des Rechts, Die Theorie der Rechts-formen und ihrer Logik, Stuttgart 1982, S.317-381 참고.

적인 존재로 파악한다. 따라서 이성법은 인간의 권리를 이론적
출발점으로 삼는다. 즉 이성법은 각 개인의 개인적인 주관적 권
리라는 관념에 기초한다. 주관적 권리라는 사유형태(훗날의 인권이
라는 사유형태는 여기에서 비롯된다)는 중세 후반, 특히 16세기에 소
유권개념을 극히 주관적으로 파악하는 기반 위에서 형성되었다.
이때의 소유권개념은 자신의 육체와 자신의 행위에 대한 소유까
지도 포함하는 아주 넓은 개념이었다. 이러한 소유권(dominium)개
념은 법의 체계화(법은 주관적 권리의 체계이다)와 실정화(권리의 효
력근거는 그 권리에 대한 사회적 평가로부터 비롯된다)의 전제조건일
뿐만 아니라, '모든 것은 공동의 것이다'(omnia communia)라는 관
념이 '소유는 개인의 것이다'(dominium in particulari)는 관념으로
변화할 수 있었다는 역사적 배경을 갖고 있다.[23] 물론 이 문제는
이미 12세기부터 논의되어 왔던 문제영역, 즉 카논법의 핵심인
그라티아누스 법전(Decretum Gratiani; 1140년경)에 '소유의 근원적
공동성'이 언급[24]되어 있는데도 어떻게 개인소유가 형성될 수 있
었는가 하는 문제영역에 속한다. 그 당시에는 공동소유를 단순히
(규범적 의미를 갖지 않는) 자연상태[25] 또는 신이 허용한 상태[26]로
파악함으로써 문제의 핵심을 피할 수 있었다. 그러나 둔스 스코
투스는 인간의 원죄 때문에 신이 공동소유를 명백히 철회했다는
사고를 전개했다.[27] 이처럼 '공동소유'를 일차적인 신의 명령으로

---

23) 자세히는 Seelmann(주 15), 112면 이하; Luhmann, Gesellschaftsstruktur
und Semantik Bd.2, Frankfurt a.M. 1993, S.45ff. 참고. 소유권, 자유 그
리고 권리가 근대의 역사에서 어떠한 연관성을 갖고 있는가에 관해서는
Baruzzi, Freiheit, Recht und Gemeinwohl. Grundfragen einer Rechts-
philosophie, Darmstadt 1990, S.10ff. 참고.

24) D. 8c. 1, Introductorium(im Corpus Juris Canonici).

25) Thomas v. Aquin, Summa Theologica, II II 9. 57, 1(Buch II, Teil II,
Questatio 57); dt. Übers., S.196.

26) Francisco de Vitoria(1483-1546 추정), De Iustitia, Edition Vicente
Beltran de Heredia, Tom. I, Madrid 1934, q. 62, nu. 20.

파악했음에도 불구하고, 아니 어쩌면 그렇게 파악했기 때문에 신의 철회는 더욱 중대한 의미를 지니게 되었다.

후기 스콜라사상에서는 개인소유의 이론적 근거를 찾는 과정에서 개인소유의 유용성에 관한 하나의 정밀한 이론이 형성된다. 즉 재화가 한정되어 있다는 사실에 비추어 개인소유는 필연적으로 존속할 수밖에 없다는 근거가 제시된다.[28] 그러나 16세기에도 여전히 개인소유로의 법적 발전이 인간의 원죄에 기원한다는 점에 비추어 상당한 거부감이 존재했다.[29] 원죄로 말미암아 자연적 질서에 순응하는 것과는 정반대가 되는 상황을 규범의 척도로 삼게 되었다는 것이다.[30] 어쨌든 이렇게 하여 개인의 주관적 권리는 법 일반의 기초가 되었다. 물론 칸트가 정확하게 파악하고 있듯이(앞의 §2.6b 참고), 주관적 권리는 자율과 자기입법을 강조하는 인격개념을 전제하고 있었다. 하지만 주관적 권리로서의 인격개념이 '모든 것은 공동의 것이다'는 근원적인 소유관으로부터 전개될 수밖에 없었다는 사실은 역설이라 하지 않을 수 없다.

---

27) Duns Scotus, Quaestiones, lib. IV Sententiarum dist. XV., quaestio 2, commentarius nu. 3, opera omnia Bd.IX, Lyon 1639, Neudruck Hildesheim 1968, S.152(페트루스 롬바르두스의 문장에 대한 주석).

28) 특히 Fernando Vazquez de Menchaca(1512-1579), Controversiarum Illustrium aliarumque usu frequentium libri tres, Venedig 1564, liber I, cap. 4, nu. 4f.

29) Vazquez(주 28), liber I, cap. 4, nu. 3.: "내 것과 네 것이라는 저 끔찍한 대명사여!"

30) 권력의 탄생과 그에 대한 비판을 내용으로 하는 Benjamin, Kritik der Gewalt(1921), Gesammelte Schriften Bd. II, hrsg. v. Tiedemann/ Schweppenhäuser, Frankfurt a.M. 1980, S.179ff.(196)과 Derrida, Gesetzeskraft. Der mystische Grund der Autorität, Nachdruck Frankfurt a.M. 2005는 이러한 문제선상에서 파악할 수 있다.

b) 경합하는 세 가지 정당화 유형 : 인간의 본성, 사물의 본성, 합리
   성

주관적 권리라는 사고모델에서 출발하는 근대의 이성법적 논
증은 세 가지 서로 다른 정당화 유형으로 등장했다. 물론 세 가
지 유형 모두 인간을 출발점으로 삼는다는 공통점을 갖고 있다.
다만 이성법의 근거를 직접 인간의 본성에서 찾는가, 역사적으로
성장하는 구체적인 인간질서에서 찾는가 아니면 형식적 합리성이
라는 사고에서 찾는가에 따라 구별된다.

인간의 본성은 가장 자주 등장하는 자연법적 사고의 토대이
다. 인간은 본성적으로 이기적인 존재로서 오로지 자기 자신의
행복만을 추구하는지(홉스), 또는 본성적으로 이타적인 존재인지
(샤프츠베리 Shaftesbury) 아니면 본성적인 이기심과 본성적인 이타
심이 결합되어 있는 존재인지(흄 Hume)를 둘러싼 논쟁은 잘 알려
진 보기에 속한다.[31] 이러한 각각 다른 전제로부터 상이한 자연
법개념이 전개될 수 있다. 예컨대 인간의 자기애를 근원적 본성
으로 파악하게 되면, 만인의 만인에 대한 투쟁을 억제하는 강력
한 국가를 요구하는 경향이 강해진다. 이에 반해 순수한 이타주
의를 전제로 삼으면, 아마도 자유주의 체제나 "각자에게 각자의
필요에 따른 것을!"이라는 기치를 내건 체제를 선호하게 될 것이
다. 또한 이기주의와 이타주의를 결합시킨다면, 각자가 자기의 욕
구를 충족시키기 위해 노력함으로써 공공복리가 가장 잘 실현되
는 체제를 구상하게 될 것이다.

이러한 각각의 주장들은 나름의 경험적 근거들을 갖고 있기
때문에, 한 주장은 다른 주장들을 무력화시키는 관계에 있게 된
다.[32] 더욱이 인간의 본성이라는 하나의 사실로부터 인간질서의

---

31) Hobbes, Leviathan, Kap.28, S.297f.; dt. Übers. S.237f.; Shaftesbury, Characteristics of Men, S.22ff., S.216f.; Hume, A treatise of human nature, vol. III(of morals) (1740), S.229ff., S.304ff.

근본규범을 도출하려고 한다면, 이른바 '자연주의적 오류'(natural-istischer Fehlschluß)[33])에 빠질 위험이 도사리고 있다. 즉 경험적 판단으로부터 규범적 판단을 도출하는 논리적 오류를 범하게 된다. 또한 인간의 본성으로부터 자연법개념을 전개하는 견해들의 이론적 전략은, 인간의 '진정한' 본성이 어떤 사정으로 인해 은폐되었다는 점을 지적함으로써 결국은 인간의 본성에 관한 언명을 경험과 단절시키는 방향으로 흐르는 경우가 많다. 이밖에도 인간의 본성에 관한 언명들이 갖는 추상성으로 말미암아, 설령 그 자체는 설득력이 있다고 할지라도 이로부터 구체적 자연법규범을 도출하기가 결코 쉽지 않게 여겨진다.

오늘날의 법인류학(Rechtsanthropologie)은 경험적인 인간상(물론 이 경험적 인간상을 구성하는 작업 자체도 여러 가지 문제점을 야기한다)으로부터 규범적 인간상을 도출하는 데 상당히 신중을 기한다.[34] 법인류학은 단지 법의 목적과 규범프로그램을 확정할 때 생물학적 및 문화적 사실을 고려하자고 주장할 뿐이다.[35] 무정부주의에 관한 최근의 논쟁[36]에서는 법적 강제의 규범적 근거를 제시하기 위한 (논리적으로 반박하기 어려운) 경험적 기초로서 정치적 인간학(협의모델 대 갈등모델)이 원용되기도 한다. 물론 이 정치적 인간학의 문제는 법의 대안을 둘러싼 논쟁(앞의 §1.2a)과도 직접적

---

32) Höffe, Grundzüge einer Theorie politischer Gerechtigkeit, S.52.

33) Moore, Principia Ehtica, dt. Übers., S.39-53, S.75f.

34) Lampe, Das Menschenbild im Recht – Abbild oder Vorbild? In: ders. (Hrsg.), Rechtsanthropologie, ARSP Beiheft 22(1985), S.9ff.(21)에는 이러한 신중함이 뚜렷이 나타나 있다.

35) Lampe, Rechtsanthropologie. Entwicklung und Probleme, in: ARSP 1999, S.246ff.(266). 여기서 한 걸음 더 나아간 입장으로는 Spaemann, Die Bedeutung des Natürlichen im Recht, in: Karl Graf Bellerstrem(Hrsg.), Philos. Schriften Bd. 8, Naturrecht und Politik, Berlin 1993, S.113ff. 참고.

36) Höffe, Politische Gerechtigkeit, S.193ff.

인 연관성이 있다.

자연법규범을 정당화하기 위해 흔히 등장했던 근대의 또 다른 논거는 역사적으로 성장하는 구체적인 질서(물론 고대 자연법론에서 말하는 포괄적 우주질서로서의 자연질서와는 다르다)라는 사고이다. 이러한 입장은 영국 법사상에서는 이미 17세기부터 전개되기 시작했다.[37] 하지만 가장 잘 알려진 보기는 19세기 초반의 '역사법학파'의 이론이다. 역사법학파는 '나지막이 흐르며 내적으로 작용하는 힘', 즉 '법이 한 민족의 본질이나 속성과 맺고 있는 유기적 연관성'[38]에 커다란 관심을 기울였다. 이 입장은 프란츠 폰 리스트(Franz von Liszt)의 과학적 실증주의에까지도 영향을 미쳤다. 리스트는 "존재하는 것은 역사적으로 생성된 것"이며 동시에 "존재해야만 하는 것"이라고 한다.[39] 로날드 드워킨도 법관이 무엇을 지침으로 삼아야 하는가라는 물음과 관련하여 '통합성 (integrity)'이라는 표제어 하에 역사적으로 성장한 정치적 구조와 법학을 토대로 삼고 있다.[40] 이처럼 역사적으로 생성된(따라서 인간의 행위에 앞서 미리 규정되어 있는 것이 아니다) 연관성으로부터 논증을 하는 또 다른 보기로는 20세기에 들어 부활을 경험한 사물의 본성론을 들 수 있다. 과거의 사물의 본성(natura rerum)론을 부활시킨 구스타프 라드브루흐(Gustav Radbruch)는, 사물이란 법적 관계의 사회적 형식이나 법적으로 이미 규율되어 있는 생활관계 이외에 별도로 존재하는 자연적 사실이라고 이해한다.[41] 그러나

---

37) Berman, The Origins of Historical Jurisprudence: Coke, Selden, Hale, in: Yale Law Journal 103(1994), S.1651ff.

38) v. Savigny, Vom Beruf unserer Zeit für Gesetzgebung und Rechtswissenschaft, S.11f.

39) Franz v. Liszt, Das "richtige Recht" in der Strafgesetzgebung, ZStW Bd. 26(1906), S.553ff (556).

40) Dworkin, Law's Empire, S.225f., S.400.

41) Radbruch, Die Natur der Sache als juristische Denkform, in: FS für Rudolf Laun, Hamburg 1948, S.177ff.

이러한 사물의 본성론으로부터 전개된 논쟁의 핵심은 사회적 사물법칙성(Sachgesetzlichkeit)이라는 개념이다.[42] 즉 그러한 법칙성을 어디에서 찾아야 하는가를 둘러싸고 논쟁이 벌어졌다. 어떤 학자는 물건을 파는 사람과 사는 사람, 스승과 제자, 부모와 자식 등의 사회적 관계와 각각의 관계가 갖고 있는 유형적 특성, 다시 말해서 사회적 역할로부터 당위적 행위에 관한 요청을 도출[43]하는가 하면, 또 다른 학자는 아주 구체적으로 책임원칙의 사물논리적 구조로부터 형법상의 금지착오를 고려해야 할 필요성과 공범의 극단적 종속형식을 부정해야 할 필요성을 도출[44]하기도 한다. 그러나 이러한 이론들의 구조를 엄밀히 고찰해 보면, 단지 자연주의적 오류를 교묘하게 은폐하고 있음을 알 수 있다.

초실정적 규범을 인간의 본성이나 사물의 본성으로부터 도출할 때에는 마치 존재로부터 당위를 전개시키려 하고, 따라서 당위를 정당화하는 데 어떠한 가치평가도 필요로 하지 않는 것처럼 보인다. 그러나 자연주의적 오류의 문제는 대부분의 경우 외관상으로만 등장할 뿐이다. 왜냐하면 여기서 말하는 존재는 결코 순수한 사실이 아니라, 이미 가치평가와 결합되어 있는 존재이기 때문이다. 다시 말해, 인간의 본성 또는 사물의 본성에 관한 언

---

42) 이에 관해서는 Engisch, Auf der Suche nach der Gerechtigkeit – Hauptthemen der Rechtsphilosophie, München 1971, S.235 참고.

43) Maihofer, Die Natur der Sache, ARSP 44(1958), S.145ff.

44) Welzel, Naturrecht und Rechtspositivismus, in: Maihofer(Hrsg.), Naturrecht oder Rechtspositivismus, 2.Aufl., Darmstadt 1972, S.322ff.(334ff.). 헬무트 코잉도 '사물의 본성'을 법철학의 규범적 근거의 한 요소로 파악한다(Coing, Grundzüge der Rechtsphilosophie, 5.Aufl., Berlin / New York 1993, S.181ff.). [벨첼은 금지착오와 관련된 고의설(Vorsatztheorie; 불법의식을 고의의 한 요소로 보고, 불법의식이 결여된 금지착오는 고의를 배제한다고 보는 입장)과 극단적 종속형식(공범은 정범의 행위가 구성요건해당성 – 위법성 – 책임을 모두 충족할 때에만 처벌할 수 있다)은 사물법칙성에 근거한 절대적 행위구조에 반한다고 비판한다. 이는 벨첼의 목적적 행위론이 사물의 본성론과 맞닿는 부분이다. – 옮긴이].

명에는 이미 가치평가가 개입되어 있고, 결코 순수한 경험적 언명이 아니다. 무엇이 인간의 본질인가라는 물음에는 가치평가가 숨어 들어가 있으며, 그러한 가치평가는 아마도 오랜 전통을 거쳐 하나의 질서를 규정해 왔을 것이며, 생활관계의 내재적 질서를 아주 자명한 것으로 여기는 논증방식을 택하게 된다.[45]

자연법적 규범을 정당화하는 근대의 세 번째 유형으로는 형식적 합리성을 들 수 있다. 이와 관련해서는 약속위반에 관한 칸트의 보기를 언급하는 것이 좋을 것이다.[46] 칸트에 따르면 타인과 한 약속에 구속되지 않아도 좋다는 개인의 준칙(Maxime)을 보편적 법칙으로 삼게 되면, 결국 자기 자신을 파괴하는 결과를 낳는다고 한다. 따라서 특정한 원칙을 준수하지도 않고 동시에 원칙에 반하는 행위가 일반적으로 행해진다면, 이는 형식적 합리성에 반하는 내재적 모순이라는 것이다. 이러한 논증이나 이와 유사한 논증은 오늘날의 논의에서 특히 중요한 역할을 한다. 따라서 §9에서는 이를 구체적으로 살펴보기로 한다.

---

45) Engisch(주 42), 221면 이하, 237면 이하. 규범적 결단을 배제하고 법학에 관한 이해가 가능한가 라는 문제에 관해서는 Hofmann, Rechtsphilosophie, in: Koslowski(Hrsg.), Orientierung durch Philosophie, Tübingen 1991, S.118ff.(129ff.) 참고.

46) Kant, Grundlegung zur Metaphysik der Sitten(1785), 1. Absch., S.29ff.

§9

규범의 정당화에 관한
최근의 논쟁

▌참고문헌 ▌ *Albert*, Traktat über Kritische Vernunft, 5.Aufl., Stuttgart 1991; *Alexy*, Theorie der juristischen Argumentation, 3.Aufl., Nachdruck Frankfurt a.M. 2001; *Apel*, Kann der postkantische Standpunkt der Moralität noch einmal in substantielle Sittlichkeit "aufgehoben" werden? in: Kuhlmann (Hrsg.), Moralität und Sittlchkeit, Frankfurt a.M. 1986, S.217ff.; *Bentham*, An Introduction to the Principles of Morals and Legislation(1789), hrsg. v. Burns / Hart, Oxford 1996; *Finnis*, Natural Law and Natural Rights, Oxford 2002; *Fletcher*, Basic Concepts of Legal Thought, New York / Oxford 1996; *Habermas*, Diskursethik — Notizen zu einem Begründungs- programm, in: *ders.*, Moralbewußtsein und kommunikatives Handeln, 8.Aufl., Frankfurt a.M. 2001, S.53ff.; *Hare*, The Language of Morals, Oxford 1952, Reprint Oxford 2003, dt. Übers.: Die Sprache der Moral, 2.Aufl., Frankfurt a.M. 1997; *Hare*, Moral Thinking. Its Levels, Method and Point, Nachdruck Oxford 1992, dt. Übers., Moralisches Denken. Seine Ebene, seine Methode, sein Witz, Frankfurt a.M. 1992; *Hoerster*, Zum Problem der absoluten Normbegründung, FS für Robert Walter, Wien 1991, S.255ff.; *Hoerster*, Ethik und Interesse, Stuttgart 2003; *Hösle*, Wahrheit und Geschichte, Stuttgart / Bad Cannstatt 1984; *Ilting*, Der Geltungsgrund moralischer Normen, in: Kuhlmann / Böhler(Hrsg.), Kommunikation und Reflexion — Zur Diskussion der Transzendentalpragmatik, Frankfurt a.M. 1982, S.612ff.; *Ilting*, Gibt es eine kritische Ethik und Rechtsphilosophie Kants? in: Archiv für Geschichte der Philosophie Bd. 63(1981), S.325ff.; *Kant*, Kritik der praktischen Vernunft(1788), Werke Bd.IV,

Wiesbaden 1956; *Kersting*, Stichwort "Vertrag, Gesellschaftsvertrag, Herrschaftsvertrag", in: Brunner / Conze / Koselleck(Hrsg.), Geschichtliche Grundbegriffe. Historisches Lexikon zur politisch-sozialen Sprache in Deutschland Bd. 6, Stuttgart 1990; *Kohlberg*, Moralische Entwicklung und demokratische Erziehung, in: Lind / Raschert(Hrsg,), Moralische Urteilsfähig- keit. Eine Auseinandersetzung mit Lawrence Kohlberg, Weinheim / Basel 1987, S.25ff.; *Kohlberg*, Die Psychologie der moralischen Entwicklung, Nachdruck Frankfurt a.M. 2002; *Mackie*, Ethics: Inventing Right and Wrong, 7.Aufl., London 1999, dt. Übers., Ethik. Die Erfindung des moralischen Richtigen und Falschen, Nachdruck Stuttgart 2004; *Moore*, Principia Ethica(1903), dt. Übers., Stuttgart 1996; *Pauer-Sutter*, Das Andere der Gerechtigkeit, Berlin 1996; *Rawls*, A Theory of Justice(1971), Oxford 2005, dt. Übers., Eine Theorie der Gerechtigkeit, 14.Aufl., Frankfurt a.M. 2005; *Schmücker*, Recht und Moral. Zur Kritik der revidierten Diskursethik, Rechtsphilosophische Hefte 1(1992), S.135ff.; *Toulmin*, The Uses of Argument, Cambridge 1993, dt. Übers., Der Gebrauch von Argumenten, 2.Aufl., Weinheim 1996.; *Trapp*, 'Nicht-klassischer' Utilitarismus. Eine Theorie der Gerechtigkeit, Frankfurt a.M. 1988.

비실정적 정당성기준을 합리적으로 정당화하려는 개개의 시도들을 논의(2~4)하기에 앞서, 우선 몇 가지 방법적인 문제들을 살펴볼 필요가 있다.

1. 규범의 정당화가 안고 있는 문제점

이미 자연법의 역사가 입증하고 있듯이(§8), 규범의 정당화(Normbegründung)는 여러 가지 문제점을 안고 있다. 그 때문에 한편에서는 정당화 자체를 피하려는 전략(a)을 선택하거나, 다른 한편에서는 정당화의 형식적 구조에 관한 관심(b)이 늘어났다.

a) 규범적 정당화의 사전영역에 대한 합리적 설명

규범적 정당화는 그 자체 가치평가이기 때문에 결코 합리적 검증의 대상이 될 수 없다고 생각하는 법철학적 상대주의자들도 가치판단의 영역 내에서는 과학적 고찰이 가능할 수 있음을 인정한다. 즉 과학적 논의가 가치판단 자체를 대상으로 할 수는 없지만, 가치판단의 사전영역(Vorfeld)에서는 어느 정도 과학적 논의가 이루어질 수 있다는 것이다. 예컨대 하나의 목적이 가치가 있다고 선택되었다면, 어떠한 수단이 이 목적의 실현을 위해 적합한 것인지, 어떠한 부수효과가 나타날 수 있는지 그리고 결과적으로 어떠한 문제가 발생할 것인지를 과학적으로 검토할 수 있다고 한다.[1] 따라서 논쟁의 대상은 '존재'의 영역에서의 인과관계일 뿐이며, 이 인과관계와 '당위' 자체는 어떠한 상관성도 없다.

가치평가를 대상으로 하는 것처럼 보이는 상당수 논쟁들은 실제로는 필요한 수단이나 예견되는 효과를 서로 다르게 평가하는 데에 기인한다고 생각할 수 있다. 예를 들어, 부모의 징계권

---

1) Engisch, Auf der Suche nach der Gerechtigkeit – Hauptthemen der Rechtsphilosophie, München 1971, S.200.

을 인정할 것인가를 둘러싼 논란은 부모의 매질을 옹호하는 사람에게 매질이 어떠한 부정적 효과를 낳는지를 과학적으로 입증함으로써 해결될 수 있을 것이다. 또는 낙태죄의 처벌을 강화할 것을 주장하는 사람에게는 그러한 처벌의 강화가 어떠한 근거에서 그가 의도하는 것과는 정반대의 결과를 낳게 되는지를 납득시킬 수 있을 것이다.

이처럼 가치평가를 둘러싸고 있는 경험적 영역들을 밝히는 방법 이외에도, 논리적 측면에서 구체적인 가치평가를 더 보편적인 가치평가에 근거하도록 하는 방법(이 또한 법철학적 상대주의자도 인정하는 방법이다)이 있다. 예컨대 "사람은 결코 남의 물건을 훔쳐서는 안 된다"는 명제는 "사람은 어느 누구에게도 부당한 손해를 끼쳐서는 안 된다"는 명제를 통해 정당화할 수 있을 것이다. 또한 법철학적 상대주의자들도 가치평가행위를 심리학적, 사회학적 또는 역사학적 관점에서 연구할 수 있다는 사실을 결코 부정하지 않는다. 왜냐하면 이러한 연구에서 학문적 노력은 오로지 가치평가의 사실적 측면에 국한되어 있고, 과학의 이름으로 가치평가 자체를 행하는 시도는 아니기 때문이다.[2]

b) 환정주의, 규범주의, 자연주의, 직관주의 사이의 논쟁

규범적 정당화의 문제를 내용의 측면에서도 과학적으로 접근할 수 있는지는 우선 규범적 정당화의 구조를 밝혀야만 논의가 가능하다. 특히 영미의 분석철학은 이 문제를 심도 있게 다루어 왔다. 이러한 분석적 연구들은 스스로 도덕적 물음에 대해 어떤 입장을 표명하는 것이 아니라, 도덕적 논의가 어떻게 이루어지는가를 메타차원(Metaebene)에서 고찰하기 때문에 흔히 '메타윤리

---

2) 상대주의의 이러한 측면에 관해서는 Radbruch, Rechtsphilosophie (1932), Studienausgabe, 2.Aufl. hrsg. v. R. Dreier u. S. Paulson, Heidelberg, 2003, S.14f.; Engisch(주 1), 251면 참고.

학'(Metaehtik)이라 부른다.

가치평가를 합리적으로 정당화할 수 있는가와 관련하여 크게
보면 '인지주의'(Kognitivismus)와 '비인지주의'(Nonkognitivismus)의 입
장이 대립하고 있으며, 어떠한 측면에 비중을 두는가에 따라 그
리고 각 입장을 결합시키는 방식에 따라 여러 가지 형태의 이론
이 등장한다.

비인지주의적 입장은 원칙적으로 가치평가를 논증을 통해 정
당화할 수 있는 가능성 자체를 부인하며, 더 나아가 실천적 방향
제시에 대한 정당화가 불가능하다고 생각한다. 이러한 비인지주
의적 입장 가운데 가장 대표적인 이론으로는 메타윤리적 '환정주
의'(喚情主義 Emotivismus)와 메타윤리적 '규범주의'(Präskriptivismus)
가 있다.

환정주의는 가치평가의 진리성을 입증하는 것은 불가능하다
는 입장에 서 있다. 즉 가치평가는 경험적 또는 비경험적 속성이
나 상태를 서술하는 것이 아니라, 단지 감정을 표현하거나 감정
을 불러일으키는 기능을 갖고 있을 뿐이라고 한다.[3] 가치평가를
설명하려는 이러한 시도는 지나치게 심리학적 측면을 강조한 이
론이라 할 수 있다. 그러나 하나의 언명이 갖는 심리적 동기나
작용은 그 언명의 의미와는 무관하며, 따라서 가치평가가 논증의
대상이 될 수 없다는 주장의 근거로 심리적 측면만을 부각시키는
것으로는 충분치 않다.

새로운 비인지주의적 입장으로는 특히 헤어(R. M. Hare)의
'규범주의'를 들 수 있다. 환정주의와 마찬가지로 헤어도 평가적
언명의 의미는 그러한 평가와 관련된 서술적 기준과 동일하지 않

---

3) Ayer, Language, truth and logic(1936), London 2001, dt. Übers.:
Sprache, Wahrheit und Logik, Nachdruck Stuttgart 1987, S.135ff. 환정
주의에 관해서는 Frankena, Analytische Ehtik, 5.Aufl., München 1994,
S.127ff. 참고.

다는 사실에서 출발한다.4) 가치평가는 결코 서술적이지 않다는
점에서 환정주의자들과 같은 입장에 있다. 그렇지만 헤어는 가치
평가를 통해 단순히 감정을 표현하거나 감정을 불러일으킨다는
환정주의의 견해가 지나치게 편협하다고 본다. 가치평가는 그러
한 심리적 상황을 표현할 뿐만 아니라, 평가를 내리는 사람의 입
장에서 마땅히 행해져야 할 당위적 측면에 관한 언명을 표현하는
기능도 갖고 있다고 한다. 바로 이런 의미에서 헤어의 이론을 '규
범주의'(Präskriptivismus; 라틴어 praescribere는 '지시하다'는 뜻이다)라
고 부른다. 이렇게 하여 헤어는 가치평가 자체와 관련된 논거에
접근할 수 있는 (비록 아주 약하긴 하지만) 발판을 마련했다. 왜냐
하면 가치평가가 무엇이 행해져야 하는가에 관한 판단이라면, 그
러한 가치평가는 보편화가능성(Universalisierbarkeit)을 요청하면서
제기되지 않을 수 없기 때문이다. 다시 말해, 서술적 측면에서
동일한 상황은 동일하게 판단되어야 한다. 심지어 헤어는 자신의
보편화가능성 원칙을 칸트의 보편화원칙(Universalisierungsprinzip;
이에 관해서는 §8.1d 참고)에 접근시킨다. 물론 헤어는 자신의 메타
윤리적 이론을 전개하면서 보편화가능성의 원칙에 평등취급원칙
의 의미만을 부여하며, 그 이상의 내용은 정당화할 수 없다고 본
다. 따라서 특정한 가치평가를 하게 되는 근거나 특정한 도덕규
칙을 선호하는 근거는 전적으로 개인의 결정에 달린 문제라고 한
다.5) 결국 헤어 자신은 공리주의(아래의 §10.1 참고)를 선호하는
결정을 내리고 있다.6)

어쨌든 비인지주의는 가치평가를 합리적으로 정당화할 수 있
는가에 대해 매우 회의적이다. 인지주의는 바로 이러한 회의에
반대한다. 메타윤리적 인지주의에는 '자연주의'(Naturalismus)와, 흔

4) Hare, The Language of Morals, S.83ff., dt. Übers., S.114ff..
5) Hare, The Language of Morals, S.77, 196, dt. Übers., S.105ff.
6) Hare, Moral Thinking. Its Levels, Method and Point, S.44ff.

히 자연주의의 한 변형으로 여겨지는 '직관주의'(Intuitionismus)가 있다.

'좋다', '정당하다'와 같은 규범적 표현을 경험적이고 서술적인 표현으로 정의하려는 시도는 자연주의의 대표적인 예에 속한다. 예컨대 "이 자동차는 좋다"라는 규범적 언명은 "이 자동차는 빠르고, 안전하고, 안락하며 신뢰할 수 있다" 등의 경험적 · 서술적 언명으로 대체할 수 있다. "이 판결은 정당하다"는 규범적 언명은 "이 판결이 소송비용을 균등하게 부담시키며, 분쟁 당사자들 사이에 확고한 평화를 수립한다" 등의 언명으로 정의할 수 있다. 또한 특정한 행위가 '쾌락을 가져다준다'(이는 경험적 언명이다)[7]는 사실로 하나의 가치평가를 정당화하는 것 역시 자연주의적 정당화이다. 자연주의의 입장을 따른다면, 가치평가는 경험적 · 서술적 언명과 마찬가지로 정당화할 수 있을 것이다. 그러나 그로 인해 가치평가가 갖는 독자적 의미가 상실될 수밖에 없다.[8] 더욱이 가치평가를 정의하기 위해 끌어들인 특정한 경험적 속성 자체를 긍정적으로 평가하지 않는(예컨대 자동차가 빠르다거나 법원이 모든 사람의 이익을 고려하려고 노력하는 것이 반드시 좋은 것만은 아니다) 사람에게는 그러한 정당화 자체가 설득력이 없다.

메타윤리적 직관주의는 막스 쉘러(Max Scheler)의 실질적 가치윤리[9]와 유사한 측면이 있다. 직관주의는 부분적으로는 자연주

---

7) Bentham, An Introduction to the Principles of Morals and Legislation, S.40.

8) 메타윤리적 자연주의에 관해서는 Alexy, Theorie der juristischen Argumentation, S.55ff. 참고.

9) Scheler, Der Formalismus in der Ethik und die materiale Wertethik, 5. Aufl., Bern / München 1966, S.87. 인지주의적 입장에 대한 비판의 개관은 Engländer, Moralische Richtigkeit als Bedingung der Rechtsgeltung? in: ARSP 90(2004), S.86ff.; 이 주제에 대한 상세한 논의는 Czaniera, Gibt es moralisches Wissen? Die Kognitivismus-Debatte in der analytischen Moralphilosophie, Paderborn 2001 참고.

의에 대한 비판을 통해 성립했다. 물론 직관주의는 자연주의와 같이 가치평가와 더불어 어떤 속성을 확인할 수 있다는 전제에서 출발한다. 그러나 직관주의에 따르면 이 속성은 결코 경험적 속성이 아니라고 한다. 왜냐하면 경험적 속성은 단지 존재하고 있는 것을 파악한 것일 뿐, 결코 무엇인가에 대한 긍정적 평가를 포함하고 있지 않기 때문이라고 한다. 무어(G. E. Moore)의 논거에 의하면, 우리는 모든 비가치적 속성에 대해 언제나 "과연 그것은 좋은 것인가?"라는 물음을 끝없이 제기할 수 있다(무어의 이른바 'open question argument').[10] 하나의 가치평가, 즉 무엇인가가 '좋다'라는 언명을 어떤 비가치적(경험적) 속성에 대한 확인으로 번역하는 것은 언제나 오류를 범할 수밖에 없다. 이것이 바로 무어가 말하는 '자연주의적 오류'이다.[11] 자연주의에 대한 비판에 기초하여 무어는, '좋음'이라는 더 이상 정의할 수 없는 가치적 속성이 존재할 수밖에 없다는 결론을 이끌어낸다. 이 가치적 속성은 경험적 지각을 통해 파악할 수 없고, 오로지 비경험적 영역에 있는 직관을 통해 파악할 수 있을 뿐이라고 한다. 따라서 직관주의는 가치에 대한 (직관적) 인식가능성을 주장한다. 이 점에서 직관주의는 다수의 근대 자연법론자들의 입장과 일치한다. 왜냐하면 이들 자연법론자들은 이성적인 존재라면 – 일부러 눈을 감지 않는 한 – 누구에게나 명확한 최상의 가치가 있다고 전제하기 때문이다.[12] 그러나 직관주의는 얼핏 보기에 명확한 통찰을

---

10) Moore, Principia Ethica, S.29ff.; Hoerster, Zum Problem der Ableitung eines Sollens aus einem Sein in der analytischen Moralphilosophie, ARSP 55(1969), S.11ff.(무어의 open question argument란 가치평가를 경험적인 속성으로 환원했을 때 다시 그 경험적 속성이 가치 있는지를 묻게 되고, 이 물음에 대해 또 다시 경험적 속성으로 대답을 하면 다시 물음이 제기되는 식으로 끝없이 물음이 계속된다는 의미이다 – 옮긴이).

11) 이에 관해서는 Moore, Principia Ethica, S.44 참고.

12) Finnis, Natural Law and Natural Rights, S.30. 오늘날 영어권에서 이루어지고 있는 자연법논의에 대해서는 George(Hrsg.), Natural Law,

설명할 수는 있을지라도,[13] 가치평가를 정당화할 수는 없다. 그렇기 때문에 직관주의에 대해서는 당연히 다음과 같은 반론이 제기된다. 즉 수많은 사람들이 상이한 직관적 명확성(Evidenz)을 체험하더라도 어느 것이 진정한 명확성이고 어느 것이 그렇지 않은가에 대한 기준을 직관주의는 제시할 수 없다.[14] 따라서 직관주의는 단지 규범적 언명의 인식가능성에 회의를 품지 않는다는 점에서만 메타윤리적 인지주의에 속할 뿐 진정한 의미의 인지주의라고 할 수 없다.

 c) 규범적 정당화의 구조 : 툴민과 알버트의 '뮌히하우젠 트릴레마'

 지금까지 고찰한 메타윤리이론들은 비실정적 정당성기준을 합리적으로 정당화할 수 있는 가능성을 모색하려는 법철학의 기대를 충족시켜 주지 못한다. 비인지주의는 이미 그 개념 자체가 정당성기준을 인식할 수 있는 가능성을 부정하고 있으며, 자연주의에서는 가치평가의 차원이 존재하지 않고, 직관주의에서는 비록 가치평가의 차원은 인정하지만, 그 내용을 논증을 통해 밝힐 수 있는 가능성이 존재하지 않기 때문이다. 그렇지만 규범적 정당성기준의 정당화라는 문제를 다시 한 번 분명히 밝혀 보기로 하자. 이를 위해 정당화 논증의 구조를 더욱 엄밀하게 발전시킨 스테판 툴민(Stephan Toulmin)의 이론을 원용하겠다.

 툴민에 따르면 하나의 주장에 대한 정당화는 그 주장이 하나의 사실에 대한 주장[Tatsachenbehauptung; 툴민은 이를 자료(Daten)라 부른다]으로부터 도출된 결론으로 파악될 수 있을 때 이루어진다. 이를 위해서는 자료가 이 추론에 대해 어떠한 의미를 갖는지

Aldershot, 2003 참고.

13) J.-C. Wolf, Ein Pluralismus von prima-facie-Pflichten als Alternative zu monistischen Theorien der Ethik, in: ZphF 50(1996), S.601.

14) Alexy, Theorie der juristischen Argumentation, S.59f.

를 밝혀야 한다. 즉 자료로부터 결론을 도출할 수 있게 하는 추론규칙(Schlußregel)을 필요로 한다. 이를 도식화하면 다음과 같다.[15]

자료　　　　→　　　　결론
↑
추론규칙

　　다음과 같은 보기를 들어보자. "현주는 부산에서 출생(자료)했기 때문에 대한민국 국적을 갖고 있다(결론)"는 추론을 하기 위해서는, "부산에서 출생한 사람은 대한민국 국적을 갖는다"는 추론규칙을 전제해야 한다. 물론 추론규칙 자체에 대한 정당화도 이루어져야 한다. 이를 위해서는 다시 하나의 사실을 지적해야 할 것이다. 즉 앞에서 든 보기에서는 부산에서 출생한 사람은 대한민국 국적을 갖는다는 관련법규가 존재한다는 사실을 근거로 삼을 수 있을 것이다.[16]

　　알렉시(Alexy)는 툴민의 다른 연구들도 원용하면서 위의 도식을 규범적 명제에 적용한다.[17] 예컨대 "기영은 도덕적으로 잘못된 행동을 했다"는 규범적 명제를 정당화하기 위해서는, "기영이 거짓말을 했다"는 근거를 제시할 수 있다. 이 추론은 "거짓말은 도덕적으로 나쁜 행동이다"는 추론규칙이 존재할 때에만 타당하다. 이러한 추론은 도덕적 논증의 첫 단계에 해당한다. 즉 이 단계에서는 하나의 행위를 승인된 사회적 규범(앞의 추론규칙은 이러

---

15) Toulmin, The Uses of Argument, S.99, dt. Übers., Der Gebrauch von Argumenten, S.90.

16) Toulmin, The Uses of Argument, S.99ff., dt. Übers., Der Gebrauch von Argumenten, S.91ff.

17) 이하의 내용에 관해서는 Alexy, Theorie der juristischen Argumentation, S.55ff. 참고.

한 사회적 규범의 표현이다)에 비추어 정당화하거나 비난하게 된다. 물론 두 번째 단계에서는 추론규칙 자체에 대한 정당화가 이루어진다. 이 단계에서는 행위판단의 정당화가 아니라, 하나의 도덕적 규범 자체의 정당화를 문제 삼는다. 도덕적 규범 자체의 정당화는 대개 그 규범에 따를 때 또는 그 규범을 위반할 때 사회현실에서 어떠한 (사실상의) 결과가 발생하는지를 지적함으로써 이루어진다. 예컨대 "거짓말은 도덕적으로 나쁜 행동이다"는 추론규칙에 대해 "거짓말은 인간 상호간의 신뢰를 파괴하는 결과를 야기하고 불필요한 고통을 유발한다"는 식으로 정당화가 이루어질 수 있다. 이와 같은 모델은 가치평가의 정당화 구조를 더 엄밀하게 구성하고 있다. 하지만 이러한 정당화는 어떠한 근거가 가치평가의 타당성에 대한 근거가 되어야 하고 또한 어떠한 규칙에 따라 가치평가에 대한 정당화가 이루어지는지를 밝혀야 한다. 다시 말해 가치평가를 정당화하는 규칙 자체도 규범적(평가적) 측면을 갖고 있기 때문에, 이 규칙에 대한 정당화가 문제된다. 이 규칙을 정당화하기 위해서는 다시 다른 규칙을 전제해야 하며, 그래야만 사실적 기초(현실적으로 발생하는 결과)를 규칙의 타당성에 대한 근거로 삼을 수 있다. 우리의 보기와 관련시켜 보면, "어떤 행동(또는 현실)이 불필요한 고통을 유발한다면, 그 행동은 정당화되지 않는다"는 규칙을 생각해 볼 수 있다. 물론 현실에서 이루어지는 실천적 논의에서는 이 이상의 근거를 묻지 않는 것이 보통이다. 모든 윤리체계는 이처럼 더 이상 되물을 수 없는 최후의 정당성기준을 전제하는 기반 위에서 성립될 수 있다. 이 점은 공리주의(이하의 §10.1 참고)의 경우에도 마찬가지이다. 실천적 논의에서는 이러한 전제에 대한 더 이상의 정당화를 묻지 않는 것이 보통이다.

그러나 우리는 그러한 규칙에 대한 정당화 자체를 다시 문제 삼을 수도 있다. 이러한 정당화도 마찬가지로 어떤 규칙에 근거하고 있고, 이 규칙에 대한 정당화를 위해서는 다시 다른 규칙을 전제해야 하기 때문에, 완전한 정당화라는 이상을 끝까지 추구한다면 결국 무한회귀(infiniter Regreß)에 빠지게 된다.[18]

한스 알버트(Hans Albert)는 이러한 문제점을 '뮌히하우젠-트릴레마'(Münchhausen-Trilemma)라고 표현한다. 즉 가치평가에 대한 정당화를 포함한 모든 정당화에서는 이러한 문제점을 피할 수 있는 세 가지 가능성이 존재하지만, 결국은 늪에 빠진 사람이 자기 상투를 붙잡고 빠져 나오려는 것과 다름없는 상황에 처한다는 것이다. 세 가지 가능성은 다음과 같다.

- 무한회귀 : 하지만 이는 현실적으로 관철할 수 없다.
- 순환논법 : 정당화 절차에서 정당화가 필요하다고 여겨지던 명제를 다시 근거로 삼는 방법.
- 정당화 절차의 단절 : 하지만 이렇게 되면 충분한 정당화라는 원칙을 자의적으로 단절시키는 결과를 빚게 될 것이다.[19]

오늘날 법철학과 사회철학은 이와 같이 거의 탈출구가 보이지 않는 상황 속에서도 어떻게 규범적 정당화에 관한 합리적 논의에 도달할 수 있을 것인가를 두고 여러 가지 방법을 발전시켜 왔다. 즉 뮌히하우젠-트릴레마를 출발점으로 삼으면서 더 이상의 정당화 절차를 단절하는 것이 과연 진정으로 자의적일 수밖에 없는 것인지 또는 일정한 지점에서는 정당화에 대해 계속 물어야 할 충분한 실제적 근거가 존재하는 것인지에 대해 성찰하고 있다. 그리하여 어떤 방법은 하나의 규범적 명제에 대한 내용적 정

---

18) Leibniz(1646-1716), Monadologie, (1714), §32, in: Hauptschriften zur Grundlegung der Philosophie Bd.2, hrsg. v. Cassirer, 3.Aufl., Hamburg 1966, S.443.
19) Albert, Traktat über kritische Vernunft, S.13.

당화를 끝없이 요구하는 대신에, 단지 정당화 절차 자체에 대한 요구만을 제기하고, 하나의 가치평가가 어떠한 상황에서 성립해야만 타당하다고 볼 수 있을 것인지에 대한 답을 찾으려 하게 되고, 어떠한 상황에서 가치평가가 성립해야 이를 타당하다고 볼 수 있는지를 묻게 된다(아래의 2). 이를 통해 어떠한 정당화로, 다시 말해 보통의 경우에는 피할 수 없는 무한회귀의 어느 지점에서 더 이상의 정당화에 대한 노력을 단절해야 하는지가 주제가 된다. 또는 '뮌히하우젠-트릴레마'에 대한 다른 방식의 내재적 비판을 통해 '선험화용론적'(transzendentalpragmatisch) 정당화라는 이름으로 특정한 범위 내에서는 '최종적 정당화'가 가능하다는 점을 입증하려고 한다(아래의 3). 끝으로 이러한 방식들이 안고 있는 난점을 감안하여 무한회귀의 단절이 불가피하다는 점을 의식하면서, 상호이해는 합의 이전의 어떤 전제를 필연적으로 수반할 수밖에 없는지 그리고 어떠한 구체적 기준들이 상호이해에 개입되어야 하는지에 대해 물을 수도 있다. 이 경우에는 쌍방적인 승인과 상호주관적으로 공유하는 이익을 기반으로 규범을 승인하는 모델을 통해 논증을 하게 된다(아래의 4).

2. 합의지향의 정당성이론

객관적 정당성기준의 내용을 정당화하는 것이 결국 트릴레마에 빠질 수밖에 없다는 점을 인정해야 한다면, 더욱 형식적인 기준 그리고 규범 자체보다는 행위주체를 더 중시하는(또는 상호주관적인) 기준을 정당성의 척도로 파악하려는 시도를 고려해 볼 만하다. 이러한 맥락에서, 관련된 모든 당사자들의 합의(Konsens)가 그러한 정당성기준이 될 수 있다는 생각은 근대를 지배했던 아주 보편적인 직관에 속했다.[20] 다시 말해 뮌히하우젠-트릴레마의 세 번째 형태에서 의미하는, 정당화의 무한회귀의 단절이 언제나 자의적일 수밖에 없는지 아니면 정당화의 단절에 대한 합의를 근거로 삼아 단절을 정당화할 수는 없는지를 물을 수 있다. 이러한 합의이론은 오늘날 특히 계약이론과 논의윤리의 형태로 등장하고 있다.

a) 계약주의적 정당성이론

계약주의적(또는 계약론적) 정당성이론21)은 규범의 정당화라는 문제와 관련해서는 자세한 논의를 할 필요가 없을 만큼 표제 자체가 그 근본적 의도를 분명히 말해주고 있다. 계약주의적 이론은 역사상의 사회계약 또는 가상의 사회계약을 모델로 삼아 등장한다.

역사상의 사회계약이라는 사고는 결코 실제로 명시적으로 체결된 특정한 사회계약이라는 의미로 이해되지는 않았다. 만일 역사상의 사회계약을 '완전한 동의'와 그러한 동의의 영속성으로 이해하게 되면, 이 '동의를 통한 합의'(Zustimmungskonsens)는 실천적 논의22)와 논의윤리의 문제에 속하지, 계약주의의 모델이 되는 것

---

20) 이에 대한 전반적인 내용으로는 Beran, The Consent Theory of Political Obligation, London 1987 참고. 또한 '합의와 관련된 독일의 학문적 논의를 지배하고 있는' 원칙인 '모든 사람의 승인가능성'에 관해서는 Höffe, Politische Gerechtigkeit. Grundlegung einer kritischen Philosophie von Recht und Staat, 3.Aufl., Frankfurt a.M. 2002, S.85 참고.

21) 전반적인 내용에 관해서는 Kersting, Stichwort "Vertrag, Gesellschafts-vertrag, Herrschaftsvertrag," S.901ff.; ders., Die politische Philosophie des Gesellschaftsvertrages, Darmstadt 2005 참고.

22) Kersting, Liberalismus, Kommunitarismus, Republikanismus, in: Apel/Kettner(Hrsg.), Zur Anwendung der Diskursethik in Politik, Recht und Wissenschaft, Frankfurt a.M. 1992, S.127ff.(138). [케어스팅은 합의개념이 근대 정치철학에서 갖는 기능을 크게 두 가지로 구별한다. 하나는 정당화를 위한 이론적 합의(kognitiver Rechtfertigungskonsens)이고, 다른 하나는 동의를 통한 실제적 합의(performativer Zustimmungskonsens)이다. 전자는 어떤 원칙이나 규범에 대해 모든 사람의 의지가 합치할 수

은 아니다(아래의 b 참고). 그런데도 역사적 맥락 속에서의 '계약'이라는 비유를 고수하려고 한다면, 다음과 같은 두 가지 잘 알려진 반론을 받지 않을 수 없다.

순간의 경험적 의지가 구속력을 갖는 가상의 의지로 변화하는 데에는 이미 존재하고 있는 법률을 전제해야 한다는 법사회학적 반론[23]은 일단 접어두더라도, 계약론적 논증은 이미 법철학적으로도 계약이 왜 구속력을 갖는가의 문제, 즉 계약의 구속력의 근거와 관련하여 역설이 존재한다. 모든 의무가 하나의 계약으로부터 발생한다면, '계약은 지켜야 한다'(pacta sunt servanda)는 의무도 마찬가지로 그 계약으로부터 발생한다. 그러나 '계약은 지켜야 한다'라는 합의가 이루어진 계약 그 자체를 준수해야 할 의무는 어디에서 발생하는가?[24] 이러한 역설을 극복하기 위해서는 명백

있을 때, 그러한 원칙이나 규범이 정당성을 갖는다는 계약주의 이론에서 등장하고, 후자는 주로 시민의 복종의무와 국가권력의 근거를 설명할 때 등장한다. 전자가 선험적 합의(apriorischer Konsens)를 중시한다면, 후자는 경험적 합의(empirischer Konsens)를 중시한다. 계약주의는 사실상으로 이루어진 합의가 아니라, 이성이나 합리성과 같이 사실상의 합의와는 무관한 객관적 기준을 끌어들이게 된다. 이 점에서 계약주의가 역사상의 계약이라는 논증을 고수하게 되면, 경험적인 합의를 중시하는 실천적 논의로 바뀐다는 것이다. 논의윤리학(Diskursethik)도 이러한 구별의 측면에서 보면 일단은 후자의 경험적 합의에 비중을 둔 이론으로 볼 수 있다. 다만 논의이론은 아펠이 제시한 형태든, 하버마스가 제시한 형태든 - 비록 비중을 두는 측면이 다르긴 하지만 - 양 측면을 조화하려고 시도한다. 하버마스의 '사실성과 타당성'(Faktizität und Geltung)은 이미 제목 자체가 그러한 시도를 상징하고 있다. 물론 이 시도의 성공 여부는 별개의 문제이다. - 옮긴이].

23) 이에 관해서는 Röhl, Ausservertragliche Voraussetzungen des Vertrages, in: Kaulbach / Krawietz(Hrsg.), Recht und Gesellschaft, FS Schelsky, Berlin 1978, S.435ff. 참고.

24) 이에 관해서는 Seelmann, Versuche einer Legitimation von Strafe durch das Argument selbstwidersprüchlichen Verhaltens des Straftäters, in: Jahrbuch für Recht und Ethik / Annual Review of Law and Ethics, Bd.1(1993), S.315ff. 참고. 계약론적 규범정당화에 대해 매우 회의적인

히 이성이라는 근거를 원용해야 한다. 즉 계약을 준수하는 것이 이성적이라는 논거를 끌어들이지 않을 수 없다. 그러나 이러한 논거는 계약주의적 이론구성 자체에서는 표현되어 있지 않다. 이 점은 피히테(J. G. Fichte)의 초기저작에서부터 끊임없이 문제점으로 지적되어 왔다.[25] 이러한 문제점 이외에도 계약체결 자체가 규범을 정당화한다는 사고는 또 다른 난점을 안고 있다. 즉 규범을 계약에 기초하여 정당화한다면, 국가 또는 법치국가 자체도 계약을 통해 폐지할 수 있다는 결론을 도출할 수 있다.[26] 이러한 결론의 도출을 방지할 수 있다는 희망에서 독일 기본법은 제79조 제3항에서 특정한 국가원칙과 기본권은 설령 의회의 절대다수가 찬동하더라도 변경될 수 없다고 규정하고 있으며, 다른 나라 헌법에서는 침해할 수 없는, 기본권의 '핵심내용'을 전제하기도 한다. 하지만 이러한 변경불가능성은 그 자체 별도의 정당화를 필요로 한다. 따라서 국가질서나 개인의 권리와 관련하여 어떠한 내용적 정당화도 제시하지 않는 계약주의사상만으로는 그와 같은 변경불가능성을 정당화할 수 없다.

이처럼 역사상의 사회계약이라는 사고는 상당한 비판을 받지 않을 수 없었다. 이에 반해 가상적인 사회계약이라는 사고는, 만일 사회계약을 체결할 상황에 처하게 된다면, 무엇이 그 사회계약의 이성적인 내용이 되어야 하는가를 묻는다. 따라서 이 형태의 계약주의는 완전히 다른 정당성기준(무엇이 이성적인가?)을 갖

입장으로는 또한 Stratenwerth, Freiheit und Gleichheit. Ein Kapitel Rechtsphilosophie, Bern 2007, S.41ff.도 참고.

25) 이에 관해서는 Schottky, Die staatsphilosophische Vertragstheorie als Theorie der Legitimation des Staates, in: Graf Kielmansegg, Legitimations- probleme politischer Systeme, PVS-Sonderheft 7, 1976, S.81ff.(98ff.) 참고.

26) 바로 이 문제는 헤겔이 사회계약이론을 비판했던 한 가지 이유이다. 이에 관해서는 Seelmann(주 24) 참고.

고 있다. 이러한 기준은 계약이라는 사유형태와 결코 필연적 연
관성을 갖고 있지는 않다. 그렇기 때문에 '가상적 사회계약'에 관
한 논의는 결국 계약이라는 비유 뒤에 숨겨진 각각의 규범적 기
준과 관련된 논의에 속한다.[27]

　이처럼 가상적 사회계약을 전제하는 이론에서 계약이라는 비
유는 정당성기준의 정당화라는 맥락에서는 중요한 역할을 하지
못한다. 따라서 오늘날 규범의 정당화와 관련하여 가장 자주 거
론되는 이론 가운데 하나인 존 롤스(John Rawls)의 이론이 자연상
태모델이나 자연상태에서의 합의라는 모델을 전개시키는 것[28]은
이러한 사정에 모순되는 것처럼 보인다. 롤스의 이론에서 규범에
대한 정당화는 공평무사한 중립적 상태에서 어떠한 규범을 선택
할 것인가에 관한 사유적 실험[29]을 통해 기존의 사회규범을 평가
하고, 양자를 접근시키는 복잡한 절차를 통해 이루어진다. 따라서
계약사상은 여기서 결코 독립된 역할을 하지 못한다(아래의 4c 참
고).[30] 그렇기 때문에 롤스의 이론에 나타난 정당성기준의 내용은
계약론적 정당화와는 별개로 평가할 수 있다(이하의 §10.3 참고).

b) 논의윤리 : 하버마스

　합의이론 가운데서도 특히 위르겐 하버마스(Jürgen Habermas)
가 주장하는 논의윤리(Diskursethik)는 자세히 고찰할 필요가 있다.
하버마스는 합의사상을 특정한 논의구조를 통한(즉 계약을 통해서

---

27) 이에 관해서는 Tschentscher, Prozedurale Theorien der Gerechtigkeit,
　　 Baden-Baden 2000, S.102: "계약론은 다른 논증에 의존해야만 살아남을
　　 수 있다."
28) Rawls, A Theory of Justice, S.102ff., dt. Übers., Eine Theorie der
　　 Gerechtigkeit, S.140ff.
29) Rawls, A Theory of Justice, S.18f., 42ff., dt. Übers., Eine Theorie der
　　 Gerechtigkeit, S.38f. S.68ff.
30) Fletcher, Basic Concepts of Legal Thought, S.118.

가 아닌) 합의의 도출이라는 사상과 결합시킨다.

　도덕과 법에 모두 타당성을 갖는, 단순한('검소한') 형태의 논의원칙을 하버마스는 다음과 같이 표현한다. "모든 가능한 당사자들이 논의의 참여자로서 동의할 수 있는, 바로 그러한 행위규범은 타당하다."31)

　얼핏 보기에는 합의이론이 단지 (합의를 향해 가는 과정을 조종하는) 논의를 통해 합의의 절차적 측면만을 강조하는 것처럼 보이지만, 자세히 고찰해 보면 이러한 절차적 측면은 다른 정당성기준에 의존한다는 사실이 드러난다. 즉 논의가 '합리적' 논의가 되기 위해서는 타당성 주장이 폭력을 통한 지배의 주장에 의해 왜곡되지 않도록 보장해 주는 특정한 요건을 충족해야만 한다. 그것이 바로 '이상적 대화상황'이라는 요건이다. 예컨대 누구든지 논의를 시작하거나 시작된 논의를 계속 수행하거나 또는 논의를 문제 삼을 수 있는 기회를 갖는다는 요건, 누구든지 논의에서 정직하고 진솔하게 발언할 수 있다는 요건 그리고 논의 참여자들은 논의 참여가 허용되기 이전에 이미 평등한 지위를 갖고 있다는 요건은 절차와는 별개의 정당성기준에 해당한다. 다시 말해 이러한 요건들을 통해 이미 논의 참여자 상호간의 올바른 행동방식의 기준들이 논의윤리에 흡수되어 있으며, 이러한 요건 자체에 대해서는 사전에 논의를 수행해야 할 필요가 없다.

　논의윤리가 논의와는 무관한 정당성기준에 지향되고 있다는 점은 다음과 같은 측면에서 더욱 분명하게 드러난다. 즉 하버마스는 보편화원칙을 토대로 삼는데, 이 원칙은 법을 통해 각 국가의 구체적 여건에 비추어 논의를 위한 논증규칙으로 보완이 이루어지는 원칙이다. "도덕적 정당화 논의에서는 논의원칙이 보편화

---

31) Habermas, Faktizität und Geltung, S.138. 논의이론의 원조에 해당하는 모델인 중세 공의회의 합의중심주의(Konziliarismus)에 관해서는 Hofmann, Einführung in die Rechts- und Staatsphilosophie, S.57f. 참고.

원칙(이에 관해서는 §8.1d 참고)의 형식을 취한다."[32] 그리하여 논의
를 통해 도달한 합의의 결과가 보편화원칙에 부합할 때에만 합의
가 규범의 정당성 근거가 된다고 한다.[33]

　　그럼에도 논의윤리를 지지하는 학자들은 자신들이 원칙적으
로 칸트와는 다른 논증방식을 취한다고 주장한다. 왜냐하면 규범
이 보편화 가능한가라는 물음을 개인의 내적 독백을 통해서가 아
니라, 논의라는 언어행위적 조건 하에서 결정하기 때문이라는 것
이다. 다시 말해 논의윤리로서는 한 개인이 다른 모든 사람들의
규범준수를 인정할 수 있는지 또는 한 개인의 관점에서 다른 모
든 사람들이 어떤 규범을 의욕할 수 있는지가 결정적인 의미가
있는 것이 아니라, 과연 논의의 결과로서 모든 당사자들이 특정
한 규범이 낳게 될 결과를 인정할 수 있는지가 결정적이다. 즉
모든 사람이 동의할 수 있다는 점은 오로지 논의라는 언어행위적
조건하에서만 밝혀질 수 있다는 것이다.

　　어쨌든 논의윤리, 특히 하버마스가 제안하고 있는 형태의 논
의윤리는 논의에 부가되는 다른 정당성기준을 요구하기 때문에도
규범의 정당화에 관한 이론으로서 많은 점에서 우리의 도덕적 직
관에 부합하는 결론에 도달하고 있다는 사실만은 분명하다. 하지
만 이 이론의 설득력은 하나의 규범이 보편화가능하고 논의를 통
해 승인된다는 바로 그 점 때문에 한계에 부딪히게 된다. 즉 그
러한 결론은 일반적인 도덕적 직관에 반하는 경우가 많다. 하나
의 규범적 정당성기준을 서술적 기준으로 정의하더라도 언제나
"과연 그것은 정당한 것인가?"라는 물음이 남는다는 무어의 자연

---

32) Habermas, Faktizität und Geltung, S.139f. 이로써 윤리에 대한 어떠한
　　관점을 전제하고 있는지가 곧 논의에 대한 심사기준이 된다. 이 점에
　　관해서는 Pauer-Studer, Das Andere der Gerechtigkeit, S.93 참고.
33) 이 점에서 논의윤리의 정당성기준은 칸트와 유사하다고 지적하고 있는
　　Höffe, Kategorische Rechtsprinzipien, Frankfurt a.M. 1995, S.371ff. 참
　　고.

주의자들에 대한 반론(앞의 1 참고)은 당연히 합의이론에 대해서도 적용된다. 왜냐하면 합의이론에서 합의는 규범적 정당성에 대한 사실적인 (그리고 유일한) 전제조건이기 때문이다. 예컨대 죽은 남편과 함께 부인을 순장시키는 풍습은, 설령 미망인들이 그러한 풍습에 동의하고 있을지라도, 과연 도덕적으로 정당한 것일까?[34] 사람들은 굳이 이상적인 논의가 아니더라도 현실적인 논의라는 제한 속에서 사회적 질서에 합의할 수 있는 것은 아닐까? 물론 논의윤리에 대한 이러한 의문들은 단지 직관에 의존한 것이기에, 결코 더 나은 근거에 기초하고 있는 것은 아니다. 그렇지만 이러한 의문을 품게 됨으로써, 논의윤리가 제시한 정당성기준보다 더 좋은 정당성기준이 존재하는지를 탐문해 볼 수 있게 된다. 이러한 문제점들과는 별개로 논의윤리에 대해서는 다음과 같은 실제적 반론이 제기된다. 즉 현실의 영역에서는 언제나 견해의 차이가 남아 있기 때문에 합의가 성립되지 않는 경우가 대부분이다.[35] 따라서 합의지향의 보편화원칙은 어떤 내용적 정당성기준을 통한 보충이 필요하지 않은지 그리고 과연 '뮌히하우젠-트릴레마'에 빠지지 않고 그러한 내용적 정당성기준을 요청할 수 있는지 하는 의문이 제기된다. 과연 절차적 정당성기준으로부터 출발하더라도 '최종적 정당화'가 가능한 것일까?

---

34) 이에 관해서는 Steinvorth, Klassische und moderne Ethik. Grundlinien einer materialen Moraltheorie, Reinbek 1990, S.112f.; Tschentscher(주 27), 300면 이하 참고. 논의를 거쳐 사실상으로 합의한 결정의 규범적 정당성에 대해 회의적인 입장으로는 또한 Kunz / Mona, Rechtsphilosophie, Rechtstheorie, Rechtssoziologie, S.186 참고.

35) 이러한 경우에 다수결원칙이 갖는 의미에 관해서는 Zippelius, Zur Funktion des Konsenses in Gerechtigkeitsfragen, in: FS für Hans-Jürgen Bruns, Köln / Berlin / Bonn / München 1978, S.1ff.(5) 참고.

3. '최종적 정당화'를 향한 노력

'최종적 정당화'(Letztbegründung)라는 표현은 그 개념상 '규범에 대한 절대적 정당화'를 의미하는 것처럼 들린다. 즉 하나의 규범을 당사자들(규범의 제정자이든 수범자이든)의 어떠한 의지와도 상관없이 객관적으로 정당화하는 절차인 것처럼 생각하게 된다.[36] 하지만 오늘날 '최종적 정당화'라는 이름으로 이루어지고 있는 논의들은 이러한 강한 의미의 최종적 정당화를 요구하지 않는다. 즉 일단 수범자들이 특정한 행위에 대한 의지를 갖고 있음을 전제하고, 이러한 전제 위에서 자기모순성 논거(Widersprüchlichkeitsargument)를 통해 최종적 정당화를 시도한다. 이 점에 관해서는 좀 더 자세한 설명이 필요하다.

아펠(K. O. Apel)은 특정한 논의규칙들은 '선험화용론적'(transzendentalpragmatisch) 근거를 갖고 있다고 본다.[37] 여기서 특정한 논의규칙이란 논증이 가능하기 위한 규범적 조건을 의미한다. 무엇인가를 주장하고 자신의 주장의 타당성을 논증함으로써 논의(Diskurs)의 영역에 들어선 사람이라면 그러한 규칙을 전제하지 않고서는 결코 그와 같은 논의를 할 수 없다는 것이다. 다시 말

---

36) '최종적 정당화'를 '규범에 대한 절대적 정당화'로 이해하는 것에 반대하는 입장으로는 Hoerster, Zum Problem der absoluten Normbegründung, FS für Robert Walter, S.255ff.(258) 참고.

37) Apel, Transformation der Philosophie, Bd. 2: Das Apriori der Kommunikationsgemeinschaft, 3.Aufl., Frankfurt a.M. 2002, S.424f. (화용론은 언어의 사용에 관한 이론을, '선험적'은 칸트가 말하는 '모든 경험을 가능하게 하는 조건'을 의미한다. 아펠은 언어사용, 특히 논증을 하는 언어사용을 가능하게 하는 전제조건으로서의 논증규칙을 밝히고 그와 같은 전제조건을 결코 부정할 수 없다는 점을 입증함으로써 최종적 정당화를 시도한다. '선험화용론'이라는 표현은 이러한 의미로 이해할 수 있다. - 옮긴이)

해 논의규칙들은 하나의 논거가 진정한 의미의 논거가 될 수 있기 위해 반드시 효력을 가져야 할 전제조건을 표현한 것이라고 한다.

아펠은 그가 논의윤리와 관련하여 언급했던 화용론적(pragmatisch), 의미론적(semantisch) 논의규칙들에게 선험화용론적 지위를 부여하려고 한다. 이러한 논의규칙 자체를 반박하려는 사람일지라도, 반박을 하기 위해서는 그러한 논의규칙을 전제하지 않을 수 없다는 것이다. 왜냐하면 '반박'도 또한 논증행위이기 때문이다. 따라서 논의규칙 자체를 반박하는 사람은 결국 자기모순을 범하는 것이 된다.[38] 그렇다면 이처럼 어떤 명제를 반대하는 것이 곧 자기모순을 유발한다면, 그 언명은 '최종적 근거'가 설정되어 있다고 볼 수밖에 없다는 것이다.

비록 전혀 다른 윤리학적 전통에 서 있긴 하지만, 아펠과 유사한 구조의 논거로 '최종적 정당화'를 시도하려는 학자들도 있다. 예컨대 울리히 슈타인포르트(Ulrich Steinvorth)는 윤리적 행위원칙이 구속력을 갖는 근거를 행위 주체가 아니라, 행위대상의 속성에 있다고 보는 '고전적' 윤리학을 주장한다. 따라서 그는 도덕원칙의 근거를 이 원칙에 대한 동의가 아니라 대상 자체, 즉 존재(Sein)에서 찾는다. 하지만 그는 비존재보다 존재가 우월하다는 사실을, 특정한 속성이 사실상 존재하기 때문에 가치가 있다는 식으로 논증하지는 않는다. 그러한 '전근대적' 논증방식은 '자연주의적 오류'를 범하는 것이기 때문이다. 오히려 슈타인포르트는 존재보다 비존재가 우선한다고 보는 사람, 다시 말해서 동의할 수 있는 도덕적 원칙 자체를 부정하는 사람의 자기모순을 지적함으로써 논증을 전개한다. 즉 존재를 부정하려는 사람은 결국

---

38) Apel, Das Problem der philosophischen Letztbegründung im Lichte einer transzendentalen Sprachpragmatik, FS Frey, Innsbruck 1976, S.55ff.

그가 존재보존(Seinserhaltung)의 원칙이 강제로 관철되는 것에 반대하기 위해 내세운 자신의 근거마저도 주장할 수 없게 만든다는 것이다. 왜냐하면 존재 자체를 부정하는 한, 어떠한 정당성 있는 근거도 제시할 수 없을 것이기 때문이다.[39]

a) 근대 철학사에 나타난 최종적 정당화의 문제

'최종적 정당화'라는 논거는 독일 관념론 철학의 특수한 문제로 여겨지는 것이 일반적이다. 오늘날 일부의 해석에 따르면, 칸트의 실천철학은 자유의 문제를 자유의 조건의 문제로 성찰했다고 한다.[40] 그렇다면 칸트의 실천철학에서는 자율(주체의 자기입법)을 의미하는 자유가 필연적으로 전제되어 있다고 이해할 수밖에 없다. 왜냐하면 자유의 조건에 관한 물음은 이미 이 물음에 대답할 수 있는 결정권한과 자율을 전제하고 있기 때문이다. 그러나 이러한 오늘날의 일반적 해석과는 반대로, 칸트는 자율을 정당화하면서 '칸트 이전의' 형이상학적 요소를 더 많이 사용했던 것 같다. 무엇보다 칸트에게서는 윤리학의 근본원칙에 관한 선험적 정당화를 찾아볼 수 없다. 그는 도덕률은 '사실로 존재하는 이성'(Faktum der Vernunft)으로서 그 자체 명백하다고 주장함으로써 도덕률을 정당화하려는 시도를 그만두고 있다.[41] 칸트는 양심의 직관은 결코 반박할 수 없다는 점을 도덕률의 근거로 끌어들임으로써, 자신이 주장하는 선험적 정당화의 요구에 대해 모순을 범하고 있다.[42] 물론 칸트가 이성을 도덕적 정당성에 관한 유일한

39) Steinvorth(주 34), 163면.

40) Smid, Einführung in die Philosophie des Rechts, München 1991, S.109.

41) Kant, Kritik der praktischen Vernunft, 1. Hauptstück, §7, S.141f. 이에 관해 자세히는 Ilting, Gibt es eine kritische Ethik und Rechtsphilosophie Kants? S.338ff.

42) 이에 관해서는 Adorno, Negative Dialektik, 11.Aufl., Frankfurt a.M.

규범적 기준으로 삼고 있다는 점에서, 도덕률의 정당화를 위한 사전작업을 했다고 볼 수 있다. 즉 비판의 도구로서의 이성은 동시에 비판의 척도가 되어야 한다는 것이다.

오늘날의 '최종적 정당화' 논거는 헤겔철학에서도 찾아볼 수 있다. 여기서는 헤겔이 형벌을 정당화하는 논거를 보기로 들어 이 문제를 간단히 설명하기로 한다.[43] 헤겔은 범죄행위로 인해 행위자와 피해자 사이의 승인관계(Anerkennungsverhältnis)가 파괴되고, 양자는 모두 법적 권리주체이기 때문에 결국은 행위자와 법질서 전체 사이의 승인관계까지 파괴된다는 사실에서 출발한다. 즉 행위자는 피해자를 일방적으로 짓밟고 삶의 외적 영역에 대한 처분권을 파괴함으로써 피해자로부터 승인을 박탈한다는 것이다. 따라서 행위자는 헤겔이 피히테의 전통에 따라 인격적 존재의 전제조건, 다시 말해 권리주체로서 존재하기 위한 전제조건을 침해할 뿐만 아니라, 심지어 자기의식(Selbstbewußtsein)의 전제까지도 침해한다고 한다. 행위자가 하나의 권리주체인 피해자로부터 승인을 박탈해버리면, 결국 행위자는 피해자와 법질서를 자신의 자의를 행사하기 위한 단순한 수단으로 전락시키는 것이다. 그러나 승인은 쌍방적으로 제약된 관계를 의미하기 때문에, 결국 행위자는 자기 자신으로부터도 승인을 박탈하는 것이 된다. 승인이 자기의식 및 자기의식이 선택한 상호작용의 전제조건이라면, 쌍방적 승인을 부정하는 모든 논거는 결국 자기모순이 되지 않을 수 없다. 왜냐하면 무엇인가를 논증한다는 것은 상호적 관계가 작용을 하고 있음을 전제하고, 그러한 관계는 이미 승인을 전제하고 있기 때문이다. 다시 말해, 승인이라는 논거를 반박하려는 사람은 자기모순에 빠지게 된다. 누군가가 한 시점에서 그가 반박하려는 것을 승인하는 것은 자기모순이기 때문이다. 결국 승인

2003, S.267f. 참고.

43) 이하의 설명에 관해 자세히는 Seelmann(주 24), 315면 이하 참고.

에 반대하는 논증을 하는 사람도 이미 논증과 상호작용의 가능성
으로서의 승인을 전제하고 있는 셈이다. 헤겔의 입장에서 볼 때,
범죄행위자는 그의 행위를 통해 타인에 대해 승인을 부정하고,
따라서 승인의 필연성에 명백히 반대하는 논증을 하는 것이기 때
문에, 결국 그는 자기모순을 범하는 것이다. 헤겔은 형벌을 이러
한 측면에서도 정당화하고 있다.

헤겔의 이와 같은 논증에서 그 전제 자체가 의문의 대상이
될 수 있다는 점(모든 범죄행위가 승인의 파괴인가? 승인의 파괴는 언
제나 쌍방적 승인의 원칙적 필연성에 반대하는 논거인가?)을 우리의
문제와 관련하여 여기서 계속 논의할 필요는 없다.

b) '최종적 정당화' 논거가 포괄하는 범위를 둘러싼 논쟁

비실정적 정당성기준에 관한 오늘날의 논쟁에서는 다음과 같
은 문제가 논란의 대상이 되고 있다. 즉 아펠이 의미하는 대로
개개의 논의규칙들은 그것에 대한 부정이 자기모순이기 때문에
결국 최종적 정당화가 이루어졌다고 입증될 수 있는지 또는 독일
관념론의 요청을 다시 받아들여 철학 전반을 앞에서 설명한 방식
대로 하나의 최종적 정당화의 구조로 만들 수 있는지에 관해 논
쟁이 벌어지고 있다.[44] 이 문제는 본질적으로 과연 '뮌히하우젠-
트릴레마'를 무력화시킬 수 있는지 그리고 얼마만큼 그러한 무력
화가 가능한지에 달려 있다.

---

44) 이 문제에 대한 답변을 둘러싼 논쟁은 Hösle, Wahrheit und
Geschichte, Stuttgart/Bad Cannstatt 1984, S.748f.; ders., Die Stellung
von Hegels Philosophie des objektiven Geistes in seinem System und
ihre Aporie, in: Jermann(Hrsg.), Anspruch und Leistung von Hegels
Rechtsphilosophie, Stuttgart/Bad Cannstatt 1987, S.11ff.(14ff.)와 Apel,
Kann der postkantische Standpunkt der Moralität noch einmal in
substantielle Sittlichkeit "aufgehoben" werden? S.217ff. 사이에서 벌어지
고 있다.

'뮌히하우젠-트릴레마'에 대해서는 이 트릴레마 자체가 모순이라는 반론이 있다. 즉 "최종적 정당화는 불가능하다"는 주장이 타당하다면, 이 주장 자체도 최종적으로 정당화될 수 없다는 것이다. 다시 말해, 문장의 내용과 이 문장이 주장하는 것 사이에 모순이 있다. 하나의 문장을 아무런 전제도 없이 그 자체 명백한 것으로 주장하게 되면 결국 문장의 내용에 모순되는 결과를 낳게 된다. 왜냐하면 문장의 내용 자체는 그러한 주장이 타당할 수 있는 가능성까지도 문제 삼기 때문이다.[45]

오늘날 '선험적 화용론'에서 사용되는 '화용론적 자기모순' 또는 '언어행위의 자기모순'(performativer Selbstwiderspruch)[46] – 문장의 내용(명제)이 이 문장으로 표출되는 주장(이 문장의 '언어행위적 내용')에 모순되는 것 – 이라는 논증은 최종적 정당화를 부정하는 주장을 반박하는 데 이용된다. 그러나 그렇다고 해서 아펠의 전략이 갖고 있는 '제한적 성격'이 극복되는 것은 아니다. 아펠의 전략을 따르더라도 '뮌히하우젠 - 트릴레마'가 무조건 타당한 것은 아니라는 사실, 즉 '언어행위상의 자기모순'의 경우에는 이 트릴레마가 적용되지 않는다는 사실 이외에는 어떠한 내용도 밝혀지지 않는다. 다시 말해 어떠한 경우에 진정으로 그러한 자기모순이 존재한다고 말할 수 있는지 그리고 아펠이 제시한 논의규칙들만이 자기모순의 대상인지는 대답되어 있지 않다. 엄밀하게 고찰해

45) Hösle, Die Stellung von Hegels Philosophie(주 44), 19면 이하.
46) Apel, Kann der postkantische Standpunkt der Moralität noch einmal in substantielle Sittlichkeit "aufgehoben" werden? S.225.(예를 들어 "내일 아침에 10시에 너에게 가겠다"라고 말하면서 동시에 "나는 이 약속을 지키지 않겠다"고 말하는 것은 첫 번째 문장을 통해 주장되는 언어행위, 즉 '약속'에 대한 모순이다. 아펠이 정당화하려는 논증규칙과 관련하여, 그 논증규칙을 부정하는 사람도 자신의 논증을 뒷받침하기 위해서는 필연적으로 이 논증규칙을 사용할 수밖에 없다는 점에서 언어행위의 모순이라고 말한다. 다시 말해 논증규칙을 부정함과 동시에 논증규칙을 사용하는 자기모순을 범하게 된다는 것이다 – 옮긴이).

보면, 언어행위의 자기모순은 단지 몇몇의 사소한 논의규칙에서
만 발생할 수 있을 뿐이라는 사실을 알 수 있다. 이런 의미에서
"진정한 최종적 정당화는 썩 중요하지 않은 철학적 통찰을 전달
하는 것에 불과"[47]할지도 모른다.

c) '주지주의적 오류' : 일팅의 비판

물론 이러한 문제점들을 여기서 자세히 논의할 필요는 없다.
다만 합리적 논증의 조건(무모순성)이 동시에 최종적으로 정당화
된 도덕규범의 타당성근거라고 생각하는 이론을 의심해 볼 필요
가 있다는 점이 중요하다. 그러한 이론들은 단지 우리가 합리적
인식에 도달하기 위해 준수해야 할 조건들을 곧 규범이라고 설명
해 버리고, 이러한 규범들은 우리가 도덕적이고 법적으로 규율된
상태에서 살고자 원한다면 반드시 전제되어야 한다고 주장한다.
이러한 설명방식을 우리는 '주지주의적 오류'(intellektualistischer
Fehlschluß)[48]라고 부를 수 있다. 이미 켈젠은 이성을 사용하는
규칙으로부터 절대적으로 타당한 도덕규범을 추론하는 것을 비판
한 적이 있다.[49] 그와 같은 추론은 이성을 모든 것을 인식할 수
있는 기관으로 여긴 스토아 사상(§8.1b 참고)의 최신판이라 할 수

---

47) Trapp, 'Nicht-klassischer' Utilitarismus. Eine Theorie der Gerechtigkeit,
S.172.
48) 나는 이 개념을 Ilting, Der Geltungsgrund moralischer Normen, S.612
에서 의미하는 바대로 사용한다. 또한 Schnädelbach, Rationalität und
Normativität, in: Apel / Pozzo, Zur Rekonstruktion der praktischen
Philosophie, FS für Ilting, S.124ff.도 실질적으로는 일팅과 유사한 입장
이다. [일팅의 이 비판은 규범의 근거는 일차적으로 인간의 '의지'
(Wille)에 기초한다는 사실에서 출발한다. 이 점에서 논증규칙과 같은
이성의 사용에 대한 규범을 곧바로 규범의 정당화로 파악하는 아펠과
하버마스에 대해 일팅은 주지주의적 오류라고 비판한다 - 옮긴이].
49) Kelsen, Das Problem der Gerechtigkeit, in: ders., Reine Rechtslehre,
2. Aufl., Wien 1960, S.357ff.(415ff.)

있다. 즉 인식능력(이성)과 의지를 적절히 결합시키는 것이 아니라, 제멋대로 뒤섞은 것에 불과하다.

4. 요구가능한 규범의 승인 또는 이중의 승인

언어행위의 자기모순이라는 논거가 규범의 타당성을 정당화하는 역할을 하지 못한다면, 결국 규범은 규범적으로 정당화할 수밖에 없다는 인식을 받아들여야 한다. 사실로부터 규범을 추론할 수 없고 또한 이성의 자기모순을 규범의 근거로 삼을 수 없다면 이러한 인식은 불가피하다. 이렇게 보면 합의이론, 특히 논의윤리가 규범의 타당성근거를 정확하게 제시하고 있다고 생각할지도 모른다. 하지만 그것은 너무 성급한 결론이다. 합의이론과 논의윤리가 단순히 사실상의 합의만을 중시한다면 규범에 대한 합리적 정당화를 포기해야 한다. 이와 반대로, 만일 이 이론이 이상적 대화상황이나 판단능력을 갖춘 사람들에 초점을 맞춘다면, 은연중에 논의 '외부의' 다른 규범적 기준을 끌어들이는 것이 된다. 규범에 대한 합리적 정당화는 반드시 그 전제들을 명백히 밝혀야 한다. 물론 궁극적으로는 당사자들의 관점, 즉 당사자들의 이익이, 어떤 규범이 이들에게 근거 있는 것으로 입증될 수 있는가와 관련하여 결정적 의미를 갖는다는 점에서는 논의윤리에 동의할 수 있다. 그리고 순간적으로 존재하는 모든 이익이 아니라, 최대한 '지배로부터 자유로운' 상태에서, 다른 사람의 이익까지도 함께 고려하는 이익만이 규범의 정당화와 관련하여 결정적 의미를 갖는다는 점 또한 논의윤리에 충분히 동의할 수 있는 측면이다. 다른 한편 논증이 가능하기 위한 조건이 되는 전제가 존재한다는 점과 관련해서는 최종적 정당화 이론가들의 주장에 동조할 수 있다. 그러나 논의윤리 이론가들은 규범의 정당화에서 논의가 갖는 의미를 과대평가하고, 이익과 이에 대한 조정을 과소평가하

는 경향이 있다. 이에 반해 최종적 정당화 이론을 주장하는 학자
들은 자기모순 논거를 규범내용에까지 지나치게 확장하는 경우가
자주 있다.

a) 쌍방적 승인이라는 조건에 따른 '요구가능성'

규범의 내용에 비해서는 상대적으로 사소한 것이지만, 논증
과정에서 서로를 평등한 존재로 쌍방적으로 승인하는 가운데 논
증을 해야 한다는 점은 논증의 전제가 된다. 또한 인간은 때로는
똑같은 이익을 가질 때도 있고, 서로 다른 이익들끼리 조화를 이
루거나 경쟁을 하는 때도 있다. 이러한 상황에서 논증을 하는 사
람들 사이의 쌍방적 승인이라는 전제는 모든 사람의 이익들이 각
각 같은 가치를 갖는 것으로 고려되도록 만든다. 바로 이러한 각
자의 이익으로부터 다시 규범에 대한 승인이 이루어진다. 그렇기
때문에 규범의 타당성근거는 당사자들이 이 규범을 승인한다는
사실에서 찾을 수밖에 없으며, 이 규범은 당사자들의 이익에 비
추어 그리고 인격적 승인에 관한 쌍방성을 척도로 삼아 규범적으
로 요구가능한 것이 된다. 무엇이 요구가능한 것인가라는 물음은
오로지 이익(여기서 이익은 반드시 이기주의적 이익만을 뜻하지 않는
다)과 규범을 승인하는 주체의 규범구성조건으로부터만 도출될
수 있다.[50]

이처럼 규범이, 목표에 도달하려는 장기적 관점의 이익에 의
존한다면 자연히 요구가능성 테제가 효력을 갖는 범위는 제한될
수밖에 없다. 예컨대 '자연상태'에 머물러 있기를 원하는 사람에
대해 이해관계를 초월한 보편타당한 갈등해결규칙에 따르는 상태
[이런 의미에서 이 상태를 '논증상태'(Argumentationszustand)[51]라고 부를

---

50) 규범구성조건과 관련하여 비슷한 생각을 표방하는 Pawlik, Die
    Verdrängung des Subjekts und ihre Folgen. Begründungsdefizite in
    Habermas 'System der Rechte', in: Rechtstheorie 27(1996), S.441f. 참고.

수 있다를 정당화할 수는 없다.[52] 물론 자연상태에서 벗어나기를
거부하는 사람이 타인들에 의해 '자연상태에 있는 것처럼' 취급되
어서는 안 된다. 하지만 그는 자신이 자연상태의 극복에 대해 관
심을 갖고 있는 다른 사람들과 같이 취급되고 있는 것에 대해 논
증을 통해 항의할 수는 없을 것이다. 이와 마찬가지로 각 개인들
이 어떠한 동기에서 논증상태에 대한 이익을 갖고 있는지 — 홉스
의 논거[53]처럼 '자연상태'에서는 약자도 강자를 죽일 수 있다는
사실 때문일 수도 있고, 자기존중이라는 관점[54] 때문일 수도 있
다 — 를 논증상태를 거부하는 자들에게 밝혀야 할 필요도 없다.

　칸트의 전통을 따르려는 학자들은 규범을 이와 같이 정당화
하는 데 대해 다음과 같은 반론을 제기한다. 즉 오로지 그러한
규범에 대한 이익을 가지고 있는 사람들에 대해서만 구속력을 가
질 수 있고, 따라서 그러한 이익을 공유하지 않는 사람에 대해서
는 이 규범의 근거를 납득시킬 수 없다는 것이다. 사실상 이 점
은 승인을 통해 규범을 정당화하는 이론이 안고 있는 단점이다.
하지만 칸트가 제시한 대안을 선택하더라도 결과는 마찬가지이
다. 즉 칸트처럼 논증상태에 대한 이익을 공유하지 않는 사람에
게도 이성적 자기입법능력(자율)을 인정하고, 자율의 이름으로 그

51) 흔히 '자연상태'에 대비되는 '법상태'(Rechtszustand)라는 개념이 사용된
　다. 하지만 이 개념은 정확하다고 볼 수 없다. 왜냐하면 정당화를 필요
　로 하는 정당성기준과 관련해서는 단순히 법의 정당성기준만이 문제가
　되는 것은 아니기 때문이다. '시민상태'(status civilis)라는 라틴어도 이러
　한 난점을 완전히 해소하고 있지 못하다.
52) 비슷한 생각으로는 Schnädelbach(주 48), 149면: "우리로 하여금 어떤
　결정을 내리도록 하는 것은 궁극적으로는 하나의 특정한 생활형식을 다
　른 생활형식보다 선호한다는 데 기인한다."
53) Hobbes, Leviathan(1651), Kap. 13, English Works vol. 3, Edition
　Molesworth, London 1839, Nachdruck Aalen 1966, S.110ff., dt. Übers.,
　hrsg. v. Fetscher, Neuwied / Berlin 1966, S.94.
54) 이에 관해서는 Ilting, Der Geltungsgrund moralischer Normen, S.633;
　Pauer-Studer, Das Andere der Gerechtigkeit, S.258 참고.

에게 규범의 근거를 제시할지라도, 이 근거제시 자체는 이미 그 사람의 경험적 의지와 일치하지 않는 별개의 기준에 따르는 것이며, 이를 위해 단순히 '사실로 존재하는 이성'(Faktum der Vernunft)을 원용할 뿐이기 때문이다.

그렇다면 분쟁을 논증을 통해 해결하는 상태를 선택한 모든 사람들이 반드시 인정해야 할 전제조건들은 어떠한 것인가?[55] 무엇보다 타인을 합의에 도달할 능력을 갖춘 주체로 승인해야 한다. 이는 두 가지 관점을 포괄한다. 첫째, 각자가 자신의 행위에 대해 같은 근거에서 책임을 부담해야 하는 한, 타인과 나는 평등해야 한다. 둘째, 타인이 나와 합의하고, 이미 합의한 근거와 논증을 통한 분쟁해결에 복종하기 위해서는 그 타인은 자유로워야 한다. 이러한 전제가 충족되기 위해서는, 물질적인 생존조건의 평등에 관한 최저기준(이는 역사나 문화에 따라 상대적으로 규정된다)과 선험적으로 구성될 수만은 없는 실정법규범의 체계를 형성하는 데 모든 사람들이 협력할 것이 요구된다.

이러한 의미에서 주체는 '소극적 지위'(status negativa; 평등), '적극적 지위'(status positiva; 자유) 그리고 '능동적 지위'(status activa; 참여)를 향유해야 한다. 이 전제조건을 전통적인 표현에 따르면 '인격에 대한 쌍방적 승인'[56]이라는 말로 요약할 수 있다. 이러한 사고가 피히테와 헤겔의 전통(§2.6b)에 따른 것이라는 점은 분명하다. 피히테와 헤겔의 철학에서 쌍방적 승인은 규범의 정당화(아래의 §12 참고)뿐만 아니라 이미 '자기의식'의 정당화에서도 중요한 역할을 한다. 피히테와 헤겔은, 한 개인의 자기의식은 오로지 다

---

55) 아래에서 설명하는 전제조건들과 관련하여 비슷한 입장으로는 Joerden, Drei Ebenen des Denkens über Gerechtigkeit, ARSP 1988, S.307ff., 309ff.; Ilting, Der Geltungsgrund moralischer Normen, S.634 참고.

56) Honneth, Anerkennung und moralische Verpflichtung, in: ZphF 51 (1997), S.25ff.

른 개인의 관점에 의해서만 의식될 수 있다고 생각하기 때문이
다. 오늘날의 심리학도 인간의 커뮤니케이션이 '자아의 자기정체
성'(Ich-Identität)의 전제조건이라는 관점에서 헤겔과 피히테의 사상
을 원용한다.57) 어떤 계약을 통한 합의이든 아니면 자연상태를
탈피하는 것에 대한 합의이든, 일정한 합의가 가능하기 위해서는
인간 상호간의 쌍방적 관계가 전제되어야 함은 명백한 사실이다.
바로 이와 같은 관계를 '쌍방적 승인'이라는 말로 표현할 수 있을
것이다. 따라서 피히테와 헤겔의 승인이론은 비록 그것이 '최종적
정당화'(앞의 3)를 제시하는 것은 아니지만, "무엇이 쌍방적으로
요구가능한가?"라는 물음과 관련하여 중요한 의미를 갖는다.
　규범의 정당화를 위한 기초는 이중의 승인(doppelte Anerkennung)
이다. 우선 규범의 정당화가 이루어지기 위해서는, 규범 자체가
승인되어야 한다. 규범승인을 통해 타당성을 갖는 규범의 내용은,
논증을 통해 분쟁을 해결하기 위한 전제인 각 개인들 사이의 쌍
방적 승인과 양립해야 한다는 한계를 갖는다. 그렇다면 규범승인
과 쌍방적 승인을 거부하는 사람에 대해서는 어떻게 해야 하는가?
앞에서 이미 언급했듯이, 그러한 사람들이 다시 자연상태, 즉 평
화를 상실한 상태로 되돌아가게 해서는 안 된다. 피히테는 이러한
상태를 피하기 위해 모든 사람들이 미리 '속죄계약'(Abbüßungs-
vertrag)을 체결하여, 어떠한 보호도 받지 못하는 추방자의 상태를
피할 수 있다는 이론구성을 시도한다.58) 승인을 거부하는 자에

----

57) 이에 관해서는 Krappmann, Neue Rollenkonzepte als Erklärungsmög-
lichkeit für Sozialisationsprozesse, in: Anwärter / Kirsch / Schröter
(Hrsg.), Seminar: Kommunikation, Interaktion, Identität, Frankfurt a.M.
1976, S.307ff.(316) 참고. 심리분석과 관련된 헤겔의 구상에 대해서는
Warsitz, Anerkennung als Problem der Psychoanalyse, in: Schild(Hrsg.),
Anerkennung — Interdisziplinäre Dimensionen eines Begriffs, Würzburg
2000, S.129ff. 참고.
58) Fichte, Grundlage des Naturrechts nach Principien der Wissen-
schaftslehre(1796), §20, Werke Bd. 3, hrsg. v. I. H. Fichte, Berlin

대해서도 규범의 정당화가 가능해야 한다고 주장하는 학자들의 관심은 당연히 어떻게 그러한 '평화상실의 상태'를 피할 수 있을 것인가에 있다. 하지만 승인모델을 일관되게 적용하더라도 실제적으로 같은 결론에 도달할 수 있다. 왜냐하면 쌍방적 승인이 그 목표 — 합의를 할 수 있는 능력을 갖춘 주체라는 의미의 '자기의식'은 당연히 스스로를 자유롭고 또한 책임의 부담이라는 측면에서 평등하다고 느낀다 — 에 도달하기 위해서는, 필요하다면 주체로서의 속성을 반사실적(kontrafaktisch)으로 가정할 수밖에 없기 때문이다.

인격 상호간의 쌍방적 승인을 기초로 하는 규범승인[59]이 규범의 타당성근거라는 간단한 표현은 다음과 같은 사정을 포괄한다. 즉 논증을 통한 갈등해결을 인정하는 모든 사람들에 대해서는 평등한 쌍방적 책임, 평등한 자유, 물질적 생존조건의 평등에 관한 최저기준, 실정법규범체계의 형성에 모든 사람이 참여할 것이 전제되어야 한다. 이러한 원칙들이 타인에게도 이익이 되는 논거를 통해 갈등을 해결하기 위한 전제라면, 정의에 관한 물음은 이와 같은 전제 자체가 아니라, 합의의 대상, 즉 내용에 집중되지 않을 수 없다. 예컨대 분배의 정의에 관한 특정한 기준들이 논증상태의 필연적 조건으로 입증될 수는 없다. 그럼에도 이러한

1845/ 46, Neudruck Berlin 1971, S.261(피히테는 '시민계약'을 위반한 자는 시민으로서의 권리를 완전히 상실하고, 따라서 어떠한 권리도 없는 존재가 된다고 전제한다. 이처럼 범죄자가 국가로부터 완전히 배제되는 극단적 결과를 피하기 위해, 피히테는 모든 사람이 시민계약을 체결할 때에, 만일 범죄를 범했을 때는 국가로부터 배제되는 가혹한 처분 대신 다른 종류의 형벌을 받아 속죄를 하겠다는 계약을 체결한다는 이론적 구성을 시도한다. 이를 '속죄계약'이라 한다. — 옮긴이).

59) 쌍방적 승인 자체로는 사회를 위해 충분하지 않으며, 오히려 규범이 비로소 사회를 가능하게 만든다는 점은 헤겔의 승인설에 대해 야콥스가 제기하고 있는 비판의 핵심이다. 이에 관해서는 Jakobs, Norm, Person, Gesellschaft, 2.Aufl., Berlin 1999, S.35ff. 참고.

문제들도 또한 논증의 대상이 될 수 있음은 아래의 §10에서 밝혀
지게 될 것이다.

b) 도덕판단의 발달단계 : 콜벅의 이론

미국의 심리학자 콜벅(L. Kohlberg)은 경험적 연구를 토대로
도덕판단의 발달에 관한 이론을 제시했다. 그의 이론은 철학자들
에 의해서도 상당한 주목을 받게 되었다.[60] 왜냐하면 그의 이론
이 갖고 있는 규범적 측면은 철학자들에게 커다란 매력으로 작용
했기 때문이다. 콜벅에 따르면, 대부분의 사람들의 경우, 도덕판
단의 각 단계는 그에 앞선 단계에 비해 사실상 시간적으로 나중
에 발달할 뿐만 아니라 규범적·도덕적 측면에서도 더 우월한 단
계라고 한다. 콜벅이 발달단계의 정점으로 생각하는 제6단계는
쌍방적으로 요구가능한 기본규범에 대한 승인을 규범의 정당화
모델로 삼으려는 우리의 논의와 유사한 내용을 담고 있다. 즉 도
덕판단의 제6단계에서는 "대상영역의 논리적 포괄성, 보편성, 일
관성에 근거하여 스스로 선택한 윤리적 원칙"을 관철시키며, "정
의, 상호성, 인권의 평등성, 개별적 인격으로서의 인간의 존엄에
대한 존중 등의 보편적 원칙"이 여기에 속한다고 한다.[61] 따라서
콜벅의 규범적 이론구성이 어떠한 근거에서 이루어지고 있는지를
잠시 살펴볼 필요가 있다.

---

60) Habermas, Moralbewußtsein und kommunikatives Handeln, in: ders.,
   Moralbewußtsein und kommunikatives Handeln, 8.Aufl., Frankfurt a.M.
   2001, S.127; Tugendhat, Zur Entwicklung von moralischen Begrün-
   dungsstrukturen im modernen Recht, in: ARSP, Beiheft 14(1980), S.1.

61) Kohlberg, Moralische Entwicklung und demokratische Erziehung, S.27;
   ders., Die Psychologie der Moralentwicklung, hrsg. v. Althof, 4. Aufl.,
   Frankfurt a.M. 2002. 콜벅에 관해서는 Eckensberger, Anmerkungen zur
   Beziehung zwischen Recht und Moral aus entwicklungspsychologischer
   Sicht, in: Jung / Neumann(Hrsg.), Rechtsbegründung – Rechtsbegründun-
   gen, FS Ellscheid, Baden-Baden 1999, S.19ff. 참고.

도덕발달에 관한 콜벅의 단계모델은 세 가지 주요단계, 즉 규약 (사회 내에 통용되는 일반적 행위규칙) 이전의 단계, 규약의 단계, 규약 이후의 단계(präkonventionelle, konventionelle und postkonventionelle Stufe)로 구성되어 있다. 규약 이전의 단계에서 인간은 타인으로부터 벌을 받게 된다는 위협이나 상을 받게 되리라는 예측에 따라 움직이며, 타인에 지향된 행위도 모두 자기중심적으로 이루어진다. 규약의 단계에서 인간은 내면화된 규칙에 따라 움직이며, 어느 정도 '자기중심성을 탈피하여' 특정한 권위에 지향된 행동을 하게 된다. 규약 이후의 단계에서 비로소 인간은 보편화가능한 원칙을 지향하게 된다. 이 규약 이후의 단계는 다시 두 가지 단계로 구별된다. 즉 자신의 이익을 다른 사람의 이익과 조정하는 단계('사회계약적 지향')인 제5단계가 우선하고, 그 이후의 제6단계에서 스스로 원칙을 형성하는 도덕판단이 가능하게 된다.[62]

그렇다면 각각의 상위의 단계가 규범적으로도 더 우월하다고 입증된 단계라고 할 수 있는 근거는 무엇인가? 상위 단계가 그 이전 단계에 비해 행위갈등을 더 잘 해결할 수 있기 때문이라고 대답하는 것이 콜벅의 이론에 부합할 것이다.[63] 즉 행위명령을 일반화함으로써 규칙을 준수하게 되면, 단순히 그때그때마다 변하는 개별적인 명령에 의존하는 것에 비해 행위지향이 훨씬 쉬워진다. 또한 원칙에 대한 지향은 규범충돌을 해결하는 전제가 된다. 특히 상황에 따라 탄력적으로 계속 발전시켜 나갈 수 있는 원칙들은 근원적인 계약에 고정시켜 놓은 원칙들에 비해 행위지향에 더 많은 도움을 준다. 도덕판단의 발달에 관한 콜벅의 단계구조는, 점차적으로 더 복잡한 행위지향이 가능해지고, 동시에 모

---

62) Kohlberg, Moralische Entwicklung und demokratische Erziehung, S.26f. 이에 관한 법심리학적 관점으로는 Lampe, Die Entwicklung des Rechtsbewusstseins im Kindesalter, in: ARSP 92(2006), S.397ff. 참고.

63) 이에 관해서는 Habermas(주 60), 136, 181면.

든 사람의 이익을 고려할 수 있는 행위지향이 가능해진다는 의미
에서 '발달심리학'으로 이해할 수 있다. 그렇지만 최상의 단계(제6
단계)에 대한 정당화는 상대적이며, 더욱이 제6단계가 제7단계에
의해 극복되는 가능성도 배제할 수 없다.[64]

비록 콜벅의 이론이 문제를 안고 있긴 하지만, 당사자들의
승인과 기본규범에 관한 쌍방적 요구라는 관점에서 규범을 정당
화하는 것이 심리학과 같은 전혀 다른 논의맥락에서도 입증될 수
있다는 사실은 주목할 필요가 있다.

c) 규범의 정당화에 관한 최근의 이론들은 그 실제적 결론이 유사하다 : 2단계 모델

여기서 언급하게 되는 원칙들의 내용은 개인의 합리적 이익
을 중시하는 이론이 타당하다고 입증할 수 있는 원칙과 거의 일
치한다. 합리적 이익중심의 이론[65]은 규범을 특정한 개인의 관점
에서만 정당화할 수 있다고 주장하며, 따라서 어떤 '객관적' 규범
의 존재를 정당화할 수 있는 가능성을 부정한다. 규범을 정당화
하는 기준은 개인적 이익이다. 물론 이 이론의 입장에 서더라도
규범에 대한 상호주관적인 정당화가 가능할 수 있다. 즉 문제되
는 규범이 여러 사람의 이익을 촉진하는 경우라면 그 규범은 상
호주관적 근거를 갖는다. 이처럼 상호주관적 효과를 갖는 정당화
만이 사회적 의미가 있다. 예컨대 '살해당하지 않을 것'에 대해

---

64) 이 논쟁에 관해서는 Gilligan, In a Different Voice: Women's
Conceptions of the Self and of Morality, in: Havard Educational
Review 47 (1977), 481ff., dt. Übers. v. Stein, Die andere Stimme, 5.
Aufl., München 1999; Pauer-Studer, Das Andere der Gerechtigkeit,
S.96ff.; Tschentscher, Geschlechtsspezifische Einstellungen zu Recht
und Gerechtigkeit, in: AJP 2003, S.1139ff.(1142f.) 참고.

65) 이는 특히, 흄과 맥키(Mackie)의 입장을 받아들인 회르스터가 주장하고
있는 이론이다. 이에 관해서는 Hoerster, Ethik und Interesse, Stuttgart
2003 참고.

많은 사람들이 이익을 공유하고 있다면, 살인을 금지하는 규범은 타당한 근거를 갖고 있다. 그러한 규범은 그들에게 규범이 없는 상태에 비해 더 많은 이익을 가져다 줄 것이기 때문이다.[66]

그러나 이익이론이 규범의 정당화에 관하여 기여할 수 있는 부분은 승인이론에서와 마찬가지로 제한적일 수밖에 없다. 자연상태에 머물러 있고자 하는 사람에 대해서는 논증상태와 그 전제조건들의 근거를 전혀 제시할 수 없기 때문이다. 하지만 규범의 정당화에 관한 이 두 이론 사이에는 다른 차이점이 있다. 즉 승인이론은 하나의 규범이 장기적인 관점에서 당사자들에게 이익이 된다는 점만으로는 이 규범에 대한 정당화가 이루어졌다고 볼 수 없고, 규범이 승인되어야 하고 또한 규범을 승인하는 주체들의 구성조건에 지향되어 있어야 한다.

규범의 정당화에 관한 오늘날의 거의 모든 이론들은 정의의 문제와 관련하여 어떠한 방법을 통해서도 결코 최종적 정당화가 가능한 결정이 이루어질 수 없다는 결론에 도달한다(이는 법철학의 입장에서도 상당히 중요한 결론이다). 이 점에서 규범의 효력근거에 관해 내가 선호하는 견해(승인이론)는 합의이론과 논의윤리 그리고 최종적 정당화에 관한 아펠의 모델과 다를 바 없다. 즉 논의윤리와 아펠의 이론에서도 논의규칙의 준수라는 점만이 최종적 정당화가 이루어질 뿐, 윤리에 관한 논의의 내용과 결과는 '최종적 정당화'가 불가능하다. 아펠도 그러한 내용적 규범은 "단지 실천적 논의의 영역에서 언제나 수정이 가능한 하나의 제안으로서의 지위"[67]만을 갖고 있을 뿐이라고 한다(이 점에서 아펠은 롤스의 입장에 동의한다). 오늘날에도 자신이 명백히 자연법을 옹호한다고 고백하는 학자들까지도 고전적 자연법과 하버마스의 논의윤리 또

---

66) Hoerster, Rechtsethik ohne Metaphysik, S.269.

67) Apel, Kann der postkantische Standpunkt der Moralität noch einmal in substantielle Sittlichkeit "aufgehoben" werden? S.228ff.

는 다른 새로운 이론 사이의 근접성을 강조한다. 이런 의미에서
존 피니스는 "건전한 자연법이론은 항상 공공의 이성에 대한 호
소에 다름 아니었다. 즉 인간존재의 실제적 이익과 합치하거나
이에 부합하는 선택을 하려는 관심이었다"고 지적한다.[68] 그리고
자연법론자들도 법관에게 제기되는 수없이 많은 문제들을 모두
자연법이 해결할 수는 없다는 사실을 시인한다.[69]

　　이렇게 볼 때, 오늘날 논의되는 규범의 정당화에 관한 이론
들은 그 내용이 거의 비슷한 '2단계 모델'로 구성되어 있다고 할
수 있다. 즉 규범을 통해 규율되는 평화로운 공존을 위한 전제조
건들 가운데 몇몇은 상당히 높은 정도의 정당화가 가능하고(물론
얼마만큼 절대적인 정당화가 가능한가에 관해서는 논란이 있다), 이에
반해 여타의 초실정적 정당성기준들에 대해서는 단지 상이한 이
해관계나 문화적으로 이미 형성되어 있는 도덕적 직관에 따라 그
설득력에 차이가 나는 근거가 존재할 뿐이라는 2단계의 구별이
이루어지고 있다.

　　물론 그러한 근거들을 가능한 한 합리적으로 다루기 위한 방
법에 관해서도 여러 가지 견해가 존재한다. 오래 전부터 가장 일
반화된 방법은 개인적인 이익이나 관심을 배제하는 전략이다. 하
지만 이러한 전략은, 정당한 결론을 도출하고자 하는 관심까지 배
제해서는 안 되며, 더욱이 정당한 결론에 관한 관심 자체는 문화

---

68) Finnis, Natural Law and the Ethics of Discourse, in: American Journal
　　of Jurisprudence 43(1988), S.53ff.(71). 이에 관해서는 Finnis, Law and
　　what I truly should decide, in: American Journal of Jurisprudence 48
　　(2003), S.107ff.(129)도 참고: "우리들 대부분은 궁극적으로는 같은 길
　　위에 있고, 실제로 이 같은 길 위의 같은 지점에 있다."

69) Finnis, Natural Law and Legal Reasoning, in: George(Hrsg.), Natural
　　Law Theory. Contemporary Essays, Oxford 1992, S.134ff.(151). 소극적
　　의미의 자연법과 구체화해야 할 복잡한 목표들의 결합에 관해서는
　　Brugger, Anthropologie und die Gerechtigkeit, in: ARSP 92(2006),
　　S.149ff. 참고.

적으로 이미 규정되어 있는 측면이 강하다는 점에 비추어 볼 때 문제가 있다. 그 때문에 롤스는 문화적 맥락에 따라 이미 주어져 있는 정당성기준(공정 Fairness)과 이 기준들을 사회 내에서 자신이 어떠한 지위를 누릴 것인지를 전혀 모르는 가상적인 상황(무지의 베일 Schleier des Nichtswissens)에 비추어 검토하는 것 사이에서 시각을 지속적으로 왕래하는 모델(사유의 균형 reflexives Gleichgewicht)을 발전시켰다.[70] 방법과 관련된 문제들은 여기서 더 이상 논의하지 않겠다. 그보다는 이제 배분적 정의(Verteilungsgerechtigkeit)를 보기로 들어 정당성기준에 관한 내용적인 논쟁을 고찰하기로 한다. 과연 정당성기준의 내용과 관련하여 얼마만큼 충분한 근거를 가진 논증을 할 수 있는지가 문제의 대상이다.

---

70) Rawls, A Theory of Justice, S.18f., S.42ff., dt. Übers., Eine Theorie der Gerechtigkeit, S.38f., S.68ff.

§10 정의에 관한 최근의 논쟁

┃참고문헌┃ *Baurmann*, Zweckrationalität und Strafrecht. Argumente für ein tatbezogenes Maßnahmerecht, Opladen 1987; *Bentham*, Introduction to the Principles of Morals and Legislation(1789), hrsg. v. Burns / Hart, London 1996; *Dworkin*, Taking Rights Seriously, Cambridge / Mass. 2001, 1984, dt. Übers., Bürgerrechte ernstgenommen, Frankfurt a.M. 1990; *Fletcher*, Basic Concepts of Legal Thought, New York / Oxford 1996; *Gosepath*, Gleiche Gerechtigkeit. Grundlagen eines liberalen Egalitarismus, Frankfurt a.M. 2004; *Honneth*(Hrsg.), Kommunitarismus. Eine Debatte über die moralischen Grundlagen moderner Gesellschaften, 3.Aufl., Frankfurt a.M. / New York 1995; *Krebs*(Hrsg.), Gleichheit oder Grechtigkeit. Texte der neuen Egalitarismuskritik, Frankfurt a.M. 2000; *Locke*, Two Treatises of Government (1690), The Second Treatise, Works vol. 5, London 1823, Nachdruck Aalen 1963, dt. Übers., Frankfurt a.M. 1977; *Nozick*, Anarchy, State and Utopia, Malden, Mass. u.a. 2003, dt. Übers., Anarchie, Staat, Utopia, München 1976; *Rawls*, A Theory of Justice(1972), Oxford 2005, dt. Übers., Eine Theorie der Gerechtigkeit, 14.Aufl., Frankfurt a.M. 2005; *Rawls*, Die Idee des politischen Liberalismus, Aufsätze 1978-1989, hrsg. v. Hinsch, 2.Aufl., Frankfurt a.M. 1997; *Scalon*, Contractualism and utilitarianism, in: Sen / Wiliams, Utilitarism and beyond, Cambridge 1982, S.103ff.; *Walzer*, Spheres of Justice. A Defense of Pluralism and Equality(1983), New York 2003, dt. Übers., Sphären der Gerechtigkeit. Ein Plädoyer für Pluralität und Gleichheit, Frankfurt a.M. 2006.

1970년부터 다시 불붙기 시작한, 정의를 둘러싼 논쟁에서는 그 사이 정의와 관련된 모든 문제를 교환적 정의의 여러 가지 변형으로 국한시켜 이해하자는 제안이 나오고 있다. 이렇게 하면 정의의 문제를 배분적 정의에 초점을 맞추는 오늘날의 일반적인 방식에 비해 문제를 훨씬 더 명확하게 해결할 수 있다고 한다. 이처럼 정의를 교환적 정의로 이해하면, 사회적 정의의 출발점 역시 자유포기에 관한 소극적 교환이 될 것이다.[1] 실제로 정의의 문제를 이런 식으로 이해하면 훨씬 더 명확성을 갖게 된다는 장점이 있다. 그렇지만 사회적 정의까지도 교환적 정의로 이해하게 되면 여러 가지 난관에 부딪히게 된다. 예컨대 장애인의 권리를 정당화하거나 여러 세대(世代)를 아우르는 정의의 문제를 다룰 때에는 결코 교환적 정의만으로는 정의문제를 해결하지 못한다. 따라서 정의를 교환적 문제로 국한시켜 이해할 수는 없을 것 같다.[2] 그렇기 때문에 정의에 관한 오늘날의 논의에서는 배분적 정의가 주류를 형성하고 있고, '정치적 정의' 또는 '사회적 정의'라는 용어를 사용할 때에는 대개 배분적 정의를 뜻한다. 아래에서 논의하게 될 배분적 정의에 관한 이론들 가운데는 특히 세 가지 입장이 국제적으로 활발하게 논의되고 있다. 이 세 입장들을 여기서는 권리지향적(2), 공정지향적(3), 공동체주의적(4) 입장으로 표현하기로 한다. 개개의 입장들을 서술하기에 앞서 이 세 가지 입장들과 마찬가지로 상당한 주목을 받고 있는 윤리이론인 공리주의에 관해 간단히 논의할 필요가 있다. 물론 공리주의를 배분적 정의에 관한

---

1) 이는 회페의 일련의 저작에서 제기되고 있는 입장이다. 이에 관해서는 Höffe, Politische Gerechtigkeit. Grundlegung einer kritischen Philosophie von Recht und Staat, 4.Aufl., Frankfurt a.M., S.382ff. 참고.

2) 이러한 반론에 관해서는 예컨대 Hoerster, Buchbesprechung zu Höffe, Vernunft und Recht. Bausteine zu einem interkulturellen Rechtsdiskurs, in: ZphF 50(1996), S.160 참고.

이론에 포함시킬 수 없다는 점을 밝히게 될 것이다(1).

1. 공리주의의 문제 : 벤담의 유산

비실정적 정당성기준에 관한 현대의 논의에서도 공리주의는 언제나 중요한 의미를 차지하고 있다. 18세기에 제레미 벤담 (Jeremy Bentham; 1748-1832)에 의해 발전된 고전적 형태의 공리주의는 행위나 규범을 평가할 때, 관련된 모든 당사자들에게 그것이 얼마나 유용한가(즉 욕구나 이익을 얼마만큼 충족시키는가)를 기준으로 삼았다. 따라서 긍정적 효과와 부정적 효과를 비교하여 관련 당사자들에게 최대한의 전체효용을 가져다주는 행위나 규범을 선호할 가치가 있다고 보았다.[3] 이런 점에서 공리주의는 '합리적 윤리학'이라 할 수 있다. 왜냐하면 정당성기준(전체효용)의 근거를 제시할 때 행위나 규범이 개별사례마다 일관성이 있고 또한 충분히 납득할 수 있게 평가될 수 있으며,[4] 개인에게 극단적 이타주의를 요구한다는 점에서 엄격한 도덕이기도 하기 때문이다.[5] 물론 근거가 되는 기준과 관련해서는 명확한 가치체험(직관)에 호소할 수밖에 없다.

유럽대륙의 철학적 전통에서는 공리주의가 행위와 규범의 효과나 유용성을 중시한다는 사실 자체만을 이유로 이에 대한 상당한 거부감이 존재한다. 그러나 그러한 거부감은 분명 근거가 없다. 오히려 공리주의가 안고 있는 문제점은 전체효용(Gesamtnutzen)에 초점을 맞춘다는 데 있으며, 이 점에 대해서는 이 이론의 발상지

---

3) Bentham, Introduction to the Principles of Morals and Legislation, S.2.

4) 이에 관해서는 Höffe, Einleitung zu ders.(Hrsg.), Einführung in die utilitaritische Ethik, 2.Aufl., S.7f. 참고.

5) Fletcher, Basic Concept of Legal Thought, S.145.

인 영미에서도 비판이 가해지고 있다. 결국 공리주의가 독일에서
는 마땅한 대접을 받지 못하는 반면, 이 이론의 고향에서는 충분
한 근거가 있는 비판을 받고 있다고 말할 수 있을 것이다.[6)]

   법학의 영역에서 공리주의는 특히 '법의 경제적 분석'(앞의
§3.3c)과 형법에서 영향을 미칠 수 있었다. 하지만 이 두 분야에
서도 공리주의의 난점을 분명히 인식할 수 있다.

   '법의 경제적 분석'이론은 법적 규율을 평가할 때, 법규가 사
회 전체적으로 자원을 낭비시키는가 여부에 초점을 맞춘다. 이러
한 법이론의 기준에 따른다면 자원처리의 관점에서 더 효율적인
법률이 당연히 더 좋은 법률이다. 다른 모든 조건이 동일하기만
하다면, 이 점에 대해서는 어느 누구도 반론을 제기할 수 없을
것이다. 따라서 '법의 경제적 분석'이론은 부분적으로는 극히 섬
세한 효율성분석을 통해 중요한 기여를 했다. 그러나 법의 경제
적 분석이 정의이론을 표방[7)]한다는 인상을 불러일으키면 곧바로
반론이 제기된다. 즉 효율성이 더 높은 법률이 배분적 정의의 관
점에서 문제점을 안고 있는지 여부는 결코 '법의 경제적 분석'만
으로는 밝힐 수 없다. 왜냐하면 사회 전체적으로 더 효율적인 법
률이라면, 설령 각자에게 전혀 다른 결과를 빚게 될지라도, 당연
히 그러한 법률을 택해야 한다는 것이 이 이론의 입장이기 때문
이다. 즉 개별 당사자들의 이익은 그 자체만으로는 정당성기준에
포함되지 않고, 단지 전체효용을 산정하는 계산가치로 고려될 뿐
이다.[8)] 그렇기 때문에 극단적인 부정의를 피하기 위해서는 배분
적 정의에 관한 이론으로부터 또 다른 기준을 부차적으로 끌어들
여야만 한다.

---

6) Steinvorth, Menschenrechte und Sozialstaat, S.9ff.

7) Schäfer / Ott, Lehrbuch der ökonomischen Analyse des Zivilrechts,
   4.Aufl., Berlin / Heidelberg u.a. 2005, S.6f.

8) Fletcher, Basic Concept of Legal Thought, S.169.

형법과 관련해서도 문제상황은 크게 다르지 않다. 만일 형법이 예컨대 예방작용(즉 어떠한 형벌규정이나 어떠한 행형이 당사자의 권리를 최소한으로 침해하면서 위협이나 개선이라는 목표를 달성할 수 있을 것인가)에만 초점을 맞춘다면, 한 개인이 오로지 전체효용을 위해 극도로 부정의한 취급을 받는 경우가 발생할 수도 있다. 잘 알려진 보기를 하나 들어보자. 미국 남부의 어느 주에서 한 흑인 피고가 법원이 그의 무죄를 명백히 알고 있었음에도 불구하고 사형판결을 받았다. 이유는 너무도 단순했다. 즉 그 사형판결을 통해 인종차별적인 백인폭도들이 흑인거주지를 습격하고 흑인들을 살해하는 행위를 예방할 수 있다는 생각이었다. 이 경우 전체효용, 다시 말해서 계산의 결과는 플러스상태에 있다. 수많은 사람을 구하기 위해 (죄없는) 한 사람이 희생을 한 셈이다. 그렇지만 이러한 해결방식은 대부분의 사람들의 정의감정에 반한다.[9) 이처럼 우리들의 명확한 가치체험에 기초한 공리주의는 어떤 측면에서는 바로 이 명확한 가치체험이라는 그 자신의 무기에 역공을 당하는 상황에 처하고 만다. 따라서 공리주의는 그 기준을 어느 정도 축소시키는 보충을 필요로 한다. 현행 독일 형법도 이 점을 고려하고 있다. 독일 형법 제34조 1문에서는 타인의 공격으로 인해 긴급피난상황에 처한 사람의 권한을 공리주의적 산정원칙(긴급피난행위를 통해 보호되는 법익이 피해를 당하는 법익보다 본질적인 측면에서 중요할 것)에 따라 가늠하는 반면, 2문에서는 1문의 규정을 다시 적절성원칙(Angemessenheitsprinzip)에 따라 제한하고 있다(긴급피난행위가 위험을 방지하기 위한 적절한 수단일 것).

---

9) 이러한 전형적인 반론에 관해서는 Ellscheid, Strukturen naturrechtlichen Denkens, in: Kaufmann / Hassemer / Neumann, Einführung in die Rechtsphilosophie und Rechtstheorie der Gegenwart, 7.Aufl., Heidelberg 2004, S.148ff., 180 참고. 효용산정에서의 예방작용에 관한 일반적 내용은 Ott / Schäfer(Hrsg.), Die Präventivwirkung zivil- und strafrechtlicher Sanktionen, Tübingen 1999에 실린 논문들을 참고.

공리주의에 대한 이러한 전형적인 반론에 대해 현대의 공리주의는 다음과 같은 재반격을 시도한다. '규칙공리주의'(Regelutilitarismus)는 결코 그러한 부당한 결론을 야기하지 않는다는 것이다. 규칙공리주의란, 개별적 행위의 전체효용을 따지는 것이 아니라 그러한 행위들을 규율하는 규칙의 전체효용을 따지는 것을 말한다. 예컨대 필요한 경우라면 죄없는 자를 처벌할 수 있다는 규칙은 모든 사람들에게 아무 이유 없이 처벌받을 수도 있다는 불안을 야기하며, 그로 인해 합리적인 생활계획을 실제적으로 불가능하게 만들며, 결국 전체적으로 효용보다 해악이 더 많을 것이다. 따라서 죄없는 자는 처벌받지 말아야 한다는 사실은 공리주의의 입장에서도 정당화할 수 있다고 한다. 그럼에도 규칙공리주의에 의해 공리주의의 문제점이 완전히 제거되는 것은 아니다. 왜냐하면 죄없는 자를 처벌하는 규칙 자체가 이를 배제하는 것보다 산술적으로 훨씬 더 큰 전체효용을 산출하는 사회적 상황을 충분히 생각해 볼 수 있기 때문이다(예컨대 사회적으로 배척당한 소수를 근거 없이 처벌하는 규칙).[10]

바로 여기에 공리주의가 안고 있는 일반적인 문제점이 존재한다. 하나의 행위나 규범을 오로지 집단적인 효용가치만을 척도로 판단한다면(물론 대부분의 경우 이러한 판단은 일반인의 명백한 가치경험에 부합한다), 배분적 정의는 완전히 무시되며, 더욱이 보편적으로 공유하고 있는 또 다른 명백한 가치체험에 모순된다. 즉 개별적 인격의 불가침성이라는 이념은 모든 사람들의 최적의 복리를 명분으로 희생되어서는 안 된다.[11] 이른바 '소극적 공리주의'(negativer Utilitarismus)[12]도 이러한 반론을 피할 수 없다. 소극

---

10) Baumann, Zweckrationalität und Strafrecht. Argumente für ein tatbezogenes Maßnahmerecht, S.213f.

11) 이에 관해서는 Ellscheid(주 9) 참고.

12) Arthur Kaufmann, Rechtsphilosophie, 2.Aufl., München 1997, S.93.

적 공리주의는 최대한 많은 사람들이 가능한 최대한으로 고통을 피할 수 있도록 하는 것을 산정의 기준으로 삼는다(또한 이런 의미에서만 공리주의이다). 그러나 이러한 입장에 따르더라도 개인의 이익이 침해당할 수 있다(예컨대 많은 사람들의 고통을 감소시킬 수 있는 약품을 개발하기 위해, 전혀 치료를 필요로 하지 않는 개인에게 의료실험을 하는 경우).

물론 고전적 공리주의가 안고 있는 난점들은 공리주의를 여러 가지 정의감정에 결부시킴으로써 완화시킬 수 있다. 예컨대 기대되는 효용의 총합만을 계산하는 대신, 당사자들의 기여도를 함께 계산에 넣거나, 각 개인들의 동기에 비추어 그들이 선호하는 것들을 도덕적으로 평가할 수 있을 것이다.13) 그러나 '정의-공리주의'(Gerechtigkeit-Utilitarismus)라는 표현이 과연 적절한지 그리고 이 경우에도 결국 결정의 준거가 되는 원칙은 오로지 효용총합의 원칙에 불과할 뿐인지를 의심해 보아야 한다.

2. 권리지향의 정의이론 : 로크에 대한 논쟁

권리지향의 정의이론을 주장하는 학자들은 공리주의자들에게 명백히 반대하는 입장을 표방한다. 지난 20여 년 동안 영미권 국가에서 발전된 이 이론은 공리주의를 반박하는 논쟁을 거쳐 형성되었다. 권리지향의 정의이론은 공리주의와는 달리, 윤리이론은 각 개인의 불가양의 권리를 출발점으로 삼아야 한다고 주장한다.14) 즉 개인에 대한 존중은 우연히 성립한 개별적 상황들에 대

---

13) Trapp, Nicht-klassischer Utilitarismus. Eine Theorie der Gerechtigkeit, Frankfurt a.M. 1988, insbes. S.214, 324, 327.

14) 이러한 반공리주의 운동의 가장 중요한 저작은 Nozick, Anarchy, State and Utopia이다. 권리지향과 공리주의의 이익지향 사이의 관계에 대해서는 Mastronardi, Juristisches Denken, 2.Aufl., Bern 2003, S.273ff. 참고.

한 충분한 고려가 이루어질 때에만 표출될 수 있다고 한다.[15] 특히 재능과 같이 자연적 불평등을 상쇄한다는 의미의 보상은 필연적으로 이로 인해 불이익을 받는 자에 대한 존중이 결여되는 결과를 낳는다고 한다.[16]

이러한 정의이론의 근본원칙은 존 로크(John Lock; 1632-1704)의 철학에서 비롯되었다. 자연상태를 만인의 만인에 대한 투쟁상태이고, 따라서 각자는 모든 것에 대한 권리를 갖고 있지만 결국은 아무런 권리도 누리지 못하는 상태로 파악한 홉스와는 달리, 로크는 자연상태에서도 인간은 이미 일정한 불가양의 권리, 특히 생명, 자유, 자신의 노동의 산물에 대한 권리를 갖고 있었다는 점에서 출발한다.[17] 배분적 정의의 문제는 특히 노동의 산물에 대한 권리를 전제했기 때문에 발생한다. 왜냐하면 로크는 이러한 전제를 사적 소유의 근거로 파악하기 때문이다. 로크에 따르면, 지구상의 모든 재화는 원래 공동의 소유이지만, 오로지 자신의 육체에 대한 소유권은 공동의 소유가 아니며, 따라서 육체를 통한 노동의 산물도 공동의 소유가 아니라고 한다. 노동이 가치를 창출하는 힘을 갖고 있기 때문에 결국 공동소유인 재화도 사적 소유로 변경될 수 있음을 로크도 인식하고 있었지만, 양적인 측면에서 볼 때 그러한 변경은 실제로 중요한 의미가 없다고 생각했다.[18] 로크는 이러한 관점에서 국가는 오로지 개인의 권리를

---

15) Kliemt, Kleine Theorie der Gerechtigkeit, in: U. Neumann/Schulz (Hrsg.), Verantwortung in Recht und Moral, ARSP Beiheft 74(2000), S.218ff. (224).

16) 이와 관련된 논쟁에 대해서는 Hinton, Must Egalitarians Choose Between Fairness and Respect? in: Philosophy and Public Affairs 30(2201), S.72ff. 참고.

17) Locke, The Second Treatise of Government, §§4ff., 25ff., Works vol. 5, S.339ff., 352ff., dt. Übers., S.201ff., S.215ff.

18) Locke, The Second Treatise of Government, §§40, 43, S.361, 363, dt. Übers., S.225, S.226f.

보호하고 개인들 사이의 분쟁을 조정하기 위해 필요할 뿐이라고 한다.

오늘날까지도 많은 학자들이 로크의 이러한 이론을 따르고 있으며, 이를 통해 왜 국가의 과제는 그러한 주관적 권리를 보장하는 법질서의 유지에 국한되어야 하며 또한 왜 공리주의적 기준에 따른 재화의 분배가 허용될 수 없는지를 밝히려고 시도한다. 이런 이유에서 이미 언급했던 독일형법 제34조 2문의 '적절성원칙'을 전적으로 로크의 이론에 따라 산정 불가능한 근본권리에 대한 보장으로 해석하는 경우가 많다. 로버트 노직(Robert Nozick)은 여러 측면에서 여전히 영향력을 발휘하고 있는 로크의 정의이론을 현대적으로 재구성하는 작업을 시도했다. 노직의 결론은 고전적인 자유주의적 입장이다. 즉 국가는 개인의 권리, 다시 말해서 생명, 재산, 자유의 보호에 한정된 '최소국가'(Minimalstaat)이어야 하며, 따라서 모든 사회국가적 활동은 개인의 권리를 침해하는 것이라고 한다.[19]

노직에 따르면, 국가를 통한 재화의 분배는 그것이 국가의 보호기능의 필연적 결과(예컨대 경찰이나 군인에게 봉급을 지불하는 것)가 아닌 한, 그 자체 부정의한 것이다. 바로 그렇기 때문에 '권리지향'의 정의이론에서는 배분적 정의와 관련하여 더 이상 다른 문제가 발생할 여지가 없다.

그러나 이러한 권리지향의 이론을 원칙적으로 신뢰하는 학자들마저도 노직의 극단적 이론에 대해 유보적 태도를 취한다. 여기서는 로크와 노직의 전제를 받아들이면서도 다른 결론을 도출하는 여러 가지 연구들 가운데 두 가지만을 설명하겠다.

포스티마(Postema)[20]는, 최소국가는 위험을 야기하는 어떤 행

---

19) Nozick, Anarchy, State and Utopia, S.167f.

20) Postema, Nozick on Liberty, Compensation, and the Individual's Right to Punish, in: Social Theory and Practice 1980, S.311ff.

위를 금지시켜도 좋지만 그에 대한 손해배상을 해야 한다는 노직의 입장을 쟁점으로 삼는다. 이러한 손해배상은 분명 침해된 권리에 대한 배상이 아니다. 그럼에도 손해배상이 이루어져야 한다면, 권리침해가 없는 다른 상황에서도 국가는 손해배상을 해야할 것이다. 예컨대 소유권보호로 성립할 수 있는 불이익을 상쇄하기 위해 국가가 배상을 하는 것도 얼마든지 생각할 수 있다. 따라서 국가의 활동을 단순히 개인적 권리의 보호에만 국한시키는 것은 노직의 최소국가이론을 따르더라도 타당하지 않다.

슈타인포르트(Steinvorth)[21]도 원칙적으로 로크의 이론적 전제를 받아들이고 있다. 로크는 모든 재화가 인류 전체의 공동소유이고, 다만 개인의 육체와 육체를 사용한 결과만이 예외라고 하기 때문에, 우선 어떠한 범위 내에서 공동의 재산(=노동을 통한 가공이 되기 이전의 자연)이 노동의 산물로 변화할 수 있는지를 정확하게 규정해야 한다고 슈타인포르트는 생각한다. 즉 재화가 한정되어 있다는 사실에 비추어 볼 때, 공동의 재화가 갖는 가치는 로크가 생각했던 것처럼 결코 무시해도 좋을 만큼 별다른 의미가 없는 것이 아니다. 슈타인포르트에 따르면, 로크는 사적 소유를 중심으로 하는 경제체제가 공동소유를 중심으로 하는 그것보다 더 생산적이라는 규범적 논거[22]를 전제하고 자신의 이론을 전개했다고 한다. 그러나 이 논거 자체는 공리주의적 논거이며, 결코 권리지향의 논거가 아니다. 진정한 의미의 권리지향적 정의이론의 입장에 선다면, 자연적 재화를 소유하지 못한 자들에게 공동소유 가운데 그들이 차지하는 몫에 해당하는 보상이 이루어져야

21) Steinvorth, Menschenrechte und Sozialstaat, S.9.
22) Locke, The Second Treatise of Government, §34, S.357, dt. Übers., S.220. 이 논거의 역사에 관해서는 Seelmann, Die Lehre des Fernando Vazquez de Menchaca vom dominium, Köln / Berlin / Bonn / München 1979, S.112ff. 참고.

한다. 이렇게 하여 권리지향의 정의이론을 견지하면서도 사회국
가적 활동을 정당화할 수 있다고 슈타인포르트는 주장한다.[23]

다른 한편, 단순한 방어권을 의미하는 근원적 권리라는 비유
는 상당히 좋은 의미를 가질 수 있다는 점을 인정해야 한다. 즉
근원적 권리라는 비유를 통해, 국가는 개인의 자유를 위해 특정
한 생활영역은 결코 '처분의 대상이 될 수 없는' 영역으로 존중해
야 한다는 사실을 호소하는 기능을 발휘한다. 문제는 어떠한 생
활영역을 어떠한 범위 내에서 처분할 수 없는 영역으로 존중해야
하는가 하는 점이다. 그러나 근원적 권리가 무엇인가를 둘러싼
여러 가지 주장들은 이와 관련하여 아무런 도움이 되지 못한다.
이 물음에 답하기 위해서는 설득력 있는 규범적 기준을 필요로
한다.

3. '공정'의 원칙 : 롤스와 드워킨

오늘날 세계적으로 가장 주목받는 정의이론인 롤스의 정의이
론은 그러한 규범적 기준을 '공정'(Fairness)의 원칙으로부터 전개
시키려고 한다. 그의 정의이론은 공정의 원칙을 지향하는 사람들
이 한 사회의 구조를 결정해야 할 때, 그들이 만일 장래의 사회
에서 자신들의 구체적 상황에 관해 아무 것도 알지 못한다면 과
연 어떠한 정의원칙을 따르게 될 것인가를 묻는다(§9.6). 우리의
맥락에서는 이와 같은 가상의 '근원적 지위'(original position)가 결
정의 기초라는 사실이 관심의 대상은 아니다. 중요한 것은, 공정
한 사람들이 그러한 상황에서 선택하게 될 정의원칙의 내용이다.
롤스의 견해에 따르면 다음과 같은 정의원칙이 선택된다고 한다.

---

23) Steinvorth, Menschenrechte und Sozialstaat, S.16f.

1. 각자는 가장 포괄적인 체계의 평등한 기본적 자유를 향유할 수 있는 평등한 권리를 가지며, 그러한 체계는 다른 모든 사람들에게도 가능해야 한다.
2. 사회적·경제적 불평등은 가장 혜택을 받지 못하는 사람에게 가장 많은 이익을 가져다주는 것이어야 하며, 누구에게나 개방된 지위와 결부된 것이어야 한다.[24]

이론사의 관점에서 보면, 이러한 정의원칙은 로크보다는 루소(Rousseau)의 이론[25]에 가깝다. 다시 말해 권리의 정당성에 관한 이론보다는, 평등을 정의의 기초로 파악하는 이론에 가깝다. 루소와 롤스의 전통에 서있는 정의이론은, 자유와 소유권은 각 개인이 이미 자연상태에서 갖고 있던 것을 사회상태로 끌고 들어오는 권리가 아니라, 사회상태와 사회적 연관 속에서 비로소 성립하는 권리라고 생각한다. 즉 롤스는 사회적으로 규율가능한 모든 영역이 정치적 규율권한의 대상이 된다는 '총괄계약'테제를 주장한다.[26] 따라서 처음부터 정당한 분배의 문제가 제기된다. 모든 인간이 (신의 피조물로서 또는 도덕적 인격으로서) 평등하다는 것은 서구의 전통에서 일반적으로 통용되는 직관이다. 이러한 직관을 인정한다면, 평등에서 벗어나는 어떠한 형태의 분배에 대해서도 그 근거를 제시해야 한다. 롤스는 자유의 영역에서는 어떠한

---

24) Rawls, A Theory of Justice, S.53f., dt. Übers., Eine Theorie der Gerechtigkeit, S.81. 자기존중을 이러한 정의론의 기초로 삼는 사고방식에 관해서는 Hinsch, Gerechtfertigte Ungleichheiten – Grundsätze spezialer Gerechtigkeit, Berlin 2002, S.101ff. 참고.

25) Rousseau, Du Contrat Social ou Principes du Droit Politique(1762), oeuvres complètes, tome 2, édition du Seuil, Paris 1971, S.518ff., dt. Übers., Der Gesellschaftsvertrag: oder die Grundsätze des Staatsrechts, hrsg. v. Weinstock, Stuttgart 1958.

26) 이에 대한 비판으로는 von der Pfordten, Rechtsethik, München 2001, S.399ff., S.454ff. 참고.

불평등도 결코 정당화할 수 없다고 본다. 왜냐하면 설령 자유를 불평등하게 분배하는 것이 훨씬 더 큰 전체효용을 가져다줄지라도 자유는 언제나 평등하게 분배되어야 하기 때문이다. 이 점에서 롤스의 정의론은 공리주의와 엄격히 구별된다(롤스 자신도 예전에는 공리주의의 주창자였다). 롤스의 이론에서는 이러한 구별을 전제하고 '공정'의 원칙과 권리지향의 정의이론이 서로 결합하고 있다. 또한 사회적, 경제적 불평등에 관한 롤스의 이론에 비추어 볼 때, 불평등은 원칙적으로 배제해야 하며, 다만 불평등의 존재가 가장 불리한 입장에 있는 자에게도 완전한 평등상황보다 더 나은 입장을 보장할 때에만 불평등이 허용된다.

　물론 롤스가 제시한 정의원칙에는 여러 가지 해석문제가 남아 있다. 예컨대 특정한 분배상황에서 다른 상황보다 더 많은 이익을 얻는다고 할 때, 그 기준은 무엇인가? 단순히 물질적 재산을 기준으로 하는가 아니면 심리적 만족감을 기준으로 하는가? 롤스의 정의론의 문제들과 관련된 문헌은 그 동안 국제적으로 엄청난 양이 축적되어 있고,[27] 따라서 여기서 모든 개별적인 문제들에 대해 해결책을 제시할 수는 없다. 다만 롤스의 이론이 사회적·경제적 불평등의 배분과 관련해서도 공리주의와는 엄격히 구별된다는 사실을 주목할 필요가 있다. 즉 이 경우에도 불평등상황에 따른 최대의 전체효용이 아니라, 언제나 개인의 효용이 결정적 기준이다. 그렇기 때문에 불평등이 실제로 모든 사람들에게 이익이 되어야 하며, 그 때에만 불평등은 정당하다.

　롤스의 정의론은 개인의 자유에 대해 절대적 우위를 인정하며, 무엇이 유용한 것인지는 오로지 각 개인이 결정할 문제라고 한다. 이 점에서 롤스의 정의론은 '자유주의적' 정의론이라 할 수

---

27) 간략한 개관으로는 Besch, Über John Rawls' politischen Liberalismus, Frankfurt a.M. 1998; Kersting, Gerechtigkeit und öffentliche Vernunft, Über John Rawls' politischen Liberalismus, Paderborn 2006 참고.

있다(이는 독일의 정치적 용어와도 합치한다). 물론 노직의 권리지향적 정의이론과 같은 고전적 자유주의(또는 '경제자유주의')의 입장과는 달리 롤스의 이론은 '사회적 자유주의'(sozial-liberal)이다. 롤스는 자신의 이론이 그의 초기 저작들에 비해 훨씬 더 정치적 이론이 되었으며, 그 결과 정의에 관한 여러 가지 구상들의 (정치적으로 수용할 수 있는) 공통분모에 대한 물음이 전면에 부각된다고 한다.[28]

롤스의 정의이론과 유사하고 또한 국제적으로 커다란 주목을 받는 또 하나의 정의이론이 로날드 드워킨(Ronald Dworkin)에 의해 발전되었다.[29] 드워킨의 이론도 평등의 우위를 출발점으로 삼고 있지만, 공리주의의 평등관과는 엄격히 구별된다. 공리주의자들이 하나의 행위나 규범이 갖는 최대한의 전체 효용을 계산할 때, 개별적 효용가치는 모든 개인에게 똑같은 방식으로 산정한다. 따라서 이러한 산정방식에서 각 개인은 평등하게 고려되며, 설령 산정의 결과가 각 개인의 이익을 무시하게 되더라도 문제가 되지 않는다. 이에 반해 드워킨은 결과의 측면에서의 평등(이는 공정과 거의 비슷한 관점이다)을 요구하며, 개인의 권리는 평등과 합치할 때에만, 더 나아가서는 평등을 실현하기 위해 개인적 권리가 필요할 때에만 타당성을 갖는다고 한다. 물론 결과의 측면에서의 평등은 언론의 자유나 종교의 자유와 같은 권리에는 타당하지만, 소유권의 자유로운 처분에 대한 권리의 경우에는 그렇지 않다. 왜냐하면 소유권의 자유로운 처분을 그 결과의 평등까지 고려하여 행사할 수는 없기 때문이다.

롤스와 드워킨이 요구하는 평등원칙은 – 로크와 노직의 전통

---

28) Rawls, Politischer Liberalismus, Frankfurt a.M. 1998.

29) Dworkin, Taking Rights Seriously, S.266ff. 또한 Dworkin, Sovereign Virtue. The Theory and Practice of Equality, Cambridge / Mass. 2002 참고.

에 서있는 이론가나 정치가와는 달리 - 자유와 평등을 배타적 관계나 긴장관계가 아니라 상호제약적인 관계로 파악한다. 이 점에서 롤스와 드워킨은 루소의 전통에 연결되어 있고, 따라서 롤스와 드워킨의 정의이론은 사회국가를 정당화하려는 시도에 속한다. 물론 공정으로서의 정의를 주장하는 이론가들 내부에서도 공정한 사회적 경쟁 및 공정한 사회적 배후조건(예컨대 학교교육)을 실현하는 문제에서 더 나아가 과연 타고난 재능의 차이와 같은 자연적인 출발조건의 '불공정성'을 어느 정도까지 사회적으로 상쇄해야 하는지에 대해서는 상당히 논란이 많다.30) 요즘에는 '불편부당성'이라는 칸트철학적 관점을 기초로 삼으면서 동시에 롤스의 입장을 극단화하여 한 사람의 삶이 다른 사람의 그것보다 상대적으로 더 혜택을 입는 모든 경우를 국가의 보상적 활동을 통해 상쇄해야 한다는 요구를 제기하기도 한다. 하지만 최근 들어 평등취급의 원칙, 즉 평등주의(Egalitarismus)에 대해 근원적인 비판을 제기하는 목소리도 상당히 높아져 가고 있다. 즉 누군가가 다른 사람과 비교하여 어떠한 상태에 있는가라는 상대성에 관련된 물음보다는 한 사람의 행복 그 자체가 어떠한 상태인가라는 절대성을 가진 물음이 더 중요하다는 것이다.31) 물론 평등이 그 자체 고유한 가치를 갖고 있지 않다는 점에 비추어 볼 때 이 비판은 정당하다. 어떤 사람이 눈이 멀었다고 해서, 다른 모든 사람들을 눈이 멀게 만들어야 한다고 말하는 것은 분명 우리의 직관에 반

---

30) 이러한 보상조치 자체에 대해 비판적인 입장으로는 Kersting, Theorien der sozialen Gerechtigkeit, Stuttgart / Wien 2000, S.362ff. 참고.

31) 이러한 의미의 평등에 찬성하는 입장으로는 Nagel, Equality and Partiality, Oxford 2003, dt. Übers., Eine Abhandlung über Gleichheit und Parteilichkeit, Paderborn 1994; Gosepath, Gleiche Gerechtigkeit - Grundlagen eines liberalen Egalitarismus, Frankfurt a.M. 2004 참고. 평등이라는 이상을 비판하는 입장으로는 Krebs(Hrsg.), Gleichheit oder Gerechtigkeit. Texte der neueren Egalitarismuskritik, Frankfurt a.M. 2002 참고.

한다. 그러나 인간을 존중한다는 점에서의 평등(이는 모든 관점에서의 평등을 요구하지 않는다)은 인간의 존엄(아래의 §12)이라는 관점에 비추어 볼 때 결코 포기할 수 없다.

4. 공동체주의적 정의이론

'공동체주의'(Kommunitarismus)는 부분적으로는 헤겔철학에 그리고 궁극적으로는 아리스토텔레스에 지향된 관점에서 자유주의적 사회철학을 지나치게 개인주의적이고 또한 보편주의적이라고 비판하는 최근의 사회철학적 경향을 총괄하는 개념이다.[32] 물론 이러한 총괄개념은 늘 그렇듯이 문제를 단순화하는 경향이 있긴 하지만, 그럼에도 오늘날의 논쟁상황에 접근하는 데 충분한 가치가 있다. 정의의 근거를 밝히는 문제와 관련하여 공동체주의적 정의이론은 개인의 이익이나 선호도보다는 전통적 공동체 자체가 갖는 독자적인 가치에 더 비중을 두며, 보편적인 정의원칙을 국가가 관철하는 것보다는 소규모의 사회적 단위나 생활영역이 갖는 나름의 역동성을 더 중시한다.

역사적으로 보면, 자유주의와 공동체주의 사이의 최근의 논쟁은 개인의 독립성을 더 강조하는 사회모델과 개인의 사회관련성을 더 강조하는 사회모델의 대립을 오늘날의 문제와 관련시켜 부각시킨 것이다. 이미 재화의 분배라는 문제는 '모든 것은 공동

32) 공동체주의의 주요문헌과 이에 대한 평가는 Honneth(Hrsg.), Kommunitarismus. Eine Debatte über die moralischen Grundlagen moderner Gesellschaften; Brumlik / Brunkhorst (Hrsg.), Gemeinschaft und Gerechtigkeit, Frankfurt a.M. 1992; Avineri / de Shalit, Communitarianism and Individualism, Nachdruck Oxford 2002; Zahlmann (Hrsg.), Kommunitarismus in der Diskussion, 2. Aufl., Berlin 1997; Seelmann(Hrsg.), Kommunitarismus versus Liberalismus, ARSP Beiheft 76(2000) 참고.

의 것이다'(omnia communia; 앞의 §8.2)라는 명제에 대한 규범적 이
해를 배경으로 역사적 영향력을 갖게 되었고, 개인을 완전히 사
회적으로 통합하는 문제는 과연 개인이 얼마만큼 사회와 무관한
요소에 의해 규정될 수 있는가 하는 문제의 전제를 형성했다.33)
이 두 가지 측면은 가톨릭교회의 자유주의 비판에서는 개인중심
주의와 인격주의 - 후자는 사회를 통해 통합된 인간을 지향해야
한다고 주장한다 - 의 대비라는 형태로 등장한다.34)

a) 정의의 개별영역 : 월저

　　마이클 월저(Michael Walzer)는 몇 가지 관점에서 '공동체주의
적'이라 할 수 있는 정의이론을 제시했다.35) 월저는 배분적 정의
와 관련하여 사람들이 추구하는 모든 재화를 공정하게 분배할 수
있는, 유일하게 정당한 분배규칙이 존재한다는 사고를 철저히 거
부한다. 이 점에서 월저는 공리주의나 권리지향의 정의이론 또는
'공정'의 정의이론에 반대된다. 왜냐하면 이러한 이론들은 하나
또는 많아야 두 개의 정의원칙으로 구성되기 때문이다. 이에 반
해 월저는 사회적으로 가치를 갖는 각각의 재화(여기서 재화는 아
주 넓은 의미이다)마다 서로 다른 분배기준이 필요하다는 사실에서
출발한다. 예컨대 안전, 금전, 관직, 자유, 교육, 정치권력 등 각
각의 영역마다 다른 분배기준이 필요하다는 것이다. 안전과 복지
(이 가운데는 의료행위를 통한 보호도 포함된다)는 일반적인 이해와

---

33) Luhmann, Gesellschaftsstruktur und Semantik, Bd.3, Frankfurt a.M.
　　1993, S.149ff.

34) 이에 대한 비판으로는 Cattaneo, Pena, diritto e dignità, Torino 1998,
　　S.280 참고.

35) Walzer, Spheres of Justice, dt. Übers., Sphären der Gerechtigkeit. 월
　　저에 관해서는 Buchwald, Die Kunst der Differenzierung. Über Michael
　　Walzers 'Sphären der Gerechtigkeit', Rechtsphilosophische Hefte 2-1993,
　　S.59ff. 참고.

마찬가지로 필요에 따라 분배되어야 하는 반면, 관직은 기회균등을 전제로 하는 일정한 자격에 따라, 정치권력은 민주주의적 규칙에 따라 분배되어야 한다.[36] 이 때 어떠한 재화도 다른 재화에 의해 지배당해서는 안 된다. 예컨대 금전이 관직이나 정치권력을 유지하는 수단이 되어서는 안 된다. 개개의 분배영역(정의의 개별영역) 사이에는 원칙적으로 건널 수 없는 경계가 존재한다. 월저는 바로 이 점을 인간의 평등을 위한 전제조건으로 파악한다. 왜냐하면 그래야만 어느 누구도 다른 사람을 지배할 수 있는 수단을 소유하지 못하기 때문이다. 다시 말해 개별영역들을 분리함으로써 정치엘리트나 경제엘리트 또는 기술엘리트가 모든 사회적 재화를 독점하는 것을 방지할 수 있다는 것이다.[37]

이처럼 극히 세분된 정의이론은 실제로 모든 생활영역을 포괄하려고 시도한다(월저는 심지어 '친족이나 사랑', '신의 은총'도 정의이론의 대상으로 삼는다). 하지만 이러한 정의이론은 권리지향의 정의이론이나 롤스의 정의이론에서 유지되고 있는 경계선, 즉 '정당한 것'(das Gerechte)과 '좋은 것'(das Gute) 사이의 경계선을 불확실하게 만든다. 예컨대 롤스의 입장에서 모든 사람에게 구속력을 갖는 정의이론은 설령 '좋은 삶'에 대해 전혀 다른 생각을 갖고 있을지라도 최소한의 합의가 가능한 대상이 될 수 있는 기준들을 제시해야 한다.[38] 자유주의의 이론적 전통에 따르면, '무엇이 정당한 것인가'에 관한 최소한의 합의가 존재하면 '무엇이 좋은 것인가'에 관한 극히 다양한 견해들이 자유롭게 발전할 수 있는 가

---

36) Walzer, Spheres of Justice, dt. Übers., Sphären der Gerechtigkeit, S.108ff., S.195ff.

37) Walzer, Spheres of Justice, dt. Übers., Sphären der Gerechtigkeit, S.14ff.

38) 이 점은 특히 Rawls, Der Vorrang der Rechten und die Idee des Guten, in: ders., Die Idee des politischen Liberalismus, S.364ff.에서 분명하게 표명되고 있다.

능성도 높다. 칸트는 자신의 이론을 아리스토텔레스의 이론과 구
별하면서, '좋은 삶'의 문제를 법론(Rechtslehre)의 영역에서 제외시
켰다. 이는 '좋은 삶'은 각 개인 스스로 규정하는 것이며 법은 그
러한 자유를 보호하는 의미를 가질 뿐이라는 입장에서 출발하기
때문이다. 그래서 오늘날에도 '좋은 삶'에 대한 특정한 사고에 구
속시키는 것이 타인과의 관계 속에서 인간을 존중하라는 명령에
대한 위반이라고 볼 때에는, 칸트를 원용한다.[39]

b) '정당한 것'과 '좋은 것' 사이의 경계선의 붕괴 : 발생론적 공동체
주의와 규범적 공동체주의

'공동체주의자'들은 바로 이러한 전통적 경계선 자체를 의문
시한다. 지난 수 년 동안의 논의에 따르면, 전통적 자유주의에
대한 공동체주의의 비판은 두 가지 방향으로 전개된다. 첫째, 자
유주의는 잘못된 인간상을 갖고 있다고 비판한다(발생론적 공동체
주의). 둘째, 현대국가의 세계관적 중립성이라는 자유주의의 테제
에 의문을 품고, 현대국가는 형식적 정의기준만으로는 결코 존립
할 수 없다고 주장한다(규범적 공동체주의).[40]

'발생론적 공동체주의'를 반박하는 것은 쉽지가 않다. 발생론
적 공동체주의는 비교적 자명한 사실[41]을 표현하고 있다. 즉 인

39) 이를 둘러싼 논쟁에 관해서는 Metz, Respect for Persons and Per-
fectionist Politics, in: Philosophy and Public Affairs 30(2002), S.417ff.
참고.
40) 두 가지 형태의 공동체주의의 구별에 관해서는 O'Hagan, An Unsolved
Dilemma of Liberalism, in: Jung / Müller-Dietz / Neumann(Hrsg.), Recht
und Moral. Beiträge zu einer Standortbestimmung, Baden-Baden 1991,
S.53ff.; Taylor, Aneinander vorbei: Die Debatte zwischen Liberalismus
und Kommunitarismus, in: Honneth, Kommunitarismus, S.103 참고.
41) Kersting, Liberalismus, Kommunitarismus, Republikanismus, in: Apel /
Kettner(Hrsg.), Zur Anwendung der Diskursethik in Politik, Recht und
Wissenschaft, Frankfurt a.M. 1992, S.127ff(142). 케어스팅은 이를 "서술

간은 (개인의 측면이든 인류사의 측면이든) 처음부터 개인으로 존재
하는 것이 아니라 타인과의 사회적 접촉을 하게 되고, 자신들의
사회적 공동생활의 조직화에 대한 결정을 먼저 하게 된다. 역사
적으로 볼 때에도, 인간에게는 한 사회의 구성원 또는 작은 공동
체의 구성원으로서의 지위가 우선하고, 공동체나 사회 속에서 그
리고 이를 통해 비로소 인간은 자신의 개인성을 발전시킨다.[42]
사회계약이론이 이러한 명백한 사실을 부정하고자 한다면, 이 이
론은 결코 유지될 수 없을 것이다. 철학적으로 볼 때 자기의식은
쌍방적 승인을 전제로 하며, 심리학적으로 볼 때에도 '자아의 자
기정체성'(Ich-Identität)을 형성하기 위해서는 쌍방적 승인이 전제되
어야 한다.[43] 사실 존 롤스도 공동체주의자들의 비판을 받아들
여, 지난 몇 년 동안 '근원적 지위'에 관한 자신의 이론모델을 변
경하여, '무지의 베일'의 저편에 무엇이 있는지를 더 많이 볼 수
있는 이론구성을 꾀하고 있다.[44]

　　이에 반해 '규범적 공동체주의'에 대해서는 논란의 소지가 많
다. 규범적 공동체주의는 결코 '발생론적 공동체주의'로부터 당연
히 도출되는 결론이 아니다(적어도 이 점은 오늘날 올바르게 인식되
고 있다).[45] 즉 한 개인의 자유가 타인의 자유와 양립하는 최대한

　　적 의미에서 너무나도 당연한, 그래서 특별히 주목할 필요가 없는 사
　　실"(deskriptiver Trivialität)이라고 말한다.

42) 미국의 문헌에서 아주 강력한 영향을 미치는 자유주의 비판서인
　　Sandel, Liberalism and the Limits of Justice, Cambridge / Mass. 1998은
　　이러한 입장을 배경으로 한다.

43) Hegel, Phänomenologie des Geistes(1807), B.IV.A., Werke Bd.3,
　　Edition Moldenhauer / Michel, Frankfurt a.M. 1971, S.145ff.; Mead,
　　Geist, Identität und Gesellschaft, Frankfurt a.M. 1968, bes. S.177ff.

44) Rawls(주 38), 364면 이하. 롤스의 '무지의 베일'에 대해 회의적인 입장
　　으로는 Scalon, Contractualism and Utilitarianism, S.108ff. 참고.

45) Th. Gutmann, "Keeping 'em down on the farm after they've seen
　　Paree": Aporien des kommunitaristischen Rechtsbegriffs, in: ARSP 83
　　(197), S.37ff.(41); Böckenförde, Vier Thesen zur Kommunitarismus-

의 자유를 의미하는 개인주의를 형성·유지할 것인가의 문제는 개인주의의 발생론적 근거와는 전혀 다른 문제이다. 개인은 주어져 있는 사회적 맥락 속에서 비로소 진정한 의미의 '개인'이 될 수 있다는 사실이 곧바로 기존의 사회구조 자체를 인정해야 한다는 의미로 이해되어서는 안 된다. '좋은 삶'(gutes Leben)에 대한 개인의 생각은 그 개인의 성장배경으로서의 생활세계(Lebenswelt)와는 구별되어야 한다. 다시 말해, 개인이 한 사회에서 선호하는 가치를 선택한 경우일지라도, 사회가 개인의 결정의 자유를 보장하는 한, '좋은 삶'의 문제는 전적으로 각 개인에게 맡겨져 있다는 것과 개인이 '좋은 삶'에 관한 아주 구체적인 표상을 지닌 사회에서 성장했다는 사실과는 구별되어야 한다.

이러한 문제와 관련하여 공동체주의자들은 두 가지 반론을 편다.

첫째, '정당한 것'과 '좋은 것'을 분리하는 사회를 선호하는 것 자체가 이미 특정한 형태의 '좋은 삶'을 선택한 것을 의미한다[46]고 지적한다. 즉 그러한 사회를 선호하는 것 자체가 이미 '좋은 것'에 관한 개인주의적 이론을 전제하고 있다는 것이다. 이러한 반론은 결국, '정당한 것'과 '좋은 것'을 구별하는 테제(자유주의)가 결코 '중립적'이 아니라 이미 일정한 가치평가에 따른 결정의 산물임을 지적하는 것이다. 하지만 이는 너무나도 당연한 지적이다. "자유민주주의는 자유민주주의라는 궁극적 가치에 대한 동의를 전제로 한다"[47]는 사실에 대해서는 의문의 여지가 없기 때문이다.

Debatte, in: Siller / Keller(Hrsg.), Rechtsphilosophische Kontroversen der Gegenwart, Baden-Baden 1999, S.83ff.(84) 참고.

46) MacIntyre, After Virtue, Nachdruck Notre Dame 2003, dt. Übers., Der Verlust der Tugend, Nachdruck Frankfurt a.M. 2006.

47) Höffe, Politische Gerechtigkeit. Grundlagen einer kritischen Philosophie von Recht und Staat, 4.Aufl. Frankfurt a.M. 2003, S.29.

　　둘째, '좋은 것'을 각 개인의 책임에 내맡기는 사회는 그 사회 내에서 '좋은 것'의 특정한 측면에 대해 합의가 존재하고 있을 때에만 존속할 수 있다고 지적한다. 이러한 주장은 공동체주의의 발생론적 측면과 규범적 측면을 완전히 분리할 수 있다는 입장에 대한 반격을 의미한다.[48] 이러한 사고는 독일의 법철학적 논의에서도 쉽게 찾아볼 수 있다. 예컨대 "최소한의 공통의 가치확신(이는 필연적으로 '형이상학'을 통해 정당화될 수밖에 없다)이 없이는 … 어떠한 국가, 어떠한 법질서도 지속적으로 형성·유지될 수 없을 것이다"[49]는 조심스러운 견해가 있는가 하면, 현대의 '윤리적 다원주의' 사회에서 법은 과거와 같은 봉사적 기능이 아니라 지배적 기능을 가져야 하며, 더 나아가 법은 여러 면에서 도덕을 대체해야 한다[50]는 확신에 찬 주장도 있다. 이런 맥락에서 사회를 구성하고 유지하는 미덕은 애국심과 선행(善行)이라고 한다. 그러나 개인의 자유보장이라는 전통적인 자유주의를 견지하는 한, 이 두 가지 미덕은 오로지 정당한 것의 영역에서만 구속력을 발휘할 수 있다. 법질서의 보호, 즉 '헌법에 대한 충성'(Verfassungspatriotismus)으로서의 애국심은 결국 서로를 권리주체로 인정하는 쌍방적 승인의 체계를 유지하려는 적극적 태도를 의미한다. 또한 함께 살아가는 사람들에 대한 적극적 배려를 의미하는 선행도 오늘날 어느 정도는 법의 구성요소로 되어 있다. 예컨대 사회국가를 유지하기 위한 개인의 조세납부나 사고가 발생한 상황에서의 일반적인 부조의무 등이 그것이다. 더욱이 그러한 미덕은 법적으로 커다란 의미가 없을 뿐만 아니라, 애국심이 인종 중심의 애국심이

---

48) 토크빌의 이론에 연결되어 있는 Taylor(주 40), 110면 이하.

49) Rüthers, Das Ungerechte an der Gerechtigkeit. Defizite eines Begriffs, 2.Aufl., Zürich / Osnarbrück 1993, S.34.

50) Hollerbach, Stichwort "Rechtsethik" in: Staatslexikon, hrsg. v. d. Görres-Gesellschaft, Bd.IV, 7.Aufl., Freiburg i.Br. 1988, S.694.

나 다른 법질서에 대한 그릇된 우월감의 형태로 등장할 때에는 자유의 질서를 위협하는 극히 위험한 요소가 될 수 있다.

설령 우리가 공동체주의자들처럼 가치에 관한 포괄적인 합의를 다원주의 법질서가 기능하기 위한 조건으로 파악한다고 할지라도, 다원주의국가는 국가 자신의 존립조건을 보장하는 것을 포기하고 이보다는 개인의 자유보장을 우선시키는 국가이어야 한다는 원칙에는 변함이 없다.51) 또한 공동체주의의 목적 자체로부터 도출되는 논거에 비추어 볼 때에도 단순한 형태의 규범적 공동체주의는 견지될 수 없다. 즉 공동체의 가치와 공동체에서 공유되고 있는 생각은 사회적 유대를 위한 유일한 조건이 아니며, 오히려 논쟁의 문화와 갈등을 견뎌내는 것이야말로 사회를 안정화하는 기능을 할 수 있다.52)

이와 같이 규범적 공동체주의는 어떤 의미에서는 신아리스토텔레스주의(Neo-Aristotelismus)를 별다른 성찰이 없이 받아들인 형태라 할 수 있다. 이에 대해서는 명백한 거부감이 존재하고 있는 것이 사실이다. 그렇긴 하지만 개인이 공동선을 지향해야 한다는 점을 정당화하는 논거를 과연 찾아낼 수 있는가라는 물음은 여전히 남는다. 아무튼 (배분적) 정의에 관한 이론들은 공동체가 개인에 대해 어떻게 행동하는 것이 올바른 것인가를 묻는다. 이에 반해 우리는 이제 개인이 공동체에 대해 어떻게 행동해야 하는가라는 물음으로 시야를 돌려보기로 하자.

---

51) Böckenförde, Staat, Gesellschaft, Freiheit, Frankfurt a.M. 1976, S.60f.
52) J.-C. Wolf, Wie kommunitaristisch darf der Liberalismus sein? in: Seelmann(Hrsg.), Kommunitarismus versus Liberalismus, ARSP Beiheft 76, 2000, S.37ff.(53f.).

§11 공동선

┃참고문헌┃ *Anderheiden*, Gemeinwohl in Republik und Union, Tübingen 2006; *Bonvin / Kohlker / Sitter-Liver*(Hrsg.), Gemeinwohl – Bien commun, Freiburg i. Ü 2004; *Brugger / Kirste / Anderheiden* (Hrsg.), Gemeinwohl in Deutschland, Europa und der Welt, Baden-Baden 2002; *Hegel*, Grundlinien der Philosophie des Rechts (zuerst erschienen 1821), in: Werke Bd. 7, Edition Moldenhauer / Michel, Frankfurt a.M. 1996; *Höffe*, Einführung in die utilitaristische Ethik, 2.Aufl., Tübingen 1992; *Honneth*, Kampf um Anerkennung. Zur moralischen Grammatik sozialer Konflikte, Sonderausgabe Frankfurt a.M. 2003; *Hutcheson*, An Inquiry into the Original of our Ideas of Beauty and Virtue, Treaties II(London 1725), Nachdruck Hildesheim 1971; *F.-X. Kaufmann*, Sozialpolitik zwischen Gemeinwohl und Solidarität, in: Herfried Münkler / Karsten Fischer(Hrsg.), Gemeinwohl und Gemeinsinn – Rhetoriken und Perspektiven sozial-moralischer Orientierung, Berlin 2002, S.19ff.; *Kersting*, Die politische Philosophie des Gesellschaftsvertrages, Darmstadt 2005; *Koller*, Das Konzept des Gemeinwohls. Versuch einer Begriffsexplikation, in: ZIF-Mitteilung 3, 2002, S.6ff.; *Mackie*, Ethics. Inventing Right und Wrong, 7.Aufl., London 1990, dt. Übers., Ethik. Die Erfindung des moralisch Richtigen und Falschen, Stuttgart 204; *Offe*, Wessen Wohl ist das Gemeinwohl? in: Wingert / Günther(Hrsg.), Die Öffentlichkeit der Vernunft und die Vernunft der Öffentlichkeit, Festschrift für Habermas, Frankfurt a.M. 2001; *Rawls*, A Theory of Justice(1972), Oxford 2005, 2, dt. Übers., Eine Theorie der Gerechtigkeit, 14.Aufl., Frankfurt a.M.

2005; *Riedel*, Bürgerliche Gesellschaft und Staat, Neuwied 1970; *Shaftesbury*, Characteristics of Men, Manners, Opinions, Times, vol.II(zuerst erschienen 1714), London, Neudruck Meisenheim / Glan 1979; *Siep*, Anerkennung als Prinzip der praktischen Philosophie, Freiburg i.Br. 1979; *A. Smith*, An Inquiry unto the Nature of the Wealth of Nations (zuerst erschienen 1776), London 1999; *Thomas von Aquin*, Summa Theologica II II, dt. Übers., Die deutsche Thomas-Ausgabe (zweisprachig) Bd. 18, Heidelberg 1977; *Thomas von Aquin*, Über sittliches Handeln, Summa Theologica I-II q. 18-21 (zweisprachig), Übers., kommentiert und hrsg. von Rolf Schönberger, Stuttgart 2001; *Wildt*, Recht und Selbstachtung im Anschluß an die Anerkennungstheorie von Fichte und Hegel, Frankfurt a.M. 1982.

앞에서 보았듯이 (배분적) 정의는 재화의 정당한 분배를 문제의 중심으로 삼는다. 이에 대한 이론들은 오늘날 국가 또는 사회쪽에서 시민 또는 특정한 시민집단에게 무엇인가를 분배하는 방식에 대해 묻는다. 그렇지만 거꾸로 어떻게 해야만 국가나 사회에 대한 개인의 의무가 이성적으로 형성될 수 있는지 또는 시민의 부담(재화의 반대쪽 측면)의 근거 및 배분을 설명할 수 있는 논거가 과연 존재하는지도 적지 않게 중요한 물음이다. 이와 관련된 문제들은 오늘날 '공동선'(bonum commune)이라는 이름으로 갈수록 더 많은 논의가 이루어지고 있다. 무엇보다 20세기의 집단주의 이데올로기에 의한 오용으로 말미암아 오랫동안 이데올로기라는 혐의를 받았던 공동선개념이 르네상스를 맞게 된 것은 앞에서 다루었던 공동체주의에 대한 이론적 관심과 맞물려 있다. 공동선개념의 르네상스는 또한 오늘날 여러 가지 미래에 대한 염려(예컨대 환경이나 사회안전망에 대한 염려)를 공동체의 미래에 대한 염려로 여긴다거나, 현재 진행 중인 생명윤리논쟁이 이념적 공통성('인간상')에 대한 관심을 일깨웠다는 사정과도 관련이 있을 것이다.

일단 공동선의 의미 그리고 개인이 공동선을 지향해야 할 근거가 있는지를 살펴보기로 하자.

이렇게 함으로써 공동선이 하나의 규범적 문제를 표현하고 있는 것으로 볼 수 있으며, 이를 규범적 문제로 보는 것만으로 이미 여러 가지 전제를 내포하게 된다. 즉 공동선은 저절로 형성되는 것이 아니라, 인간의 행위를 통해 구현된다. 또한 인간의 행위가 당연히 공동선을 지향하게 되는 것이 아니라, 공동선은 인간의 결정에 기초하며, 바로 그렇기 때문에 그러한 결정에 대한 규범적 정당화를 필요로 한다. 만일 모든 사람이 공동선을 지향한다면, 굳이 이에 대한 도덕적 의무를 필요로 하지 않을 것이다. 이와 반대로 공동선의 지향과 특수선(bonum particulare)의 지

향을 구별하고, 공동선에 대한 도덕적 의무부과가 없이는 거의
모든 사람이 특수선만을 지향하려는 경향을 띨 것이라는 전제를
추가한다면, 공동선에 대한 지향은 이제 독자적 의미를 갖는, 법
윤리적 문제가 된다.

공동선의 지향은 특수선의 지향과는 달리 법윤리적 문제제기
라는 주장에 대해서는 늘 다툼이 있어 왔다. 즉 특수선의 지향
역시 얼마든지 도덕적 의무로 서술할 수 있다는 반론이 제기되었
다. 예를 들어 칸트의 「도덕형이상학」에서 등장하는 '자기 자신에
대한 의무'1)나 이웃사랑이라는 도덕적 명령이 가능하기 위해서는
자기애의 명령이 전제되어야 한다는, 기독교적 사랑의 윤리2)를
생각해 볼 수 있다. 하지만 공동선이라는 우리의 주제와 관련해
서 더 중요한 반론은, 공동선을 지향해야 할 도덕적 의무가 전혀
필요하지 않다는 주장이 제기되곤 한다는 사실이다. 이 주장에
대해서는 여러 가지 근거를 제시하곤 한다.

반론의 근거 가운데 하나는 자신의 행동을 공동선에 지향하
게 하는 것은 마치 본능과 같아서 너무나도 자명하고, 각 개인은
당연히 공동선 지향에 대해 이익을 갖고 있고 또한 그러한 성향
도 이미 갖고 있다고 보는 입장이다. 자연적인 '도덕감정'(moral
sense)이 존재한다는 전제에서 출발하는, 18세기의 이론들3)은 그
러한 입장에 서 있다. 이렇게 되면 공동선을 지향한다는 것은 곧
개인의 특수선이 요구하고 있는 내용이 되며, 개인의 행복과 공
동선은 '도덕감정'을 통해 서로 일치하게 된다. 오늘날과 같은 고
도로 개인화된 사회적 생활조건 하에서 다른 사람의 인정을 받고

---

1) Kant, Metaphysik der Sitten(zuerst erschienen 1797), Werke Bd. 8,
   Edition Weischedel, Frankfurt a.M. 1997, S.549ff.
2) Leviticus(3.Mose) 19, 18; Markus 12, 31; Thomas von Aquin, Summa
   Theologica II-II, q. 44, a.7; Mackie, Ethik, S.220ff.
3) Hutcheson, An Inquiry into the Original of our Ideas of Beauty and
   Virtues, S.107ff.; Shaftesbury, Characteristics of Men, S.28ff.

싶은 욕구나 개인의 자기정체성을 촉진하는 자신감은 연대성을 발휘하는 행위에 동기를 부여하는 전제가 된다고 보는 최근의 이론들[4] 역시 유사한 방향이라 할 수 있다. 이러한 입장에 서게 되면 공동선의 지향에 대해 별도로 정당화를 할 필요가 없게 된다. 인간에게 이미 주어져 있는 성향에 따른 당연한 결론이기 때문이다.

이에 반해 역시 18세기에 형성되었지만, '도덕감정'을 주장하는 이론과는 정반대의 근거를 제시하는 이론에 따를 때에도 공동선과 특수선은 서로 일치한다는 결론에 도달한다. 즉 고전적 자유주의에 부응하는, 이른바 '보이지 않는 손'(invisible hand)이라는 이론은 모든 개인들이 자신들의 개인적 행복을 지향할지라도 어떤 다른 작용을 가할 필요 없이 거의 자동적으로 공동선이 형성되는 상태에 도달한다고 한다.[5]

물론 오늘날에는 특수선과 공동선 사이에 대립과 갈등이 발생할 가능성을 전제하는 것이 일반적이다. 일상적인 경험만을 보더라도 이 점을 굳이 진지하게 논증할 필요는 없을 것이다. 그렇지만 개인의 행복이 무엇인지는 개인 스스로 규정하도록 함으로써 특수선의 개념을 처음부터 규범적으로 좁혀서 파악하지 않는다면, 인간이 공동선을 희생시키고 공동선에 불리하게 자신의 이익을 추구하는 사례는 무수히 많아진다. 예를 들어 환경오염, 탈세, 부패공무원 등만을 생각해 보아도 이 점은 분명해진다. 이러한 사례들만 보더라도 '도덕감정'이나 '보이지 않는 손'이라는 표현을 통해 인간은 얼마든지 이타적 성향도 갖고 있다거나 개인적 유용성이 때로는 공동선에 부합하는 결과를 빚는 경우도 있다는

---

4) F.-X. Kaufmann, Sozialpolitik, S. 47.

5) Smith, An Inquiry unto the Nature of the Wealth of Nations, Book IV, ch. II, S. 32 – 훗날 애덤 스미스의 명성과 거의 직결되게 되는 '보이지 않는 손'이라는 표현이 등장하는 이 구절은 사실 그의 전체 논증에서는 커다란 비중을 갖지 않았다.

정도 이상의 어떤 주장을 하는 것이라면, 특수선과 공동선의 조화라는 그러한 테제는 충분히 반박할 수 있다.

이런 이유에서 특수선과 공동선 사이의 이익대립의 가능성을 전제해야 하고, 더 나아가 그러한 대립상황에서 개인은 공동선보다는 자신의 개인적 행복을 우선시키는 것이 보통이라는, 경험적으로 결코 반박할 수 없는 전제에서 출발하는 것이 좋다. 그렇게 되면 실제로 공동선의 지향을 규범적 요청으로 정당화해야 하는 법윤리적 문제가 등장한다. 이 문제를 아래에서는 다음과 같이 다루도록 한다. 먼저 어떠한 논점들이 윤리적 사유의 지향점으로서의 공동선에 해당되는지를 살펴보아야 한다(1). 그런 다음 특수선과 공동선의 차이에는 어떠한 형태들이 있는지를 논의한다(2). 끝으로 공동선을 지향하도록 하는 법윤리적 의무를 어떻게 정당화할 수 있는지를 논의해 보자(3).

1. 공동선이란 무엇인가?

우리는 앞에서 공동선이 특수선 또는 개인의 행복과 대립될 수도 있다는 점을 지적함으로써 이미 공동선을 어느 정도 개념정의한 셈이다. 그렇지만 무엇이 법윤리학의 중요한 기준이 되는, 이 공동선의 대상이 되기에 적합한지를 자세히 밝힐 필요가 있다.

역사적으로 보면,6) '공동선'은 예컨대 중세의 논의에서는 흔히 종교적 가치로 이해되고, 심지어 가장 보편적인 목적으로서의 신과 동일한 것으로 여겨지기도 했다는 점이 눈에 띈다. 근대 초기에 공동선은 법과 평화의 동의어로, 그리고 계몽절대주의에서는 보통 경제적 의미에서의 공공복리로 이해되었다. 오늘날에는 '공동선'이라는 단어를 단수로 사용하는 것에 의문을 제기하는 경

---

6) Thomas von Aquin, Summa Theologica, I-II, q. 19, a. 10.

우가 많다. 왜냐하면 만일 공동선을 단수로 사용하게 되면 마치 공동선이 무엇을 뜻하는지가 명확한 것 같은, 잘못된 인상을 불러일으킬 뿐만 아니라, 그처럼 사회적 원-원 상황이 전반적으로 실현될 수 있는 가능성을 상정함으로써 특정한 제도나 규범으로부터 이득을 얻는 자들에 대한 정당한 의혹을 묵살해버릴 수 있는 잘못을 범하기 때문이라고 한다.[7] 이 장의 앞부분에서 언급했던, 공동선 개념이 갖는 이데올로기성에 대한 혐의 역시 이와 같은 고려에 기초한다.

　　오늘날의 논의에서는 공동선을 이른바 '집단적 재화'를 고려하거나 또는 이를 지향하는 상태로 바꾸어 설명하는 경우가 있다. 경제학용어에서 유래하는 이 개념은 소비자 멋대로 소비할 수 없는 재화 또는 소비자들의 경쟁대상이 되지 않는 재화를 뜻한다.[8] 예컨대 깨끗한 환경, 치안과 국가안보, 교육, 건강 등이 그러한 집단적 재화에 속한다. 예를 들어 한 사람이 누리는 깨끗한 공기는 다른 사람으로부터 깨끗한 공기를 빼앗은 결과가 아니라, 보통은 공동으로 확보할 수 있는 재화이다. 실제로도 공동선이라는 개념은 일단 그러한 재화를 염두에 두고 있는 것 같다. 물론 시장을 형성하고 경쟁의 대상이 되는 사적인 재화도 얼마든지 공동선의 요소가 될 수 있다. 자치단체가 소유하는 부동산은 전형적인 보기이다. 그리고 건강이나 교육과 같이 좁은 의미의 집단적 재화의 경우에도 그러한 재화를 확보하기 위한 수단이 부족하여, 재화를 확보하기 위해 소요되는 비용을 어떻게 분담할 것인지에 대해서도 심한 논란이 있을 수 있다(예를 들어 공공건강

---

7) Offe, Wessen Wohl ist das Gemeinwohl? S.459. 공동선에 관한 다양한 사유방식에 관해서는 Losano, Verso il bene comune: Un sentiero per utopia? in: Rivista internazionale di filosofia del dirritto 2003, S.193ff. (195) 참고.

8) 이에 대한 자세한 내용은 Anderheiden, Gemeinwohl in Republik und Union, S.110ff.

보험은 가족 수에 따라 보험료를 산정해야 하는가 아니면 소득 또는 의료수혜의 빈도에 따라 산정해야 하는가? 교육시설을 위한 수단은 주로 시설 이용자의 비용으로 조달해야 하는가 아니면 모든 납세자의 비용으로 조달해야 하는가?)

공동선의 내용은 여러 가지 차원으로 나누어 이해할 필요가 있다. 첫째, 공동선의 상태를 질서구조라는 형식적 의미로 파악할 수 있는가 하면, 삶에 필요한 재화라는 더 실질적 의미로 이해할 수도 있다. 둘째, 공동선 개념을 물질적 의미와 정신적 의미 사이의 연속선상에서 이해할 수도 있다. 즉 공동선 개념을 공동체의 소유대상으로 이해하는 방식에서부터 공동체의 정신적, 이념적 사실로 이해하는 방식에 이르기까지 여러 가지 이해가 가능하다. 셋째, 각 개인과의 관계에 비추어 재화를 보편화하는 방식에 따라 구별할 수도 있다. 다시 말해 공동선이 모든 개인 또는 다수의 개인이 자신들의 개인적 이익으로도 여기는 공통의 이익이 될 수도 있고(예컨대 의식주에 대한 이익), 국가권력이나 공동체가 전 세계적으로 누리고 있는 명성과 같이 공동체 자체가 직접 공동선의 대상이 될 수도 있다.

이 세 가지 차원에서 공동선 개념을 더욱 형식화, 이념화, 집단화하면 할수록 재화에 대한 규범적 관련성을 확보하기가 더욱 어려워지며, 개인으로 하여금 그러한 재화의 유지, 확장에 기여하도록 의무를 부과하는 것 또한 더욱 어려워진다. 이는 도덕에서뿐만 아니라, 지난 2세기에 걸쳐 도덕보다 훨씬 더 섬세하게 이 문제를 구성하고 분화시킨 법에서도 마찬가지이다. 특히 헌법상의 사회국가원칙을 둘러싼 논의[9]와 형법의 법익론[10]에서는 이

---

9) 이에 관해서는 Klesczewski(Hrsg.), Die Idee des Sozialstaates – Conditio sine qua non der Freiheit des Weltbürgers? Paderborn 2006 참고.

10) Hefendehl / v. Hirsch / Wohlers(Hrsg.), Die Rechtsgutstheorie, Baden-Baden

문제영역을 어느 정도 정리하려는 시도가 이루어져 왔다. 이러한
논의를 통해 무엇보다 모든 사람들이 추구하는 대상이자 동시에
희소한 대상인 물질적, 경제적 재화에 대해서는 법적 보호가 이
루어진다는 사실을 곧장 확인할 수 있다. 이 영역에서는 타인에
귀속되는 재화를 존중해야 할 의무를 부과하는 것만으로 충분하
다. 설령 여기서 말하는 타인이 공동체 자체일지라도 특별히 다
른 문제해결방식을 동원할 필요가 없다. 그러나 재화를 형식화,
이념화할 때에는 훨씬 더 문제해결이 어려워진다. 예컨대 개인의
법질서 보호 의무,[11] 경제의 정상적 기능에 대한 의무,[12] 개인이
속한 국가의 명성을 보존해야 할 의무,[13] 공동체 다수의 감정 또
는 심지어 특정한 인간상을 존중해야 할 의무(예컨대 인간복제를
허용하지 않는 경우)[14]란 무엇을 의미하며 또한 어느 정도까지 정
당화할 수 있는가? 심지어 개인은 일반국민들 사이에 확산되는
불안감에 대해서도 책임을 부담하여, 그 자체로는 위험하지 않지
만, 다수의 사람들에게 불안감을 조장할 우려가 있는 행위를 해
서는 안 되는 것인가? 또한 개인은 사회적 방향설정의 안정성이
나 사회 내의 인간상에 대해서도 책임을 부담해야 하는가? 그리
고 그런 식으로 이해된 공동선을 지향하고 이러한 지향을 강제로
관철함으로써 발생하게 될 모든 결과들까지 법제화의 대상으로
삼고자 한다면, 과연 어떠한 행위를 금지해야 하고, 어떠한 행위

2003; Stratenwerth, Schweizerisches Strafrecht, Allgemeiner Teil I, 3.Aufl., Bern 2005, §3, N. 6ff.

11) 예를 들어 독일형법 제80조-제145d조 및 스위스형법 제258조-295조, 제303조-제311조에 따른 형법적 보호

12) 예컨대 독일형법 제264조, 제264a조에 따른 형법적 보호(정부보조금사기, 자본투자사기).

13) 독일형법 제90a조 및 스위스형법 제270조에 따른 형법적 보호(국가원수, 국가, 국가의 상징에 대한 모독).

14) 인간상을 인간복제에 반대하는 논거로 제시하는 것으로는 Spaemann, Gezeugt, nicht gemacht, in: Die Zeit 4/2001 참고.

를 하도록 의무를 부과해야 할 것인가?

사회국가를 둘러싼 논의는 그와 같은 의무부과를 비교적 제한적으로 처리하고, 헌법적 자유보장의 원리를 기준으로 삼는 반면, 형법의 경우에는 공동선이라는 탈실질화된 이익에 대한 의무를 부과하는 구성요건을 갈수록 더 많이 만들어내려는 유혹이 커져가는 같다.

2. 개인의 이익과 공동선 사이의 이익갈등의 방식

이제 개인의 이익과 공동선이 어떤 식으로 충돌할 수 있는지를 살펴보자.[15] 우선 한 공동체 내에서 특정한 유형의 개인적 이익이 완전히 일치하여 서로 경쟁하지 않기 때문에, 각자의 이익이 합치하는 경우를 생각해 볼 수 있다. 예컨대 한 공동체 내의 모든 사람이 깨끗한 공기나 깨끗한 물에 대한 이익이 있고, 깨끗한 물과 공기가 전혀 희소한 재화가 아니어서, 한 사람이 더 많은 공기와 물을 향유한다고 해서 다른 사람이 이 재화를 덜 향유해야 하는 것은 아닌 상황이 있을 수 있다(물론 오늘날 이미 깨끗한 물은 더 이상 이러한 경우에 해당하지 않는다). 윤리적 문제는 공기오염이나 수질오염과 같은 행위를 통해 다른 사람이 이 재화를 향유하는 것을 방해할 때에 비로소 제기된다. 특히 장기적이고 일반적인 개인적 이익만이 타인의 이익에 부합할 뿐, 단기적이고 구체적인 이익은 타인의 이익과 부합하지 않는 상황은 문제해결이 어렵고 또한 처음부터 많은 갈등의 소지를 안고 있다. 이 점은 교통규칙을 예로 들어 설명할 수 있다. 즉 교통규칙 일반 그리고 개개의 상황에서의 개별적 규칙은 그러한 규칙이 없는 경우보다 인간의 생명을 훨씬 더 잘 보호해줄 수 있기 때문에, 모든

---

15) 이와 관련된 여러 가지 공동선개념에 대한 상세한 설명은 Koller, Das Konzept des Gemeinwohls, S.14ff. 참고.

사람은 교통규칙에 대한 이익을 갖고 있다. 이처럼 원칙적으로 교통규칙의 존재와 그 준수에 대한 공통의 이익이 있음에도 불구하고, 구체적인 사례에서 교통 참여자 한 사람이 자신의 개인적 이유로 말미암아 교통규칙이 허용하는 것보다 훨씬 더 빨리 특정한 지점에 도달해야 하기 때문에, 교통규칙에 반대되는 이익을 갖게 되는 상황을 생각해 볼 수 있다.

이와 같이 누군가가 규칙 자체로부터 일반적으로 이익을 보긴 하지만, 구체적 사례에서 이 규칙을 적용하는 것이 자신의 개인적 이익에 반하는 상황에서 규칙위반이 공동선에 부합하는 충분한 근거를 갖고 있다면 경우에 따라서는 도덕적으로뿐만 아니라, 법적으로도(예를 들어 '정당화적 긴급피난'을 통해) 이를 정당화할 수 있다. 이에 반해 규칙위반이 전적으로 개인적 이익에 따르는 경우에는 이른바 '무임승차 딜레마'에 봉착한다. 이 딜레마의 내용은 이렇다. 누군가가 규칙의 존재를 원하긴 하지만, 구체적인 상황에서 이 규칙이 자기 자신에게 미칠 결과를 떠맡는 것을 거부하는 상황이다. 이 무임승차자는 다른 사람이 규칙을 준수한다는 사실로부터 혜택을 입으면서, 자기 자신은 규칙을 준수하는 것을 거부한다.[16]

각 개인들이 특정한 집단적 이익을 추상적으로는 옳다고 여기면서도, 단지 단기적이고 구체적으로가 아니라, 장기적 또는 일반적으로는 개인적 이익에 해가 될 소지가 있는 상황에서는 갈등이 더욱 증폭된다. 예를 들어 누구나 철도망의 건설 및 확충에 이익을 갖고 있을 수 있다. 그러한 철도망의 구축은 추상적 차원에서는 모든 사람의 이익이 된다. 하지만 철도노선이 자기 집 앞으로 지나간다면, 그 사람의 개인적 이익 때문에 철도건설에 격렬하게 반대하는 입장을 취할 수 있다.[17]

---

16) 무임승차자 또는 Free-Rider의 문제에 관해서는 Buchanan, The Limits of Liberty, Indianapolis 2000, S.47ff. 참고.

앞에서 보기로 든 어느 경우이든 각 개인은 교통규칙 또는 국가가 철도망을 구축하기 위한 규칙에 대한 이익을 갖고 있다. 철도망 구축의 경우, 공동체를 위하여 한 개인에게 특별한 의무를 부담하게 할 때에는 공공수용법이나 특별희생법에서 볼 수 있듯이 공동체측에서 그 개인을 위해 특별한 반대급부를 이행해야 할 필요가 있다.

갈등해결이 가장 어려운 경우는 집단의 효용은 확인할 수 있는 반면, 개인의 입장에서는 어떠한 추상적인 의미의 개인적 효용마저도 확인할 수 없는 사례들이다. 예를 들어 제3자에게 유용성을 가져다주기 위해 '잉여' 배아로 연구를 한다거나 어떤 환자의 현재상태와 의학수준에 비추어 그 자신은 아무런 이득도 볼 수 없지만, 미래의 질병치료를 위해 그 환자를 연구대상으로 삼는 경우를 생각해 볼 수 있다. 집 앞으로 철도노선이 지나가는 경우처럼 소음에 시달리는 인근주민들이 자신들의 집을 어떻게든 계속 이용할 수 있는 경우와는 달리 이 사례에서는 최소한의 이익조차도 남아있지 않다. 이와 같은 경우에도 공동선을 위해 의무를 부담케 하는 것을 정당화할 수 있는가? 무엇이 그와 같은 의무부과의 근거가 될 수 있는가?

3. 공동선을 위한 의무부과의 근거

공동선에 반대되는 명백한 개인적 이익이 있음에도 불구하고 공동선을 지향하도록 의무를 부담시키고, 이를 강제하기 위한 설득력 있는 논거를 찾는 일은 결코 쉽지 않다.

---

17) 이 사례 또는 이와 유사한 사례들에 관해서는 Anderheiden, Gemeinwohl-förderung durch die Bereitstellung kollektiver Güter, in: Brugger / Kirste / Anderheiden, Gemeinwohl in Deutschland, Europa und der Welt, S.391ff. (399ff.) 참고.

　　먼저 18세기에 유래하는, 두 가지 논증전략을 살펴보자. 하나는 이미 앞에서 고찰했던 공리주의(§10.1)이고, 다른 하나는 합리적 이기주의이다. 공리주의는 최대한의 전체효용에 미치는 영향을 기준으로 행위 또는 행위규범을 평가한다.[18] 이렇게 볼 때, 공리주의는 분명 대개는 공동선과 일치하는 전체효용을 지향하는 것을 최고의 윤리적 목표로 설정하려는 윤리학이다. 따라서 오로지 다른 사람들에게만 유용성을 갖게 할 목적에서 한 사람을 이용하는 것조차도 처음부터 그런 식으로 이용을 당하게 될 위험이 많은 사람들의 삶의 질을 현저히 침해하지 않는 한, 충분히 정당화될 수 있다. 우리의 직관에 비추어 공리주의가 안고 있는 단점은 공동선을 위한 이러한 결정이 개인의 이익을 완전히 희생시킬 것을 요구하며, 이로 인해 자주 부정당하게 여겨지는 결과에 도달할 수 있다는 점이다(상세히는 앞의 §10.1 참고).

　　합리적 이기주의에 초점을 맞추는 또 다른 고전적 이론은 공리주의와는 반대되는 결론에 도달한다.[19] 이 이론은 합리적으로 규정된, 개인의 장기적인 유용성을 지향하며, 대개는 이에 덧붙여 그러한 지향이 최소한 장기적으로는 공동선에도 기여한다는 전제를 추가한다. 하지만 합리적 이기주의 역시 개인의 유용성과 공동선 사이의 갈등을 너무 일방적으로 해소하려고 한다. 우리의 직관에 비추어 보더라도 이러한 일방적 해결방식은 옳지 않다. 합리적 이기주의는 앞에서 언급했던, 무임승차자의 문제와 씨름을 해야 한다. 다시 말해 이 이론은 살인금지가 개인에게도 유용한 경우처럼 왜 하나의 규범을 승인해야 하는지는 정당화할 수 있지만, 최소한 단기적이고 구체적인 상황에서는 개인의 이익에 손해가 되는 경우일지라도 왜 승인된 규범을 항상 준수해야 하는

---

18) Höffe, Einführung in die utilitaristische Ethik, S.12ff., S.28ff. 참고.
19) 예컨대 Hume, A Treaties of Human Nature, B III, T. II, Abschn. 11; Mackie, Ethik, S.216ff. 참고.

지를 정당화할 수는 없다. 따라서 합리적 이기주의는 장기적이고 일반적인 측면에서 개인적 이익과 공동선이 합치하는 경우에 대해서만 개인적 관점에서도 공동선의 지향이 타당함을 정당화할 수 있을 뿐이다.

이미 일찍부터 이러한 문제점을 간파하고, 여러 가지 형태의 계약이론[20]을 통해 해결을 모색했다. 계약이론에 따르면, 일반적인 차원에서 유용성을 갖고 있는 규범을 왜 구체적인 경우에도 준수해야 하는가에 대한 근거는 규범에 대한 동의가 규범에 동의한 다른 사람들에 대해 이 규범을 준수한다는 의무까지도 계약을 통해 부담하는 것을 뜻하기 때문이라고 한다. 이는 앞에서 이미 보았듯이(§9.2a), 결코 사실상 그러한 계약을 맺었다는 의미가 아니라, 개인들 사이에 그러한 계약이 체결되었다고 가정한다면, 계약이 그와 같은 내용을 갖게 될 것이라는 이론적 전제일 뿐이다. 따라서 설령 그 자신이 동의한 규범이긴 하지만, 구체적 상황에서 규범이 아무런 유용성이 없음에도 왜 그 규범을 준수해야 하는가라는 물음에 대해 계약이론은 이성적인 사람이라면 그와 같은 내용의 계약체결에 대해 반대할 수 없을 것이라는 근거를 제시한다.

그러나 이성적 측면에서 계약의 대상으로 삼아야 할 것이 무엇인가를 탐구하는 가상적 계약은 그 기준을 계약 자체가 아니라, 이성에서 찾지 않을 수 없기 때문에, 공동선의 지향을 정당화하는 이 영역에서도(§9.2a에서 이미 보았듯이) 계약이론만으로는 그와 같은 정당화에 충분하지 않다는 사실을 확인할 수 있다. 존 롤스는 그의 현대적 형태의 계약이론[21]에서 계약이론이 갖는 이러한 문제점을 분명하게 의식하고 있다. 이 점에서 계약이론에

---

20) 계약이론에 대한 개관은 Kersting, Die politische Philosophie des Gesellschaftsvertrages, S.59ff. 참고.

21) Rawls, Eine Theorie der Gerechtigkeit, S.140ff.

대한 롤스 자신의 이해[22]는 일관성을 갖고 있다. 왜냐하면 롤스의 계약이론은 결과적으로 칸트의 원칙윤리에 대한 현대적 해석에 도달하기 때문이다. 롤스는 행위준칙의 보편화가능성에 대한 지향(우리의 맥락에서는 공동선의 지향)이 이성과 도덕에 대한 개인의 지향이라는 결과를 낳는다고 설명함으로써 공리주의와 합리적 이기주의의 난점을 피하고자 한다. 그러나 도덕적 의무를 '사실로 존재하는 이성'과 '도덕감정'의 혼합을 통해 정당화하려는 롤스의 시도는 하나의 규범적 이론이 되기에는 상대적으로 박약하다고 보인다.

나의 잘못된 판단이 아니라면, 현재에는 헤겔의 상호주관성 철학 및 권리주체의 쌍방적 승인이라는 모델[23]이 다시 주목을 받고 있고, 이를 통해 개인의 특수선과 공동선의 조정을 모색하려고 하는 것 같다. 여기서 승인은 권리주체성이 가능하기 위한 구성적 조건으로 이해된다. 즉 공동선을 법질서로 승인하지 않고, 따라서 타인을 권리주체로 인정하지 않는 사람은 그 자신의 권리주체성도 파괴하는 것이다. 왜냐하면 그렇게 되면 그 자신도 쌍방적 조건관계에 있는 승인을 경험하지 못하기 때문이다(이에 대해서는 앞의 §2.6c 참고). 이러한 승인모델은 공동선 지향의 필요성에 대한 근거를 제시한다. 더 나아가 제3자에게만 유용성을 갖는 의학실험처럼 다른 사람을 유용성의 객체로 전락하게 만들고, 이를 통해 쌍방적 승인의 주체로 취급하지 않는 경우처럼 공동선이라는 미명하에 개인의 이익을 추상적으로조차도 고려하지 않는 강제로부터 개인을 보호해야 할 근거도 제시한다.

---

22) Rawls, Die Idee der politischen Liberalismus. Aufsätze 1978-1989, hrsg. von Wilfried Hinsch, Frankfurt a.M. 1994, S.80ff.

23) 쌍방적 승인에 관한 헤겔의 이론에 대해서는 Siep, Anerkennung als Prinzip; Wildt, Recht und Selbstachtung; Honneth, Kampf um Anerkennung 참고.

헤겔이 승인을 사회적 결합의 구성적 조건으로까지 승화시켜 설명하기 전에 이미 칸트는 쌍방적 승인을 인간의 '존엄'에 대한 승인이라고 표현했다.24) 오늘날 생명윤리를 둘러싼 논쟁이나 다문화 또는 다인종 사회에 관한 논란에서 존엄은 핵심개념의 위치를 점하게 되었고, 따라서 그와 같은 승인이론이 다시 논의의 중심에 서게 되었다. 이 점에서 아래에서는 규범의 정당화를 둘러싼 논란의 세 번째 적용사례로서 '인간의 존엄'에 관한 최근의 논쟁을 다루기로 한다.

---

24) Kant, Die Metaphysik der Sitten(zuerst erschienen 1797), Werkausgabe Bd. IV, Wiesbaden 1956, S.601.

§12 인간의 존엄 : 새로운 핵심개념

┃ 참고문헌 ┃ *Angern / Baertschi* (Hrsg.), Menschenwürde — La dignité de l'ê tre humain, Studia philosophica vol. 63, Basel 2004; *Beyleveld / Browndsword*, Human Dignity in Bioethics and Biolaw, Oxford 2001; *Dillon*(Hrsg.), Dignity, Character and Self-Respect, New York 1995; *Enders*, Die Menschenwürde in der Verfassungsordnung — Zur Dogmatik der Art. 1 GG, Tübingen 1997; *Dürig*, Der Grundrechtssatz von der Menschenwürde. Entwurf eines praktischen Wertsystems der Grundrechte aus Art. 1 Abs. I in Verbindung mit Art. 19 Abs. II des Grundgesetzes, in: Archiv für öffent- liches Recht 81(1956), S.117ff.; *Hegel*, Grundlinien der Philosophie des Rechts oder Naturrecht und Staatswissenschaft im Grundrisse(zuerst erschienen 1821), Werkausgabe Bd. 7, Frankfurt a.M. 1970; *Kant*, Grundlegung zur Metaphysik der Sitten(zuerst erschienen 1785), Werkausgabe Bd. IV, Wiesbaden 1956; *Luf*, Menschenwürde als Rechtsbegriff, in: Zaczyk / Köhler / Kahlo(Hrsg.), FS Wolff, Berlin 1998, S.307ff.; *Margalit*, The Decent Society, Cambridge / Mass. 1998, dt. Übers., Politik der Würde. Über Achtung und Verachtung, Frankfurt a.M. 1999; *U. Neumann*, Die Menschenwürde als Menschenbürde — oder wie man ein Recht gegen den Berechtigten wendet, in: Kettner(Hrsg.), Biomedizin und Menschenwürde, Frankfurt a.M. 2004, S.42ff.; *V. Neumann*, Menschenwürde und psychische Krankheit, in: KritV 76(1993), S.276ff.; *Raz*, Value, Respect and Attatchment, Cambridge 2001; *Spaemann*, Über den Begriff der Menschenwürde, in: Böckenförde / Spaemann(Hrsg.), Menschenrechte und Menschenwürde. Historische Voraussetzungen — säkuläre Gestalt — christliches Verständnis, Stuttgart 1987, S.295ff.; *Stoecker* (Hrsg.), Menschenwürde. Annäherung an einen Begriff, Wien 2003.

최근 몇 년 동안 인간의 존엄은 법철학에서도 핵심개념이 되었고, 저작물의 수로 볼 때에도 인간의 존엄에 대한 저작이 정의개념에 대한 저작을 완전히 압도하고 있다. 이렇게 된 데에는 여러 가지 이유가 있다. 일단 정의개념에 대한 견해 차이에 비추어 과연 정의로운 사회가 현실적으로 도달 가능한 목표인지에 대해 회의를 품게 되었고, 이러한 상황에서 공동생활의 최소한의 전제로서의 인간존엄(따라서 정의와 같이 거창하지 않은 목표)이 크게 주목을 받게 되었다. 더 나아가 물질적 재화를 정의롭게 분배하는 데 성공할지라도 그것만으로 우리의 공동생활을 위한 기본조건이 충족되는 것인지에 대해 의문을 갖게 되었다. 즉 여기에 덧붙여 타인에 대한 존중, 인간존엄의 승인도 함께 해야 한다는 생각을 갖게 되었다. 또한 인권에 대한 논의가 이 인권의 논증근거를 모색하도록 만들었고, 인간의 존엄을 그러한 근거로 보는 경우가 많다. 독일 기본법(제1조 1항) 역시 인권과 인간의 존엄 사이에 논리적 연관성이 있다는 전제에서 출발한다. "인간의 존엄은 불가침이다. … 따라서 독일국민은 불가침과 불가양의 인권을 신봉한다." 끝으로 최근의 생명윤리는 도대체 인격이란 무엇이고 누가 권리의 주체인가(초기 배아도?)라는 물음을 통해 인간존엄의 문제를 매우 구체적인 새로운 현실에 비추어 논의하도록 만들었다(이에 관해서는 앞의 §6.2a).

인간의 존엄에 관한 모든 논쟁은, 그것이 법철학적으로 전혀 생산적이지 못한 정치적 호소에 그치지 않고자 한다면, 다음과 같은 문제차원들을 구별해야 한다(물론 일부는 서로 중복되기도 한다). (1) 인간존엄 보호의 정확한 보호대상은 무엇인가?(예컨대 추상적 인격인가 구체적 개인인가?) (2) 보호의 근거는 무엇인가?(예컨대 신과 동일한 형상이기 때문에, 같은 유에 속하기 때문에, 법질서의 체계적 필연성 때문에 아니면 쌍방적 승인이라는 조건 때문에?) (3) 보호대상은 어떠한 요건을 충족해야 하는가(예컨대 이성 또는 귀속능력 아니면 양자 모두 불필요?).

1. 보호대상

a) 인격의 존엄

2차 세계대전 이후에 전개된, 인간의 존엄에 관한 논의를 고찰해보면, 모든 사람에게 평등한 권리주체성이라는 의미의 인격에 대한 보호가 뚜렷이 중시되고 있음을 알 수 있다. 즉 조직적으로 자행된 불평등취급에 대한 반작용이자 특정한 인간들을 '비인격'과 '하급인간'으로 단정하는 것에 대한 저항으로서 무엇보다 법적 질서에 따른 공동생활의 기초가 되는 모든 인간의 존엄성을 하나의 '인격'으로 존중하고, 한 인간을 다른 모든 인간들과 법적으로 평등하게 대우해야 한다는 원칙을 분명히 하고자 했다. 따라서 인간존엄의 침해는 곧 인격적 존재의 부정, 한 개인을 보편적인 법적 평등관계로부터 배제하는 인격적 비하를 뜻했다.

권터 뒤리히(Günther Dürig)는 1956년에 인간의 존엄에 대한 이러한 이해방식을 헌법논의에 도입한 최초의 학자였다. 뒤리히는 권리주체로서의 인간이 자신의 권리주체성을 박탈당할 때 가치질서의 타락이 시작된다고 한다.[1] 뒤리히의 견해에 따르면, 존엄이란 인간이 '자유'롭고 - 모든 인간이 이러한 자유를 갖고 있기 때문에, 이 점에서 - '평등'하다는 것을 뜻한다고 한다. 따라서 뒤리히의 존엄개념은 18세기 말과 19세기 초반에 전개된 인격개념의 전통적 요소를 수용하고 있다. 그렇기 때문에 인간존엄 개념에 대한 이런 식의 이해는 칸트와 헤겔의 고전적인 존엄개념을 원용할 수 있다.[2] 즉 칸트의 철학에서는 타인의 존엄을 존중할

1) Dürig, Der Grundrechtsschutz von der Menschenwürde, S.127.
2) 칸트와 헤겔의 존엄개념에 관해서는 Seelmann, Person und Menschenwürde in der Philosophie Hegels, in: H. Dreier(Hrsg.), Philosophie des

도덕적 의무가 있다. 물론 이러한 도덕적 의무는 필요하다면 폭력을 동원하여 관철할 수 있는 법의무로 여겨지지는 않는다. 이에 반해 헤겔은 타인을 인격으로 존중하는 것을 명백히 (근원적인) 법의무로 생각한다. "인격성이란 그 자체 권리능력이다. … 따라서 법적 명령은 다음과 같다. 하나의 인격이 되어라 그리고 타인을 하나의 인격으로 존중하라!"[3] 그러므로 타인을 단순한 객체로 전락시키는 것은 타인을 그 존엄성을 존중해야 할 주체(헤겔의 경우에는 권리주체)로 파악하는 칸트와 헤겔의 이론에 부합할 수 없다. 칸트가 표현했던 것처럼 주체는 '목적 그 자체'로 대우해야 하며, '결코 단순한 수단'으로 삼아서는 안 된다.[4] 뒤리히는 그의 유명한 '객체공식'에서 바로 이 칸트의 입장을 원용하고 있다. 이 객체공식에 따르면, 하나의 구체적 인간이 객체, 단순한 수단, 대체가능한 대상으로 전락하게 되면 그의 인간으로서의 존엄 자체가 침해된다.[5]

이러한 존엄개념에 따른다면 한 개인은 어떠한 경우에도 타인의 행복만을 위한 수단이 될 수 없다. 즉 원칙적으로 한 사람을 침해하지 말라는 금지가 다른 사람을 도우라는 명령에 언제나 우선한다. 예를 들어 한 사람의 장기를 강제로 이식하여 여러 사람의 생명을 구할 수 있을지라도, 그러한 행위는 절대적으로 금

Rechts und Verfassungstheorie. Geburtstagssymposion für Hasso Hofmann, Berlin 2000, S.125ff. 참고.

3) Hegel, Grundlinien der Philosophie des Rechts oder Naturrecht und Staatswissenschaft im Grundrisse(zuerst erschienen 1821), Werkausgabe Bd. 7, Frankfurt a.M. 1970, §36, S.95.

4) Kant, Grundlegung zur Metaphysik der Sitten(zuerst erschienen 1785), Werkausgabe Bd. IV, Wiesbaden 1956, S.66. 또한 Kant, Metaphysik der Sitten(1797), a.a.O., S.600ff.도 참고. 칸트는 이러한 맥락에서만 '존엄'이라는 표현을 명시적으로 사용하고 있다. 자기목적 사상의 의미에 관해서는 Raz, Value, Respect and Attachment, S.124ff. 참고.

5) Dürig(주 1), 127면.

지된다. 따라서 인격의 존엄의 보호는 법에서 행해지는 계산가능
성의 한계를 설정하며, 도구화금지라는 원칙을 수립한다.

2차 세계대전 이후의 독일의 판례 역시 이러한 전통에 따르
고 있다. 즉 독일의 판례는 인간존엄의 보호를 '멸시, 낙인, 박해,
경멸 등'으로부터의 보호[6]라고 서술하고, 인간존엄의 침해와 관련
하여 한 개인이 국가공동체의 시민으로서 갖고 있는 온전한 생명
권을 부정하는지[7] 또는 한 인간이 국가공동체의 '저급한 부품'으
로 낙인찍히는지[8]를 기준으로 삼는다.

b) 욕구주체의 존엄

개인은 그의 인격으로서의 존재, 즉 권리주체성의 박탈과 손
상뿐만 아니라, 경제적 불평등에 의해서도 그 존엄성을 침해당할
수 있다. 특히 경제적 불평등으로 인해 최소한의 생존도 보장받
지 못한 때에는 더욱 더 그렇다. 하지만 판례와 이론은 인간존엄
의 이러한 측면을 비교적 뒤늦게 의식하게 되었다. 그리하여 사
회국가 사상은 경제적 소외가 존엄의 문제로 떠오르면서 헌법도
그마틱적 구성의 대상이 되었다.[9] 이러한 사고방식이 처음부터
당연하다고 여겨지지는 않았다는 점은 인간존엄이 근원적으로 인
격과 관련을 맺었다는 사정에 기인한다. 즉 권리주체성으로 이해
되는 인격은 단지 평등취급만을 통해서도 그 인격적 지위가 보장
되는데 반해, 경제적 주체의 존엄보호는 각자의 경제적 조건에

---

6) BVerfGE 1, 97, 104.

7) BGHSt 16, 49, 56.

8) BGHSt 21, 371, 373.

9) 최저생계의 인정을 인간존엄의 문제로 포착하게 되는 점차적인 과정에
대해서는 H. Dreier, in: ders.(Hrsg.), Grundgesetz-Kommentar, 2.Aufl.,
Tübingen 2006, Art. 1, Rn. 94, Fn. 243 참고. 스위스 연방법원 판결
(BGE 121 I 367)도 인간존엄의 보호로부터 생존보장을 요구할 권리를
도출한다. 유엔총회는 1992년의 결정 134호에서 '극단적 빈곤'을 '인간존
엄의 침해'로 표현했다.

따라 서로 다르게 취급할 필요가 있기 때문이다.

c) 구체적 개인의 존엄

개인의 자연적 및 문화적 차이, 즉 다른 모든 사람과 근원적으로 구별되는 구체적 개인으로서의 운명까지도 고려하여 개인을 존엄보호의 주체로 보아야 한다면, 단순한 인격의 존엄의 보호와 비교해 볼 때 상황이 크게 바뀐다.

존엄보호를 이와 같이 이해하는 것 또한 최근의 논의대상이다. 이 점은 판결에도 반영되어 있다. 예를 들어 수형자의 개인적 인격성(여기서 인격성은 분명 구체적 개인성을 뜻한다)에 변화를 야기할 위험이 있는 상황을 방지[10]한다거나 인간의 개인적 및 사회적 생존의 기본적 전제가 유지되도록 하는 문제[11]를 법원은 인간존엄의 문제로 파악한다. 또한 인간존엄의 보호가 "각 개인의 고유한 가치, 개별적 유일성 및 타인과 뚜렷이 구별되는 고유성을 지향해야 한다"는 견해 또는 예컨대 탁월한 재능을 지닌 시설 수용자와 같은 구체적 생활상황에 초점을 맞추어야 한다는 견해[12]도 인간존엄을 구체적 개인의 존엄으로 이해하는 것이다.

인간의 존엄을 구체적 개인에 대한 존중의 의미로 이해하는 경향은 새로운 유형의 인간존엄 이해로서 이론적으로도 확산되고 있다. 인간의 존엄이 "시민 및 국가와 사회에서 살아가는 시민의 주변환경 사이의 관계 속에서 성장하는 전기(Biographie)"이고, 따라서 인간의 존엄은 한 개인의 욕구와 타인의 요청 사이를 매개하는 것으로 이해해야 하며, 이 점에서 인간의 존엄은 한 사람이 '자기의 정체성을 확보'하는 과정이라고 보는 입장은 이러한 이론

---

10) BVerfGE 45, 187, 238ff.; 64, 261, 272f., 277f.; BGE 97 I 45(미결구금과 인간의 존엄).

11) BVerfGE 45, 187, 228; 72, 105, 115f.; BGE 121 I 367.

12) BGE 127 I 7, 14f; BGE 124 I 40, 45f.

적 경향에 속한다.[13] 이러한 입장에서 출발하면, 인간존엄의 실현과 관련하여 개인적 자아정체성과 심리적, 정신적, 지적 통합성의 유지는 특히 빈번히 위협을 당하는 조건이라고 한다.[14]

특히 1980년대부터 인간존엄의 주체를 개인화하여 이해하는 방식을 관찰할 수 있는데, 이는 결코 우연이 아니다. 최근 20년 동안의 생명윤리에 관한 논쟁이 두 가지 측면에서 이러한 전개양상을 촉발시켰다. 즉 클론을 통해 '인간을 배양'하는 것에 반대하는 사람들은 그 논거로 인간존엄을 원용하고 또한 육체의 우연성(즉 개인의 일회성 그리고 육체적 존재의 성립이 타인에 의해 사전에 확정될 수는 없다는 사정)을 하나의 권리로 요구하게 된다. 다시 말해 육체의 우연성의 결과가 곧 구체적 개인이다. 생명공학 연구에 찬성하면서, 개인의 의식 속에 내재하는 시간적 비동시성(이에 관해서는 아래의 3. a 참고)이 필요하다는 존 로크의 철학적 전통에서서 좁은 의미의 인격개념을 취하는 학자들 또한 이와 비슷하게 인간존엄의 주체와 관련하여 개별화와 개인화를 표방한다. 따라서 우연성이라는 요건이든 의식과 관련된 인격성 개념이든 모두 인간존엄의 주체를 구체적 개인으로 파악한다.

d) 인격의 존엄과 개인의 존엄의 관련성 : 과거의 이론들

인간의 존엄에 대한 또 다른 - 그리고 아마도 가장 오래된 - 구상은 인간의 존엄을 주체성의 극복에서 찾고자 한다. 이 구상에 따르면 존엄이란 존엄을 가진 사람이 자연적 존재로서의 자신으로부터 멀어져야 할 것을 전제한다고 한다. 즉 자기 자신을 극

---

13) Häberle, Die Menschenwürde als Grundlage der staatlichen Gemeinschaft, in: Isensee / Kirchhof(Hrsg.), Handbuch des Staatsrechts Bd. I, Heidelberg 1987, §20, S.839ff., Rn. 46ff.

14) Höfling, in: Sachs(Hrsg.), Grundgesetz-Kommentar, 4.Aufl., München 2007, Art. 1, Rn. 28.

복하고, 자신을 상대화할 수 있는 존재인 인간은 바로 이러한 능력에 기초하여 '절대적 자기목적'으로 상승한다고 한다.[15] 자세히 고찰해보면, 이 세 번째 인간존엄 개념은 이미 인격의 존엄과 개인의 존엄 사이의 관련성을 서술하고 있다. 즉 자연적 존재로서의 자기 자신을 극복할 수 있는 가능성, 다시 말해 자신의 욕구와 욕망에 대해 비판적 거리를 유지할 수 있는 가능성을 강조하는 것은 인간을 자신의 원초적인 성향으로부터 자유로운 존재로 선언하고, 이 점에서 모든 인간은 평등하다고 서술하는 것이며, 이로써 인간을 권리주체라는 전통적 의미의 인격으로 설명하는 것이다. 이와 같은 자기억제와 절제의 방식 및 범위에 따라 각 개인은 나름대로의 고유한 속성을 갖게 된다. 이렇게 볼 때, 인간의 존엄에 대한 고전적 이해에서도 이미 인격이라는 측면과 개인이라는 측면이 모두 포함되어 있다. 따라서 인격의 존엄과 개인의 존엄이라는 두 측면 가운데 어느 한 측면만으로는 인간의 존엄이 무엇인지를 완전하게 포착할 수 없다.

e) 존엄의 규정과 관련된 주도권 다툼

현재 진행되고 있는 논쟁 역시 보호대상의 이와 같은 '이중적 성격'의 징표로 이해할 수 있다.

즉 과거의 논의와 마찬가지로 인간의 존엄을 '인격'에만 귀속되는 것으로 파악하면, 상황에 따라서는 개인이 법공동체에 속한다는 사실을 근거로 법적 요구로서의 존엄이 오히려 구체적 개인의 존엄에 대립되는 경우가 있다. 이렇게 되면 개인은 자신의 존

---

15) Spaemann, Über den Begriff der Menschenwürde, S.300; 이와 유사한 입장으로는 Kolnai, in: Dillon(Hrsg.), Dignity, Character and Self-Respect, S.72: '존엄의 대관식'으로서의 '인간성'. 이러한 철학적 전통에 관해서는 Hegel, Vorlesungen über die Philosophie der Religion 1, Bd,, 4.Aufl., der Jubiläumsausgabe(1837), Bd. 11, Stuttgart-Bad Cannstatt 1961, S.323 참고.

엄을 규정하는 주도권을 상실한다. 이 점은 인격의 존엄에 관한 뒤리히의 고전적 텍스트에도 분명하게 나타나 있다. 뒤리히에 따르면 한 개인의 자유로운 자기결정권에 기초하여 자신에 대한 공격에 동의한 경우일지라도 그러한 공격이 인간의 존엄을 침해할 수 있다고 한다.16) 이는 극단적인 상황(노예가 되겠다고 서약함으로써 권리능력을 완전히 포기한 경우)에서는 충분히 납득할 수 있다. 자신의 권리능력을 상실할 권리를 주장하는 것은 서로 모순되는 것을 요구하기 때문이다. 그렇지만 훨씬 더 개인적인 존엄개념을 취하는 입장에서는, 뒤리히의 이해방식을 일반적 행위지침으로 삼게 되면 결국 인간존엄에 대한 후견주의적 이해가 되며, 외부의 공격으로부터 인간을 보호하는 원칙이 자기 스스로를 해치는 행위로부터 인간을 보호하는 개입 원칙으로 변질된다고 비판한다.

　　자유적 법치국가의 관점에서 볼 때 결코 문제가 없다고 볼 수 없는 이러한 후견주의적 이해방식은 연방행정법원의 유명한 '핍쇼'판결에도 영향을 미쳤다. 이 판결에서 연방행정법원은 영업 관련 행정법규에서 의미하는 '선량한 풍속'은 설령 스트립 걸이 자발적으로 자신의 나체를 보여주는 경우일지라도 자신들의 인간존엄을 침해하는 행위로 해석해야 한다고 판결했다.17) 인간의 존엄에 대한 이러한 이해방식은 프랑스 국사원(Conseil d'Etat)의 두 판결에서도 등장한다. 즉 난쟁이의 존엄을 보호한다는 취지에서 난쟁이 멀리 던지기 경기에 투입된 난쟁이들이 비록 그러한 경기에 자신들을 사용하는 것에 동의했다 할지라도, 그러한 경기는 금지된다고 결정했다.18) 그러나 인간의 존엄을 이와 같이 이해하

---

16) Dürig(주 1), 126면.
17) BVerwGE 64, 274ff.(278).
18) 1995년의 프랑스 국사원의 이 결정에 관해서는 Beyleveld / Brownsword, Human Dignity in Bioethics and Biolaw, S.25ff. 참고. 두 저자는 인간의 존엄을 양날의 칼이라고 표현하면서, 인간의 존엄을 어떻게 이해하느냐에 따라 때로는 개인에게 권한을 부여하는 수단이 되기도

면 결국 특정한 인간상(Menschenbild)만을 보호하게 될 위험이 있다.[19] 그렇기 때문에 오늘날에는 인간존엄의 개념과 관련하여 매우 중요한 의미가 있는, 생식의학이나 유전자공학에 대한 논쟁에서는 구체적 개인에게도 의무를 부과하는 근거가 되는 '인류의 존엄'(Gattungswürde)을 보호하는 문제라든가 개인의 존엄에 대한 보호범위를 둘러싸고 격렬한 논쟁이 벌어지고 있다.[20]

2. 보호근거

존엄성을 존중해야 할 주체에 관한 논쟁이 극히 복잡한 만큼, 인간존엄의 보호근거에 대한 논쟁 역시 여러 가치 차원을 담고 있다.

a) 神人同形?

인간의 존엄의 근거는 전통적으로 신이 자신의 형상에 따라 인간을 창조했다는 신인동형에 관한 성경구절에서 찾았었다.[21]

하고, 때로는 국가가 강제력을 행사하기 위한 도구가 되기도 한다고 한다.

19) 이 문제를 둘러싼 논쟁에 관해서는 U. Neumann, Die Menschenwürde als Menschenbürde, S.42ff.; J.-P. Müller, Grundrechte in der Schweiz, 3.Aufl., Bern 1999, S.4: "인간존엄의 원칙은 특정한 객관적 인간상을 보장하는 것이 아니다. 특정한 인간상에 대한 보장은 인간의 내면적 존엄을 확인하고 발현시키기보다는 오히려 인간을 괴롭히게 된다."

20) 논쟁에 대한 개관은 Birnbacher, Gefährdet die moderne Reproduktionsmedizin die menschliche Würde?, in: Leist(Hrsg.), Um Leben und Tod. Moralische Probleme bei Abtreibung, künstlicher Befruchtung, Euthanasie und Selbstmord, Frankfurt a.M. 1990, S.266ff. (268ff.); Seelmann, Haben Embryonen Menschenwürde? Überlegungen aus juristischer Sicht, in: Kettner(Hrsg.), Biomedizin und Menschenwürde, Frankfurt a.M. 2004, S.63ff. 참고.

21) 창세기 1장 26-27절, 창세기 9장 6절.

과연 이 구절이 구체적으로 무슨 의미인지에 대해서는 예나 지금 이나 논란이 있지만 – 즉 인간이 신의 이성을 함께 나누고 있는 지 아니면 신의 의사형성에 참여한 것인지 혹은 그저 신이 인간 에게 말을 걸고 인간을 받아들였다는 것만을 뜻하는지 등등[22] – 신앙의 자유를 보장하는 다원주의 국가에서 그와 같은 성경구절 을 직접적으로 원용하는 것은 아무런 법적 의미도 가질 수 없다.

그렇긴 하지만 이러한 전통적 정당화 방식이 일반적으로 인 정되는 한, 정당화라는 과제를 충분히 수행할 수 있다는 사실에 대해서는 동의하지 않을 수 없다. 즉 인간보다 상위에 있는 어떤 초월적 존재가 모든 인간을 인정하고 찬양했다는 사실보다 모든 인간의 평등한 존엄을 더 훌륭하게 정당화할 수 있는 입장이 또 어디에 있겠는가?

인간들이 동일한 유전자 구조를 갖고 있다는, 경험적으로 입 증 가능한 사실로는 그와 같은 정당화를 수행할 수 없다. 왜냐하 면 그것만으로는 왜 인간의 유전자 구조가 다른 동물들의 그것에 비해 존엄을 가져야 하는지를 설명할 수 없기 때문이다. 따라서 별다른 근거제시 없이 그저 인간이 공통의 유전자 구조를 가졌다 는 이유만으로 인간에게 존엄을 부여하는 것은 오늘날 단순히 특 정한 '종'에 속한다는 사실만으로 인간에게 우선권을 부여하는 '종 중심주의'(Speziesismus)라는 당연한 혐의를 받는다.[23] 이처럼 별다 른 성찰을 거치지 않는 '종중심주의'논거에 대한 반작용으로 스위

---

22) 신인동형설을 둘러싼 논쟁의 여러 형태에 관해서는 Kondylis, Stichwort 'Würde' in: Brunner / Conze / Koselleck(Hrsg.), Geschichtliche Grundbegriffe. Historisches Lexikon zur politisch-sozialen Sprache in Deutschalnd Bd. 7, Stuttgart 1976, S.645ff. 참고.

23) '종중심주의'에 대한 비판에 관해서는 Merkel, Früheuthanasie. Rechts-ethische und strafrechtliche Grundlagen ärztlicher Entscheidungen über Leben und Tod in der Neonatalmedizin, Baden-Baden 2001, S.468ff. 참고.

스 연방헌법 제120조 2호 2문은 '피조물의 존엄'이라는 표현을 쓰고 있지만, 이 역시 '종중심주의' 못지않게 문제가 있다. 즉 채식주의자가 아닌 사람이라든가 가죽신발을 신고 있는 사람(그리고 이들이 다수를 차지한다)들을 감안해 볼 때, 이렇게 존엄개념을 낮추어 잡게 되면, 전체적으로 결코 위험이 없다고 볼 수 없다. 왜냐하면 '존엄'을 그런 식으로 이해하면, 음식이나 의복을 위해 인간을 완전히 도구화하는 것도 얼마든지 존엄개념에 부합할 것이기 때문이다.

b) 모든 법질서의 전제?

인간존엄의 보호에 대한 세속적 정당화 방식 가운데 하나는 모든 사람의 평등한 존엄이라는 토대가 없이는 법질서가 존재할 수 없다는 논거이다. 즉 법질서는 적어도 권리를 보유할 수 있는 권능을 서로 존중하는 권리주체들을 전제하고, 그래야만 권리주체들 사이의 법적 관계도 가능하다는 식으로 논증할 수 있다.

하지만 역사적으로 고찰해 보면 모든 사람에게 인격적 존재라는 평등한 법적 지위와 평등한 존엄을 인정하지 않았던 법질서도 존재했다. 특히 자유민과 노예 사이에 근본적인 신분의 차이가 있었던 사회에서는 이 점이 분명하게 드러난다. 모든 인간의 인간으로서의 존엄을 승인하는 것은 분명 국가질서가 기능하기 위한 필연적 전제는 아니다. 예컨대 고대의 그리스나 로마를 생각해 보라. 나치 독일의 법질서에서도 이와 비슷한 형태의 신분적 차이가 존재했다. 이와 같은 과거의 현실에 대항하여 법치국가는 그와 같은 신분상의 차이를 두어서는 안 되며 또한 모든 사람을 똑같이 권리능력을 가진 사람으로 취급해야 한다[24]고 말하는 것은 의심의 여지없이 옳다. 하지만 그렇게 말하는 것은 모든

---

24) 권리주체성으로서의 인간존엄에 관해서는 Enders, Die Menschenwürde in der Verfassungsordnung, S.502f 참고.

인간의 존엄이 똑같이 존중되어야 한다는 규범적 언명을 하는 것이고, 이 규범적 언명은 순환논법이라는 대가를 치를 때에만 정당화가 가능하다.

이에 반해 법치국가를 하나의 공리(Axiom)로 받아들이면, 그와 같은 논리적 난점을 피할 수 있다. 즉 법치국가를 전제로 삼게 되면, 인간을 평등하게 취급해야 할 법치국가가 개별적 권리를 존중하는 기초로서 권리를 소유할 권능을 가진 각 주체를 승인해야 한다는 사실을 충분히 정당화할 수 있다. 이는 타인의 존엄을 존중하는 것에 대한 '최종적 정당화'는 아니지만, 법치국가에서 살기를 원하는 사람에게는 하나의 정당화가 될 수는 있다.

c) 자기존중과 자기표현

쌍방적 존중 명령에 대한 또 다른 근거는 우리들 각자가 자기 자신을 존중하기 위해서는 그와 같은 외적 승인이 전제되어야 한다는 사실이다. 특히 철학문헌에서는 이러한 연관성을 강조하며, 존엄의 침해를 곧바로 자기존중에 대한 침해로 개념정의하기도 한다. 즉 누군가가 자기 자신을 존중할 수 없는 상황에 처해 있다면, 그의 존엄이 침해된다고 한다.[25] 오늘날의 철학에서 인간존엄의 문제를 다시 논의의 중심에 서게 만든, 아비샤이 마갈릿(Avishai Margalit)의 저작 「품위 있는 사회」(The Decent Society)도 인간존엄의 침해를 다음과 같이 설명한다. 즉 다른 사람이 보는 앞에서 한 사람을 나쁘게 대우하는 단순한 모욕과 같은 사회적 해악과는 달리, 피해자 자신이 그의 자기존중에 침해를 당했다고 볼 수 있는 충분한 근거가 있는 경우라면, 이는 존엄의 침해라고

---

25) Balzer / Rippe / Schaber, Menschenwürde vs. Würde der Kreatur. Begriffsbestimmung, Gentechnik, Ethikkommissionen, Freiburg / München 1998, S.28; Rawls, Self-Respect, Excellence and Shame, in: Dillon (Hrsg.), Dignity, Character and Self-Respect, S.125ff.(126).

한다.26)

그러나 인간의 존엄을 자기존중을 통해 규정하는 것은 결코 자명한 것이라 볼 수는 없다. 무엇보다 이러한 개념규정은 인간의 존엄을 구체적 개인의 존엄으로 이해하는 방식에 의존하고 있다. 한 개인이 권리주체라는 의미의 인격으로서 존중받지 못함으로 인해 인간존엄이 침해된다고 보게 되면, 인간의 존엄에 대한 이러한 이해에서는 반드시 자기존중이라는 측면과 관련을 맺을 필요가 없다. 더욱이 한 사람이 저열한 인격으로 취급되거나 인격으로서의 존재성을 박탈당하는 상황에서도 원칙적으로 자기존중을 유지할 수 있는 가능성이 얼마든지 있다. 거꾸로 자신의 인격적 지위에 아무런 침해가 없더라도, 자기존중을 상실할 수도 있다. 이에 반해 인간의 존엄이 구체적 개인의 존엄이라면, 구체적 개인은 외부로부터의 침해에 완전히 예속되는 결과가 된다. 왜냐하면 침해를 당하는 구체적 개인은 단순히 인격적 존재로서의 인간이 그의 개인적 개별성 속에서 찾을 수 있는 것과 같은 최후의 안식처를 갖지 못하기 때문이다.

인간의 존엄을 앞에서 서술한 방식처럼 외부의 방해가 없는 자기존중, 외부의 침해를 받지 않고 개인의 주관적 기준을 고수하는 것으로 파악하면, 인간의 존엄이란 바깥으로 자신을 표현할 때 보장되어야 할 자기상(Selbstbild)을 고수하는 것이기도 하다.27) 바깥으로는 내면의 기분과는 다르게 스스로를 표현하는 것도 여기에 해당한다. 사회는 심지어 그와 같은 행동을 지원해야 할 과제가 있다. "예를 들어 사회는 인간들에게 은밀하고 친숙한 자유영역을 보장하거나 또는 극히 예외적인 경우에만 내면을 폭로당

---

26) Margalit, Politik der Würde. Über Achtung und Verachtung, S.148f.
27) 자기표현을 인간존엄의 요소로 보는 입장에 관해서는 Luhmann, Grundrechte als Institution. Ein Beitrag zur politischen Soziologie, Berlin 1965, S.68 참고.

하는 치욕적인 상황에 빠지도록 해야 한다."[28] 대다수의 국가에
서 취하고 있는 '거짓말탐지기 금지'의 근거 역시 이러한 측면에
서 찾을 수 있다. 즉 각 개인은 적어도 자기표현에 관한 한 독점
권을 가질 수 있어야 한다. 물론 표현의 독점권이지, 정보의 독
점권은 아니다. 따라서 음주운전 여부를 측정하기 위해 운전자의
혈액을 단순한 객체로서 검사할 수는 있어도, 표현활동에 대한
반응측정을 통해 한 사람의 육체 자체를 의식적인 자기표현과 대
립시키는 상황에 처하게 해서는 안 된다.

3. 존엄보호의 주관적 요건

인간존엄의 보호객체 및 보호근거에 대한 지금까지의 논의에
기초하면, 인간존엄이 마치 (자기표현)활동의 결과에 불과할 뿐이
라는 인상을 불러일으킨다. 따라서 이제는 존엄보호의 주관적 전
제가 있어야 하는가라는 일반적 물음을 제기해 볼 필요가 있다.
이 점은 특히 이성의 사용이나 귀속능력이라는 측면에 비추어 논
의되어 왔다.

a) 이성의 사용 / 귀속능력

오늘날의 생명윤리 논쟁에서는 실제로 칸트[29]나 로크[30]를
원용하여 이성의 사용 또는 이성을 사용할 잠재성을 인격성 및
존엄보호의 전제로 이해하는 경우가 자주 있다. 이성의 사용이라

---

28) Stoecker, Die Würde des Embryos, in: Gross(Hrsg.), Ethik in der Medizin in Lehre, Klinik und Forschung, Würzburg 2002, S.53ff.(64).
29) Kant, Grundlegung zur Metaphysik der Sitten. 칸트를 이런 식으로 이해하는 것에 대한 비판으로는 Luf, Menschenwürde als Rechtsbegriff, S.307ff. 참고.
30) Locke, An Essay Concerning Human Understanding(1690), Book II, Chap. 27, Ausgabe London / New York 2000, S.112.

는 표지에는 장기간에 걸친 자의식, 특히 자신의 미래에 대한 의식이 포함된다.[31] 즉 이러한 의미의 인격성을 갖춘 개인은 미래에 지향된 이익을 가질 수 있으며, 따라서 그러한 이익이 침해될 수도 있다고 한다. 그리고 이 점이 곧 권리를 가질 수 있는 권능이라는 의미의 존엄이라고 말할 수 있는 요건이 된다고 한다.

이와 비슷하게 자기통제라는 존엄의 표지를 출발점으로 삼아 자기통제능력이 있는 사람, 즉 귀속능력이 있는 사람에게만 존엄을 인정하는 논증을 하기도 한다.[32] 따라서 이러한 논증에 따를 경우에는 권리를 가질 수 있는 능력은 곧 의무를 이행할 수 있는 능력으로부터 도출된다.

이 두 가지 요건에 대해서는, 예컨대 심리적 장애가 있는 사람이나 중장애인과 같이 극도로 심각한 상태에 빠져 있어서 존엄의 보호가 가장 절실한 사람들에 대한 존엄보호를 박탈하는 결과를 낳는다는 반론이 있을 수 있다.

물론 구체적 개인 및 구체적 개인의 자기표현을 중심으로 하는 존엄개념은 이미 그와 같은 반론을 받지 않아도 된다. 즉 그러한 존엄개념은 처음부터 "'광기에 찬' 자기표현까지도 존중해야 한다"[33]는 원칙에서 출발한다. 따라서 상이한 개인성에 따른 자기표현을 존중의 대상으로 삼는 한, 어느 누구도 육체적·정신적 상태나 특정한 능력의 결여를 이유로 처음부터 '존엄한 자'의 범위에서 배제되지 않는다. 그렇지만 이 정도의 논증만으로는 도대

---

31) Hoerster, Abtreibung im säkularen Staat, 2.Aufl., Frankfurt a.M. 1995, S.69ff.

32) 이 논증에서도 칸트와 로크의 전통이 영향을 미치고 있다는 점에 관해서는 Hruschka, Utilitarismus in der Variante von Peter Singer, in: JZ 2001, S.261ff.(263f.) 참고.

33) V. Neumann, Menschenwürde und psychische Krankheit, S.284. 노이만은 이성을 잘못 사용하는 경우에도 "무언가 참된 것이 깃들어 있다"는 칸트의 명제(Kant, Metaphysik der Sitten, S.602)를 원용하고 있다.

체 어떠한 형태의 자기표현도 할 수 없을 정도로 심각한 상황에 빠진 사람(예컨대 의식이 없는 사람이나 장기간 코마상태에 빠져 있는 사람)들은 더욱 특별한 존중을 필요로 한다는 우리들의 직관을 충족하기에 충분하지 않다. 그래서 학문적 논의에서는 존엄개념이 사회적 필요에 지향된 공허한 개념이 되지 않고서도, 얼마든지 '존엄'에 대한 진지한 고려가 가능할 수 있도록 해주는 연결논거를 강구한다. 이 연결논거는 이성의 사용과 같이 정상적인 경우라면 존재하게 되는 속성에 따른 결과를 이러한 속성이 존재하는지가 의심스러운 사람에게도 연결시켜, 존엄보호를 가능하게 한다.

b) 연결논거?

연결논거의 첫 번째 방식은 아리스토텔레스의 전통에 따르고 있다. 즉 인간은 원칙적으로 앞에서 언급한 능력을 가지고 있고, 이 능력은 인간존재의 실체에 속한다는 사실에 초점을 맞춘다. 다만 각 개인에 따라 그러한 능력의 존재가 다르다는 우연적인 사정으로 능력이 결여된 경우도 있을 수 있다. 하지만 능력의 결여가 개인에 대한 평가에까지 영향을 미치지는 않는다. 왜냐하면 각 개인은 이성능력과 귀속능력이라는 보편적 실체에 참여하고 있기 때문이라고 한다.[34] 물론 이 논거는 아리스토텔레스의 존재론에 대한 확신을 가진 사람에게만 설득력을 갖는다.

이보다는 칸트에 가까운듯한 인상을 주는 논증방식이 더 많은 사람들의 지지를 받고 있다. 즉 다른 사람을 이성적 존재로 보아야 하는가라는 물음에 대한 결정권을 갖고 있다고 주장하는 일은 그 자체 이미 타인보다 자신을 더 우월하다고 믿는 것으로서, 허용될 수 없다고 한다. 어떠한 개인에게 존엄이 귀속되는지

---

34) Spaemann, Über den Begriff der Menschenwürde, S.305는 이러한 입장에 있다.

를 인간에게 결정하도록 맡기는 것은 이 결정이 내포하고 있는
권력에 비추어 볼 때, 인간존엄 모델에 내재하는 평등원칙과 인
간의 존엄 자체를 파괴한다는 것이다.[35] 이 논거의 단점은 이성
과 귀속능력이 완전히 결여되어 있어서(예컨대 대뇌가 없이 출생한
무뇌아) 인간존엄의 주체에서 배제하는 것에 모두가 동의하는 경
우에는 이 논거를 사용할 수 없다는 점이다.

특히 아직은 이성적이지 않고 귀속능력이 없는 존재도 존엄
보호의 범위에 포함시키기에 적합한, 또 다른 형태의 연결논거는
원칙적으로 쌍방적 승인에 대한 고려로부터 도출된다. 즉 쌍방적
승인이란 단순히 두 사람 사이에서 이루어지는 것이 아니라, 모
든 사람은 그들이 사회적 승인을 받기 위한 조건으로서 총체적인
승인의 연결망 속에 들어가 있다고 한다. 이러한 승인의 연결망
이 존속하기 위해서는, 아직 승인능력이 없는 존재까지도 일단은
비대칭적인 승인관계 속으로 포용해야 한다.[36] 계약론자들이 그
와 같은 포용을 구성해내기 위해 사용하는 '제3자를 위한 계약'이
라는 논거와는 달리 제3자를 승인모델에 포용하는 일은 임의적으
로 이루어지는 것이 아니라, 승인이 지속적인 상태이어야 한다는
전제에 구속된다고 한다. 그렇긴 하지만 이 논거 역시 두 가지
단점이 있다. 즉 특정한 속성을 아직 갖고 있지 않은 존재에 대
해 그 존엄성을 존중할 수 있는 반면, 그러한 속성을 지속적으로
갖고 있지 않은 존재의 존엄을 존중하는 근거가 되지는 못한다.
그리고 이 논거가 잠재적으로 승인능력을 갖게 될 모든 존재가
왜 처음부터 승인을 받아야만 하는지를 정당화하지는 못한다.

이상의 설명에 비추어 볼 때, 지난 몇 년에 걸쳐 인간의 존
엄에 대한 집중적인 논의가 이루어지긴 했지만 이 개념에 대해

---

35) Lorz, Modernes Grund- und Menschenrechtsverständnis und die
    Philosophie der Freiheit Kants, Stuttgart u.a. 1993, S.290.
36) 이에 관해서는 Seelmann(주 20), 71면 이하 참고.

수미일관된 법철학적 구상은 아직 발전되지 못했다는 사실을 확
인할 수 있다. 그저 일련의 현대 헌법들이 인간존엄이라는 개념
을 법질서의 기초 또는 기본권카탈로그로 선언하고 있으며, 어떠
한 인간도 인간존엄의 보호영역에서 배제시키지 않고자 한다는
사실에 대한 확인으로 만족해야 할 상황이다.[37] 법적 지위를 박
탈당한 '벌거벗은' 인간 또는 박탈당할 위험에 처해 있는 인간이
더 이상 존재해서는 안 된다는 정치적 결단을 내린 셈이다. 이러
한 헌법질서들은 적어도 각 개인을 다른 사람과 똑같은 권리주체
로 취급할 것을 요구하며, 한 개인을 오로지 다른 사람들의 행복
이나 공동체를 위한 도구로 이용하는 것은 원칙적으로 헌법질서
에 부합하지 않는다고 본다. 또한 이러한 존엄보호를 원칙적으로
개인의 자기상의 보존에도 연결되며, 이에 따라 몇몇 극단적인
상황을 제외한다면 어느 누구도 자신의 의사에 반하여 자신의 존
엄에 대한 의무를 부담하도록 해서는 안 된다는 경향이 일반화되
고 있다. 과연 이러한 경향에 거슬러서, 자유적 법치국가에 결코
위험하지 않다고 볼 수 없는 '인류의 존엄'이라는 개념이 다시 활
력을 얻게 될 것인지는 미래의 물음으로 남아 있다.

---

37) Kirste, Dezentrierung, Überforderung und dialektische Konstruktion
der Rechtsperson, in: Bohnert u.a.(Hrsg.), Verfassung – Philosophie –
Kirche, FS Hollerbach, Berlin 2001, S.319ff.(358).

§13 법의 자율성?

┃참고문헌┃ *H. Dreier*, Rechtslehre, Staatssoziologie und Demokratietheorie bei Hans Kelsen, 2.Aufl., Baden-Baden 1990; *Habermas*, Faktizität und Geltung. Beiträge zur Diskurstheorie des Rechts und des demokratischen Rechtsstaats(1992), Nachdruck Frankfurt a.M. 2001; *Hegel*, Grundlinien der Philosophie des Rechts(1820), Werke Bd. 7, Edition Moldenhauer / Michel, Frankfurt a.M. 1996; *Hösle*, Philosophie der ökologischen Krise, Moskauer Vorträge, 2.Aufl., München 1994; *Rückert*, Autonomie des Rechts in rechtshistorischer Perspektive, Hannover 1988; *Stratenwerth*, Freiheit und Gerechtigkeit. Ein Kapitel Rechtsphilosophie, Bern 2007.

공동체주의에 의해 제기된 '좋은 삶'의 문제는 정의를 둘러싼
논의가 더욱 심화되는 계기가 되었다. 이러한 논의들을 배경으로
다시 제2부의 출발점이 되었던 물음으로 되돌아가 보자. 과연 얼
마만큼 비실정적 정당성기준을 법에 끌어들일 수 있는가? 이 물
음을 법의 영역에서 완전히 배제할 수 없음은 명백한 사실이다.
심지어 칸트의 입장에 따라 실정법의 이성법에 대한 우위를 이성
법적으로 정당화하려는 학자들도 이미 이성법을 근거로 하며(§5),
법실무도 그와 같은 비실정적 정당성기준이 없이는 유지될 수 없
다(§6).

그렇다고 해서 법이 일정한 범위 내에서 그러한 비실정적 정
당성기준으로부터 독립되어야 하는지 또는 반드시 그렇게 되어야
하는지는 아직 분명하게 대답할 수 없는 물음이다. 법철학적으로
이 물음은 결국 어떠한 규범과 어떠한 정의관념이, 필요하다면
강제를 통해서라도 관철되어야 하는가라는 물음이 된다. 물론 명
확한 근거를 갖는 모든 형태의 규범들이 반드시 강제를 통해 관
철되어야 하는 것이 아님은 명백하다. 바로 그 때문에 강제적으
로 관철 가능한 규범인 법규범은 특별한 정당화를 필요로 한다.
하나의 규범이 법규범으로서, 필요하다면 당사자의 의지에 반해
서라도 관철되어야 한다면, 그러한 법규범의 효력을 직접 당사자
의 승인만으로 정당화할 수는 없다. 오히려 강제적인 법규범은
승인되고 또한 요구 가능한 규범(§9.4)에서 그 타당성 근거를 찾
을 수 있어야 할 것이다. 그렇다면 강제적인 법규범의 범위는 더
욱 좁게 제한되어야 하는가? 오로지 자유를 보호하는 과제만을 갖
는 법치국가가 실질적 이익을 배려하는 사회국가나 환경보호라는
목표보다 우선해야 하는가?(2) 또한 법은 가능한 한 개별사례에
따른 고려를 포기하고, 개별화보다는 일반화가 우선해야 하는
가?(3) 이 두 가지 물음을 논의하기에 앞서, 먼저 이러한 논의의
토대가 되는 '법의 자율성체제'를 다시 요약·정리할 필요가 있다.

1. 자율성테제

여기서 '자율성테제'라고 지칭하는 내용은 지금까지의 서술에서 이미 자주 등장했던 내용이다. 특히 법과 도덕의 분리에 관한 칸트의 입장(§3.2a)과 가치지향과 관련된 논의(§5.1)에서 법의 자율성은 중요한 논점이었다. 법이 외적 자유의 보호에 국한되어야 하고 따라서 가능한 한, 여타의 내용적 정당성의 실현은 포기해야 한다는 사실에 찬성하는 논거들은 다음과 같이 요약할 수 있다.

a) 자유논거

법이 내용적 정당성기준을 지향하게 되면, 불필요하게 자유를 제한할 수 있다. 즉 모든 사람이 형식적으로 평등한 행위가능성을 갖도록 보장하기 위해 필요한 정도를 넘어서서 자유를 제한하게 된다. 예컨대 법이 타인에 대한 적극적인 배려나 선행을 요구하게 되면, 이는 한 개인을 타인의 목표설정에 종속시키며 결국 그 개인의 자유를 침해한다.

b) 법적 안정성논거

이 논거는 법과 도덕의 구별을 논의하면서 판단여지(Spielraum) 논거가 나타나는 형태와 관련하여 이미 서술한 바 있다(§3.2b). 즉 내용적 정당성기준에 따라 의무를 부과하려는 법은 여러 가지 명령을 내용으로 삼아야 하며, 그만큼 의무위반을 확인하는 것도 어려워진다. 이러한 판단여지 논거는 저항논거(Widerstandsargument)와 결합하여 법적 안정성 논거를 보강한다. 즉 수범자들이 법을 내용적 기준에 따라 판단하고, 개별 사례에 따라 법의 효력을 부인하게 되면, '전체 법구조가 완전히 파괴'되는 것과 마찬가지가 된다.[1] 따라서 법 스스로 비실정적 정당성기

302 제2부 법은 법률 이외의 전제에도 구속되는가?

준의 내용을 척도로 삼게 되면, 결국 각 개인들도 그러한 정당성 기준을 척도로 삼게 되어 법과 각 개인은 정당성기준을 둘러싸고 경쟁관계에 있는 셈이 된다.

c) 민주주의논거

특히 법적용자가 필요 이상으로 비실정적 정당성기준을 사용 하는 것에 반대하는 또 다른 논거는 민주주의와 관련된다. 즉 법 적용자는 민주적 정당성을 갖는 입법자가 제정한 법률을 최대한 존중해야 한다는 것이다.[2] 이 논거가 입법에 대한 헌법재판소의 통제를 비판할 때에만 타당하다는 견해[3]는 물론 옳지 않다. 왜냐 하면 헌법재판소의 규범통제가 헌법 자체를 지향하는 한, 결코 별 도의 비실정적 정당성기준을 끌어들이는 것은 아니기 때문이다.

d) 다원주의논거

다원주의(Pluralismus)는 법의 자율성과 관련하여 갈수록 중요 한 의미를 갖는 논거이다. 종교적, 세계관적으로 다원화되고 문화 적 다원성이 갈수록 커져 가는 사회에서 하나의 가치체계를 관철 하는 것은 자유에 대한 위협(자유논거)일 뿐만 아니라, 평화에 대 한 위협이기도 하다. 다양한 세계관을 지지하는 사람들의 평화적 공존은, 법이 세계관의 평화적 공존을 보장하는 것에 국한되고 따라서 세계관을 판단하는 정당성기준을 유보할 때에만 비로소 가능하다. 그러므로 법은 그 자신의 존립가능성 이외의 어떠한

---

1) Kant, Metaphysik der Sitten(1797), Metaphysische Anfangsgründe der Rechtslehre, Werke Bd. IV, Wiesbaden 1956, S.440.
2) Waldron, Law and Disagreement, Oxford 2004, S.8ff. 켈젠이 제기한 민주주의논거에 관해서는 H. Dreier, Rechtslehre, Staatssoziologie und Demokratietheorie bei Hans Kelsen, S.278ff. 참고.
3) Alexy, Begriff und Geltung des Rechts, Studienausgabe der 2.Aufl., Freiburg u.a. 2002, S.97f.

가치도 포함해서는 안 된다.[4]

이제 이러한 '자율성테제'를 앞에서 언급한 두 가지 문제영역과 관련시켜 이 테제가 미치는 실제적인 영향을 더 자세히 고찰해 보자.

2. 법에 대한 내용적 요구

a) (형식적) 법치국가와 (실질적) 사회국가

법의 자율성테제를 둘러싼 논의에서 가장 부각되는 측면은, 법이 실질적(특히 경제적) 평등을 실현하기 위한 어떠한 시도도 하지 말아야 한다는 주장이다. 즉 법 외적 불평등(außerrechtliche Ungleichheit)은 법적 평등의 필연적 결과이며, 따라서 법적 평등이 보장되는 한, 법 외적 불평등은 감수할 수밖에 없다는 것이다.[5] 이러한 주장에 따른다면, 법 외적 평등을 실현하는 것은 결국 법적 불평등(예컨대 사실상의 기회균등을 실현하기 위해 사회적 불이익을 받는 자들을 학교, 교육, 직업 등의 영역에서 우대하는 조치)을 야기하며, 법적 평등취급의 원칙에 따르는 한, 그러한 보상적 조치는 금지된다고 한다.

이와 같은 주장에 대해서는 자율성테제의 근거를 이루는 자유개념을 문제 삼아 격렬한 반론이 가해지고 있다. 반론의 핵심은, 법적 평등을 유지하기 위해서는 국가를 통한 경제적 보상조치가 필요하다는 것이다. 즉 법적 자유의 원칙은 오늘날과 같은 사회적 조건하에서는 반드시 권리의 실질적 측면을 보장할 때에만 관철될 수 있다는 것이다. 이러한 사고는 사회국가사상을 그 기반으로 하고 있다. 일찍이 로렌츠 폰 슈타인(Lorenz von Stein)은

---

4) 이에 관해 자세히는 Smid, Einführung in die Philosophie des Rechts, S. 51ff. 참고.
5) Smid, Einführung in die Philosophie des Rechts, S.149.

"가난으로 고통 받는 자들에게 가난은 결국 부자유를 의미한다"[6]
고 말한 적이 있다. 이러한 사고는 예컨대 "법적 자유는 사실상
의 자유가 없이는 아무런 가치가 없다"는 논거로 정당화할 수 있
다. 그러나 현대사회에서 사실상의 자유는 자연적으로 확보되는
것이 아니라, 반드시 시장을 통해 형성된다. 시장은 필연적으로
현저한 사회적 차별을 유발한다. 그렇기 때문에 국가는 법의 형
태를 띠고 시장에 개입해야 하며, 사실상의 불평등을 제거하기
위해 법적 불평등취급을 하지 않을 수 없다.[7] 예컨대 임대차보호
법이나 노동법은 계약의 해지나 해고와 관련하여 명백히 임차인
과 근로자를 우대한다. 사회부조법이 가난한 자를 우대하는 방식
은 더욱 명확한 보기에 속한다.

이러한 문제점을 "개인주의 법에서 사회법으로"[8]라는 모토로
역사적 변화과정의 모델로 파악하는 것은 너무 섣부른 결론이다.
사회적 불평등을 고려하는 것은 '본질적으로 다른 것은 다르게
취급한다'는 관점에서 원칙적으로 고대 이후의 정의론의 한 축을
형성해 왔다(이에 관해서는 §7.1 참고). 이렇게 볼 때, 법 외적 불평
등을 법적으로 상쇄시키는 조치는 결코 법과 관련된 새로운 주제
가 아니다. 다만 정확히 무엇이 법이 고려해야 할 법 외적 불평

---

6) Lorenz von Stein, Handbuch der Verwaltungslehre und des
Verwaltungsrechts, Stuttgart 1870, S.411. 사회국가사상의 역사에 관해서
는 Hofmann, Einführung in die Rechts- und Staatsphilosophie, S.197ff.
참고.

7) Dworkin, Equality, Luck and Hierarchy, in: Philosophy and Public
Affairs 31(2003), S.190ff.(198); Habermas, Faktizität und Geltung.
Beiträge zur Diskurstheorie des Rechts und des demokratischen
Rechtsstaats, S. 483ff.; Koller, Soziale Gerechtigkeit, Wirtschaftsordnung
und Sozialstaat, in: Kersting(Hrsg.), Politische Philosophie des
Sozialstaats, Weilerwist 2000, S.120ff.(142ff.)

8) Radbruch, Vom individualistischen zum sozialen Recht, 1930, wieder
abgedruckt in: ders., Der Mensch im Recht, Göttingen 1957, S.35ff.

등인가에 대한 이해는 항상 변화한다. 본질적으로 이 물음이 곧
우리가 §10에서 다루었던 정의론의 대상이다. 물론 그동안 법에
대한 칸트의 개념정의에서 등장하는 자유의 의미까지도 모든 사
람이 일정한 정도의 물질적 조건을 갖추어야 한다는 논거로 해
석9)하는 경향이 강해졌고, 물질적 조건의 의미 또한 생존배려
(Daseinsvorsorge)라는 이름으로 단순한 가난구제에 국한되지 않는
것이 사실이다. 그렇다고 해서 사회국가사상과 법의 자율성체제
가 서로 모순된다고 말할 수는 없다.

하지만 칸트의 전통에 따른 '정의의 도덕' 이외에 '배려와 참
여의 도덕'까지도 법의 목표설정에 포함10)시키려 한다면 법의 자
율성체제와 충돌하는 상황이 발생할 것이다. 이렇게 될 경우, 사
회국가적 활동은 더 이상 외적 자유라는 개념으로부터 도출될 수
없으며, 오히려 연대성(Solidarität) 사상을 통해 자유와는 별개의
근거에서 법을 통한 인간에 대한 적극적 활동이라는 의미로 사회
국가적 활동을 정당화해야 할 것이다. 이러한 논증방식은 한편으
로는 법비판의 전통(§1)과 맞물려 있고, 다른 한편에서는 최근의
공동체주의적 경향(§10.4)에도 연결된다.

이러한 문제들은 오로지 자유에만 연결된 법의 자율성원칙이
중대한 도전을 받고 있음을 보여준다. 칸트에 대한 비판적 거리
를 유지하면서 법에 대한 보충의 필요성을 역설한 입장은 이미
헤겔 철학에도 나타나 있다. 헤겔에 따르면, 개인의 욕구를 승인
의 내용으로 삼는 것 자체도 인격에 대한 법적 승인의 특수한 방
식에 속한다. 물론 자유의지에 관한 칸트의 원칙을 출발점으로

---

9) 특히 M. Köhler, Iustitia distributiva. Zum Begriff und zu den Formen
   der Gerechtigkeit, ARSP 1993, S.457ff.
10) 캐롤 길리건(Carol Gilligan, Die andere Stimme, dt. Übers., 5.Aufl.,
    München 1999, S.93ff.)을 원용하고 있는 Stratenwerth, Freiheit und
    Gleichheit, S.88 참고.

삼는다는 점에서는 아무런 차이가 없다.[11] 헤겔은 단순한 행복의
윤리에 반대하고 칸트의 자유의지의 원칙을 철저히 존중하고 있
음에도 불구하고, 칸트 윤리학이 갖고 있는 형식성을 결정적인
흠결로 인식했다. 칸트가 의미하는 의지의 보편성은 이미 존재하
고 있는 모든 실질적 내용들을 추상화함으로써만 자신의 형식적
보편성을 획득한다. 이 점에서 의지의 보편성은 필연적으로 실질
적 내용들의 특수성을 전제하며, 특수성을 전제하는 보편성으로
서 특수성에 대립한다. 그러나 보편성은 특수성에 의존하는 것이
될 수 없기 때문에, 칸트의 보편성은 보편을 의욕하지만, 결국 그
자신도 특수성을 갖게 된다. 다시 말해 특수성을 부정하는 추상
화를 위해 자신의 보편성을 획득하려는 의욕 자체는 이미 특수성
에 의존하고 있음을 의미한다. 따라서 특수로부터 벗어나려는 의
욕으로서의 보편성은 필연적으로 그 자신의 특수성으로부터도 벗
어나려고 의욕하지 않을 수 없으며, 결국 자기 스스로를 파괴하
는 작용을 한다. 헤겔은 이러한 공허한 자유개념의 난점을 지적
하면서 프랑스혁명이 공포정치로 전락한 이유를 같은 맥락에서
설명하고 있다.[12]

　　따라서 헤겔철학의 전통에서는 법이 개인의 욕구를 지향하는
것을 거부하거나 그러한 지향을 자유개념을 통해 제한적으로 허
용해야 할 어떠한 근거도 없다. 그렇기 때문에 헤겔이 제시한 반
대모델은 칸트의 자유개념을 유지하면서 배분적 정의를 정당화하
려는 최근의 시도와는 그 실제적 결론이 사뭇 다르다. 헤겔철학
에서 법의 욕구지향, 즉 '의지의 특수성'은 결코 결론이 아니라,
모든 사람의 욕구를 고려하여 각각의 타인과 그 타인의 욕구가
보편적 원칙에 의해 규정된다는 사실에 대한 근거가 되어야 한
다.[13] 따라서 법은 특수한 욕구가 보편적 효력을 갖게 하는 것으

---

11) Hegel, Grundlinien der Philosophie des Rechts(1820), §§4ff., S.46ff.
12) Hegel, Grundlinien der Philosophie des Rechts(1820), §5, S.52.

로서, 법 외적 불평등을 해소하려는 국가의 활동이 오히려 모든 사람의 자유에 대한 위험[14]이 되지 않도록 방지해야 한다. 만일 삶의 기회를 분배하고 배려하는 국가가 그러한 보상적 활동을 통해 개인을 사실상 후견하는 상황에 이른다면, 법의 한계를 뛰어넘는 것이 된다. 물론 어디에서 한계선이 그어져야 하는가는 법철학적으로 대답하기 어려운 문제이며, 역사적 발전에 따라 가변적이다.

b) 생태주의와 법

법의 자율성테제와 그 기초가 되는 자유개념에 대한 의문은 최근에는 '생태주의 윤리학'(ökologische Ethik)에 의해서도 제기되고 있다. 이 새로운 윤리학은, 법의 출발점을 자유개념으로 삼는 것이 결국은 자연을 지배, 정복하려는 환경파괴적 욕구일 뿐이며, 오히려 법은 인간과 자연의 공존을 촉진하는 것이어야 한다고 요구한다.[15]

이와 관련해서는 두 가지 물음을 구별할 필요가 있다. 첫째, 자유, 합의, 승인 또는 개인의 이익 등의 원칙을 지향하는 근대의 윤리학과 그에 따른 법개념이 과연 인류의 생존의 필요성과 환경재해를 방지할 필요성을 정당화할 수 있는가? 둘째, 자율성테제에 기초한 법은 과연 현재 또는 장래에 생존하는 인간에 대한 간섭과 개입을 통해 환경파괴를 억제할 수 있는가? 물론 자연은

---

13) Hegel, Grundlinien der Philosophie des Rechts(1820), §7, S.54ff.
14) 권력을 억제하면서 동시에 권력을 행사하기도 하는 국가의 딜레마에 관해서는 Raiser, Grundlagen der Rechtssoziologie, Tübingen 2007, S.262ff. 참고.
15) Baruzzi, Freiheit, Recht und Gemeinwohl. Grundfragen einer Rechtsphilosophie, Darmstadt 1990, S.211ff.; Hösle, Philosophie der ökologischen Krise, S.69ff.에서는 이러한 주장이 철학적으로 가장 강력하게 제기되어 있다.

'그 자체를 위해' 보호되어야 한다는, 오늘날 흔히 들을 수 있는 테제[16]는 여기서 배제하기로 한다. 그와 같은 생물중심주의(Biozentrismus)는 자기모순을 범하게 된다. 왜냐하면 생물중심주의는 유독 인간에 대해서만 이익을 포기할 것을 요구하며, 따라서 인간에게 도덕적으로 특수한 지위를 부여하기 때문이다.[17] 더욱이 생물중심주의는 체계적 이론의 형태를 띠고 주장되기보다는 인간의 자유만을 지향하는 특정한 법이해를 비판하기 위한 논거로 등장하는 경우가 대부분이다.

미래에도 인간이 존재해야 한다는 사실은 오로지 존재의 가치를 객관적·목적론적으로 논증하는 고전적 윤리학에서만 도출 가능하다.[18] 만일 현재 생존하고 있는 모든 사람들이 자식을 낳는 것을 완전히 단념하기로 합의하고, 이러한 결정이 철저히 지켜질 경우 어느 누구에 의해서도 자유나 이익의 침해라는 말을 들을 수 없게 될 것이다. 존재가 아니라 행위주체의 합의를 지향하고, 따라서 목적론을 거부하는 근대의 윤리학은 인류의 존속의 필연성을 정당화할 수 없다. 이에 반해 인류의 존속의 필연성을 정당화할 수 있는 객관적·목적론적 윤리학은 자율성체제와는 명백히 합치하지 않는다. 따라서 철두철미한 생태주의자는 목적론적 윤리학을 전제로 한다.

그러나 객관적·목적론적인 '생존의 윤리학'(Überlebens-Ethik)

---

16) 이에 대한 비판으로는 Krebs, Hat die Natur Eigenwert? in: Gröschner / Morlok(Hrsg.), Rechtsphilosophie und Rechtsdogmatik in Zeiten des Umbruchs, ARSP Beiheft 71(1997), S.194. 동물보호를 보기로 삼아 자연보호에 대한 윤리적 정당화가 안고 있는 난점에 관한 일반적 내용은 J.-C. Wolf, Tierethik. Neue Perspektiven für Menschen und Tiere, Erlangen 2005 참고.

17) 이에 대한 적절한 비판으로는 Höffe, Animale morale. Über das Fundament einer ökologischen Politik, in: ZRP 1993, S.394ff(398) 참고.

18) Steinvorth, Klassische und moderne Ethik. Grundlinien einer materialen Moraltheorie, Reinbek bei Hamburg 1990, S.62ff.

은 두 가지 반론에 부딪힌다. 첫째, 이미 앞에서 지적했던(§9.3) '최종적 정당화'에 관한 학설과 동일한 정당화의 난점에 빠지게 된다. 즉 그러한 윤리학 자체의 최종적 근거가 무엇인지를 밝힐 수 없다. 둘째, 인간들이 후손을 완전히 단념하기로 하는 일치된 결정을 할 확률을 극히 희박할 뿐만 아니라, 설령 그러한 결정이 이루어진다 할지라도 그 이후에 이러한 결정에 어긋나는 행동을 하는 개인을 억제할 수 있을 정도로 완벽한 통제를 하는 것은 현실적으로 불가능하다. 따라서 행위주체의 상호주관적 윤리학이 인류의 존속을 정당화할 수 없다는 주장은 비현실적이다.

그러므로 우리가 진지하게 고려할 수 있는 유일한 물음은, 과연 자유개념에만 지향된 법이 현재와 미래의 세대가 갖는 생태주의적 이익을 충족시킬 수 있을 것인가 하는 것이다.[19] 개인의 삶의 조건을 일정한 정도 이상으로 침해하는 것은 곧 자유침해가 될 수 있다는 점은 사회국가논쟁(앞의 a)과 관련하여 이미 지적했다. 이와 관련된 생태주의자들의 반론은 상당히 격렬하다. 즉 환경파괴가 자유침해가 될 수 있다는 이론만으로 만족하지 않고, 환경파괴 자체가 실제적으로는 자유개념을 지향하는 특정한 법이해의 필연적 결론이라고 주장한다.

법에 대한 이러한 비판을 제기하고 이를 정당화하기 위해서는 단순히 "공동체의식이 너무 없고 지나친 이기주의가 판친다"는 식으로 어떤 도덕적 태도를 비판하는 것으로는 충분치 않다. 오히려 자유개념을 지향하는 법 자체에 환경파괴를 억제하지 못하거나 심지어 이를 조장하는 요소가 포함되어 있다는 사실을 밝혀야 할 것이다. 예컨대 특정한 법이 오로지 자유만을 지향한 나

---

19) 이 점을 인정하고 있는 Rawls, A Theory of Justice(1971), Cambridge / Mass. 2005, S.251ff., dt. Übers., Eine Theorie der Gerechtigkeit, 14.Aufl., Frankfurt a.M. 2005, S.319ff. 참고. 회의적인 입장으로는 Stratenwerth(주 10), 99면 이하 참고.

머지 환경과 관련된 사회적 계획을 불가능하게 만들거나, 오로지 개인의 책임에 따른 환경파괴에만 법이 대응하는 결과를 낳는다고 입증할 수 있을 것이다. 하지만 법에 대한 이러한 비판은 개인의 욕구를 고려하지 않는 형식적 자유의지라는, 내용적으로 공허한 개념에 대한 비판(앞의 a)과 일치한다.

　　사실 환경파괴와 관련된 영역에서는 오로지 개인의 책임에 따른 잘못된 행태에만 반작용을 가하는 법은 실효성이 없다. 실제로 환경파괴가 여러 가지 원인들이 복합적으로 누적되고 시너지효과까지 발휘된 결과이고 여러 가지 산업체가 동시에 원인제공을 했고, 순전히 통계수치만으로 연관성을 파악할 수 있는 상황에서, 고전적인 개별책임의 원칙에 따라 책임귀속을 하는 것은 어려운 일이다.[20] 물론 형법이 각 개인에 대한 사회윤리적 반가치판단이라는 원칙을 유지하는 한, 그러한 개인적 책임귀속을 위반하는 것은 허용될 수 없다. 그러나 이와 같은 논거는 순전히 이미 주어진 체계 내에서의 정합성(Kohärenz)만을 중시한 것이며, 따라서 오늘날의 갈등상황을 형법적으로 처리하는 적절한 수단이 될 수 있을지 의문이다. 예컨대 형법상의 위험책임과 보험법을 결합시키고, 행정법상 위험방지의무의 영역에서 약간의 창조성을 발휘한다면 환경에 대한 위협을 줄일 수 있는 가능성이 얼마든지 존재한다. 다만 전제가 되어야 할 것은, 사회국가논쟁에서와 마찬가지로, 도덕과 법이 원칙적으로 개인의 욕구에 지향되는 것을 부당하다고 여겨서는 안 된다. 법의 자율성테제에 대한 제한은 이러한 전제하에서만 이루어질 수 있다.

---

20) 이에 관해 자세히는 Seelmann, Atypische Zurechnungsstrukturen im Umweltstrafrecht, in: NJW 1990, S.1257ff. 참고.

3. 법의 일반화경향과 개별화경향

자율성테제와 관련하여 더욱 근본적인 문제제기는, 과연 법이 개별사례에 따른 구체적인 평가에서 최대한 벗어나야 하는가, 즉 법의 최우선의 과제는 일반화(Generalisierung)인가 라는 물음이다. 이러한 문제제기는 사전에 완전히 예측가능한 사법작용을 통해 행위지향의 안정성을 보장하는 것[21]이 어떠한 의미를 갖는지를 묻는다.

물론 오늘날 어느 누구도 그러한 이상의 실현이 방법적으로 가능하다고 믿고 있지 않으며, (일반적인 편견과는 달리) 심지어 19세기에도 법관이 '포섭기계'(Subsumtionsautomat)에 불과하다는 견해가 지배하지 않았다.[22] 오늘날의 논쟁은 단지, 방법적으로 가능한 영역 내에서 일반화의 이상을 더 강하게 추구해야 할 것인지 아니면 '개별사례의 정의'라는 개별화의 이상을 더 추구해야 할 것인지를 초점으로 삼는다. 이러한 물음을 법실증주의와 자연법 사이의 논쟁의 연장으로 파악하는 것은 물론 잘못이다. 설령 개별화의 경향을 옹호하고 비실정적 정당성기준을 지향하는 문제를 더 명백히 제기하는 입장일지라도, 자연법과 법실증주의 사이의 원칙적인 결정의 문제와는 전혀 관련이 없다. 또한 일반화의 경향을 선호하는 학자도 특정한 자유개념을 원용하며, 개별화의 경향을 옹호하면서도 일반조항과 같이 법적용자에게 더 많은 형성의 자유를 인정하거나 결정을 갈등의 당사자들에게 위임하는

---

21) 이 개념의 다양한 문제들에 관해서는 Arnauld, Rechtssicherheit – perspektivische Annährung an eine 'idee directrice' des Rechts, Tübingen 2006 참고.

22) Ogorek, Richterkönig oder Subsumtionsautomat? Zur Justiztheorie im 19. Jahrhundert, Frankfurt a.M. 1986; Rückert, Autonomie des Rechts in rechtshistorischer Perspektive, S.62ff.

법에 충분히 만족감을 표현할 수 있다.

법의 일반화경향을 지지하는 학자들은 법이 개별사례에 따른 구체적인 형량을 중심으로 하면 법의 보편적 구속력과 보편적 개념범주를 중심으로 하는 법적 사고 자체가 위기에 처한다고 생각한다.[23] 즉 개별사례에 따른 형량은 예측가능성이 없고, 단순히 합목적성에 따라 사례마다 다른 결정이 이루어지는 자의적인 사법으로 인해 개인의 자유가 침해되는 것을 두려워한다.[24] 또한 개별사례에 따른 형량과 필연적으로 결합하게 되는 가치지향(앞의 §5)에 따른 위험도 있다고 지적한다. 왜냐하면 가치지향으로 인해 개별사례에서 도덕과 관련된 커뮤니케이션이 형성되고, 이러한 커뮤니케이션은 언제나 논란을 불러일으켜 결국은 폭력으로 흘러가기 마련이라는 것이다.[25]

법의 개별화 경향을 옹호하는 학자들도 다양한 차원에서 논거를 제시한다. 이미 법의 대안을 둘러싼 논의(§1)에서 살펴보았듯이, 구체적 상황, 구체적 갈등, 구체적 인간에 초점을 맞추는 것이 갈등을 정형화하여 처리하는 것보다 갈등의 내용을 해결하는 데 더 적절하다는 원칙적인 고려가 논거로 제시된다.[26] 이 밖

---

23) Smid, Einführung in die Philosophie des Rechts, S.46ff.

24) Pawlowski, Methodenlehre für Juristen, 3.Aufl., Heidelberg 1999, S.25ff. ('현자재판 Kadijustiz')

25) Smid, Einführung in die Philosophie des Rechts, S.56. 칼 슈미트(Carl Schmitt)가 말하는 '가치의 폭정'(Tyrannei der Werte)이라는 단어 – 단어 자체는 니콜라이 하르트만에 연원한다 – 는 이러한 맥락에서 형성된 것이다. 이에 관해서는 Böckenförde, Zur Kritik der Wertebegründung des Rechts, in: ders., Recht, Staat, Freiheit, Frankfurt a.M. 2006, S.67ff.(78) 참고.

26) 이런 의미에서 "개인주의적 법에서 사회법으로"라는 라드브루흐의 글 (주 8)은 낭만주의와 청년 헤겔의 전통에 연결되어 있다(이에 관해서는 앞의 §1.1c, §1.2b의 서술 및 거기에서 언급된 학자들을 참고). 이러한 입장을 이슬람 법체계의 법관인 '카디'(Kadi)에 투영시켜 서술하고 있는 Heike Jung, Zur Kadijustiz, in: Kühne u.a.(Hrsg.), FS Rolinski, Baden-

에도 법의 개입과 필연적으로 결합되어 있는 위협이나 권력의 집행[27]을 대화적인 요소를 개별적인 법적 결정에 끌어들임으로써 최소화할 수 있고, 이를 위해서는 개별사례에 따른 형량을 필요로 한다는 논거도 있다. 물론 오늘날 법의 '일반화'에 회의적인 입장에 있는 학자들이 가장 자주 주장하는 견해는 법이 어떤 작용을 하기 위해서는 아주 신중한, 즉 구체적인 맥락에 적합한 방향제시에 국한되어야 하고, 따라서 당사자들의 협동적인 활동과 타협에 지향되어야 한다는 점이다. 현실적으로도 형사소송상의 합의, 거대시설물의 건축에 대한 승인절차, 부정경쟁방지법, 임대차에 관련된 사법적 처리방식 등 다양한 보기가 있다고 한다.[28]

이러한 모든 현상들을 법이 '몰락해 가는 역사'로 받아들이는 것은 분명 무비판적인 태도이다. 개별화를 현대의 법이 이룩한 성과로 찬양하는 입장은, 법이 이미 방법적 이유 때문에 언제나 개별화적 요소와 일반화적 요소가 함께 어우러져 성립한다는 사실(이에 관해서는 앞의 §3.3b 참고)을 간과하고 있다. 양자의 상호작용은 오로지 법적 승인개념의 특수성을 파악할 때에만 이해할 수 있다(2a). 물론 최근 들어 법의 개별화에 관한 사고가 전면에 부각되고 있는 것이 사실이다. 거기에는 몇 가지 이유가 있다. 첫째, 강제에 대해 민감하게 반응하는 경향이 강해지면서, 합법적 강제와 같이 정당한 목표를 달성하기 위한 수단으로서의 강제에 대해서까지도 거부감이 존재한다. 둘째, 일반인도 뚜렷이 인식할 수 있을 만큼 사회적 상황이 갈수록 복잡해진다는 사정이다. 입

Baden 2002, S.209ff 참고.
27) 이에 관해서는 Benjamin, Zur Kritik der Gewalt(1921), Gesammelte Schriften Bd.II 1, hrsg. von Tiedemann / Schweppenhäuser, Frankfurt a.M. 1980, S.192. 여기서 벤야민은 "시민들이 서로 의견의 일치에 도달하는 기술로서의 대화"를 지적하고 있다.
28) K. Günther, Vernunftrecht - nach dem versäumten Augenblick seiner Verwirklichung, in: KJ 1992, S.178ff., 183.

법을 통해 달성하고자 하는 사회적 조종이 어떠한 효과와 부수효과를 불러일으킬 것인지가 너무나도 복잡한 행위연쇄 속에 얽혀 있는 나머지, 대부분의 경우 그것이 개인의 자유와 관련하여 어떠한 의미가 있는지를 도저히 가늠할 수 없게 되었다. 특히 사회계획의 차원에서 행해지는 국가활동의 경우, 그러한 활동이 개인의 자유를 얼마만큼 확대 또는 제한하는지를 전반적으로 예측하기 어려워졌다.[29]

비슷한 이유에서 법의 개별화가 법의 일반화를 통해 보장되는 자유를 위협한다는 생각 또한 옳다고 볼 수 없다. 법적 평화와 자유에 대한 위협은 오히려 법이 개입하는 개개의 영역에서 논의를 통해 검증할 수 없는 결정이 내려질 때 발생한다. 그러한 결정을 피하는 것이 바로 법실무의 과제이며, 법실무가 이 과제를 수행하기 위해서는 비실정적 정당성기준에 관해 최대한 합리적인 논의가 가능하도록 해야 할 책임이 있음을 의식해야 한다. 법철학은 바로 이러한 법실무에 대해 정보를 제공한다.

---

29) K. Günther(주 28), 185면; 법적 사고에서 일반화와 개별화에 대한 일반적 내용에 관해서는 U. Neumann u.a.(Hrsg.), Generalisierung und Individualisierung im Rechtsdenken, ARSP Beiheft 45(1991)을 참고.

옮긴이 후기

　모든 책에는 나름의 역사가 있다면, 이 책 또한 역사가 있고, 더욱이 그 역사는 상당히 긴 세월에 걸쳐 있다. 내가 독일에서 처음으로 참석한 학회는 1994년 9월 만하임 대학교에서 열린 독일 법철학회였다. 그 곳에서 지은이 Seelmann 교수를 처음 만났고, 당시 갓 출판된 이 책의 독일어 초판을 우리말로 번역하는 것에 대해 허락을 받았다. 유학생활 초기에 번역을 결심하게 된 데에는 한편으로는 '법철학'이라는 울창한 숲 속에서 도대체 어디로 가야할지 막막하기만 했던지라 숲 안에서 숲 바깥을 잠시나마 볼 수 있는 데는 가장 최근에 나온 책이 제격이라고 여겼기 때문이고, 다른 한편으로는 '번역'이라는 작업을 통해 책을 좀더 꼼꼼히 읽을 수 있으리라는 기대 때문이었다. 요즘처럼 인터넷으로 고국의 소식과 모국어를 실시간으로 접할 수 없었던 때라, 우리말에 대한 감각을 상실하지 않으려는 생각도 한 몫을 했다. 그 이후 약 2년여에 걸쳐 인용된 문헌들의 상당부분을 찾아보면서, 최근의 법철학적 주제들에 대한 학습을 했고, 주로 주말을 이용하여 조금씩 번역을 한 것으로 기억한다. 그렇게 해서 초고는 1997년 초쯤에 마감을 했지만, 2000년에야 도서출판 '지산'에서 출간이 되었다. 그러나 초학자에게 출판의 길을 열어주었던 지산의 김세진 사장께서 중병으로 출판사 문을 닫게 되면서, 이 책의 초판은 아쉽게도 이내 절판되는 운명을 겪게 된다.

　그 사이 독일어 원판은 판수를 거듭하면서 2001년에 제2판, 2004년에 제3판 그리고 이 한국어판 제2판의 토대가 되는 제4판 (2007년)이 출간되었다. 그리고 내용 또한 상당 부분 개정되어 제1판을 기준으로 하면 약 50페이지 정도가 바뀌거나 늘어났다. 새로운 문헌들을 함께 고려했음은 물론이다. 특히 제3판부터 새롭게 추가된 "공동선"(11장)과 "인간의 존엄"(12장)에 관한 설명은 최근의 법철학적 쟁점을 충실히 반영하고 있다. 이렇게 짧은 시간 내에 개정판을 거듭한다는 사정만 보더라도 Seelmann 교수의 「법철학」이 현재 독일어권에서 가장 표준적인 법철학 교과서로 확고히 자리 잡았음을 알 수 있다.

초판의 후기에서 나는 이렇게 썼었다. "법철학 입문서를 쓰는 일은 결코 쉬운 일이 아니다. 법철학 고유의 문제에 대한 깊이 있는 성찰뿐만 아니라, 철학사나 최근의 일반철학적 논의에도 정통해야 하기 때문이다. 이 점에서 Seelmann 교수의 이 책은 최근의 독일 법철학에서 가장 주목할 만한 성과물 가운데 하나이다. 무엇보다 법사상사로 흐르기 쉬운 법철학적 성찰을 문제 중심으로 편제하여 그러한 오류를 방지하면서도 역사적 관점 또한 상실되지 않도록 서술하는 놀라운 평형감각을 보여주고 있다. 특히 입문서라는 제약이 있음에도, 최근의 중요한 실천철학적 쟁점들까지도 법철학의 근본물음과의 연관성 속에서 적절히 '자리매김'함으로써, 독자들로 하여금 오늘날의 법철학적 흐름을 개관할 수 있게 한다." 이 말을 쓴 지 꼭 10년이 지났는데, 그때나 지금이나 초학자의 신세를 벗어나지 못했지만, 이 책에 대한 나의 생각에는 변함이 없다. 더욱이 독일어판 제2판의 맨 앞에 미국의 위대한 법사학자 헤롤드 버먼(Harold J. Berman)의 다음과 같은 말이 인용된 것을 보고 나의 생각이 크게 틀리지 않았음을 확인할 수 있었다:

"**철학 없는 역사는 무의미하고, 역사 없는 철학은 공허하다**" (Without philosophy, history is meaningless. Without history, philosophy is empty).

그렇지만 이 책을 읽는 독자들이 빠른 속도로 책장을 넘길 수는 없으리라 생각한다. 그러기에는 법철학이라는 분과가 아주 오랜 역사를 가지고 있고, 거의 모든 사회적·정치적 문제영역을 법이라는 안경을 통해 다양한 각도에서 접근하고 있기 때문이다. 게다가 철학과 역사에 덧붙여 우리의 법적, 정치적 상황이나 우리의 전통까지 함께 고려하면서 법에 대한 생각을 이어간다는 것은 상당히 고통스러운 작업이다. 어쩌면 법과대학 커리큘럼의 한 구석에 눈에 잘 띄지도 않게 자리한 '법철학'이라는 과목을 위해 이 많은 무거운 단어들을 말하고 듣는 일은 버겁게 느껴질지도 모른다. 혹시 법학을 기술이나 '빵의 학문'으로 또는 출세의 도구로 이용하지 않으려고 몸부림치거나 아니면 그런 사실에 불편함을 느끼는 사람들에게 이 책이 가벼운 초대장을 보내고 있다고 말하면 조금은 위로가 될까? 아니면 생각하는 데 익숙하지 않으면 성공에도 지장이 있다고 협박조로 말해야 할까? 이래저래 '철학'이라는 단어가 붙은 분과들은 자신들의 존재의미를 나서서 설명해야 할 정도로 수세에 몰려 있는 상황이다. 그래도 ― 내 개인적 경험이긴 하지만 ― 두 학기 동안 법철학에 관련된 과목을 강의하면서 희망을 볼 수 있었다. 내가 가르치는 내용이 왜 필요한가를 설득하는 데 만족하지 않고, 그 내용 자체를 알려고 하는 학생들이 있음을 직접 보았기 때문이다. 이 즐겁고 짜릿한 기분을 이어가는 데 이 책이 많은 도움을 줄 것이라 기대해 본다.

무엇보다 지은이 Seelmann 교수께 깊이 감사드린다. 초판이 나올 때 나의 시시콜콜한 질문에 세세히 답해주신 기억, 두 번 모두 출판과 관련된 일까지 챙겨주신 것 등등 감사드릴 일이 한두 가지가 아니다. 감사드리는 만큼 충실하게 번역을 했는지 두려울 정도이다.

　나의 영원한 스승이신 沈在宇 선생님께서는 긴 유학생활을 마치고 귀국한 나를 '돌아온 탕자'처럼 맞아주셨다. 지금 이 후기를 쓰는 일도 그렇지만 법철학과 관련된 나의 모든 일은 선생님으로부터 '비롯'된 것이라 해도 과장이 아니다. 그래서 선생님의 제자라는 것이 행여 선생님께 누가 되지는 않는지 늘 조마조마하다. 열심히 노력하겠다는 말씀을 드리고 싶을 뿐이다.

　채 1년도 되지 않은 사이에 벌써 세 번째 세창출판사 여러 분들의 도움을 받게 되었다. 임길남 상무님 그리고 다른 직원 분들께 세심하면서도 신속한 출판작업에 대해 감사의 인사를 드린다. 앞으로도 계속 괴롭혀드릴 것 같아 송구스럽다는 말과 함께.

2010년 1월
Frankfurt에서
윤 재 왕

▮▮인명색인▮▮

■ ■ 사 항 색 인 ■ ■

지은이 **쿠르트 젤만**(Kurt Seelmann)은 1947년 독일 바이에른 주의 베르히테스가덴(Berchtesgaden)에서 태어나, 뮌헨대학교에서 법학(1966-1970)과 철학(1970-1974)을 공부했고, 1973년에 구스타프 라드브루흐에 관한 논문으로 법학박사 학위를 취득했으며, 1978년에 자브뤼켄대학교 법과대학에서 형법, 형사소송법, 법철학 및 유럽법사에 대한 교수자격을 취득했다. 1983년부터 1995년까지 함부르크대학교 법과대학 형법 및 법철학 담당교수를 역임했고, 1995년부터는 스위스 바젤대학교 법과대학의 형법 및 법철학 담당교수로 재직 중이다. 바젤대학교 응용윤리연구단의 부단장과 루체른대학교의 종신 초빙교수이며, 스위스의 여러 윤리위원회 위원이기도 하다. 이탈리아 볼로냐대학교, 미국 하버드대학교, 영국 옥스퍼드대학교와 케임브리지대학교, 일본 관서대학교, 서울대학교 등에서 강의와 연구를 했으며, 2001년 헝가리 부다페스트대학교에서 명예박사학위를 취득했다. 2009년 10월부터 2010년 7월까지 독일 괴팅엔대학교에 신설된 Lichtenberg-Kolleg의 Fellow로서 "법의 문화적 토대로서의 인격과 인격성"이라는 테마로 연구활동을 수행 중이다. 그는 「법철학잡지」(Zeitschrift für Rechtsphilosophie), 「법철학연구」(Rechtsphilosophische Hefte) 등 다수의 잡지와 연구시리즈의 공동편집인을 맡고 있기도 하다. 주요 연구관심 분야는 형법의 영역에서는 귀속이론, 정당화와 면책, 집단책임, 형벌의 한계, 법철학과 법사학의 영역에서는 중세법철학, 독일관념론철학에서 규범정당화와 인간존엄의 문제, 의료법의 영역에서는 배아연구, 줄기세포 연구, 장기이식, 의료자원의 분배 등이다.

주요저작으로는 『구스타프 라드브루흐에서 사회주의와 사회법』(1973), 『Fernando Vazques de Menchaca의 소유이론』(1979), 『승인의 상실과 자기포섭』(1995), 『근대로 넘어가는 경계에서의 신학과 법학』(1997), 『형법에서의 집단책임』(2002), 『형법총론』(2009) 등이 있으며, 형법, 법철학, 법사학, 의료법에 관한 다수의 논문을 발표했으며, 여러 권의 책을 편집했다.

옮긴이 **윤재왕**은 광주고등학교, 고려대학교 법학과와 철학과를 졸업하고 독일 자브뤼켄대학교와 프랑크푸르트대학교에서 법학과 철학을 공부했으며, 프랑크푸르트대학교 법학과에서 "법효력과 승인"(Rechtsgeltung und Anerkennung, 2009)이라는 주제로 박사학위를 받았다. 논문으로는 "법관은 법률의 입? — 몽테스키외에 대한 이해와 오해"(2009), "법, 도덕 그리고 사실 —비얼링의 승인설에 대한 켈젠의 비판"(2009), Joachim Lege와 함께 쓴 "Recht als Recht und Recht als Politik"(2009)이 있으며, 지은 책으로는 차병직, 윤지영과 함께 쓴 『안녕 헌법』(2009)이 있다. 번역서로는 『라드브루흐공식과 법치국가』(Frank Saliger 지음, 2000), 『인간질서의 의미에 관하여』(Werner Maihofer 지음, 2003), 『법이란 무엇인가?』(Norbert Hoerster 지음, 2009), 『법과 논증이론』(Ulfrid Neumann 지음, 2009) 그리고 김규완과 함께 옮긴 『독일법개념사전』(Barbara Wagner 지음, 2002)이 있다. 현재 고려대학교 법학전문대학원에서 법철학을 가르치고 있다.

제2판 법 철 학

2010년 2월 15일 제2판 인쇄
2010년 2월 25일 제2판 발행

저 자 Kurt Seelmann
옮긴이 윤 재 왕
발행인 이 방 원
발행처 세창출판사
　　　　서울 서대문구 냉천동 182 냉천빌딩 4층
　　　　전화 723 - 8660 팩스 720 - 4579
　　　　E-mail: sc1992@empal.com
　　　　Homepage: www.sechangpub.co.kr
　　　　신고번호 제300-1990-63호

정가 24,000 원

ISBN 978-89-8411-294-0 93360

Original Copyright : ⓒ Verlag C. H. Beck oHG, München (2007)